Dynastie und Herrschaftssicherung in der Frühen Neuzeit

ZEITSCHRIFT FÜR HISTORISCHE FORSCHUNG

Vierteljahresschrift zur Erforschung des Spätmittelalters u. der frühen Neuzeit

Herausgegeben von

Johannes Kunisch, Klaus Luig, Peter Moraw,
Heinz Schilling, Bernd Schneidmüller,
Barbara Stollberg-Rilinger

Beiheft 28

Dynastie und Herrschaftssicherung in der Frühen Neuzeit

Geschlechter und Geschlecht

Herausgegeben von

Heide Wunder

Duncker & Humblot · Berlin

Die Deutsche Bibliothek – CIP-Einheitsaufnahme

Dynastie und Herrschaftssicherung in der Frühen Neuzeit :
Geschlechter und Geschlecht / Hrsg.: Heide Wunder. –
Berlin : Duncker und Humblot, 2002
(Zeitschrift für historische Forschung : Beiheft ; 28)
ISBN 3-428-10814-0

Fremddatenübernahme: Klaus-Dieter Voigt, Berlin
Druck: Berliner Buchdruckerei Union GmH, Berlin
Printed in Germany

ISSN 0931-5268
ISBN 3-428-10814-0

Gedruckt auf alterungsbeständigem (säurefreiem) Papier
entsprechend ISO 9706 ♾

Vorwort

Die Beiträge dieses Bandes gehen auf eine Tagung zurück, die im Sommer 1997 im Rahmen des von der Volkswagen-Stiftung geförderten Forschungsprojekts „Konfession, Religiosität und politisches Handeln von Frauen vom ausgehenden 16. bis zum Beginn des 18. Jahrhunderts" an der Universität Gesamthochschule Kassel stattfand. Ich danke der Volkswagen-Stiftung für die großzügige Förderung und den Herausgebern der Zeitschrift für Historische Forschung für die Aufnahme des Bandes. Mein Dank gilt insbesondere den Autorinnen und dem Autor, die das Publikationsvorhaben mit viel Geduld begleitet haben.

An den Vorbereitungen der Drucklegung haben Angelika Möller, Pauline Puppel, Heiko Schmelz und insbesondere Sabine Stange M. A. mitgewirkt. Ihnen bin ich zu großem Dank verpflichtet.

Kassel, im November 2001 *Heide Wunder*

Inhalt

Heide Wunder
Einleitung: Dynastie und Herrschaftssicherung: Geschlechter und Geschlecht 9

Barbara Stollberg-Rilinger
Der Grafenstand in der Reichspublizistik 29

Gerhard Menk
Der deutsche Territorialstaat in Veit Ludwig von Seckendorffs Werk und Wirken 55

Jutta Taege-Bizer
Pietistische Herrscherkritik und dynastische Herrschaftssicherung. Die „mütterlichen Vermahnungen" der Gräfin Benigna von Solms-Laubach 93

Helga Meise
„habe ich die politica bei H. Richter angefangen". Herrschaftsalltag und Herrschaftsverständnis der Landgräfin Elisabeth Dorothea von Hessen-Darmstadt (1640–1709) 113

Jill Bepler
„im dritten Gradu ungleicher Linie Seitwarts verwandt": Frauen und dynastisches Bewußtsein in den Funeralwerken der Frühen Neuzeit 135

Cordula Bischoff
„... so ist ein anders das männliche, ein anders das weibliche Decorum". Fürstliche Damenappartements und ihre Ausstattungen um 1700 161

Sabine Stange
Die Bildnisse der Fürstin Christiane von Waldeck (1725–1816) – Herrschaftsverständnis und Repräsentation 181

Sylvia Schraut
Dynastische Herrschaftssicherung im dynastiefreien Raum? Katholischer Reichsadel im Umkreis der südwestdeutschen Bistümer während der Frühen Neuzeit 205

Ute Küppers-Braun
Dynastisches Handeln von Frauen in der Frühen Neuzeit 221

Anke Hufschmidt
Christliche Lebenspraxis und Legitimation. Zur Bedeutung der Religiosität von niederadligen Frauen für die Konfessionalisierung des Weserraumes im 16. und 17. Jahrhundert 239

Autorenverzeichnis 265

Einleitung

Dynastie und Herrschaftssicherung: Geschlechter und Geschlecht

Von Heide Wunder*

Für Rainer Wohlfeil zum 75. Geburtstag

„Weil sichs zu tragen kann/daß ein Fürstl. vnd Gräffliche Weibes. Person, [...] in Vormundschafft ihrer Kinder zu einer Lands-Regierung gelangen kann". So begründete 1656 der sachsen-gothaische Hof- und Justizrat Veit Ludwig von Seckendorff in seinem „Teutschen Fürsten-Stat",[1] einem weit verbreiteten Standardwerk für die Regierungspraxis in den mittleren und kleineren deutschen Staaten, seine Forderung, daß Prinzessinnen als Vorbereitung auf eine mögliche Regentschaft eine gute Ausbildung erhalten sollten.[2] Bereits hundert Jahre vor Seckendorff hatte 1555 der Jurist Melchior von Osse im „Politischen Testament", das er im Auftrag des sächsischen Kurfürsten August verfaßte, darauf hingewiesen, daß „auch die Regiment auf die Fräulein zu fallen pflegen."[3] Beide bezogen sich auf die Situation eines gräflichen oder fürstlichen Hauses nach dem Tod eines Landesherrn, der unmündige Söhne hinterließ, eine Situation, die etwa für Frankreich wohl bekannt war und als höchst bedrohlich für die Kontinuität einer herrschenden Dynastie gewertet wurde.[4] Mütterliche Vormundschaft erschien als das probate Mittel, die dynastische Kontinuität zu sichern; agnatischen Vormündern unterstellte man, eher im eigenen Interesse als dem des unmündigen Erb-

---

* Für kritische Lektüre und vielfältige Hinweise danke ich Pauline Puppel und Sabine Stange M. A.

[1] *Veit Ludwig von Seckendorff*, Teutscher Fürsten-Stat [...], Frankfurt/Leipzig 1656, 366.

[2] Zu Seckendorff siehe den Beitrag von *Gerhard Menk* in diesem Band. – Die Situation des Reichsgrafenstandes entwirft der Beitrag von *Barbara Stollberg-Rilinger* in diesem Band.

[3] *D. Melchiors von Osse,* Testament gegen Hertzog Augusto Churfürsten zu Sachsen 1556, zum Gebrauch des Thomasischen Auditorii, Halle 1717, 200 f.

[4] *Ulrich Muhlack*, Thronfolge und Erbrecht in Frankreich, in: Der dynastische Fürstenstaat. Zur Bedeutung von Sukzessionsordnungen für die Entstehung des frühmodernen Staates, hrsg. v. Johannes Kunisch/Helmut Neuhaus, Berlin 1982, 173–198.

prinzen/Erbgrafen zu handeln.[5] Daher setzte der Jurist Johann Jacob Moser 1745 in seinem „Teutschen Staats=Recht“ die Mutter an die erste Stelle der Personen, die zur Vormundschaft berechtigt seien, und zwar mit der Begründung, daß sie ein „natürliches Interesse“[6] habe, die Herrschaftsnachfolge des Sohnes zu sichern. Der anonyme Autor des Artikels „Vormundschafft (ausserordentliche)“ in Zedlers Universal-Lexicon von 1746 argumentierte mit „der natürlichen eingepflanzten Liebe“ der Mutter.[7] Die Rechtsregel, daß Vormundschaft ein männliches Amt sei, ließ also mit Rekurs auf Natur und das Naturrecht[8] „Ausnahmen“ zu, die jedoch als „rechtmäßige Vormundschafft der Weibs-Personen“[9] definiert wurden. Die Ausnahmen gewannen damit den Charakter von Regelhaftigkeit. Dementsprechend heißt es bei Zedler unter dem Artikel ‚Vormundschafft (fürstliche)‘: „Die Fürstlichen Vormünder sind entweder natürliche, oder testamentirliche, oder von dem Ober=Richter bestätigte, oder durch gewisse mit dem verstorbenen errichtete Verträge verordnet. Es werden auch von keiner Art dieser Vormundschafften die Fürstliche Mütter und Groß=Mütter ausgeschlossen.“[10] Allerdings entstanden aus dieser Situation viele Streitigkeiten, die samt den Strategien vor Gericht bei Zedler angeführt werden.

Die Figur der vormundschaftlichen Regentin, aber auch andere Formen der Herrschaftsbeteiligung hochadeliger Frauen, die von der frauen- und geschlechtergeschichtlichen Frühneuzeitforschung zutage gefördert worden sind, sucht man vergebens in den Handbüchern der modernen Rechts- und Verfassungsgeschichte.[11] Obwohl für das Mittel-

---

[5] Nicht nur im Zeichen von Reformation und Gegenreformation wurde vielfach die Vormundschaft genutzt, um das Mündel für die eigene Konfession zu gewinnen, sondern auch noch im 18. Jahrhundert: vgl. *Ute Küppers-Braun,* „Kinder-Abpracticirung“: Kinder zwischen Konfessionen im 18. Jahrhundert, in: Zeitschrift für Geschichtswissenschaft 49 (2001), 208–225; *Dagmar Freist,* Zwischen Glaubensfreiheit und Gewissenszwang: Reichsrecht und der Umgang mit Mischehen nach 1648, in: Frieden und Krieg in der frühen Neuzeit. Die europäische Staatenordnung und die außereuropäische Welt (im Druck).

[6] *Johann Jacob Moser,* Teutsches Staats=Recht, 18. Th., Leipzig/Ebersdorf 1745, 3. Buch, 90. Kap., §§ 2 u. 3.

[7] Art. ‚Vormundschafft (ausserordentliche)‘, in: Grosses vollständiges Universal-Lexikon Aller Wissenschaften und Künste [...], hrsg. v. *Johann Heinrich Zedler,* Bd. 50, Leipzig/Halle 1746, 937–946, hier 938.

[8] *Sylvie Perrier,* Des enfances protégées. La tutelle des mineurs en France (XVIIe–XVIIIe siècles), Saint-Denis 1998, 24 f.

[9] Art. ‚Vormundschafft (ausserordentliche)‘, in: *J. H. Zedler,* Universal-Lexikon (Anm. 7), 937.

[10] Art. ‚Vormundschafft (fürstliche)‘, in: *J. H. Zedler,* Universal-Lexikon (Anm. 7), Bd. 50, Leipzig/Halle 1746, 954–966, hier 955.

[11] Vgl. *Erich Brunnemann,* Die Frau als Thronfolgerin, Regentin und Regierungsstellvertreterin in den deutschen Staaten, Diss. jur. Greifswald 1895. – Erste

alter eine Reihe prominenter Regentinnen nachgewiesen[12] und vormundschaftliche Regentinnen in vielen landesgeschichtlichen Darstellungen präsent sind,[13] scheinen sie – wie überhaupt die politische Rolle hochadeliger Frauen des 16.–18. Jahrhunderts – dem Wissensbestand der „allgemeinen Geschichte" verloren gegangen zu sein.[14] An fehlenden Quellen oder mangelnder Bedeutung in der vielgestaltigen Staatenwelt des Heiligen Römischen Reiches kann es nicht liegen, wie die einschlägigen Passagen bei Zedler und Moser bezeugen. Der Reichshistoriker Johann Peter von Ludewig[15] setzte sich 1737 in seinem Aufsatz über „Sonderbare Entscheidung der, im Teutschem [!] Reich, strittigen Rechtsfrage: Von mütterlicher Vormundschafft, in Reichslehenbaren Fürstenthümern und Herrschafften" mit anderen Juristen auseinander, die sich auf „fast unzählige Exempel im Teutschen Reich" von fürstlichen Müttern beriefen, die „die Vormundschafft so wohl; als die Landes= Regierung" bis zur Volljährigkeit des Sohnes führten.[16] Selbst in Kurfür-

---

Bilanzierungen der frauen- und geschlechtergeschichtlichen Forschungen bei *Heide Wunder,* Herrschaft und öffentliches Handeln von Frauen in der Gesellschaft der Frühen Neuzeit, in: Frauen in der Geschichte des Rechts. Von der Frühen Neuzeit bis zur Gegenwart, hrsg. v. Ute Gerhard, München 1997, 27–54; *Claudia Opitz,* Hausmutter und Landesfürstin, in: Der Mensch des Barock, hrsg. v. Rosario Villari, Frankfurt/New York/Paris 1997, 344–370; *Heinz Duchhardt,* Das Zeitalter des Absolutismus (Oldenbourg Grundriß der Geschichte, 11), 3. Aufl. München 1998, 208–212, 254–256.

12 *Armin Wolf,* Königtum Minderjähriger und das Institut der Regentschaft, in: L'Enfant, Teil 2 (Recueils de la Société Jean Bodin pour l'histoire comparative des institutions, 36), Brüssel 1976, 97–106; *ders.,* Art. ‚Regentschaft', in: Handwörterbuch zur deutschen Rechtsgeschichte (HRG), hrsg. v. Adalbert Erler/Ekkehard Kaufmann, 5 Bde., Berlin 1971–1998, hier 4 (1990), 486 f.; neuerdings *Amalie Fößel,* Die Königin im mittelalterlichen Reich, Stuttgart 2000, 317–387.

13 Z.B. Herzogin Elisabeth von Braunschweig (1540–1546), Landgräfin Amalie Elisabeth von Hessen-Kassel (1637–1650), Markgräfin Franziska Sibylla Augusta von Baden-Baden (1707–1727), Fürstin Charlotte Amalie von Nassau-Usingen (1718–1735); für weitere Beispiele s. *H. Wunder,* Herrschaft und öffentliches Handeln von Frauen (Anm. 11).

14 Vgl. z.B. *Wolfgang Reinhard,* Geschichte der Staatsgewalt. Eine vergleichende Verfassungsgeschichte Europas von den Anfängen bis zur Gegenwart, München 1999, 40 f.: „Frauen waren in Europa wie in seinen Vorläuferkulturen zwar nirgends rechtlos und nicht einmal immer benachteiligt, kamen aber als politisch Handelnde in der Regel nicht vor".

15 Zur kritischen Würdigung v. Ludewigs s. *Notker Hammerstein,* Jus und Historie. Ein Beitrag zur Geschichte des historischen Denkens an deutschen Universitäten im späten 17. und 18. Jahrhundert, Göttingen 1972, 169–204; *Michael Stolleis,* Geschichte des öffentlichen Rechts in Deutschland, Bd. 1, München 1988, 302–304.

16 *Johann Peter von Ludewig,* Sonderbare Entscheidung der, im Teutschem Reich, strittigen Rechtsfrage: „Von mütterlicher Vormundschafft, in Reichslehenbaren Fürstenthümern und Herrschafften", in: Wöchentliche Hallische Anzeigen (1737) Nr. 44, 729–742.

stentümern war die vormundschaftliche Regierung einer Mutter statthaft, wie das Beispiel der verwitweten bayerischen Kurfürstin Maria Anna (1610–1665) belegt, die von 1651–1654 für den Sohn Ferdinand Maria regierte. Kurfürst Maximilian hatte sie in seinem Testament von 1641 als Mitvormünderin eingesetzt.[17] Für sie verfaßte er im März 1651 eine „Nottwendige Treuherzige information, Vnd Erinerungen, welche vunser herzliebste Gemahlin, vunnd Cur Erb bey konfftiger führung der Landts fürstl: Regierung fleissig in acht zu nemmen, vund in stettiger gedechnus zu haben“, die weitgehend der bereits 1639 für den dreijährigen Sohn geschriebenen „Vätterlichen Ermahnung“ („Monita paterna“) folgte.[18] Dieser Fall wird bei Zedler angeführt[19] und die rechtliche Konstruktion erklärt: „Es wird nehmlich denen unmündigen oder minderjährigen Churfürsten, nach Inhalt der bemehlten Güldenen Bulle c. 7 § 4 in Verwesung des Chur-Amts und derer davon abhängenden Geschäfte der nächste Agnate bis in das achtzehende Jahr zum Vormund gegeben.“[20] Dementsprechend nahm für den minderjährigen Erbprinzen Ferdinand Maria der Bruder des Vaters, Landgraf Albrecht von Leuchtenberg, die Vormundschaft für das Kuramt wahr, aber die verwitwete Kurfürstin übernahm das Amt der Vormundschaft sowohl für die Erziehung des Sohnes als auch für die Regierung des Landes.

Moser erörterte 1745 im „Familien=Stats=Recht Derer Teutschen Reichsstände“ nicht nur – mit Rekurs auf Ludewig – die Zahl der Regentinnen, sondern gab auch ein Urteil über ihre Fähigkeiten ab: „Einige wollen zwar schließlichen auf die weibliche vormundschafftliche Landes=Regierungen überhaupt nichts halten; aber 1. Ist dises quaestio consilii und nicht Juris, 2. kan man eben doch nicht laugnen, daß unter mancher Dames vormundschafftlichen Regierungen das Haus und Land sich eben so wohl, oder auch noch besser, befunden haben, als bey denen Regierungen derer männlichen Personen: es lässet sich also hierinn keine Regel geben.“[21] Die Unübersichtlichkeit der Rechtsverhältnisse, die Moser hier feststellte, beklagte auch v. Ludewig: „Die Rechtsgelehrten

---

[17] Politisches Testament Kurfürst Maximilians I. (1641), in: Politische Testamente und andere Quellen zum Fürstenethos der frühen Neuzeit, hrsg. v. *Heinz Duchhardt,* Darmstadt 1987, 136–161, hier 151 f.

[18] *Karl-Ludwig Ay,* Land und Fürst im alten Bayern, Regensburg 1988, 114 f.; *Christian Ruepprecht,* Die Information des Kurfürsten Maximilian I. von Bayern für seine Gemahlin vom 13. März 1651, in: Oberbayerisches Archiv 49 (1895/96), 311–320.

[19] Art. ‚Vormundschafft (fürstliche)‘, in: *J. H. Zedler,* Universal-Lexikon (Anm. 10), 955.

[20] Ebd., 957.

[21] *J. J. Moser,* Teutsches Staats=Recht (Anm. 6), § 18, S. 251, ebenso: *Johann Jacob Moser,* Persönliches Staats-Recht derer Teutschen Reichs=Stände. Nach denen Reichs=Gesezen und dem Reichs=Herkommen, wie auch aus denen Teut-

lauffen hier wieder dergestalt gegenainander; daß ein Richter kaum weiß; was disfalls Recht oder Unrecht heisse. Die Ursache ist wiederum das leidige Gemenge der Römischen Satzungen und die Unwissenheit der Reichssachen auch Verkehrung von Lehen und Erbe."[22] In der Frage mütterlicher Vormundschaft gelangte er allerdings zu einem anderen Ergebnis als Moser. Er meinte schlüssig nachweisen zu können, daß die geteilte Vormundschaft rechtens sei, der zufolge die Mutter die Berechtigung zur Erziehung der Kinder erhielt, während die Administration des Landes und Erbes den Agnaten zukam. Ein Grund für die unterschiedlichen Standpunkte der beiden Juristen liegt darin, daß Moser dem „Herkommen"[23] und der „eigenen Erfahrung" große Bedeutung zumaß,[24] während v. Ludewig seine Argumentation nur auf das römische Recht, die Reichsgesetze und das Lehnsrecht stützte. Diese konkurrierenden Rechte erklären die rechtlichen Handlungsräume hochadliger Frauen.

Zur Nichtbeachtung der vormundschaftlichen Regentinnen in der Forschung hat maßgeblich beigetragen, daß die Jahre ihrer Regentschaft meist in der Regierungszeit des Sohnes verborgen blieben und daß sich Regentinnen – soweit bisher bekannt – überwiegend in mittleren und kleinen Territorien finden, die als retardierendes Element für die Staats- und Nationbildung in Deutschland angesehen wurden. Nicht zu unterschätzen ist die Wirksamkeit zeitgenössischer politischer Tugendlehren und der staatstheoretischen Literatur seit Bodin, die jegliche Herrschaftsbeteiligung hochadliger Frauen als „Weiberregiment" (Gynäkokratie) disqualifizierten.[25] Der Topos der Gynäkokratie ist insbesondere

---

schen Staats=Rechts=Lehrern, und eigener Erfahrung, 1. Th. Frankfurt/Leipzig 1775, 2. Buch, § 83, S. 484.

22 *J. P. v. Ludewig,* Sonderbare Entscheidung (Anm. 16), Sp. 729.

23 Zum „Reichsherkommen" s. *M. Stolleis,* Geschichte des öffentlichen Rechts (Anm. 15), 62.

24 Siehe den ausführlichen Titel von *J. J. Moser,* Persönliches Staats=Recht (1775) (Anm. 21).

25 Zum Vorwurf der Gynäkokratie am kurfürstlich-sächsischen Hof s. *Katrin Keller,* Kurfürstin Anna von Sachsen (1532–1585). Von Möglichkeiten und Grenzen einer „Landesmutter", in: Das Frauenzimmer. Die Frau bei Hofe in Spätmittelalter und früher Neuzeit, hrsg. v. Jan Hirschbiegel/Werner Paravicini, Sigmaringen 2000, 263–285, hier 281–285; zum Weiberregiment vgl. auch *Wolfgang E. J. Weber,* Dynastiesicherung und Staatsbildung. Die Entfaltung des frühmodernen Fürstenstaates, in: Der Fürst. Ideen und Wirklichkeiten in der europäischen Geschichte, hrsg. v. dems., Köln/Weimar/Wien 1998, 91–136, hier 121; *Claudia Opitz,* Souveraineté et subordination des femmes chez Luther, Calvin et Bodin, in: Encyclopédie politique et historique des femmes. Europe, Amérique du Nord, hrsg. v. Christine Fauré, Paris 1997, 31–47; *Wolfgang E. Weber,* Prudentia gubernatoria. Studien zur Herrschaftslehre in der deutschen politischen Wissenschaft des 17. Jahrhunderts, Tübingen 1992, 316, 318 f; Art. ‚Weiber=Regiment', in: *J. H. Zedler,* Universal-Lexikon (Anm. 7), Bd. 54, Halle/Leipzig 1747, 106–108; *Claudia Ulbrich,* Unartige

über die Tradierung der staatstheoretischen Literatur, also diskursiv, bis in die Gegenwart vermittelt worden. Darüber hinaus konnte eine solche Bewertung problemlos von den Historikern des 19. Jahrhunderts rezipiert werden, da sie den herrschenden Vorstellungen vom Geschlechtscharakter der Frau entsprachen.[26] Nicht zuletzt geriet die Geschichte der regierenden Häuser für die ‚Genealogie' des modernen Staates in Mißkredit:[27] Zum einen verfiel die Berechtigung zu politischer Herrschaft aufgrund von „Geburt" und Geblütsrecht, wie sie für den Adel bis ins 20. Jahrhundert bestand, der Delegitimierung. Zum anderen richtete sich die Aufmerksamkeit der deutschen Geschichtswissenschaft in der zweiten Hälfte des 19. Jahrhunderts mehr und mehr auf den „Anstaltscharakter" (Otto Hintze) des frühmodernen Staates, auf die abstrakten, von Personen abgehobenen Prozesse der Territorialisierung, Verdichtung, Institutionalisierung und Verrechtlichung von Herrschaft.[28]

Diese Positionen wurden in den vergangenen drei Jahrzehnten im Zeichen einer „modernen Sozialgeschichte in der Erweiterung" (Werner Conze) revidiert. Der frühneuzeitliche Adel wurde als Herrschaftsstand wie als Sozialformation aufgewertet,[29] womit die deutsche Adelsforschung wieder Anschluß an die internationale Adelsforschung fand[30] und zu einem produktiven Bereich historischer Gesellschaftsanalyse

---

Weiber. Präsenz und Renitenz von Frauen im frühneuzeitlichen Deutschland, in: Arbeit, Frömmigkeit und Eigensinn. Studien zur historischen Kulturforschung, hrsg. v. Richard van Dülmen, Frankfurt a.M. 1990, 13–42; *Susanna Burghartz,* Frauen – Politik – Weiberregiment. Schlagworte zur Bewältigung der politischen Krise von 1691 in Basel, in: Frauen in der Stadt, hrsg. v. Anne-Lise Head-König/Albert Tanner, Zürich 1993, 113–134.

[26] *Karin Hausen,* Die Polarisierung der Geschlechtscharaktere, in: Sozialgeschichte der Familie in der Neuzeit Europas. Neue Forschungen, hrsg. v. Werner Conze, Stuttgart 1977, 363–393.

[27] *Wolfgang E. J. Weber,* Einleitung, in: Der Fürst. Ideen und Wirklichkeiten in der europäischen Geschichte, hrsg. v. dems., Köln/Weimar/Wien 1998, 1–26.

[28] *Peter Moraw,* Von offener Verfassung zu gestalteter Verdichtung. Das Reich im späten Mittelalter 1250 bis 1490, Berlin 1985; *Ernst Schubert,* Einführung in die Grundprobleme der deutschen Geschichte im Spätmittelalter, Darmstadt 1992.

[29] Anfänge bei *Helmuth Rössler* (Hrsg.), Deutscher Adel 1430–1555, Darmstadt 1965; *ders.* (Hrsg.), Deutscher Adel 1555–1740 (Büdinger Vorträge 1964), Darmstadt 1965; *Rudolf Vierhaus* (Hrsg.), Der Adel vor der Revolution. Zur sozialen und politischen Funktion des Adels im vorrevolutionären Europa, Göttingen 1971; bahnbrechend *Heinz Reif,* Westfälischer Adel 1760–1860. Vom Herrschaftsstand zur regionalen Elite, Göttingen 1979; *Gregory W. Pedlow,* The Survival of the Hessian Nobility, 1770–1870, Princeton 1988; *Otto Gerhard Oexle,* Aspekte der Geschichte des Adels im Mittelalter und in der Frühen Neuzeit, in: Europäischer Adel 1750–1950, hrsg. v. Hans-Ulrich Wehler, Göttingen 1990, 19–56; *Gerhard Dilcher,* Der alteuropäische Adel – ein verfassungsgeschichtlicher Typus?, in: ebd., 57–86; resümierend: *Rudolf Endres,* Adel in der Frühen Neuzeit (Enzyklopädie deutscher Geschichte, 18), München 1993.

wurde.[31] Gleichzeitig setzte die Neubewertung des Heiligen Römischen Reichs Deutscher Nation ein, dessen ‚Körper' die mittleren und insbesondere die kleineren deutschen Territorien als Reichsstände bildeten; in dieser Hinsicht läßt sich von einer Sozialgeschichte des Heiligen Römischen Reiches sprechen.[32] Daran knüpfte sich ein neues Interesse an „Dynastie" als bezeichnender Sozialform und „Existenzweise"[33] des regierenden Adels und am „dynastischen Fürstenstaat" als einer wichtigen Phase in der Genese des modernen Staats.[34] Diese Aspekte hat Wolfgang Weber neuerdings in seinem Konzept einer „modernen Fürsten- und Dynastiegeschichte" verknüpft.[35]

Damit sind wesentliche Dimensionen frühmoderner Herrschaftsverhältnisse im Alten Reich sowie des frühneuzeitlichen Verständnisses von Herrschaft und Herrschaftslegitimierung zurückgewonnen. Allerdings fehlt in diesen Konzepten die zeitgenössische Perspektive auf die Rolle hochadeliger Frauen in den Dynastien; sie wieder zu entdecken, gelang erst mit den Fragestellungen und Erkenntnisinteressen der Frauen- und Geschlechterforschung. Die Nichtbeachtung der hochadeligen Frauen ist umso unverständlicher, als auf der Hand liegt, daß es sich bei „Dynastie" („Geschlecht")[36] um eine Konstruktion handelt, die ganz entscheidend auf der Geschlechtszugehörigkeit der Mitglieder des adeligen Hauses beruhte.[37] Hier folgt W. Weber dem traditionellen Begriff von „Dynastie"

---

30 *H. M. Scott* (Hrsg.), The European Nobilities in the Seventeenth and Eighteenth Centuries, 2 Bde., London/New York 1995. Vgl. dazu *Heinz Reif,* Der Adel in der modernen Sozialgeschichte, in: Sozialgeschichte in Deutschland IV, hrsg. v. Wolfgang Schieder/Volker Sellin, Göttingen 1987, 34–60, hier 35; für das Mittelalter vgl. *Karl-Heinz Spieß,* Familie und Verwandtschaft im deutschen Hochadel des Spätmittelalters. 13. bis Anfang des 16. Jahrhunderts, Stuttgart 1993, 4–7.

31 *H. Reif,* Westfälischer Adel (Anm. 29); *Peter-Michael Hahn,* Fürstliche Territorialhoheit und lokale Adelsgewalt. Die herrschaftliche Durchdringung des ländlichen Raumes zwischen Elbe und Aller (1300–1700), Berlin 1989; *K.-H. Spieß,* Familie und Verwandtschaft (Anm. 30); *Friedhelm Jürgensmeier* (Hrsg.), Die von Walderdorff. Acht Jahrhunderte Wechselbeziehungen zwischen Region – Reich – Kirche und einem rheinischen Adelsgeschlecht, Köln 1998; *Joseph Morsel,* La noblesse contre le prince, l'espace social des Thüngen à la fin du moyen âge (Franconie, v. 1250–1525), Stuttgart 2000.

32 *Volker Press,* Das Alte Reich. Ausgewählte Aufsätze, Berlin 1997.

33 Vgl. *Andrea Maihofer,* Geschlecht als Existenzweise. Frankfurt a. M. 1995.

34 *Johannes Kunisch/Helmut Neuhaus* (Hrsg.), Der dynastische Fürstenstaat. Zur Bedeutung von Sukzessionsordnungen für die Entstehung des frühmodernen Staates, Berlin 1982.

35 *W. Weber,* Einleitung (Anm. 27), 9 f.

36 Ich benutze hier den modernen wissenschaftlichen Begriff. Der Begriff Dynastie findet sich nicht in der Sprache von Politik und Recht des 17. und 18. Jahrhunderts: Moser sprach von „Haus", gebräuchlich war auch „Geschlecht". „Dynastia" wird bei *J. H. Zedler,* Universal-Lexikon (Anm. 7), Bd. 7, Leipzig/Halle 1734, Sp. 1685 f. nur ganz knapp erläutert.

als agnatischem Verband.[38] Für die Dynastiesicherung stehen bei ihm die Agenturen Primogenitur (nach innen) und Heiratspolitik (nach außen) im Mittelpunkt. Primogenitur zielte auf die ungeteilte Herrschaft des Erstgeborenen und hatte den Erbverzicht der Töchter zur Voraussetzung. Heiratspolitik sollte unter dem Aspekt der „Staatsheirat“[39] politische Allianzen herstellen, sichern oder bestätigen, diente aber häufig auch der Vergrößerung des Territoriums („tu felix Austria nube“).[40] Diese Strategien wurden in der staatsrechtlichen Literatur des 17./18. Jahrhunderts breit erörtert und in den Sukzessionsordnungen der europäischen Herrscherhäuser rechtsverbindlich formuliert.[41] Der den Töchtern abverlangte Erbverzicht[42] scheint ein derartiges Verständnis von Dynastie zu bestätigen, doch andere, nicht beachtete Instanzen der Dynastiesicherung, an erster Stelle die Figur der vormundschaftlichen Regentin, sprechen gegen eine derart enge Definition von Dynastie.

Eine Weitung der Definition stützen z.B. die „Geschlechts-Artikel“ der Reichsgrafen Reuß von Plauen vom 10. November 1668, die zu den „Reussischen Hausgesetzen“ zählen.[43] Zwar führt der Nebenvertrag vom

---

37 Zur heiligen Elisabeth als Spitzenahnin s. *Thomas Fuchs,* Fürstliche Erinnerungspolitik und Geschichtsschreibung im frühneuzeitlichen Hessen, in: Adelige und bürgerliche Erinnerungskulturen des Spätmittelalters und der Frühen Neuzeit, hrsg. v. Werner Rösener, Göttingen 2000, 205–226.

38 *Hans K. Schulze,* Grundstrukturen der Verfassung im Mittelalter, Bd. 2, 2. Aufl. Stuttgart/Berlin/Köln 1992, 39: „Geschlecht und Dynastie sind agnatische Verwandtschaftsverbände, die sich ihrer Abkunft von einem gemeinsamen Stammvater („Spitzenahn“) bewußt sind.“ – W. Weber hat sich mit dem Problem einer fehlenden Dynastie-Definition auseinandergesetzt und eine komplizierte Definition angeboten, die jedoch nicht die Steuerung der von ihm dargelegten Handlungsstrategien zur Erreichung eines Ziels durch die Geschlechtszugehörigkeit der Mitglieder enthält: *W. Weber,* Dynastiesicherung und Staatsbildung (Anm. 25), 95.

39 *Michael Stolleis,* Die Prinzessin als Braut, in: Verfassung – Philosophie – Kirche: Festschrift für Alexander Hollerbach, hrsg. v. Joachim Bohnert u.a., Berlin 2001, 1–13; *ders.*, Art. ‚Staatsheirat‘, in: HRG (Anm. 12), 4 (1990), 1822–1824; *ders.*, Staatsheirat im Zeitalter der europäischen Monarchien, in: Die Braut. Geliebt, verkauft, getauscht, geraubt. Zur Rolle der Frau im Kulturvergleich, hrsg. v. Gisela Völger/Karin v. Welck. Mit einer Einführung von René König, Bd. 1, Köln 1985, 274–279; *Ferdinand Seibt,* Staatsheiraten im Spätmittelalter, in: ebd., 280–285.

40 Vgl. hierzu die Akzentuierung der Heiratspolitik bei *Hermann Weber,* Die Bedeutung der Dynastien für die europäische Geschichte in der frühen Neuzeit, in: Das Haus Wittelsbach und die europäischen Dynastien, München 1981, 5–32, hier 8 (zugleich Zeitschrift für bayerische Landesgeschichte 44/1 (1981).

41 *J. Kunisch/H. Neuhaus* (Hrsg.), Der dynastische Fürstenstaat (Anm. 34); *W. Weber,* Dynastiesicherung und Staatsbildung (Anm. 25), 107–124.

42 *Johann Jacob Mosers* Familien=Staats=Recht Derer Teutschen Reichsstände, 1. Th. Frankfurt/Leipzig 1775, 7. Capitel (= Johann Jacob Moser, Neues teutsches Staatsrecht. Neudruck d. Ausg. 1766–1782, Bd. 12,1, Osnabrück 1967).

13. November 1668 in aller Ausführlichkeit vor, daß der Name „Heinrich“ für die Söhne aller Linien (Artikel 2) beibehalten werden sollte, um die dynastische Kontinuität zum Ausdruck zu bringen,[44] und der Hauptvertrag bekräftigt den „Geschlechts-Verein“ der fünf reußischen Linien, der die männliche Lehnsnachfolge sichern und die weibliche Nachfolge ausschließen sollte (Artikel 45, 46), gleichwohl handeln Artikel 6–12 des Hauptvertrags von der Vormundschaft, insbesondere der von Mutter und Großmutter: Die „leibliche Mutter“ kann aufgrund testamentarischer Bestimmungen des Ehemannes zur „Regierung oder Vormundschafftsverwaltung“ gelangen oder aber über die Beauftragung durch die Agnaten. Letztere stellt eine originelle Lösung des agnatischen Problems dar, da die vormundschaftliche Regentin damit ganz der Dynastie ihres Mannes verpflichtet wurde. Offenbar kommt hier ein Prinzip zum Tragen, das neben den rechtlichen Regelungen auch „Vertrauen“ bei der Behandlung dynastischer Fragen zuließ, wie dies an anderer Stelle in den „Geschlechts-Artikeln“ zu finden ist.[45] In Regentschaftssachen stand der Vormünderin ggf. nicht – wie in ihren „eigenen sachen“ – ein Curator oder kriegerischer Vormund aus ihrer Herkunftsfamilie zur Seite, sondern einer der Agnaten. Demnach ist hier die Rolle der leiblichen Mutter als vormundschaftliche Regentin ganz eindeutig im Sinne der Herrschaftssicherung des „Geschlechts“ definiert. Für die Zeit der Regentschaft war die vormundschaftliche Regentin Teil der Dynastie, die von ihrem ältesten Sohn weitergeführt werden sollte. Diese Interpretation bestätigt Moser mit seiner Bewertung vormundschaftlicher Regentinnen, da er ausdrücklich ihre Leistungen für das „Haus“, also die Dynastie, und für das „Land“ nennt.[46]

Ausgehend von diesem Befund erscheint es geboten, das adelige „Haus“ („Geschlecht“) tatsächlich als Geschlechterverband zu analysieren, den Männer und Frauen konstituierten, und dazu die in der Frauen- und Geschlechterforschung entwickelte analytische Kategorie „Geschlecht“ (Joan Scott) zu nutzen. Ich schlage vor, neben der rechtlichen Konstruktion von Dynastie, die primär auf die Sicherung der ungeteilten

---

43 *Hermann Schulze* (Hrsg.), Die Hausgesetze der regierenden deutschen Fürstenhäuser, Bd. 2, Jena 1878, 266–318 („Geschlechts-Artikel“), 319 („Freund-Brüder und Vetterliche Erb- und Geschlechts-Ordnung“). – Ähnliche Bestimmungen zu Ehegüterrecht, Vormundschaft und Erbrecht finden sich z. B. bei *Barbara Susanna Schöner,* Die rechtliche Stellung der Frauen des Hauses Hohenlohe, juristische Dissertation Tübingen/Stuttgart 1963.

44 *H. Schulze,* Hausgesetze (Anm. 43), 319–322, hier 320.

45 *H. Schulze,* Hausgesetze (Anm. 43), 276, Art. 6. – Dagegen war bei den Grafen von Zollern eine mütterliche Vormundschaft ausgeschlossen: *Wolfram Ulshöfer,* Das Hausrecht der Grafen von Zollern, 64 (Arbeiten zur Landeskunde Hohenzollerns, H. 8), Sigmaringen 1969.

46 *J. J. Moser,* Teutsches Staats=Recht (Anm. 21).

männlichen Erbfolge abzielte, die sozialen Formen und die kulturelle Gestaltung der Dynastie zurückzugewinnen, um zu einem angemessenen Verständnis von Dynastie und dynastischem Handeln in der Frühen Neuzeit zu gelangen. Dynastie („Geschlecht“) verstehe ich daher nicht allein als eine agnatische Herrscherfolge, sondern ebenso als komplexes Beziehungsgeflecht und Handlungsfeld der jeweils gleichzeitig lebenden Agnaten und Agnatinnen, der Kognaten, insbesondere der eingeheirateten Gemahlin des Primogenitus, die – obwohl eine „Fremde“ – die legitime Fortsetzung der Dynastie garantierte.[47]

Um die Dynamik dieses Handlungsfeldes zu erschließen, bedarf es der präzisen Unterscheidung der Positionen von Agnaten und Agnatinnen in ihrer eigenen Dynastie von den Positionen hochadeliger Frauen in den Dynastien, in die sie einheirateten. Nicht berücksichtigt werden hier die sozialen Beziehungen, wie sie z.B für den Hof des Landgrafen Moritz von Hessen-Kassel oder den Berliner Hof unter Kurfürst Friedrich III./König Friedrich I. dargelegt worden sind.[48]

Im dynastischen Personenverband „Haus“ („Geschlecht“) standen für beide Geschlechter sehr unterschiedliche Positionen und Rollen bereit, um die Interessen des Geschlechterverbandes und zugleich ihren eigenen Status zu wahren. Die in den Hausgesetzen getroffenen Regelungen für die legitime Herrschaftsnachfolge beruhten auf dem Prinzip der Exklusion und der Abtrennung vom „Stamm“. Sie galten für Söhne und Töchter. So mußten die nachgeborenen Söhne zugunsten des Primogenitus zurücktreten und ihr ‚Glück‘ in militärischen und diplomatischen Diensten an den großen Höfen suchen. Viele von ihnen blieben unverheiratet, wenn sie keine vorteilhafte Partie machen konnten. Nicht nur Töchter wurden verheiratet,[49] gerade die Erbprinzen waren Gegenstand der dynastischen Heiratspolitik ohne Rücksicht auf Neigungen – ein wesentlicher Grund für die Bedeutung, die Mätressen an deutschen Höfen ge-

---

[47] *J. Morsel,* La noblesse contre le prince (Anm. 31), 125. Vgl. hierzu die Überlegungen von *Cordula Nolte*: „Ir seyt ein frembs weib, das solt ir pleiben, dieweil ihr lebt“. Beziehungsgeflechte in fürstlichen Familien des Spätmittelalters, in: Geschlechterdifferenz im interdisziplinären Gespräch, hrsg. v. Doris Ruhe, Würzburg 1998, 11–41.

[48] *Margret Lemberg,* Frauen um Landgraf Moritz. Wirkungsmöglichkeiten einer Fürstin zu Anfang des 17. Jahrhunderts, in: Landgraf Moritz der Gelehrte. Ein Kalvinist zwischen Politik und Wissenschaft, hrsg. v. Gerhard Menk, Marburg 2000, 173–195; *Ines Elsner,* Friedrich und die Frauen. Von drei Ehefrauen und einer Mätresse, die keine war, in: Preußen 1701. Eine europäische Geschichte, hrsg. v. Deutschen Historischen Museum und der Stiftung Preußischer Schlösser und Gärten Berlin-Brandenburg 2001, 79–89.

[49] Zum Konnubium der Wetterauer Grafen: *Georg Schmidt,* Der Wetterauer Grafenverein. Organisation und Politik einer Reichskorporation zwischen Reformation und Westfälischem Frieden, Marburg 1989, 478–490.

wannen.[50] Wenn Söhne oder Töchter sich dieser dynastischen Logik nicht beugten, etwa unerlaubt oder eine rangniedrigere Person heirateten („Mißheirat"),[51] wurden sie aus dem „Geschlecht" ausgeschlossen, was einem sozialen Tod gleichkam. Unverheiratete Söhne und Töchter, die nicht in das Koordinatensystem von Primogenitur und Heiratspolitik paßten, waren zwar „tote Zweige", die keine legitimen Kinder haben konnten, gleichwohl waren sie oft von hoher Bedeutung für die dynastische Politik der Herkunftsfamilie. Für Söhne und Töchter des katholischen wie des protestantischen hohen Adels gab es die Möglichkeit, als Domherr oder Ordensritter, als Stiftsdame oder Äbtissin[52] der Herkunftsdynastie wertvolle Dienste zu erweisen und zugleich ein standesgemäßes Leben zu führen. In geistlichen Territorien konnten sie sogar die Landesherrschaft erlangen, die ihnen in der Herkunftsdynastie verwehrt war.[53] Mit dieser Plazierung von unverheirateten Söhnen und Töchtern tritt ein dynastisches Sicherungssystem zutage, das nicht vertikal (Fortsetzung der männlichen Linie), sondern horizontal (Erweiterung der dynastischen Präsenz in der Adelsgesellschaft) verlief. Beide Strategien standen im Zeichen einer rigiden Familienpolitik, W. Weber hat – wohl im Anschluß an Karl-Heinz Spieß[54] – von einer „dynastischen Räson" gesprochen,[55] die besonders für die nachgeborenen Söhne und Töchter eine häufig als sehr einschränkend empfundene Lebensperspektive bedeutete.[56]

---

[50] *Sybille Oßwald-Bargende,* Die Mätresse, der Fürst und die Macht. Christina Wilhelmina von Grävenitz und die höfische Gesellschaft, Frankfurt a.M./New York 2000.

[51] Siehe den Beitrag von *Barbara Stollberg-Rilinger* in diesem Band.

[52] Siehe den Beitrag von *Ute Küppers-Braun* in diesem Band; vgl. auch *Johannes Arndt,* Das niederrheinisch-westfälische Reichsgrafenkollegium und seine Mitglieder (1653–1806), Mainz 1991, 252–255; *Helga Zöttlein,* Auseinandersetzungen zwischen Stiftsdamen und Landesherr um die korporative Selbständigkeit des protestantischen freiweltlichen Damenstifts Schaaken zu Beginn des 18. Jahrhunderts, in: Geschichtsblätter für Waldeck 85 (1997), 68–77; *Marietta Meier,* Standesbewusste Stiftsdamen. Stand, Familie und Geschlecht im adeligen Damenstift Olsberg 1780–1810, Köln/Weimar/Wien 1999.

[53] Siehe den Beitrag von *Sylvia Schraut* in diesem Band; vgl. auch *Ute Küppers-Braun,* Frauen des hohen Adels im kaiserlich-freiweltlichen Damenstift Essen (1605–1803). Eine verfassungs- und sozialgeschichtliche Studie. Zugleich ein Beitrag zur Geschichte der Stifte Thorn, Elten, Vreden und St. Ursula in Köln, Münster 1997.

[54] *Karl-Heinz Spieß,* Erbteilung, dynastische Räson und transpersonale Herrschaftsvorstellung. Die Pfalzgrafen bei Rhein und die Pfalz im späten Mittelalter, in: Die Pfalz. Probleme einer Begriffsgeschichte vom Kaiserpalast auf dem Palatin bis zum heutigen Regierungsbezirk, hrsg. v. Franz Staab, Speyer 1990, 159–181.

[55] *W. Weber,* Dynastiesicherung und Staatsbildung (Anm 25), 103.

[56] Vgl. *Johannes Arndt,* Möglichkeiten und Grenzen weiblicher Selbstbehauptung gegenüber männlicher Dominanz im Reichsgrafenstand des 17. und 18. Jahr-

Die „dynastische Räson" besaß allerdings eine weitere Facette, die es Agnatinnen unter bestimmten Bedingungen erlaubte, als Erbtöchter die Herrschaftsnachfolge anzutreten.[57] Dies galt für Erblehen und „Weiberlehen", wenn Söhne fehlten.[58] Dieser Regelung lag der Wille zugrunde, das Patrimonium des Geschlechts wenigstens in der weiblichen Linie zu bewahren. Die ältere Vorstellung von „Geschlecht" als umfassendem agnatischem Verband, wie ihn Gerd Melville[59] am Beispiel genealogischer Darstellungen und Karl-Heinz Spieß[60] für „Familie und Verwandschaft" im späten Mittelalter herausgearbeitet haben, wird hier erkennbar. Diese Erbtöchter waren begehrte Heiratspartnerinnen, doch galt nach Moser: „In ihren eigenen Landen aber seynd sie nicht schuldig, die Regierung ihrem Gemahl zu überlassen".[61] So führte Fürstin Louis Isabella von Nassau-Weilburg in ihrer 1799 ererbten Grafschaft Sayn-Hachenburg, die sie mit in die Ehe brachte, selbst die Regierung.[62] Im Falle der acht Limpurger Erbtöchter übernahmen dagegen 1713 deren Ehemänner die Herrschaft in den ererbten Herrschaftsgebieten ihrer Gemahlinnen.[63] Generell jedoch war die Frage der „weiblichen Succession" ein ebenso umkämpftes Feld wie das der vormundschaftlichen Regierung von Witwen mit unmündigen Söhnen.[64]

---

hunderts, in: Vierteljahrschrift für Sozial- und Wirtschaftsgeschichte 77 (1990), 153–174; für den niederen Adel *Jörg Engelbrecht,* Adelige Familienkonflikte am Ende des 18. Jahrhunderts. Das „Journal d'amour" der Luise von Hompesch aus den Jahren 1797/1798, in: Rheinische Vierteljahresblätter 54 (1989), 151–177.

[57] *J. J. Mosers* Familien=Staats=Recht (Anm. 42), 9. Capitel; *Adalbert Erler,* Art. ‚Erbtochter', in: HRG (Anm. 12), 1 (1971), 980 f.

[58] *Elisabeth Koch,* Art. ‚Weiberlehen', in: HRG (Anm. 12), 5 (1998), 1206–1209; *Martin Früh,* Die weibliche Erbfolge im fuldischen Lehnrecht des Spätmittelalters, in: Hessisches Jahrbuch für Landesgeschichte 48 (1998), 55–62; *Reinhard Tiesbrummel,* Das Lehnrecht der Landgrafschaft Hessen (Niederhessen) im Spätmittelalter 1247–1471, Darmstadt/Marburg 1990, 75 f.; *Rüdiger Freiherr von Schönberg,* Das Recht der Reichslehen im 18. Jahrhundert. Zugleich ein Beitrag zu den Grundlagen der bundesstaatlichen Ordnung, Heidelberg/Karlsruhe 1977, 173; insbes. *K.-H. Spieß,* Familie und Verwandtschaft (Anm. 30), 327–397, bes. 327–343; *J. Arndt,* Das niederrheinisch-westfälische Reichsgrafenkollegium (Anm. 52), 249.

[59] *Gerd Melville,* Vorfahren und Vorgänger. Spätmittelalterliche Genealogien als dynastische Legitimation zur Herrschaft, in: Die Familie als sozialer und historischer Verband. Untersuchungen zum Spätmittelalter und zur frühen Neuzeit, hrsg. v. Peter-Johannes Schuler, Sigmaringen 1987, 203-309.

[60] *K.-H. Spieß,* Familie und Verwandtschaft (Anm. 30).

[61] *Johann Jacob Mosers* Familien=Staats=Recht Derer Teutschen Reichsstände, 2. Th., Frankfurt/Leipzig 1775, 15. Capitel, § 10, 389 (= Johann Jacob Moser, Neues teutsches Staatsrecht. Neudruck d. Ausg. 1766–1782, Bd. 12,2 1. Hälfte, 1775, Osnabrück 1967).

[62] *J. Arndt,* Das niederrheinisch-westfälische Reichsgrafenkollegium (Anm. 52), 248, Anm. 230.

[63] *Gerd Wunder/Max Schefold/Herta Beutter,* Die Schenken von Limpurg und ihr Land, Sigmaringen 1982, 48–57, bes. 50–54.

Während adelige Frauen als Töchter in der Regel nicht für die Herrschaftsnachfolge vorgesehen waren, gewannen sie, wenn sie heirateten, als „regierende" Gräfinnen[65] und Fürstinnen in der Dynastie ihres Gemahls Bedeutung weit hinaus über ihre Rolle als leibliche Mutter zukünftiger Regenten. Der Landesherr und seine Gemahlin bildeten das ‚regierende Paar', das die Gegenwart und Kontinuität dynastischer Herrschaft im umfassenden Sinn personifizierte und zugleich die rechte Ordnung der Geschlechter in der Ehe darstellte. Daß dem im höfischem Zeremoniell Rechnung getragen wurde, bestätigt Johann Christian Lünig in seinem Theatrum Ceremoniale.[66] Zwar nahm die regierende Fürstin den Geschlechtsnamen des Gemahls an, aber die Bedeutung ihrer eigenen hohen Herkunft drückte sich im gemeinsamen Allianzwappen[67] aus. Diese Paarkonstellation wurde ebenfalls im Verhältnis von Herren- und Damenappartements in den Schloßbauten inszeniert, die gleichwohl Raum für die Selbstinszenierung von Herrscher und Herrscherin boten.[68] Bereits bei der Brautwerbung wurden Porträts ausgetauscht,[69] die häufig als repräsentative Pendantbilder des regierenden Paares zusammengestellt wurden, und das Paar wurde in das Familienalbum aufgenommen – wie im Fall der Wittelsbacher.[70] Bevorzugt ließ sich das regierende Paar im Kreis der gemeinsamen Kinder auf Familienbildern darstellen.[71] In der größeren Öffentlichkeit zeigte es sich z.B. bei Hochzeiten, bei Begräbnissen, bei anderen festlichen Ereignissen, beim Besuch des Gottesdienstes, bei Wallfahrten, bei der Jagd oder bei Reisen.

Naturgemäß erscheint das regierende Paar nicht in den rechtlichen Bestimmungen über Herrschaftsnachfolge und Erbe, wohl aber als Lan-

---

[64] *Johann Jacob Moser*, Teutsches Staats=Recht, 16. Th. Leipzig/Ebersdorf 1744, §§ 114 ff, 450 ff.

[65] Die Bezeichnung „regierende Gräfin" findet sich z.B. für Gräfin Johannette von Waldeck: Hessisches Staatsarchiv Marburg, Bestand 134.164: Vergleich vom 5. Sept. 1705, fol. 2b. Für diesen Hinweis danke ich Frau Helga Zöttlein M. A.

[66] *Johann Christian Lünig*, Theatrum ceremoniale historico-politico: oder hist.-pol. Schauplatz des europ. Cantzley-Ceremoniels, T. 2, Leipzig 1720, 1315.

[67] Vgl. *Werner Paravicini*, Gruppen und Person. Repräsentation durch Wappen im späteren Mittelalter, in: Die Repräsentation der Gruppen. Texte – Bilder – Objekte, hrsg. v. Otto Gerhard Oexle/Andrea v. Hülsen-Esch, Göttingen 1998, 327–389, hier 347.

[68] Siehe den Beitrag von *Cordula Bischoff* in diesem Band. Vgl. *Erich Konter*, Kurfürstinnen und Königinnen, in: Geschichte und Pflege, hrsg. v. Frank Augustin/Vroni Heinrich/Dieter Radicke, Berlin 1991, 37–64.

[69] *Julius Bernhard von Rohr*, Einleitung zur Ceremoniel-Wissenschaft Der großen Herren, hrsg. u. kom. v. Monika Schlechte, Leipzig 1990, 133 (§ 3).

[70] Siehe Tafel 16–18, in: *Hubert Glaser* (Hrsg.), Um Glauben und Reich. Kurfürst Maximilian I. Beiträge zur Bayerischen Geschichte und Kunst 1573–1651, München/Zürich 1980.

[71] Siehe den Beitrag von *Sabine Stange* in diesem Band.

desvater und Landesmutter in der Figuration der „Obrigkeit im Elternstand“.[72] Der regierenden Gräfin/Fürstin kamen sehr wohl Aufgaben zu, wie z.B. die Fürsprache bei Bitten der Untertanen,[73] oder die Gründung von Waisenhäusern,[74] die als ihr spezifischer Anteil an der Landesherrschaft galten.

Moser betonte zwar, „daß die Gemahlinin derer Reichsstände an ihres Gemahls Regierungs-Sachen keinen Anteil haben“.[75] Doch bereits der Artikel ‚Regierung‘ bei Zedler belegt, daß die Herrschaftspraxis dem nicht entsprach: „Finden sich grosse Herren genöthiget ihrer Angelegenheit wegen entweder auf eine kürtzere oder längere Zeit ihr Land zu verlassen, so tragen sie inzwischen die Regierung entweder ihren Räthen und Ministern, oder ihren ältesten Printzen, oder auch ihren Gemahlinnen auf. Also constituirte der Chur-Fürst zu Bayern Maximilian Emanuel im Jahr 1704, da er sich nach der unglücklichen Schlacht bey Höchstädt retiriren muste, seine Gemahlin [Kurfürstin Theresia Kunigunde[76]] in einem Decret zur Regentin des Landes, legte ihr die absolute Gewald und Autorität bey, um bey seiner Entfernung von dem Lande die durchgehende Regierung so wohl in publicis als militaribus zu führen, und alles dasjenige zu beobachten, zu handeln, und zu beschlüssen, was sie ihm und dem Lande am besten zu seyn erachten würde. Dieser Schluß wird allen ihren Collegiis und den sämmtlichen Land=Ständen notificirt, damit sich das gantze Land darnach zu richten wisse.“[77]

Dieser Fall war keineswegs so spektakulär, wie es zunächst scheinen mag. In vielen mittleren und kleineren Territorien des Reichs war der Landesherr häufig und länger abwesend, da er auf die Einkünfte aus militärischen, diplomatischen und administrativen Diensten beim Kaiser und an größeren Höfen oder aber auf Ämter an den Reichsgerichten angewiesen war. Ein prominentes Beispiel ist Markgraf Ludwig Wilhelm von Baden-Baden, der „Türkenlouis“, der 1690 die sachsen-lauenburgi-

---

[72] *H. Wunder,* Herrschaft und öffentliches Handeln (Anm. 11), 37 im Anschluß an *Paul Münch,* Die ‚Obrigkeit im Vaterstand‘. Zu Definition und Kritik des ‚Landesvaters‘ während der Frühen Neuzeit, in: Daphnis 11 (1982), 16–40.

[73] *H. Wunder,* Herrschaft und öffentliches Handeln (Anm. 11), 47.

[74] *Heide Wunder/Helga Zöttlein/Barbara Hoffmann,* Konfession, Religiosität und politisches Handeln von Frauen vom ausgehenden 16. bis zum Beginn des 18. Jahrhunderts, in: Zeitsprünge. Forschungen zur Frühen Neuzeit 1/1 (1997), 75–98, hier 90 f. (*Helga Zöttlein,* Religiosität und politisches Handeln adeliger Frauen in der Grafschaft Waldeck an der Wende vom 17. und 18. Jahrhundert).

[75] *J. J. Mosers* Familien=Staats=Recht (Anm. 61).

[76] *Michel Komaszynski,* Die politische Rolle der bayerischen Kurfürstin Theresia Kunigunde, in: Zeitschrift für bayerische Landesgeschichte 45 (1982), 555–573.

[77] Art. ‚Regierung‘, in: *J. H. Zedler,* Universal-Lexikon (Anm. 7), Bd. 30, Halle/Leipzig 1741, Sp. 1793–1817, hier 1804 f.

sche Prinzessin Franziska Sibylla Augusta heiratete, die nach seinem Tod 1707 zwanzig Jahre für den unmündigen Sohn Ludwig Georg Simpert regierte.[78] Dieses Phänomen ist noch nicht systematisch erforscht, gleichwohl zeichnet sich ab, daß während der Abwesenheit des Landesherrn oder seiner ernsthaften Erkrankung in vielen Fällen die Gemahlinnen ganz oder gemeinsam mit den Räten die Regierungsgeschäfte führten.[79] Eine andere Konstellation entstand in Hessen-Kassel, als Landgraf Moritz im Dreißigjährigen Krieg die Landgrafschaft verließ und seine Gemahlin Juliane gemeinsam mit dem Erbprinzen aus erster Ehe an seine Stelle trat.[80] Landgräfin Juliane war für derartige Aufgaben sehr geeignet, da sie großes Geschick in ihren eigenen finanziellen Angelegenheiten besaß und ihre Kenntnisse über die finanziellen Verhältnisse der Landgrafschaft, ein Hauptproblem des Landes, systematisch erweiterte.[81]

Zu den bisher erkennbaren Beiträgen der eingeheirateten Gräfin/Fürstin für die soziale Formierung von Dynastie kommt also ihr Anteil an der politischen Stabilisierung der Dynastie. Selbst wenn sich keine der dargestellten Notwendigkeiten ergaben, besaß sie eine wichtige politische Rolle, da sie die Beziehungsnetze ihrer Herkunftsfamilie in die Landespolitik und insbesondere in die Heiratspolitik einbrachte. Auf diese Weise konnte sie sich auch den Gemahl verpflichten, setzte sich bei ihm in „eine besondere Gunst“.[82] Diese benötigte sie vor allem, weil sie als „Fremde“ in der Hofgesellschaft schwer Fuß fassen konnte, es sei denn, eine der Hofparteien war an ihrer Person interessiert, um sie für eigene Zwecke zu nutzen.[83] Selbst bei entsprechender Begabung dauerte es einige Zeit, bis sich die junge Landesherrin bei Hof eine Position geschaffen hatte. Wenn sich jedoch die Geburt eines Sohnes verzögerte,

---

78 Leben und Werk der Markgräfin Franziska Sibylla Augusta 1675–1733, Katalog zur Ausstellung der Stadt Rastatt anläßlich des 250. Todestages der badischen Markgräfin v. *Saskia Esser*, Rastatt 1983.

79 Vgl. *Cordula Nolte*, Der kranke Fürst. Vergleichende Beobachtungen zu Dynastie- und Herrschaftskrisen um 1500, ausgehend von den Landgrafen von Hessen, in: Zeitschrift für Historische Forschung 27 (2000), 1–36.

80 *Margret Lemberg*, Juliane Landgräfin zu Hessen (1587–1643). Eine Kasseler und Rotenburger Fürstin aus dem Hause Nassau-Dillenburg in ihrer Zeit, Darmstadt 1994.

81 *M. Lemberg*, Frauen um Landgraf Moritz (Anm. 48), 182.

82 *J. B. v. Rohr*, Einleitung zur Ceremoniel-Wissenschaft (Anm. 69), 216.

83 Vgl. z. B. *I. Elsner*, Friedrich und die Frauen (Anm. 48) sowie *S. Oßwald-Bargende*, Die Mätresse, der Fürst und die Macht (Anm. 50); *Michael Strich*, Kurfürstin Adelheit von Bayern. Nach den Briefen in der Hofbibliotheca del Ré zu Turin und anderen unveröffentlichten Dokumenten, in: Historisches Jahrbuch 47 (1927), 63–96; *Ute Daniel*, Zwischen Zentrum und Peripherie der Hofgesellschaft: Zur biographischen Struktur eines Fürstinnenlebens der Frühen Neuzeit am Beispiel der Kurfürstin Sophie von Hannover, in: L'Homme Z. F. G. 8 (1997), 208–217.

wenn sie nur Töchter zur Welt brachte oder gar kinderlos blieb, war ihre Position in hohem Maße vom Wohlwollen des Gemahls abhängig, da die dynastische Kontinuität gefährdet war.[84] Besonderer Gunst des Gemahls zu verdanken war schließlich die testamentarische Einsetzung der Gemahlin als vormundschaftliche Regentin. Im 18. Jahrhundert wurde häufig eine solche Bestimmung bereits in den Ehevertrag aufgenommen.

Der eigentliche Prüfstein für den Grad der ‚Agnatisierung' von einheiratenden Gräfinnen/Fürstinnen in der Dynastie des Gemahls war jedoch ihr Status als Witwe, vor allem als alte Witwe.[85] Ihre materielle Absicherung war in den Hausverträgen, z. B. bei den Reuß in den „Geschlechts-Artikeln", geregelt[86] und Gegenstand des Ehevertrages, in dem insbesondere das Wittum ausgehandelt wurde; aber die Realisierung war immer abhängig vom Zustand des Landes beim Tod des Gemahls und der Einstellung des Erbprinzen zu seiner Mutter. Vielen Fürstinnen stand diese Problematik vor Augen, daher versuchten sie, sich während der Ehe zusätzliche Sicherheiten zu schaffen. So ließ sich beispielsweise Landgräfin Juliane von Hessen-Kassel, zweite Ehefrau von Landgraf Moritz, bei der Geburt ihrer Söhne Güter verschreiben.[87] Welche Schwierigkeiten sich darüber hinaus oft stellten, läßt folgende Aussage Mosers erahnen: „Hingegen disponiren die Testatores mehrmalen, daß ihren Wittwen, zu-

---

[84] Vgl. auch *Johannes Kunisch,* Friedrich der Große, Friedrich Wilhelm II. und das Problem der dynastischen Kontinuität im Hause Hohenzollern, in: Persönlichkeiten im Umkreis Friedrichs des Großen, hrsg. v. dems., Köln/Wien 1988, 1–27.

[85] Siehe hierzu den Beitrag von *Helga Meise* in diesem Band. – Im deutschsprachigen Raum steht die Erforschung des Witwenstandes noch am Anfang. Vgl. *Uta Löwenstein,* „Daß sie sich uf iren Withumbssitz begeben und sich sonsten anderer Herrschafften Sachen und Handlungen nicht undernemen ...". Hofhaltungen fürstlicher Frauen und Witwen in der Frühen Neuzeit, in: Frühneuzeitliche Hofkultur in Hessen und Thüringen, hrsg. v. Jörg Jochen Berns/Detlef Ignasiak, Erlangen/Jena 1993, 115–137; *Barbara Lange,* Artemisia als Leitbild. Zum Herrschaftlichen Witwensitz beim Übergang zum Absolutismus, in: Kritische Berichte 4 (1996), 61–72; *Jill Bepler,* Tugend- und Lasterbilder einer Fürstin: die Witwe von Schöningen, in: L'Homme. Z. F. G. 8 (1997), 218–231; *Sybille Oßwald-Bargende,* Von „Wittumbs Freyheit und gewohnheit". Eine Skizze über herzogliche Witwen in Leonberg, in: Nonne, Magd oder Ratsfrau. Frauenleben in Leonberg in vier Jahrhunderten, hrsg. v. Renate Dürr, Leonberg 1998, 27–42; *Margot Dongus,* Sibylla von Anhalt – Profil einer vielseitigen Persönlichkeit, in: ebd., 43–52; *Inge Mager,* „Wegert euch des lieben heiligen Creutzes nicht". Das Witwentrostbuch der Herzogin Elisabeth von Calenberg-Göttingen, in: Kirche und Gesellschaft im Heiligen Römischen Reich des 15. und 16. Jahrhunderts, hrsg. v. Hartmut Boockmann, Göttingen 1994, 207–224; *Dagmar Freist,* Religious difference and the experience of widowhood in seventeenth- and eighteenth-century Germany, in: Widowhood in Medieval and Early Modern Europe, hrsg. v. Sandra Cavallo/Lyndan Warner, Harlow u. a. 1999, 164–178.

[86] *H. Schulze,* Hausgesetze (Anm. 43), Artikel 19–33.

[87] *M. Lemberg,* Frauen um Landgraf Moritz (Anm. 48), 181.

malen von denen Kindern, mit gebührendem Respect begegnet werden solle; es ist auch eine nicht allezeit überflüßige Sache; wann sie nur jedesmal fruchtete, was sie sollte."[88] Nicht zufällig traten gräfliche und fürstliche Witwen als Autorinnen von Trostbüchlein für Witwen hervor.[89]

Für die Witwenjahre erwiesen sich die vorhergehenden Erfahrungen mit der Verwaltung „ihrer eigenen Sachen" als äußerst nützlich. Wenn die Witwe die Regentschaft führte, kamen ihr Herrschaftserfahrungen als „regierende" Gräfin oder Fürstin besonders zugute. Mütterliche Vormundschaft war zwar rechtlich als Ausnahme konstruiert, tatsächlich trat sie häufig auf.[90] Eine Ursache liegt in den Mehrfachehen der Fürsten, da sie nach dem Tod der Gattin gezwungen waren, eine neue Ehe einzugehen, insbesondere wenn es noch keine oder keine Söhne mehr gab. Alte Fürsten heirateten junge Frauen, die ggf. die Vormundschaft für die minderjährigen Kinder übernahmen. Es liegt in der Logik solcher Regentschaften, daß väterliche Aufgaben gegenüber dem Sohn nunmehr von der Mutter wahrgenommen wurden. Dazu gehörte es an erster Stelle, dem Erbprinzen eine Anleitung für seine zukünftige Tätigkeit zu geben: Die „Mütterlichen Vermahnungen" traten neben die „monita paterna", die beredtes Zeugnis für das Zugehörigkeitsgefühl der eingeheirateten Fürstin zur Dynastie von Ehemann und Sohn ablegen.[91]

Trotz, möglicherweise auch wegen ihrer vielfach unsicheren Situation spielten Witwen eine bedeutende Rolle in der kulturellen Formierung einer Dynastie. Nicht allein das regierende Paar trug die „Repräsentation"[92] – verstanden als „Vergegenwärtigung"[93] – der Dynastie mit der Gestaltung der Residenzen, seiner persönlichen Prachtentfaltung und der Förderung von Wissenschaften und Künsten.[94] Kultur im Sinn von Pflege des Gedenkens (Memoria[95]) gehörte zu bezeichnenden dynasti-

---

[88] *J. J. Mosers* Familien=Staats=Recht (Anm. 61), 16. Capitel, § 45, 667; vgl. auch den Beitrag von *Helga Meise* in diesem Band.

[89] Z.B. *I. Mager,* „Wegert euch des lieben heiligen Creutzes nicht" (Anm. 85); *Merry Wiesner,* Herzogin Elisabeth von Braunschweig-Lüneburg (1510–1558), in: Deutsche Frauen der Frühen Neuzeit. Dichterinnen – Malerinnen – Mäzeninnen, hrsg. v. Kerstin Merkel/Heide Wunder, Darmstadt 2000, 39–48; vgl. auch den Beitrag von *Jutta Taege-Bizer* in diesem Band.

[90] Vgl. z.B. *J. Arndt,* Das niederrheinisch-westfälische Reichsgrafenkollegium (Anm. 52), 248–256, hier 250.

[91] Siehe die Beiträge von *Jutta Taeger-Bizer* und *Helga Meise* in diesem Band.

[92] *Ute Daniel,* Überlegungen zum höfischen Fest der Barockzeit, in: Niedersächsisches Jahrbuch für Landesgeschichte 72 (2000), 45–66.

[93] Vgl. *Otto Gerhard Oexle,* Soziale Gruppen in der Ständegesellschaft: Lebensformen des Mittelalters und ihre historischen Wirkungen, in: Die Repräsentation der Gruppen, hrsg. v. dems./A. v. Hülsen-Esch (Anm. 67), 9–44, hier 33 f.

[94] S. die Beiträge von *Cordula Bischoff, Kerstin Merkel* und *Birgit Kümmel,* in: Deutsche Frauen der Frühen Neuzeit, hrsg. v. K. Merkel/H. Wunder (Anm. 89).

schen Aufgaben, denen sich Witwen verpflichtet fühlten. Hiervon zeugen Funeralwerke für den verstorbenen Gemahl, aber auch für Vater und Mutter, die nicht allein die verstorbene Person, sondern ebenso die jeweilige Dynastie dem Gedenken der Gegenwart und der Nachwelt anempfahlen.[96] In der Figur der Witwe, zu der sich fürstliche Witwen stilisieren, verbinden sich kommunikatives und kulturelles Gedächtnis (Jan Assmann): Mit ihrem Da-Sein verkörperten und vergegenwärtigten sie dynastische Präsenz und Kontinuität.[97]

* * *

Die vorgetragenen Überlegungen zu „Dynastie und Herrschaftssicherung: Geschlechter und Geschlecht" beruhen zum einem auf den Fragestellungen des von der Volkswagen Stiftung geförderten Projektes „Konfession, Religiosität und politisches Handeln von Frauen vom ausgehenden 16. bis zum Beginn des 18. Jahrhunderts".[98] Die dort vertretene These von der besonderen Bedeutung von Konfession und persönlicher Frömmigkeit für das politische Handeln hochadeliger Frauen wird mehrfach in den Studien dieses Bandes bestätigt und bewährt sich ebenfalls für die Analyse der Rolle und des Selbstverständnisses niederadliger Frauen des Weserraums im Prozeß der Konfessionalisierung.[99] Zum anderen sind meine Überlegungen in der Auseinandersetzung mit den Beiträgen dieses Bandes entstanden, die das Problem der Herrschaftsbeteilung hochadeliger Frauen in einem breiten multidisziplinär ausgefächerten Spektrum bearbeitet haben und eine Erweiterung und Vertiefung des ursprünglichen Ansatzes, der Herrschaftsbeteiligung der Geschlechter auf die Spur zu kommen, fordern. Es bot sich an, „Dynastie" mit der Akzentuierung „Geschlechter und Geschlecht" zu konzeptualisieren und dabei die kulturellen Repräsentationen einzubeziehen.[100] Die neue Sicht

---

95 Vgl. *Otto Gerhard Oexle,* Memoria als Kultur, in: Memoria als Kultur, hrsg. v. dems., Göttingen 1995, 9–78.

96 Siehe den Beitrag von *Jill Bepler* in diesem Band sowie *Jill Bepler/Birgit Kümmel/Helga Meise,* Weibliche Selbstdarstellung im 17. Jahrhundert. Das Funeralwerk der Landgräfin Sophia Eleonore von Hessen-Darmstadt, in: Geschlechterperspektiven. Forschungen zur Frühen Neuzeit, hrsg. v. Heide Wunder/Gisela Engel, Königstein/T. 1998, 441–468.

97 Wegweisend für die Erforschung der Trauer: *Bernhard Jussen,* Dolor und Memoria. Trauerriten, gemalte Trauer und soziale Ordnungen im späten Mittelalter, in: Memoria als Kultur, hrsg. v. O. G. Oexle (Anm. 95), 207–252.

98 *H. Wunder/H. Zöttlein/B. Hoffmann,* Konfession, Religiosität und politisches Handeln (Anm. 74).

99 Siehe den Beitrag von *Anke Hufschmidt* in diesem Band.

100 Demgegenüber skizziert *Siegrid Westphal,* Frauen der Frühen Neuzeit und die deutsche Nation, in: Föderative Nation. Deutschlandkonzepte von der Refor-

auf „Dynastie und Herrschaftssicherung“ – vornehmlich im 17. und 18. Jahrhundert –, vermittelt über die Perspektiven der Geschlechterforschung, verstehe ich als Beitrag zu einer Geschichte des Alten Reichs, die dem Selbstverständnis der regierenden Dynastien und damit auch der Funktionsweise von dynastischer Herrschaft gerecht wird. Wieweit diese Thesen tragen, werden die laufenden Forschungen zeigen.[101]

---

mation bis zum Ersten Weltkrieg, hrsg. v. Dieter Langewiesche/Georg Schmidt, München 2000, 363–386, wie gerade Frauen des hohen Adels im 17. Jahrhundert eine die Dynastie transzendierende „Vaterlandsliebe“ entwickelten.

[101] Derzeit entstehen eine Reihe von Dissertationen zu diesem Themenbereich: Ute Essegern (Universität Chemnitz), Andrea Lilienthal (Universität Erfurt), Pauline Puppel (Universität Kassel), Jutta Taege-Bizer (Universität Kassel), Helga Zöttlein (Universität Kassel).

Der Grafenstand in der Reichspublizistik

Von Barbara Stollberg-Rilinger

Den Maßstab moderner Staatsbildung an die reichsgräflichen Territorien der Frühen Neuzeit anzulegen ist seit langem problematisch geworden.[1] Vielmehr war dort eine spezifisch vormoderne, dynastisch orientierte Rationalität am Werk. Das reichsgräfliche Handeln ist aber nicht allein von seinem Motiv her zu verstehen, „Stamm, Rang und Namen" des einzelnen Hauses zu erhalten und zu mehren. Notwendiges Komplement dazu war vielmehr das Motiv, „lustre, splendeur und Dignität" des reichsgräflichen *Standes* zu bewahren. Zumindest solange der Rang einer Familie sich aus der gräflichen Standeszugehörigkeit ergab, mußte reichsrechtliche Statuswahrung Bestandteil ihrer dynastischen Strategie sein. Zu dieser ständisch-korporativen Rationalität eröffnet die Reichspublizistik einen Zugang. Sie war diejenige juristische Disziplin, die sich auf das Reich als Ganzes richtete, und sie nahm die Grafen daher stets als Stand des Reiches, als Reichsglieder wahr. Worum es mir im folgenden geht, ist nicht nur zu zeigen, wie sich der Grafenstand aus der Perspektive der Reichspublizistik darstellt, sondern auch, inwiefern die Reichspublizistik der reichsgräflichen Standespolitik selbst einen wesentlichen Rückhalt bot.

Zunächst möchte ich kurz die Reichspublizistik als Disziplin skizzieren und die Situation der „Grafen und Herren des Reiches" in der zweiten Hälfte des 17. und im 18. Jahrhundert umreißen. Anschließend soll gezeigt werden, welchen Beitrag die Reichspublizistik dazu leistete, diese Gruppe überhaupt als *exakt abgegrenzten Stand* im juristischen Sinne zu definieren, und zwar anhand folgender einzelner Rechte: Sitz und Stimme auf Reichstagen und *superioritas territorialis,* zeremonieller Vorrang („Praezedenz") und „Ebenbürtigkeit".

---

[1] Vgl. *Heide Wunder/Helga Zöttlein/Barbara Hoffmann,* Konfession, Religiosität und politisches Handeln von Frauen vom ausgehenden 16. bis zum Beginn des 18. Jahrhunderts, in: Zeitsprünge. Forschungen zur Frühen Neuzeit 1 (1997), 75–98; ebenso schon *Volker Press,* Reichsgrafenstand und Reich. Zur Sozialgeschichte des deutschen Hochadels in der frühen Neuzeit, in: Festschrift für Gerhard Schulz, hrsg. v. Jürgen Heideking u.a., Berlin 1989, 3–29, der viele spätere Studien angeregt hat.

Zur Reichspublizistik als Disziplin

Das *Ius publicum Imperii Romani-Germanici* etablierte sich als eigenständige juristische Universitätsdisziplin um die Wende zum 17. Jahrhundert. Es wuchs dabei aus einer Jurisprudenz heraus, die noch weitgehend römisch-, d.h. zivilrechtlich geprägt war, und trug damit dem Bedarf nach spezifisch ausgebildeten Juristen für die Praxis der Reichsinstitutionen Rechnung. Indirekt läßt sich die Reichspublizistik als Reaktion auf die Konfessionsspaltung auffassen.[2] Reformation, Konfessionalisierung und Territorialisierung hatten einerseits zu einer immensen Vervielfältigung des Konfliktstoffs im Reich geführt, andererseits aber auch institutionelle Voraussetzungen zum rechtlichen Austrag dieser Konflikte herausgebildet.[3] Das Reich als rechtlicher Verband der konfessionell konkurrierenden Gewalten erzwang zumindest teilweise die Verrechtlichung, d.h. Formalisierung und damit sachliche Neutralisierung dieser politischen und religiösen Konflikte. Die Beziehungen zwischen den Reichsgliedern wurden zunehmend gesetzlich fixiert, ihre Konflikte damit prinzipiell juristisch austragbar. Dem trug die Reichspublizistik Rechnung. Einen wesentlichen Impuls erhielt sie dabei zum einen durch die Relativierung des römischen Rechts: Man erkannte immer deutlicher, daß es zur Erfassung der heimischen Rechtswirklichkeit unzulänglich und überdies den Interessen der Reichsstände abträglich war. Dies zwang zur intensiven historischen Erforschung des heimischen Rechts. Zum anderen erhielt sie einen wichtigen Impuls durch Bodins Souveränitätslehre, die eine intensive theoretische Auseinandersetzung mit der Reichsverfassung auslöste.

Die Reichspublizistik sammelte, ordnete, systematisierte und kommentierte das geltende Recht im Reich und in den Ländern. Sie verfuhr dabei in der Regel nach einer Gliederung, die die Hierarchie des Gegen-

---

[2] Vgl. dazu *Michael Stolleis*, Geschichte des Öffentlichen Rechts in Deutschland, Bd. 1: Reichspublizistik und Policeywissenschaft 1680–1754, München 1988; *ders.*, Glaubensspaltung und öffentliches Recht in Deutschland, in: ders., Staat und Staatsräson in der frühen Neuzeit, Frankfurt/Main 1990, 268–297; *Notker Hammerstein*, Jus publicum Romano-Germanicum, in: Diritto e potere nella storia Europea. Atti in onore di Bruno Paradisi, Florenz 1982, 717–753; *Rudolf Hoke*, Die Emanzipation der deutschen Staatsrechtswissenschaft von der Zivilistik im 17. Jahrhundert, in: Der Staat 15 (1976), 211–230; *Bernd Roeck*, Reichssystem und Reichsherkommen. Die Diskussion über die Staatlichkeit des Reiches in der politischen Publizistik des 17. und 18. Jahrhunderts, Wiesbaden 1984; *Barbara Stollberg-Rilinger*, Vormünder des Volkes? Konzepte landständischer Repräsentation in der Spätphase des Alten Reiches, Berlin 1999, Kap. 1.3.

[3] Vgl. *Martin Heckel*, Die reichsrechtliche Bedeutung der Bekenntnisse, in: ders., Gesammelte Schriften. Staat, Kirche, Recht, Geschichte, hrsg. v. Klaus Schlaich, 2 Bde., Tübingen 1989, Bd. 2, 737–772.

standes abbildete: vom Haupt, dem Kaiser, stieg sie hinab zu den Gliedern, über die Kurfürsten und Fürsten bis zu den Reichsstädten, Universitäten etc., allerdings nicht bis zu den Mediatuntertanen. Diese Hierarchie diente als Rahmen für die Ordnung des vorgegebenen Rechtsstoffes: Den Kern bildeten die „Reichsgrundgesetze" von der Goldenen Bulle über die kaiserlichen Wahlkapitulationen, den Religionsfrieden usw. bis zum Westfälischen Frieden. Hinzu kam die ganze Fülle des vertraglich vereinbarten Rechts – schriftliche Fixierungen, die sich wiederum nur wie „Inseln aus dem Meer des gewohnheitlich geltenden Reichsherkommens" erhoben.[4] Diese Rechtsmaterien wuchsen stetig weiter an: Einerseits durch neue Verträge, Reichsgesetze, Wahlkapitulationen, die Spruchpraxis der Reichsgerichte etc. Andererseits stieg zugleich die rückblickende Kenntnis des überkommenen Rechtsbestands durch die fortschreitende reichsgeschichtliche Forschung. Indem die Reichspublizistik all diese Rechtsmaterien dokumentierte und systematisierte, reagierte sie auf die zunehmende Juridifizierung der Reichs-„Verfassung" und trieb diesen Prozeß zugleich wesentlich mit voran.

Zur Lage des Reichsgrafenstandes im späten 17. und 18. Jahrhundert

Da Rechte im Reich meist korporativ und nicht individuell vereinbart bzw. gewährt wurden (und daher auch nur so gewahrt werden konnten) und da die Reichspublizistik auf die Registrierung und Fixierung solcher Rechte ausgerichtet war, mußte ihre Perspektive vorrangig eine ständisch-korporative sein. Sie nahm die „Grafen und Herren des Reiches" – wie erwähnt – primär als Stand wahr, nicht oder erst sekundär als einzelne. „Stand" bedeutet im Sinne des Reichsrechts – und nur in diesem Sinne wird der Begriff hier verwendet – eine Gruppe von Personen oder Familien, die durch gemeinsame Rechte und Pflichten gekennzeichnet ist und sich zur gemeinsamen Wahrung dieser Rechte und Ausübung dieser Pflichten korporativ zusammengeschlossen hat. In diesem präzisen Sinne gab es einen homogenen und geschlossenen „Reichsgrafenstand" mit klaren Grenzen nach oben und unten nur in der reichspublizistischen Theorie. In der Rechtswirklichkeit waren die Verhältnisse weitaus verworrener und strittiger, als es die Theorie suggeriert.

Die „Grafen und Herren des Reiches" fühlten sich nahezu die ganze Frühe Neuzeit hindurch in verschiedener Hinsicht bedroht. Was ein anonymer Autor aus dem Umkreis des Wetterauer Grafenvereins 1597 in einem Traktat beschwor – „des gantzen Graven-Stands endliche[n] Un-

---

[4] So eine Formulierung von *Gerhard Dilcher*, Vom ständischen Herrschaftsvertrag zum Verfassungsgesetz, in: Der Staat 27 (1988), 161–193, hier 171.

tergang", eine Entwicklung, die einem jeden Reichsgrafen „und seiner Posterität zu höchster Schmach, Verachtung und Verkleinerung" gereiche –, das schien sich auch noch nicht wesentlich geändert zu haben, als dieser Traktat um die Mitte des 18. Jahrhunderts von Heinrich Christian von Senckenberg erstmals veröffentlicht wurde.[5]

Welche Gründe hatten diese Klagen? Mit anderen Worten: Wie sah der sozial- und verfassungshistorische Kontext der reichspublizistischen Theorien aus?[6]

1. Ein strukturelles Grundproblem bestand in der mangelnden Konkurrenzfähigkeit der kleinen Reichsstände im Territorialisierungsprozeß. Die Integrität der Grafenherrschaften war durch mächtige Nachbarfürsten stets bedroht; die in nahezu allen Kleinterritorien bestehenden erheblichen Finanzprobleme konnten sich jederzeit zu Existenzkrisen ausweiten. Das Gespenst der drohenden Landsässigkeit ging auch im 18. Jahrhundert noch um; zumindest bestand stets die Gefahr, einzelne Gebietsteile, Herrschaftsrechte, Zollprivilegien u. a. einzubüßen.[7]

2. Ein schon im 16. Jahrhundert bestehendes, nach dem Westfälischen Frieden immer mehr sich verschärfendes Problem bestand in der mangelnden Standeshomogenität und -solidarität. Die Institutionalisierung von Sitz und Stimme der Grafenkorporationen in der Fürstenkurie des Reichstags sicherte zwar den Status der Grafen als Reichsstände; zu der Wetterauer und der schwäbischen Kuriatstimme kamen 1641 die fränkische und 1653 die niederrheinisch-westfälische hinzu. Die zahlreichen Besitzverschiebungen und die Nobilitierungspraxis des Kaisers führten aber dazu, daß die Korporationen, die die Stimmen führten, zunehmend heterogener wurden und immer mehr an Integrationskraft einbüßten.[8]

---

[5] *Anonymus,* Von der Graven und Herren Stand, Ursprung und Anfang, auch Auffnehmen [...] de an. 1597, in: Selecta Juris et Historiarum, hrsg. v. Heinrich Christian von Senckenberg, Tom. 6, Teil 1, Frankfurt/Main 1742, 1–80, hier 79 f.; vgl. den Kommentar Senckenbergs in dessen Praefatio, 27, über den unaufhaltsamen Niedergang des gräflichen *splendor.*

[6] Zur Geschichte der reichsgräflichen Standeskorporationen grundlegend *Georg Schmidt,* Der Wetterauer Grafenverein. Organisation und Politik einer Reichskorporation zwischen Reformation und Westfälischem Frieden, Marburg 1989; *Ernst Böhme,* Das fränkische Reichsgrafenkollegium im 16. und 17. Jahrhundert, Stuttgart 1989; *Johannes Arndt,* Das niederrheinisch-westfälische Reichsgrafenkollegium und seine Mitglieder (1653–1806), Mainz 1991; ferner der Überblick von *V. Press,* Reichsgrafenstand (Anm. 1).

[7] Vgl. nur die Beispiele bei *J. Arndt,* Das niederrheinisch-westfälische Reichsgrafenkollegium (Anm. 6), 219 ff.

[8] Daß die mangelnde Integrationskraft des Kollegiums und vor allem die mangelnde Solidarität bei der Aufbringung der Lasten schon im 16. Jahrhundert ein gravierendes Problem dargestellt hatten, zeigt für die Wetterauer Grafen nachdrücklich *G. Schmidt,* Wetterauer Grafenverein (Anm. 6).

Tatsächlich waren längst nicht alle alten und neuen Reichsgrafen Mitglieder der Grafenkollegien, und umgekehrt waren nicht alle Mitglieder der Grafenkollegien alte Reichsgrafen. Immer mehr Grafen verließen die Korporationen, indem sie in den Fürstenstand aufstiegen, immer mehr Fürsten gelangten in die Korporationen, weil sie Grafenterritorien besaßen, und immer mehr Titulargrafen traten als Personalisten hinzu, ohne tatsächlich Reichsgrafschaften innezuhaben. Die heterogene Gruppe derer, die den gleichen Titel führten, war kein Stand im juristischen Sinne. Einzelnes Familieninteresse und korporatives Standesinteresse traten daher für immer mehr Familien auseinander.

3. Diese Tendenz wurde zusätzlich verschärft durch die zunehmende Konkurrenz von Geburtsstatus und Amtsstatus. Die Polarisierung zwischen einzelnen mächtigen Territorien auf der einen Seite und der Vielzahl mindermächtiger Reichsstände auf der anderen Seite führte dazu, daß die Dienstränge der großen Höfe sich vor die traditionellen Geburtsränge der Reichsstände zu schieben drohten. Nicht nur Reichsgrafen, sondern auch Reichsritter und landsässige Adlige bekleideten hohe Chargen in fürstlichen und kaiserlichen Diensten und leiteten daraus ihren Status ab. Mit anderen Worten: Die alte reichsrechtliche Hierarchie der Stände wurde gefährdet durch die neuen höfischen Hierarchien der Ämter. So bemaß sich etwa am brandenburg-preußischen Hof der Rang eines Ministers, der zugleich Reichsgraf war, ausdrücklich nach der Hofrangordnung und nicht nach der reichsrechtlichen Hierarchie. Zwar war es das Ziel reichsgräflicher Standespolitik, hohe Chargen an großen Höfen zu besetzen, doch trafen sie dort eben auf Konkurrenten, die reichsrechtlich geringeren Ranges waren und dennoch in der jeweiligen Hofrangordnung vorgezogen wurden.[9]

Bedroht fühlten sich die alten Grafen als Stand von mehreren Seiten: zum einen durch die Fürsten, zum anderen durch die Reichsritter und schließlich durch die Titular-Reichsgrafen. Die Fürsten drohten ihre ständische Distanz zu den Grafen zu vergrößern, die Reichsritter drohten umgekehrt ihre ständische Distanz zu den Grafen zu verringern, die Vielzahl der Titulargrafen drohte die ständische Substanz des Grafenrangs auszuhöhlen. In Gestalt derjenigen geistlichen Fürsten, die herkunftsmäßig Reichsritter waren, verkörperten sich überdies zwei Gefahren gleichzeitig.[10]

---

[9] Vgl. schon die Klage des *Anonymus,* Von der Graven und Herren Stand (Anm. 5), 44. In den kaiserlichen Wahlkapitulationen wurde der Vorrang der Reichsgrafen vor den kaiserlichen Räten und Kammerherren allerdings seit der Wahlkapitulation Leopolds I. von 1658 garantiert; vgl. dazu unten Anm. 56.

[10] Zu den Konflikten mit der Reichsritterschaft vgl. *J. Arndt,* Das niederrheinisch-westfälische Reichsgrafenkollegium (Anm. 6), 238 ff.

Die alten reichsgräflichen Familien suchten dem Zerfall der ständischen Homogenität, der Bedrohung der Ständegrenzen und der zunehmenden Divergenz der Statuskriterien mit verschiedenen Mitteln zu begegnen. Strategien zur Erhaltung und Vermehrung des sozialen, politischen und symbolischen Kapitals ergänzten sich dabei wechselseitig, nämlich:

- Man suchte den Heiratskreis mit fürstlichen Familien zu intensivieren; zugleich wurden die Heiratsschranken nach unten verschärft.
- Man bemühte sich, alle reichsständischen Grafen auch tatsächlich auf die Teilnahme an den Lasten der Grafenkorporationen zu verpflichten. Das politische Gewicht der Korporationen und ihrer Kuriatstimmen suchte man seit dem späten 17. Jahrhundert durch eine reichsweite Grafenunion zu stärken, ein Plan, der angesichts der Heterogenität der Interessen zum Scheitern verurteilt war.
- Darüber hinaus gab es zahlreiche weitere Schauplätze, auf denen die Reichsgrafen die ständische Zugehörigkeit zu den Fürsten und die Distanz zu Reichsrittern und Titulargrafen zu demonstrieren und damit zu zementieren bemüht waren: von der Beteiligung an verschiedenen Reichsinstitutionen (Kreise, Reichsgerichte, Deputationen etc.) bis hin zum zeremoniellen „Tractament" bei unterschiedlichsten Anlässen.

Das Reichsrecht war dabei stets die Grundlage jeder Standespolitik, denn die Dignität des Standes gründete sich ja auf seinen Ort in der Reichsverfassung. Mit deren genauester Bewahrung stieg und fiel die Bewahrung des Grafenstandes. Wem am Reich als Rechtsverband liege, so argumentierten die Zeitgenossen, dem müsse zugleich an der Wahrung der ständisch-korporativen Rechte aller unmittelbaren Glieder gelegen sein. Man kleidete diesen Appell an eine „reichische" Solidarität gern in die traditionelle Metapher des *corpus politicum*: „Weilen sie Mitglieder einen Leibs, dessen Haupt der Kayser, die Chur-Fürsten die vornehmste, Fürsten, Bischöffe, Prälaten und Grafen die mitlere, die Städte die niedere Glieder: Die Glieder aber nothwendig beysammen bleiben müssen, und nicht von einander separiret werden können, solle jeder Leib perfect bleiben: Auch aus einem Fundament, wiewol in diversis gradibus, die Würde und deren Erhaltung jedwedern dieser Glieder zukommt und obliegt. Und dahero dem Römischen Reich, als dessen ohnmittelbarer Stand und Glieder sie sind, ihre [nämlich der Grafen] Verachtung schimpflich ist."[11]

---

[11] So *Johann Christian Lünig* (Hrsg.), Thesaurus Juris derer Grafen und Herren des Heiligen Römischen Reichs, worinn von deren Ursprunge, Wachsthum, Praerogativen und Gerechtsamen gehandelt, Frankfurt am Main/Leipzig 1725, 900. Vgl. zu dieser Sammlung unten Anm. 13.

Der Beitrag der Reichspublizistik zur reichsgräflichen Standespolitik

Nach Johann Jakob Moser pflegte sich jeder Reichspublizist in seinen Schriften stets „nach den Maximen und Principiis seiner Obern" zu richten.[12] Einige der einschlägigen reichspublizistischen Schriften[13] lassen sich tatsächlich einem reichsgräflichen Kontext zuordnen: Für Landeskinder von Reichsgrafen, die den juristischen Doktorgrad erwerben wollten, lag es nahe, über das Thema *De comitatibus* zu disputieren, um sich desto mehr für den Dienst in der landesväterlichen Justiz und Verwaltung zu empfehlen.[14] Diese akademischen Schriften waren aber meist wenig originell und gaben den allgemeinen Stand der juristischen Diskussion wieder. Es gab – entgegen Mosers Dictum – im 17. Jahrhundert zunächst kaum so etwas wie eine spezifisch reichsgräfliche Publizistik, die sich in den inhaltlichen Positionen weit von der herrschenden Lehre entfernt hätte.

Vielmehr – so meine These – war die Reichspublizistik als solche schon aus strukturellen Gründen dem Reichsgrafenstand tendenziell günstig,

---

[12] *Johann Jakob Moser,* Compendium iuris publici Germanici, Tübingen 1731, 10 f.; vgl. dazu *M. Stolleis,* Geschichte des Öffentlichen Rechts (Anm. 2), Bd. 2, 257.

[13] Eine Sammlung aller wichtigen einschlägigen Schriften zum Thema Grafen und Herren des Reiches gab der unermüdliche Kompilator *Johann Christian Lünig* 1725 heraus (Anm. 11). Sein Thesaurus Juris enthält die Artikel über Reichsgrafen und Herren aus den zeitgenössischen Nachschlagewerken, ferner (nach dem Urteil J. J. Mosers) nahezu sämtliche akademischen Einzelschriften sowie eine große Zahl von Werkauszügen und Dokumenten zu diesem Thema. Im folgenden werden die bei J. C. Lünig abgedruckten Disputationen unter dem Namen des Praeses zitiert; die Beiträge, die bei Lünig ohne Angabe eines Autors stehen, werden nur unter dem Namen des Herausgebers, *J. C. Lünig,* zitiert. – Die Anregung zu der Lünigschen Sammlung hatte der Hohenlohische Rat und spätere gräfliche Reichstagsgesandte Wilhelm Friedrich Pistorius gegeben. Man wollte damit vor allem der ähnlich angelegten „Bibliotheca equestris" von *Johann Stephan Burgermeister* (1. Aufl. Ulm 1715) über die Rechte der Freien Reichsritterschaft entgegentreten. Zum Kontext der Auseinandersetzung vgl. unten bei Anm. 34.

[14] So die Dissertationen von Johann Christian Meisner aus Waldeck (unter dem Praeses Chr. Redecker in Rostock 1684), von Anton Günther Fasselius aus Oldenburg (unter dem Praeses Friedrich Calen in Wittenberg 1687), von J. G. Tonsor von St. Georg aus der Wetterau (unter dem Praeses J. E. Linck in Straßburg 1710), von Johann Tobias Meel aus Hanau (unter dem Praeses J. H. Boecler in Straßburg 1710), von Johann Krengel aus Nassau-Siegen (unter dem Praeses J. G. von Ploennies in Marburg 1719) (alle bei *J. C. Lünig,* Thesaurus); vor allem auch die Arbeiten von Wilhelm Friedrich Pistorius (s. u. Anm. 16). – Es weisen aber nicht einmal die Mehrzahl der akademischen Arbeiten zum Thema Reichsgrafen und Herren einen solchen Bezug auf; so die einschlägigen Disputationen unter Arumaeus, J. E. Gerhard und B. G. Struve in Jena, Besold in Straßburg, Conring in Helmstädt, D. W. Mathias in Erfurt, Immanuel Weber und J. Ch. Beckmann in Leipzig (alle bei *J. C. Lünig,* Thesaurus).

insofern sie bestehendes Recht grundsätzlich konservierte. Zwar griffen im frühen 18. Jahrhundert einzelne Publizisten die Rechtsposition der Grafen massiv an[15] und lösten damit eine Debatte aus, die auch von gräflicher Seite mit juristischen Auftragsarbeiten geführt wurde.[16] Langfristig setzte sich allerdings wieder eine der gräflichen Standespolitik günstige Position als herrschende Lehre durch.[17]

Der Stand der „Grafen und Herren des Reiches“[18] war nirgends im Reichsrecht selbst klar und eindeutig definiert. Es war vielmehr eine Leistung der Reichspublizistik, aus zahlreichen Rechtsquellen, allen voran aus Reichsgesetzen, einen Katalog gemeinsamer Rechte zu kompilieren, um die Reichsgrafen als einheitlichen Stand im eingangs genannten Sinne überhaupt erst eindeutig zu definieren und ihn nach unten gegen

---

[15] So vor allem der Ritterschaftssyndikus *Johann Stephan Burgermeister,* Graven-und Ritter-Saal, Ulm 1715, 2. Aufl. Frankfurt/Main 1721, in Anknüpfung an *Heinrich Cocceji,* Iuris publici prudentia compendio exhibita, Frankfurt/Oder 1695 (weitere Aufl. 1700, 1705, 1718, 1723).

[16] So der Solms-Braunfelser Rat *[Samuel Lucius],* Vorläuffig doch gründlicher Bericht vom Adel in Teutschland [...] samt einer kurtzen Deduction von des Hohen Reichs-Grafen- und Herren-Standes Würde und Gerechtsamen, Frankfurt/ Main 1721; ferner *[Daniel Schneider],* Adeliches Ritter-Feld, oder: Unpartheyische Gedancken von dermaligen Adels in Teutschland Anfang/Wachsthum/gegenwärtigem Zustand [...], Frankfurt/Main 1721; der Isenburg-Birsteiner Sekretär *Johann Adam Kopp[ius],* Tractatus iuris publici de insigni differentia inter S. R. I. comites et nobiles immediatos. Discursus von denen Reichs-Gräflichen votis curiatis und deren Ursprung, Straßburg 1724, 2. Aufl. 1728 (Auszug bei *J. C. Lünig,* Thesaurus, 974 f.); *Wilhelm Friedrich Pistorius,* Conspectus Illustrium inter Sancti Romani Imperii comites et ordinem equestrem immediatum gliscentium controversiarum, Rinteln 1724 (in: *J. C. Lünig,* Thesaurus, 932–953); *ders.,* Historisch- und juridische Anmerckungen über allerhand den Ursprung, Historie und Vorrechte etc. derer des Heil. Röm. Reichs Graven betreffende Materien, 4 Thle., Frankfurt/Main 1726–28. Diese Schriften verhalfen ihm dazu, Comitialgesandter des Wetterauer, Fränkischen und Niederrheinisch-westfälischen Grafenkollegiums zu werden (von 1742 bis zu seinem Tod 1778). Vgl. auch *J. C. Lünig,* Thesaurus, 962 f.: Nachricht von denen in gegenwärtigem Seculo entstandenen Controversien zwischen dem Grafen-Stand [...] und der freyen Reichs-Ritterschafft.

[17] Vgl. vor allem die großen Systematiker: *Johann Jakob Moser,* Teutsches Staatsrecht, ND d. Ausg. Leipzig 1737–54, Osnabrück 1968, Bd. 37, 319–Bd. 39, 275; *ders.,* Neues Teutsches Staatsrecht, ND d. Ausg. Leipzig 1766–82, Osnabrück 1967, Bd. 3/2, 799–1040; *Johann Stephan Pütter,* Elementa juris publici Germanici, 1. Aufl. Göttingen 1754; *ders.,* Historische Entwickelung der heutigen Staatsverfassung des deutschen Reichs, 3 Bde., Göttingen 1786–87; *ders.,* Über den Unterschied der Stände, besonders des hohen und niedern Adels in Teutschland zur Grundlage einer Abhandlung von Mißheiraten teutscher Fürsten und Grafen, ND d. Ausg. Göttingen 1795, Königstein/Taunus 1979.

[18] Da sich die Standesgleichheit von Reichsgrafen und Reichsfreiherren spätestens im 17. Jahrhundert allgemein durchgesetzt hatte bzw. fast alle alten Reichsfreiherren inzwischen den Grafentitel führten, wird zwischen beiden Titeln im folgenden nicht unterschieden. Vgl. etwa *J. C. Lünig,* Thesaurus, 462 f., 976.

Reichsritter, landsässige Grafen und Titular-Reichsgrafen abzugrenzen.[19] Dieser Katalog gemeinsamer Rechte umfaßte in der Regel:

- Sitz und (Kuriat)Stimme auf Reichstagen in der Fürstenkurie;
- Mitgliedschaft in einem Grafenkollegium;
- Heranziehung zu den Reichsanschlägen[20];
- *Ius territorii,* d.h. Ausübung der Landeshoheit mit allen dazugehörigen Rechten;
- Sitz und Stimme auf Kreistagen auf der Fürstenbank;
- Teilnahme an Deputationstagen;
- Zulassung zum Reichshofratspräsidium;
- Teilnahme an Reichskammergerichts-Visitationen und -Revisionen;
- Zulassung zu den Domkapiteln Köln und Straßburg;
- Anspruch auf Austragsgerichtsbarkeit bei Auseinandersetzungen untereinander oder mit Fürsten;
- Anspruch auf eine bestimmte schriftliche und mündliche Titulatur durch Kaiser und Fürsten;
- Anspruch auf eine bestimmte zeremonielle Behandlung;
- zeremonielle Aufwartung des Kaisers beim Krönungsmahl;
- Ebenbürtigkeit mit den Fürsten;
- Inhabe eines Reichslehens.[21]

---

[19] Diese unsystematische Aufzählung berücksichtigt nicht die Unterschiede, die sich etwa daraus ergaben, daß man auch noch zwischen alten und neuen, aber reichsständisch etablierten Grafen zu differenzieren suchte. Vgl. z.B. *J. J. Moser,* Neues teutsches Staatsrecht (Anm. 17), Bd. 3/2, 805 ff.; vgl. ebd. 809 f. Anm. 1 den Kommentar eines „angesehenen Gönners“, den Moser regelmäßig in den Anmerkungen zu Wort kommen läßt. So ergänzt dieser Kommentator etwa die Kriterien Alter des Geschlechts (seit 12./13. Jahrhundert nachweisbar) und Zulassung zum Direktorium in den Grafenkollegien, um Alt- von Neugrafen zu unterscheiden.

[20] Diese drei Kriterien dienten vor allem zur Abgrenzung gegenüber den neuerhobenen Titular-Reichsgrafen, die noch kein Reichsterritorium innehatten und noch nicht von einer Grafenkorporation rezipiert waren. Im Reichsabschied Augsburg 1548 (§ 66), in der Wahlkapitulation Ferdinands III. von 1636 (Art. 47) und im Jüngsten Reichsabschied von 1654 (§ 197) war die Erhebung in den Fürsten- und Grafenstand schrittweise an strengere Auflagen geknüpft worden, nämlich an den Besitz reichsunmittelbarer Güter, an Verdienst und standesgemäßes Vermögen, schließlich vor allem an die Rezeption durch den Reichstag, d.h. für die Grafen auch durch die betreffende Standeskorporation, die die Reichstagsstimme führte. Dazu ausführlich *Chr. G. Göhrum,* Geschichtliche Darstellung der Lehre von der Ebenbürtigkeit nach gemeinem deutschem Rechte, mit besonderer Rücksicht auf die Entwicklung der Geburtsstände und den Rechtsbegriff des hohen Adels in Deutschland, Tübingen 1846, Bd. 2, 130 ff.

[21] Das bestreitet z.B. *J. J. Moser,* Neues Teutsches Staatsrecht (Anm. 17), Bd. 3/2, 805; zum Streit um den Charakter der reichsgräflichen Lehen (Fahnenlehen oder

Es ist charakteristisch für die Reichspublizistik, daß gelegentlich sogar längst nicht mehr ausgeübte, aber eben reichsgesetzlich irgendwann einmal verbriefte Rechte noch Erwähnung finden, etwa:

- der Anspruch auf Zuziehung zum Reichsregiment oder
- das Recht auf einen bestimmten Kleiderluxus gemäß den Reichspoliceyordnungen von 1530 und 1577.[22]

Dieser ganz unsystematische, durch die Jahrhunderte stetig weiter angewachsene Katalog der Rechte und Privilegien, die den Reichsgrafenstand kennzeichneten – oder besser: ihn juristisch konstituierten –, soll hier nicht im einzelnen auf seine reichsgesetzlichen Grundlagen und deren Wandel hin untersucht werden. Nur vier Kriterien sollen herausgegriffen werden, um exemplarisch deutlich zu machen, inwiefern die Reichspublizistik der reichsgräflichen Standespolitik entgegenkam.

Sitz und Stimme auf Reichstagen und die damit verknüpfte *superioritas territorialis*

Seit dem 16. Jahrhundert stand für die Grafen fest, daß es nur eines war, „wodurch einig und allein der Splendeur, die hohe Regalia und hohe Reichs-Rechte des hoch-löblichen Grafen-Standes conserviret werden können", nämlich Sitz und Stimme auf Reichstagen.[23] Die Teilnahme an der Fürstenkurie (ganz unabhängig von dem tatsächlich verschwindend geringen politischen Einfluß darin) war letztgültiges Indiz für den reichsrechtlichen Status und wichtigstes Distinktionskriterium gegenüber Reichsrittern und Landsassen.

Zwar ließ sich an der nur korporativen, nicht persönlichen Stimmführung der Grafen nicht rütteln, aber es wurde stets Wert darauf gelegt, daß jedem einzelnen regierenden Reichsgrafen die persönliche Anwesenheit in der Fürstenkurie grundsätzlich zustehe. Die Reichspublizistik untermauerte dies durch den dokumentarischen Nachweis, daß ursprünglich immer mehrere Grafen in Person auf Reichstagen erschienen seien und ihnen dies bis jetzt von den Fürsten nicht verwehrt werde.[24] An der

---

Reichhofratslehen) vgl. *J. Arndt,* Das niederrheinisch-westfälische Reichsgrafenkollegium (Anm. 6), 223 ff.

[22] So *J. C. Lünig,* Thesaurus, 959 f.

[23] *J. J.* Moser, Neues Teutsches Staatsrecht (Anm. 17), Bd. 3/2, 932, der einen Wetterauer Rezeß von 1679 zitiert; zahlreiche ähnliche Belege ließen sich anführen.

[24] Etwa: *Anonymus,* Von der Graven und Herren Stand (Anm. 5), 16; Dominicus Arumaeus, De Romano-Germanici Imperii Comitibus et Baronibus, in: *J. C. Lünig,* Thesaurus, 262; Christoph Besold, De Comitibus et Baronibus (1623), in: ebd., 270; J. A. Gerhard, Quaestiones in jure publico occurentes (1664), in: ebd., 290;

Aufrechterhaltung dieses Anspruchs lag deshalb so viel, weil nur damit die prinzipielle Gleichrangigkeit gegenüber den Reichsfürsten und die Qualität der Grafen als „Reichsbürger", *cives Imperii,* begründet werden konnte. Im Sinne des klassischen aristotelischen Bürgerbegriffs waren das nämlich all diejenigen, die an der *maiestas* und *potestas* des Reiches unmittelbar teilhatten.[25]

An der Qualität der Reichsgrafen als Reichsbürger hing zudem auch ihr Anspruch auf *superioritas territorialis*: Reichsrechtlicher und landesherrlicher Status stützten sich wechselseitig[26] und waren seit dem Westfälischen Frieden reichsgesetzlich miteinander verknüpft.[27]

J. A. Kopp, De insigni differentia (Anm. 16), sect. II, § 5; *J. J. Moser,* Neues teutsches Staatsrecht (Anm. 17), Bd. 3/2, 1000, 1009. Dieser Anspruch auf persönliche Teilnahme war allerdings nicht unproblematisch. Einerseits mußte den Grafen aus den genannten Gründen an der Aufrechterhaltung dieses Anspruchs gelegen sein. Andererseits war dadurch aber die geschlossene Führung der Grafenstimmen durch die Corpora gefährdet, weil man sich unter Berufung auf die persönliche Anwesenheit den Beiträgen zur Korporation entziehen konnte. Die Einheit von Grafenkorporation und Stimmführung war aber ebenfalls ein wichtiges standespolitisches Anliegen, da nur so ein Minimum an politischer Effizienz der Stimmen und vor allem die Finanzierung der Korporationen gewährleistet war. Im 18. Jahrhundert wurde deshalb Korporationszugehörigkeit als Voraussetzung für die Reichsstandschaft bezeichnet (*J. C. Lünig,* Thesaurus, 881, 890 u.ö.).

[25] Vgl. z.B. D. W. Mathias, De comitibus Sancti Romani Imperii (1677), in: *J. C. Lünig,* Thesaurus, 292; Chr. Redecker, Exercitatio juridica de comitibus (1684), in: ebd., 319 ff.; immer unter Berufung auf *Hermann Conring,* Exercitatio de Germanici Imperii civibus, Helmstedt 1641 (Opera, hrsg. v. W. Goebel, Braunschweig 1730, Bd. 1, 516–528). Nicht nur die landsässigen Grafen und Herren und die Reichsritter waren damit ausgeschlossen, sondern auch die noch nicht von den Grafenkorporationen rezipierten Titulargrafen. – Zum Begriff des Reichsbürgers nach Conring vgl. *Dietmar Willoweit,* Kaiser, Reich und Reichsstände bei Hermann Conring, in: Hermann Conring (1606–1681), hrsg. v. Michael Stolleis, Berlin 1983, 321–334; ferner *Michael Stolleis,* Untertan, Bürger, Staatsbürger, in: ders., Staat und Staatsräson in der frühen Neuzeit, Frankfurt/Main 1990, 299–339; zur Rezeption des aristotelischen Bürgerbegriffs in der frühen Neuzeit zuletzt *Andrea Löther,* Bürger-, Stadt- und Verfassungsbegriff in frühneuzeitlichen Kommentaren der Aristotelischen Politik, in: Bürgerschaft, hrsg. v. Reinhart Koselleck/Klaus Schreiner, Stuttgart 1994, 90–128.

[26] Von der Wahrung der Reichstagsstimmen versprach man sich den sichersten Schutz davor, in die Landsässigkeit hinabgedrückt zu werden; vgl. etwa *Anonymus,* Von der Graven und Herren Stand (Anm. 5), 77 f. Deshalb wehrte man sich gegen die Auffassung, die Reichstagsteilnahme sei die Folge der Inhabe eines Reichsterritoriums. Das Territorium sei vielmehr nur eine *conditio sine qua non* für die Reichsstandschaft, nicht aber deren *causa efficiens.* So ausführlich Boecler, De superioritate territoriali comitum Imperii (1710), in: *J. C. Lünig,* Thesaurus, 732 ff., hier 735; J. A. Kopp, De insigni differentia, in: ebd., 974.

[27] Instrumentum Pacis Osnabrugense (IPO), Art. VIII § 1–2; allerdings leiteten die Reichsritter aus Art. V § 28, der sie hinsichtlich der Religionsrechte den anderen Reichsständen gleichstellte, ebenfalls einen Anspruch auf *superioritas territo-*

Die Reichspublizistik des 17. Jahrhunderts behandelte die Grafen hinsichtlich des *ius territorii* zunächst wie alle anderen Reichsstände; gewissermaßen nebenbei kamen auch die Grafen in den Genuß des Territorialprinzips. So galt auch für Grafschaften die Regel, was im Territorium liege, das sei zumindest präsumptiv auch der Herrschaft, insbesondere der Jurisdiktion des Territorialherrn unterworfen.[28] Dominicus Arumaeus, ein Pionier der Reichspublizistik, formulierte sogar *comites in comitatu quod Imperator in Imperio.* D.h.: man machte die Souveränitätstheorie so weit wie möglich auch für die Grafenterritorien fruchtbar und sprach den Reichsgrafen eine zwar durch den Reichskonnex limitierte, im Innern aber ungeteilte *potestas quasi maiestatica (salvo iure Imperatoris)* zu.[29] Daraus ließ sich dann der ganze Katalog landesherrlicher Rechte ableiten, denn es liege – so hieß es unter Berufung auf Bodin – im Wesen der *superioritas territorialis,* daß sie immer qualitativ die gleiche sei, nämlich eins und unteilbar, unabhängig vom Rang des Inhabers.[30] Das richtete sich vor allem gegen die Interessen der in Grafenterritorien angesessenen Reichsritter, die man daran zu hindern suchte, „Million tausend *territoriuncula* in der Stände *territoria,* wider alle Raison, ein[zu]sticken".[31]

Gegen die gräfliche Inanspruchnahme der landesherrlichen „Quasi-Souveränität" wurde indessen zuerst wirkungsvoll aus *fürstlicher* Per-

---

rialis ab, vgl. Johann Ulrich Pregnitzer, in: *J. S. Burgermeister,* Graven- und Ritter-Saal (Anm. 15), Anhang, 1 ff. – Der Anspruch der Reichsritter auf *superioritas territorialis* war seit jeher umstritten; vgl. die Belege bei *Chr. G. Göhrum,* Geschichtliche Darstellung (Anm. 20), Bd. 2, 27 ff., sowie unten Anm. 31.

[28] *quod in territorio, de territorio esse praesumatur*; das reklamierte für die Grafenterritorien schon Tobias Paurmeister, De iurisdictione (1. Aufl. 1608), in: *J. C. Lünig,* Thesaurus, 193; danach Arumaeus, De comitibus et baronibus, in: ebd., 260–264; Chr. Besold, De comitibus et baronibus, in: ebd., 269 f.: Reichsgrafen sind diejenigen, die qua Reichslehen *iura Imperii* über die Untertanen haben (und nicht nur grundherrliche Patrimonialrechte qua Allodialbesitz). – Vgl. zur Lehre von der *superioritas territorialis* grundlegend *Dietmar Willoweit,* Rechtsgrundlagen der Territorialgewalt. Landesobrigkeit, Herrschaftsrecht und Territorium in der Rechtswissenschaft der Neuzeit, Köln/Wien 1975, hier 282 ff.

[29] Arumaeus, De comitibus et baronibus, in: *J. C. Lünig,* Thesaurus, 262. Ähnlich, unter Berufung auf Bodin: Mathias, De comitibus, in: ebd., 293 ff.; Boecler, De superioritate territoriali comitum Imperii, in: ebd. 734 f.

[30] Vgl. die Kataloge der einzelnen Majestätsrechte, vom *ius circa sacra* über das *ius legatos mittendi* bis zum *ius belli gerendi*: Arumaeus, De comitibus, in: *J. C. Lünig,* Thesaurus, 263; Mathias, De comitibus, in: ebd., 294 ff.; Redeker, De comitibus, in: ebd., 322 f.; Boecler, De superioritate territoriali comitum Imperii, in: ebd., 737 f.

[31] So der einflußreiche sächsische Jurist Johann Schilter, De Sacri Romani Germanici Imperii comitum praerogativa (1702), in: *J. C. Lünig,* Thesaurus, 427 ff. Zum Problem der reichsritterlichen *territoriuncula* s. *D. Willoweit,* Rechtsgrundlagen (Anm. 28), 307 ff.

spektive Einspruch erhoben, und zwar von dem renommierten preußischen Juristen Heinrich von Cocceji.[32] Cocceji betonte die grundsätzliche Standesdifferenz zwischen Fürsten und Grafen, und zwar mit Berufung auf die Reichshistorie. Er konnte sich dabei auf die bahnbrechenden rechtshistorischen Arbeiten von Hermann Conring stützen,[33] der nachgewiesen hatte, daß die gräfliche Gewalt vor dem Interregnum – anders als die der Herzöge – noch eine temporär verliehene, widerrufbare Amtsgewalt gewesen sei, die im Namen des Kaisers und nicht *iure proprio* ausgeübt worden sei – was sich mit dem Souveränitätsbegriff bekanntlich nicht vertrug. Daß nicht alle Grafenterritorien Reichslehen waren, diente Cocceji nun zum Argument dafür, daß die Grafen ihre Jurisdiktion nur kraft Dienstrechts innehätten, nicht aber Regalien kraft Lehnrechts und Fürstenamts besäßen wie die Fürsten selbst. Allenfalls hätten sie sich einzelne Regalien im Laufe der Zeit mehr oder weniger usurpatorisch angeeignet. Indizien für diese Sicht waren ihm vor allem die bloßen Kuriatstimmen der Grafen und ihre nur vom Reichshofrat verliehenen Lehen.

Cocceji ging es also darum, aus der unterschiedlichen Geschichte der Grafen und Fürsten einen unterschiedlichen landeshoheitlichen Status abzuleiten. Ähnlich verfuhr im Anschluß daran auch der Ritterschaftssyndikus Burgermeister, der 1715 die schon erwähnte Grundsatzdebatte auslöste,[34] indem er sich Coccejis fürstenfreundliche Argumente für die Zwecke der Ritter zunutze machte und die Ranggleichheit von Reichsrittern und Reichsgrafen historisch zu begründen suchte. Die gräflichen Hoheitsrechte, so argumentierte er, gingen im Gegensatz zu denen der Fürsten auf die Zeit des Interregnums zurück und seien gewaltsam, etwa durch erzwungene Lehnsauftragung von den ursprünglich gleichgestellten Rittern, angeeignet worden. Von der Standesgleichheit von Grafen und Rittern zeugten auch die gemeinsamen Turniere, Bünde, Unionen und Reichstagsgravamina bis weit ins 16. Jahrhundert hinein.[35]

---

32 Heinrich von Cocceji (1644–1719) war Nachfolger Pufendorfs als Professor für Natur- und Völkerrecht in Heidelberg und lehrte seit 1690 in Frankfurt/Oder. Seine „Juris publici prudentia" erlebte mindestens fünf Auflagen, wurde dem akademischen Unterricht in Halle und Jena zugrundegelegt und noch von Pütter als „beynahe das allgemeine Lehrbuch des Staatsrechts" bezeichnet. Vgl. dazu *M. Stolleis*, Geschichte des Öffentlichen Rechts (Anm. 2), Bd. 1, 246 f.

33 *Hermann Conring*, De origine iuris Germanici, 1. Aufl. Helmstedt 1643, räumte grundsätzlich mit der Kontinuitätslegende des römischen Kaiserrechts auf und legte den Grund zu einer kritischen deutschen Rechtsgeschichte. Zu den Grafen vgl. die unter seinem Praesidium entstandene Exercitatio de ducibus et comitibus Imperii Germanici von Georg Adam Struve, Helmstedt 1643, in: *J. C. Lünig*, Thesaurus, 274–281.

34 *J. S. Burgermeister*, Graven- und Ritter-Saal (Anm. 15). Vgl. auch *J. Arndt*, Das niederrheinisch-westfälische Reichsgrafenkollegium (Anm. 6), 238 ff.

Wie man dieser für den Status der Grafen höchst bedrohlichen Argumentation juristisch entgegentrat, ist symptomatisch für den sich wandelnden methodischen Stellenwert der Historie in der Reichspublizistik. Im 16. Jahrhundert war es noch üblich gewesen, den Glanz des Grafenstandes dadurch zu unterstreichen, daß man auf dessen unvordenkliches Alter verwies und ihn (ebenso wie etwa den Reichstag) unbekümmert bis zu Tacitus' Germanen zurückverfolgte. So hieß es z.B., die Grafen von Nassau seien zu Caesars Zeiten von den Römern zu „Erbvögt des Rheins über die Brücke bei Coblenz" gesetzt worden.[36] Seit Conring auf die erheblichen Kontinuitätsbrüche in der Verfassungsentwicklung und auf den historischen Wandel des Grafentitels hingewiesen hatte und die Reichshistorie immer differenziertere, quellenkritisch reflektierte Ergebnisse lieferte, wurde dies schwierig. Es zeigte sich, daß die Rechtsgeschichte an sich überaus ambivalent war und Argumente für alle möglichen Positionen bereitstellte – je nachdem, wie weit man in die Vergangenheit zurückging. Gegenüber den Unvordenklichkeitsargumenten setzte sich in der Reichspublizistik des 18. Jahrhunderts daher mehr und mehr ein abgeklärter Rechtspositivismus durch, der sich grob auf den Standpunkt *ex facto oritur ius* reduzieren läßt.[37] Zwar beschäftigten sich einige Auftragsarbeiten noch damit, längst in Abgang geratene gräfliche Rechte historisch zu rekonstruieren.[38] Effektiver aber war es, auf die normative Kraft des Faktischen zu setzen und den ritterlichen Angriffen entgegenzuhalten, was zähle, sei nicht das Alter der gräflichen Rechte und die Art ihres Erwerbs, sondern allein die gegenwärtig geltende „Reichsobservanz".[39]

---

[35] *J. S. Burgermeister,* Graven- und Ritter-Saal (Anm. 15), 371 ff. u. Anhang, 42 ff.

[36] So *Anonymus,* Von der Graven und Herren Stand (Anm. 5), 1 ff. Unter den Franken seien die Grafen zu Verwaltern und Richtern in den „Provinzen" gemacht worden und in der Folge vor allem durch kluge Heiraten zu Land und Leuten gelangt. Vgl. auch die Exzerpte bei *J. C. Lünig,* Thesaurus, Theil 1.

[37] Vgl. z.B. zum Verhältnis der späten Reichspublizistik zur Historie *Johann Jakob Moser,* Teutsches Staatsrecht (Anm. 17), Bd. 2, Kap. 34; zum Positivismus *M. Stolleis,* Geschichte des Öffentlichen Rechts (Anm. 2), Bd. 1, 261 f.

[38] *W. F. Pistorius,* Historisch- und Juridische Anmerckungen (Anm. 16), der etwa hinsichtlich eines Rechtes der Grafen, den König mit zu wählen, bis zu den Germanen zurückgeht und eine entsprechende Kontinuität bis in die Stauferzeit unterstellt (9 ff.); ferner nachzuweisen sucht, daß die Grafen im Mittelalter Fahnenlehen innegehabt hätten (192 ff.) und der Ritteradel der gräflichen Jurisdiktion unterworfen gewesen sei (215 ff.). Ähnlich *[S. Lucius],* Bericht vom Adel in Teutschland (Anm. 16); *[D. Schneider],* Adeliches Ritter-Feld (Anm. 16); J. G. von Ploennies, De ministerialibus (1719), in: *J. C. Lünig,* Thesaurus, 546–560; ferner *J. C. Lünig,* Einleitung, in: ebd., 2 ff.

[39] So schon Gerhard, De comitibus, in: *J. C. Lünig,* Thesaurus, 283; Mathias, De comitibus, in: ebd., 292 f.; vor allem die ausführliche Widerlegung Coccejis durch

Das geltende Reichsrecht sprach indessen für die Grafen und gegen die Ritter: Augenscheinlich führten diese keine Stimme auf dem Reichstag und waren daher keine *cives Imperii.*[40] Mit dem Hinweis auf die gräflichen Reichstagssitze wiederum konnte man jeden Zweifel daran ausräumen, daß die Grafen ihre Landeshoheit aus eigenem Recht und nicht nur im kaiserlichen Namen ausübten: Die Teilhabe an der *maiestas* des Reiches sei mit der nur delegierten Gewalt eines Amtsträgers nicht vereinbar.[41]

Die Führung der Reichstagsstimmen erweist sich also als Schlußstein im Gebäude der reichsgräflichen Standesrechte. Von daher wird nachvollziehbar, wieso den Grafen – trotz des minimalen politischen Gewichts dieser Stimmen für die Entscheidungsbildung in der Fürstenkurie – an ihrer Erhaltung bzw. Neuzulassung so ungemein viel lag.

Praezedenzrecht und zeremonielles „Tractament"

Die Regelung des zeremoniellen Vortritts, der „Praezedenz", war im Reich eine Rechtsmaterie wie andere auch.[42] Die jeweiligen Ansprüche waren Gegenstand von Reichsgerichtsprozessen, Reichstagsverhandlungen und Wahlkapitulationen und wurden entsprechend durch die Reichspublizistik in umfangreichen Kompendien dokumentiert und in Dissertationen systematisiert.[43] Auch der Rang der „Grafen und Herren des Rei-

---

Boecler, De superioritate territoriali comitum, in: ebd., 732 ff.; ausdrücklich heißt es ebd. 738*, als Reichsobservanz könne auch gelten, was durch Neuerung, Gewalt oder Mißbrauch entstanden sei, wenn es nur lange genug unangefochten ausgeübt werde.

[40] Einige Publizisten versuchten indessen, ein Recht der Reichsritter auf die standesrechtlich unschätzbaren Reichstagsstimmen zu behaupten, indem sie entweder argumentierten, diese hätten ehemals persönlich an Reichstagen teilgenommen und seien niemals ausdrücklich ausgeschlossen worden, bräuchten also nur readmittiert zu werden (so Wolfgang von Gemmingen, in: *J. S. Burgermeister,* Graven- und Ritter-Saal [wie Anm. 15], Anhang, 49), oder sie würden von den Grafenkorporationen als Standesgenossen der Grafen und Herren ebenfalls „repräsentiert" (mit diesem Argument setzt sich Schilter auseinander, De comitum praerogativa, in: *J. C. Lünig,* Thesaurus, 434 f.).

[41] Boecler, De superioritate territoriali comitum, in: *J. C. Lünig,* Thesaurus, 738*; *J. A. Kopp,* De insigni differentia (Anm. 16), verbindet Reichstagsstimme und Landeshoheit im Begriff der *potestas consultando et imperando.*

[42] Zum Praezedenzrecht als Bestandteil des Ius publicum vgl. *Barbara Stollberg-Rilinger,* Zeremoniell als politisches Verfahren, in: Neue Studien zur frühneuzeitlichen Reichsgeschichte, hrsg. v. Johannes Kunisch (ZHF, Beiheft 19), Berlin 1997, 91–132, hier 103 ff.; ferner *B. Roeck,* Reichssystem und Reichsherkommen (Anm. 2), 144 ff.

[43] Umfassend bibliographiert bei *Johann Theodor Hellbach,* Handbuch des Rangrechts, Ansbach 1804.

ches" in der linearen Hierarchie der europäischen Hochadelsgesellschaft, der Rang der einzelnen Grafenkollegien untereinander und schließlich der der Grafen innerhalb einer Korporation wurden in diesem Rahmen thematisiert, die Praezedenzfälle (im doppelten Wortsinn) dokumentiert.[44]

Seit dem Westfälischen Frieden etablierte sich ein neuer Schauplatz der Distinktion unter den europäischen Potentaten: das zeremonielle „Tractament" der Gesandten an den europäischen Höfen,[45] insbesondere beim Kaiser, der im Reich nach wie vor als Herr über die Standesordnung galt. Um das diplomatische Gesandtschaftswesen spann sich ein diffiziles zeremonielles Zeichensystem, das es erlaubte, die wechselseitigen Geltungsansprüche der Potentaten aufs genaueste sichtbar zu machen. Das wurde nicht nur in der neuen Gattung der Zeremonialwissenschaft thematisiert,[46] sondern schlug sich auch in der Reichspublizistik nieder, die von Anfang an Praezedenz- und Titulaturrecht zu ihren Gegenständen gezählt hatte.

Auf dem Westfälischen Friedenskongreß selbst hatten die (Wetterauer) Grafen das Gesandtschaftsrecht wie alle anderen Reichsstände für sich in Anspruch genommen. Am *ius mittendorum legatorum* hing nach Einschätzung ihres Vertreters die *quaestio status* für die Grafenkorporationen als Ganze,[47] d.h. die Standesgleichheit mit den Fürsten und die Abgrenzung gegenüber Titulargrafen und Ritteradel.[48] Mit der Behauptung dieses Rechts allein war es aber in der Folgezeit keineswegs getan; vielmehr brachte die zeremonielle Ausgestaltung des Gesandtschafts- und Titulaturwesens immer neue, immer differenziertere Statuskriterien

---

[44] Rang der Grafen und Herren: *J. C. Lünig,* Thesaurus, 437–464; *Zacharias Zwantzig,* Theatrum praecedentiae, Berlin 1706, 2. Aufl. Frankfurt/Main 1709, Bd. 2, 119 ff.; *J. J. Moser,* Teutsches Staatsrecht (Anm. 17), Bd. 38, 251–291; *ders.,* Neues teutsches Staatsrecht (Anm. 17), Bd. 3/2, 915–927.

[45] *Barbara Stollberg-Rilinger,* Höfische Öffentlichkeit. Zur zeremoniellen Selbstdarstellung des brandenburgischen Hofes vor dem europäischen Publikum, in: Forschungen zur brandenburgisch-preußischen Geschichte N.F. 7 (1997), 1–32, mit ausführlichen Literaturnachweisen.

[46] Zur Zeremonialwissenschaft jetzt aus literaturwissenschaftlicher Sicht *Volker Bauer,* Hofökonomie. Der Diskurs über den Fürstenhof in Zeremonialwissenschaft, Hausväterliteratur und Kameralismus, Wien/Köln/Weimar 1997; aus rechtshistorischer Sicht *Miloš Vec,* Zeremonialwissenschaft im Fürstenstaat (Ius commune, Sonderheft), Frankfurt/Main 1998.

[47] Vgl. Remonstration des Wetterauer Abgesandten bei den Friedensverhandlungen in Osnabrück 1646, bei *J. C. Lünig,* Thesaurus, 781.

[48] Zum Gesandtschaftsrecht der Grafen vgl. *J. C. Lünig,* Thesaurus, 781 ff.: Von derer Grafen und Herren des Heil. Röm. Reichs Jure ad legandi & deputandi; ferner die Rechtekataloge ebd., 737, 881 u.ö. (mit Berufung auf Hugo Grotius, De jure belli ac pacis 2,18,2); *J. J. Moser,* Neues teutsches Staatsrecht (Anm. 17), Bd. 3/2, 994, 1010 ff.

hervor. Die wichtigste Differenzierung war die zwischen Gesandten ersten (Ambassadeurs) und zweiten Ranges (Envoyés), die vor allem in unterschiedlichen zeremoniellen „Tractaments“ bestand. Die Entsendung von Ambassadeurs und deren entsprechender Empfang an fremden Höfen galt als Ausweis der Souveränität ihres Prinzipalen. Die Grafen, die sich ohnehin den damit verbundenen Aufwand kaum hätten leisten können, entsandten allenfalls Envoyés, denn nach den gesamteuropäischen Spielregeln hätte man ihren Gesandten keinen Ambassadeurstatus zugestanden.[49]

Die genaueste Beobachtung der jeweiligen zeremoniellen Statuszeichen war nun erforderlich, wollte man keine Rangminderung riskieren. So erklären sich die erbitterten Zeremoniellkonflikte, die die Reichsgrafen das ganze 18. Jahrhundert hindurch immer wieder beschäftigten: der Streit um das Recht, mit einer sechsspännigen Kutsche zur Eröffnung des Reichskammergerichts vorzufahren 1711,[50] der Streit um die erste Visite beim Regensburger Reichstag 1713–15,[51] der Streit zwischen den Grafen Stolberg und dem Würzburger Bischof Johann Philipp Franz von Schönborn 1721 ebenfalls um die Frage, ob der Gesandte zur Belehnung mit sechs Pferden vorfahren dürfe,[52] oder der Streit um die Mautfreiheit der Grafengesandten an den Wiener Stadttoren 1722–24.[53]

Jedes zeremonielle Detail konnte, wenn es angefochten wurde, die *quaestio status*, die Existenzfrage des ganzen Standes aufwerfen; jedes zeremonielle Detail konnte auf diese Weise Rechtsqualität beanspruchen und Gegenstand juristischer Auseinandersetzung werden. So wandten sich die Grafen Stolberg 1721 zuerst mit feierlicher Appellation und Protestation an einen kaiserlichen Notar und dann mit einem Memorial an den Kaiser selbst und verwahrten sich gegen die Zumutung seitens des Würzburger Bischofs, der sie nur mit zwei Pferden zur Belehnung vorfahren lassen wollte, mit der Begründung, daß „dadurch dem gesamten Reichs-Grafen-Stande ein präjuditz und Vorwurff gemachet“ werde. Die Verweigerung der sechsspännigen Kutsche sei „wider das alte herkommen und Ihren Reichs-Gräflichen Stand, krafft dessen Sie in dem Reichs-Fürsten-Rath Sitz und Stimme haben“.[54] Weil es bei jeder zeremoniellen Auseinandersetzung um die „Rechte und Freiheiten des löb-

---

49 Vgl. *B. Stollberg-Rilinger*, Höfische Öffentlichkeit (Anm. 45).

50 *J. C. Lünig*, Thesaurus, 466, 468 ff.

51 Ebd., 473–481.

52 Ebd., 685–688. Vgl. auch den Beitrag von *Sylvia Schraut* in diesem Band zur dynastischen Strategie der Schönborn, die sich als reichsritterliche (bzw. neugräfliche) Familie in einem Statuskonflikt gegenüber den alten Reichsgrafen befanden.

53 *J. C. Lünig*, Thesaurus, 801; *J. J. Moser*, Neues teutsches Staatsrecht (Anm. 17), Bd. 3/2, 995 ff.

54 *J. C. Lünig*, Thesaurus, 687 f.

lichen Reichs-Grafen-Standes“ als Ganzen ging, konnte man sich in all diesen Fällen stets des ganzen reichspublizistischen Arsenals bedienen, wobei das „Mitsitzen im Fürstenrat“ das entscheidende Argument darstellte.[55]

Die gräfliche Standespolitik mußte der Entwicklung Rechnung tragen, daß der Reichstag als maßgeblicher Schauplatz der reichsrechtlichen Hierarchie von den großen Höfen und deren konkurrierenden Ranghierarchien in den Hintergrund gedrängt zu werden drohte. Deshalb richtete sie sich seit der Mitte des 17. Jahrhunderts darauf, den Rang der Reichsgrafen unmittelbar hinter den Reichsfürsten durch eine reichsgesetzliche Regelung verbriefen zu lassen, was am sichersten durch die Aufnahme in die kaiserliche Wahlkapitulation geschah. Tatsächlich gelang es, ihren Vortritt vor allen anderen in- und ausländischen Grafen, kaiserlichen Räten und Kammerherren nicht nur bei allen Reichssolennitäten, sondern auch „am Kayserlichen Hof“ (und 1711 sogar an „allen Orten“) festschreiben zu lassen, und zwar erstmals bei der Wahl Leopolds I. 1658 und dann fortlaufend mit geringfügigen Änderungen in allen weiteren Wahlkapitulationen.[56] Schon ihre Titulatur war seit der Königswahl Ferdinands IV. 1653 auf diese Weise reichsgrundgesetzlich abgesichert worden, um zu verhindern, daß durch kaiserliche Privilegien Häuser geringeren Ranges höherwertige Prädikate als die altgräflichen Familien tragen durften.[57] Bis zum Ende des 18. Jahrhunderts umstritten blieb indessen der Titel „Wir von Gottes Gnaden“, der als „Merkmal und Konsequenz“ der Souveränität, als Indiz für die Ausübung der Landeshoheit *propria autoritate* galt und den Joseph II. den Reichsgrafen erst 1791, nach siebzehn Jahre langem zähem Hin und Her, schließlich zubilligte.[58]

---

[55] Eine besondere Rolle spielte dabei Wilhelm Friedrich Pistorius, 1742–1778 Comitialgesandter für drei Grafenkorporationen, der mit mehreren reichspublizistischen Traktaten hervortrat, um die zeremoniellen Ansprüche der Grafen zu begründen. Vgl. zu den Zeremonialstreitigkeiten im Laufe des 18. Jahrhunderts auch *J. Arndt,* Das niederrheinisch-westfälische Reichsgrafenkollegium (Anm. 6), 256 ff.

[56] *Joseph Anton von Riegger,* Kaiser Josephs I. harmonische Wahlkapitulation mit allen den vorhergehenden Wahlkapitulationen der vorigen Kaiser und Könige [...], 2 Thle., Prag 1781–82, Bd. 1, 154 ff.: Wahlkap. Leopold I., Art. V,5; Joseph I., Art. V,5; Karl VI., Art. III,17; Karl VII., Art. III,17; Franz I. Art. III,23; Joseph II., Art. III,22. – *J. C. Lünig,* Thesaurus, 464 f.; *J. J. Moser,* Neues teutsches Staatsrecht (Anm. 17), Bd. 3/2, 1024 f. – Ihren Höhepunkt erreichten die Bemühungen um Verrechtlichung des gräflichen Rangs 1710, als die Beratungen für eine Immerwährende Wahlkapitulation wieder aufgenommen wurden; vgl. *J. C. Lünig,* Thesaurus, 901–909; *Chr. G. Göhrum,* Geschichtliche Darstellung (Anm. 20), Bd. 2, 61 ff.

[57] Vgl. *J. C. Lünig,* Thesaurus, 535–546; vgl. *Fritz Georg Iwand,* Die Wahlkapitulationen des 17. und 18. Jahrhunderts und ihr Einfluß auf die Entwicklung des Ebenbürtigkeits- und Prädikatsrechts des hohen deutschen Adels, Biberach 1919.

Den Reichsgrafen gelang es also bis zum Ende des 18. Jahrhunderts, ihre alte Position in der Hierarchie des Reiches in wesentlichen Punkten rechtlich fixieren zu lassen. Die grafenfreundliche Reichspublizistik hatte daran Anteil, indem sie die sich immer feiner differenzierenden zeremoniellen Statuskriterien in das Gebäude des reichsgräflichen Standesrechts einordnete und die argumentativen Mittel zur Austragung zeremonieller Konflikte bereitstellte. Nicht verhindern konnte sie allerdings, daß die Gruppe derjenigen, die dieses Standesrecht nun genossen (und teilweise sogar über das Ende des Reiches hinwegretteten), sonst nicht mehr viel Substanzielles gemeinsam hatte. Als Stand erstarrten die Reichsgrafen, als soziale Gruppe zerfielen sie in heterogene Teile.

Ebenbürtigkeit mit den Reichsfürsten

Das generationenübergreifende Motiv der Behauptung von „Stamm, Rang und Namen" war der Kern adliger Familienstrategie.[59] Nach dem Vorbild der reichsfürstlichen Häuser gingen seit dem späten 17. Jahrhundert auch reichsgräfliche Familien dazu über, familien- und güterrechtliche Bestimmungen in Hausverträgen zu fixieren, so vor allem das Haus Solms, dessen „Brudereinung" von 1578 anderen Grafenhäusern zum Vorbild diente.[60]

Die familien- und güterrechtlichen Gewohnheiten und Bestimmungen in den Hausverträgen der Fürsten und Grafen wurden nun im 18. Jahrhundert von der Reichspublizistik zu allgemeinen Regeln abstrahiert und systematisiert. So entstand als Teildisziplin das sogenannte „Privatfürstenrecht" – ein standesspezifisches Familien- und Erbrecht, das sich

---

[58] Vgl. schon *W. F. Pistorius,* Historisch- und juridische Anmerckungen (Anm. 16), 62–93, hier 68, der eine „rechtmäßige Observanz" seit dem 8./9. Jahrhundert nachzuweisen suchte. Zu dem Streit 1774–1791 vgl. *J. Arndt,* Das niederrheinisch-westfälische Reichsgrafenkollegium (Anm. 6), 244 ff.

[59] Für den katholischen Stiftsadel des Münsterlandes paradigmatisch rekonstruiert von *Heinz Reif,* Westfälischer Adel 1770–1860. Vom Herrschaftsstand zur regionalen Elite, Göttingen 1979; für die Reichsgrafen *Johannes Arndt,* Möglichkeiten und Grenzen weiblicher Selbstbehauptung gegenüber männlicher Dominanz im Reichsgrafenstand des 17. und 18. Jahrhunderts, in: VSWG 77 (1990), 153–174; ein davon auffällig abweichendes Muster zeichnet für die reichsritterlichen Familien Sylvia Schraut im vorliegenden Band. Michael Sikora, dem ich an dieser Stelle für Diskussion und Hilfe danke, bereitet zur Zeit eine Studie zum Problem der fürstlichen Mißheiraten vor.

[60] Vgl. *G. Schmidt,* Wetterauer Grafenverein (Anm. 6), 158 ff.; *J. C. Lünig,* Thesaurus, 617 ff.: Nachricht von dem bey denen Reichs-Grafen und Herren eingeführten Jure Primogeniturae und denen darüber aufgerichteten Statutis; ebd., 731 ff.: Nachricht von denen Erb-Statutis, Einigungen und Successions-Vergleichen derer Grafen und Herren des Heil. Röm. Reichs.

von dem für die anderen Stände geltenden „gemeinen" römischen Recht grundsätzlich unterschied.[61] Das Privatfürstenrecht kann geradezu als Abwehrmittel des hohen Adels gegen die nivellierenden und individualisierenden Wirkungen des römischen Rechts aufgefaßt werden. Während z.B. das römische Recht das Erbrecht in weiblicher Linie und die Veräußerbarkeit ererbter Güter zuließ[62], verhinderten dies viele Dynastien zugunsten der Geschlossenheit des Familienbesitzes. Die Erbansprüche der Individuen, insbesondere der Witwen und Töchter, mußten in den Hausnormen des Hochadels zugunsten der geschlossenen, gebundenen Besitzweitergabe zurücktreten.[63] Vor allem: Das römische Recht war der Erhaltung der reichsrechtlichen Standesschranken abträglich, weil es nur die Unterscheidung Frei/Unfrei kannte. Die Kategorie der Mißheirat war dem römischen Recht fremd, denn es galt die generelle Regel, daß Frauen stets dem Stand des Mannes, Kinder stets dem Stand des Vaters folgen (eine Regel, die man übrigens auch im Sinne der aristotelischen Physiologie aus der Natur des Zeugungsaktes zu begründen suchte).[64] Aus dem reichsrechtlichen Herkommen und den fürstlichen Hausverträgen folgte hingegen, daß die Heirat eines hochadligen Mannes mit einer Frau geringen Standes den Rechtsstatus der Kinder erheblich minderte, indem es

---

[61] Vgl. zum Privatfürstenrecht *Otto von Gierke,* Deutsches Privatrecht (Systematisches Handbuch der deutschen Rechtswissenschaft, 2. Abt., 3. Teil), 3 Bde., München/Leipzig 1895–1917, Bd. 1, 401 ff.; *Chr. G. Göhrum,* Geschichtliche Darstellung (Anm. 20), Bd. 2, 205 ff.

[62] Nach *Johann Stephan Pütter,* Historische Entwickelung der heutigen Staatsverfassung des Teutschen Reichs, 3 Thle. in 2 Bdn., Göttingen 1786–87, Bd. 1, 273 f., ist es dem Einfluß des römischen Rechts im 15./16. Jahrhundert zuzuschreiben, daß sich zum Schaden des Glanzes der alten Häuser weibliches Erbrecht und Veräußerbarkeit der ererbten Güter durchsetzten.

[63] Vgl. zuletzt *Ute Gerhard* (Hrsg.), Frauen in der Geschichte des Rechts, München 1997, bes. die Beiträge von Heide Wunder, 27–54, Gerhard Dilcher, 55–72, und Elisabeth Koch, 73–93. Daß das römische Recht sie als Individuen wesentlich besser gestellt hätte, war auch den hochadligen Frauen selbst bewußt; vgl. etwa die Klage der Gräfin Benigna von Solms-Laubach (1648–1702): „Privat-Personen [...] arbeiten miteinander/sorgen miteinander/und geniessen auch ihres Schweisses zugleichem Theil/in unvergleichlich grösserer Ruhe/als nicht Standes-Personen/bey denen von langen Zeiten her ein und andere Verordnungen eingeführet/ die von denen allgemeinen rechten abweichen/und dem Weiblichen geschlecht viel Beneficia abschneiden/unter dem raisonablen Vorwand/den Splendeur des Hauses zu erhalten [...]". *Gräfin Benigna v. Solms-Laubach,* Der Vortreffliche und allein Lobenswürdige Weiber=Schmuck [...], in: dies., Immer grünendes Klee=Blat Mütterlicher Vermahnungen [...], Frankfurt/M. 1717, 255.

[64] *Chr. G. Göhrum,* Geschichtliche Darstellung (Anm. 20), Bd. 2, 260, zitiert aus Nicolaus Myler von Ehrenbachs Gamologia: „[...] liberos accipere a Patre formam, a matre vero materiam. Nam nobilitas est quaedam dignitas a parentibus derivata, quae nominatur a potiori causa. Certum est autem, quod potentior sit forma, quam materia, cum forma sit agens, materia patiens et omne agens sit nobilior patiente [...]".

sie nicht nur von hochadligen Stiftern, Turnieren etc., sondern auch von der Sukzession im eigenen Haus ausschloß.[65] Dies ließ sich nur vermeiden, wenn man der Ehefrau eine kaiserliche Standeserhöhung verschaffte, was wiederum von den Standesgenossen höchst ungern gesehen wurde.

Von entscheidender Bedeutung war bei alldem die Frage der „Ebenbürtigkeit", d.h. die Frage, wo genau die Grenze zu ziehen war, bei deren Überschreitung man es mit einer „Mißheirat" zu tun hatte: zweifellos bei einer Ehe zwischen Reichsfürst und Bürgertochter, auch zwischen Reichsgraf und Bürgertochter – aber auch zwischen Reichsfürst und Grafentochter, zwischen Reichsgraf und Ritterfräulein? Die Grenzen waren noch im 17. Jahrhundert keineswegs allgemein etabliert und eindeutig gezogen. Reichsgrafen bevorzugten zwar Frauen aus dem reichsfürstlichen und -gräflichen Stand, aber auch Ehen mit Frauen aus dem niederen (landsässigen und reichsritterlichen) Adel waren nichts Ungewöhnliches.[66] Die Rechtsfolgen solcher Ehen hinsichtlich der Erbberechtigung der Kinder waren keineswegs einheitlich; auch die Rechtsprechung der Reichsgerichte in solchen Fragen schwankte.[67] Im Gegen-

---

[65] Umgekehrt konnten Fürstentöchter auch in einer Ehe mit einem Grafen ihren Titel und ihr Wappen weiterführen; vgl. *O. v. Gierke,* Deutsches Privatrecht (Anm. 61), 402; *J. J. Moser,* Neues teutsches Staatsrecht (Anm. 17), Bd. 3/2, 913 f., der bemerkt: „nun wollen einige Grafen, deren Müttern fürstlichen Geschlechts gewesen seynd, anfangen, einen mit einer Gräflichen Cron umgebenen Fürsten-Hut und einen Fürstlichen Mantel um ihr Wappen zu führen; welches so lange hingeht, als man ihnen höherer Orten keine quaestionem Status deßwegen movirt".

[66] Vgl. die statistischen Daten aus der Wetterau für den Zeitraum 1450–1648 bei *G. Schmidt,* Wetterauer Grafenverein (Anm. 6), 481 ff., der feststellt, daß Heiraten mit Niederadligen im 16. Jahrhundert parallel zu der politischen Auseinanderentwicklung deutlich zurückgingen. Für den gesamten Zeitraum verzeichnet er nur 3,5 % Heiraten von Grafen mit niederadligen Frauen, aber 12,4 % von Grafen mit fürstlichen Frauen; der große Rest waren „gleiche" Heiraten. Für das späte 17. und das 18. Jahrhundert liegt keine vergleichbare Statistik vor. Exempel für Heiraten zwischen Reichsgrafen und Ritterfräulein bei *J. S. Burgermeister,* Graven- und Ritter-Saal (Anm. 15), p.III, sect.13.

[67] Vgl. *Chr. G. Göhrum,* Geschichtliche Darstellung (Anm. 20), 226 ff., der die schwankende, „falsche" Praxis widerwillig zugesteht, obwohl dies seinem Anliegen nicht entgegenkommt; ihm geht es nämlich (in der Mitte des 19. Jahrhunderts) nach wie vor um die scharfe Grenzziehung zwischen hochadligen reichsständischen Grafen einerseits und niederadligen Titulargrafen und Rittern andererseits, weil sich die fortbestehende Privilegierung der mediatisierten Standesherren nur auf ihre Ebenbürtigkeit mit den souveränen Fürsten stützen ließ (vgl. dazu unten bei Anm. 75). Seine ganze Argumentation zielt dahin nachzuweisen, daß Rechtstheorie und -praxis im Laufe des 18. Jahrhunderts schrittweise zu dem vorgeblich uralten deutschrechtlichen Prinzip der Ebenbürtigkeit als einer gewissermaßen überzeitlichen Norm zurückgekehrt seien. Für das späte 18. Jahrhundert bemerkt Göhrum dann: „So trat endlich das Princip der Ebenbürtigkeit vollständig in das Bewusstsein der Wissenschaft; [...] man erkannte, dass sich die Herren aus reichs-

satz zu den Fürstenhäusern verfügten durchaus nicht alle Grafenhäuser über schriftlich fixierte erbrechtliche Normen. War aber die Sukzessionsfähigkeit der Kinder nicht durch die Rechtsform der morganatischen Ehe oder durch eine entsprechende hausvertragliche Regelung eindeutig ausgeschlossen, so konnte man durchaus die Auffassung vertreten, daß in diesem Fall eine uneingeschränkte Erbberechtigung der Kinder gemäß römischem Recht bestehe. Die entscheidende Frage lautete dann, ob im Zweifelsfall römischem Recht oder deutschem Herkommen der Vorrang zukomme.

Was als Regel, was als Ausnahme zu gelten habe, war unter den Juristen umstritten.[68] So prüfte etwa der Tübinger Jurist Christoph Besold 1629 sowohl nach römischem Recht als auch nach Reichsherkommen die Frage, ob die Ehe eines Reichsgrafen und einer Frau aus niederem Adel die Kinder von der Sukzession ausschließe, und kam zu dem Schluß, daß die Kinder grundsätzlich erbberechtigt seien, sofern dies nicht ausdrücklich ausgeschlossen worden sei – ja er referiert sogar die Auffassung „vieler Feudisten“, die meinten, daß selbst Verträge nicht das natürliche Erbrecht der Kinder ausschalten könnten. Zumindest aber gelte das (römische) Ius commune als Maßstab in allen Zweifelsfällen.[69] Und noch 1691 argumentierte ein (selber niederadliger) Schüler von Samuel Stryck, dem berühmten Begründer des römischrechtlichen *Usus modernus,* daß die Ehe eines Reichsgrafen mit einem niederadligen Fräulein keineswegs als Mißheirat zu gelten habe, und suchte nachzuweisen, daß vielmehr Hochadel und Ritteradel u. a. durch ihr gemeinsames Eherecht, ihr gemeinsames Vormundschafts- und Güterrecht und durch ihre gemeinsamen Heiratsbräuche miteinander verbunden seien.[70]

Seit Beginn des 18. Jahrhunderts setzten indessen die alten Grafenhäuser alles daran, die Bedrohung ihres Standes durch die Verschärfung der Schranken nach unten und den sicheren Anschluß an den fürstlichen Heiratskreis abzuwehren.[71] Dieses standespolitische Ziel war nicht allein durch tatsächliche Heiratspraxis zu erreichen, sondern es bedurfte der

---

ständischen Familien rechtlich vollwirksam nur mit Damen des gleichen Geburtsstandes vermählen könnten.“

[68] Vgl. die verschiedenen Positionen bei *J. J. Moser,* Teutsches Staatsrecht (Anm. 17), Bd. 19, 243 ff.; *Chr. G. Göhrum,* Geschichtliche Darstellung (Anm. 20), Bd. 2, 246 ff., 273 ff., 294 ff.

[69] Christoph Besold, Bedencken [...], in: *J. C. Lünig,* Thesaurus, 561 ff.

[70] Samuel Stryck (Praes.), Fridericus a Goerne (Resp.), Disputatio Juridica de jure Illustrium & Nobilium communi, Wittenberg 1691, in: *J. C. Lünig,* Thesaurus, 241 ff.; der Respondent war selbst märkischer Ritter.

[71] Vgl. *J. Arndt,* Das niederrheinisch-westfälische Reichsgrafenkollegium (Anm. 6), 231 ff.; *Chr. G. Göhrum,* Geschichtliche Darstellung (Anm. 20), Bd. 2, 231 ff., 239 ff.

reichsjuristischen Absicherung. 1742 wurde in der Wahlkapitulation Karls VII. zwar auf Betreiben der Kurfürsten und Fürsten ausdrücklich verboten, daß Kinder aus „ohnstrittig notorischer Mißheirath“ den Rang und das Erbe ihrer hochadligen Väter antreten konnten[72] und daß eine Mißheirat durch kaiserliche Standeserhöhung nachträglich legitimiert wurde, doch damit war die „notorische Mißheirat“ noch nicht im Sinne des reichsgräflichen Standpunktes definiert.

Es war die späte Reichspublizistik, die mit ihren Interpretations- und Systematisierungsleistungen diese Lücke füllte. Dazu bediente sie sich der Kategorie der „Ebenbürtigkeit“. Der hochadlige Heiratskreis, innerhalb dessen eine Ehe für die Beteiligten keine standesmindernden erbrechtlichen Folgen nach sich zog, mußte im Sinne der Reichsgrafen juristisch klar so definiert werden, daß er die altgräflichen Häuser ein-, die Titulargrafen und den Ritteradel aber ausschloß, d.h. auch hier mußten Sitz und Stimme auf dem Reichstag wiederum zum entscheidenden Abgrenzungskriterium erhoben werden. Entsprechend dieser klaren Grenzlinie mußte nun die Geltung des römischen Rechts für die Reichsgrafen zurückgewiesen und stattdessen die Geltung des „deutschen Herkommens“ reklamiert werden. Indem die einflußreichsten Vertreter der Reichspublizistik genau dies argumentativ durchsetzten und die Reichsgrafen als den Fürsten seit jeher Ebenbürtige in den Geltungsbereich des Privatfürstenrechts einbezogen, erwiesen sie den alten Grafenhäusern einen unschätzbaren standespolitischen Dienst.

Noch Johann Jakob Moser hatte es abgelehnt, Ehen zwischen Reichsgrafen und Frauen aus altem Ritteradel „denen extra-pur seyn wollenden Gräflichen Häusern“ zuliebe als Mesalliancen auszugeben, und auf die zahlreichen widerstreitenden Exempel verwiesen.[73] Im Widerspruch zu der tatsächlich bis ins 18. Jahrhundert hinein schwankenden Praxis führten nun viele andere Reichspublizisten die Standesgrenze zwischen Grafen und Rittern bis in „die frühesten Zeiten“ zurück und suchten nachzuweisen, daß Ehen zwischen Grafen und Ritterfräulein schon immer Mesalliancen, Grafen und Fürsten hingegen ebenbürtig gewesen seien.[74] Vor allem der berühmte Göttinger Reichspublizist Johann Stephan Pütter, eine selbst vom katholischen Adel gern konsultierte Kory-

---

72 Wahlkapitulation Karls VII., Art. XXII,4, bei *J. A. Riegger*, Wahlkapitulation (Anm. 56), Bd. 2, 224; *J. J. Moser*, Teutsches Staatsrecht (Anm. 17), Bd. 19, 237 ff.

73 *J. J. Moser*, Teutsches Staatsrecht (Anm. 17), Bd. 19, 338 f.; er lehnt die Berufung auf die fränkische oder noch frühere Zeiten ab und stützt sich allein auf das „neuere Herkommen“, 318 ff.; zur Ebenbürtigkeit von Fürsten und (alten und neuen) Reichsgrafen ebd., 329 ff.

74 Vgl. z.B. *J. C. Lünig*, Thesaurus, Einleitung, 75 ff. u.ö.; *J. A. Kopp*, De insigni differentia (Anm. 16); vgl. auch *Chr. G. Göhrum*, Geschichtliche Darstellung (Anm. 20), Bd. 2, 294 ff., der zahlreiche weitere Autoritäten für diese Position anführt.

phäe, warf seine ganze Autorität in die Waagschale, um die Grenze zwischen hohem und niederem Adel klar zugunsten der alten reichsständischen Grafenhäuser zu ziehen.[75]

Indem die Disziplin des „Privatfürstenrechts" das Familienrecht der Fürstenhäuser mit dem der Grafenhäuser zu einem gemeinsamen hochadligen Sonderrecht auf der Grundlage des „deutschen Herkommens" und der Hausverträge zusammenfaßte und von dem „gemeinen" Privatrecht der Untertanen einschließlich der Reichsritter absetzte,[76] sich also als gemeinsames Standesrecht dieser Gruppe etablierte und Fürsten und Grafen in familienrechtlicher Hinsicht als homogene Standesgruppe behandelte, trug es wesentlich dazu bei, daß die Altgrafen dem Stand des Hochadels, die Reichsritter aber dem Stand des Niederadels zugerechnet wurden und daß der Graben zwischen beiden juristisch zementiert wurde. Schließlich war es gerade das Prinzip der Ebenbürtigkeit mit den Fürsten, das sich beim Untergang des Reiches als „Rettungsanker" der reichsgräflichen Privilegien erwies und die Reichsgrafen als Stand in die bürgerliche Gesellschaft des 19. Jahrhunderts hinüberrettete.[77]

* * *

Die Reichspublizistik, so habe ich versucht zu zeigen, spiegelte nicht nur die standesrechtliche Dimension des gräflichen Handelns, sondern trug auch zum Erreichen wesentlicher standespolitischer Ziele erheblich bei. Bis zum Ende des Reiches ging es (ähnlich wie schon um 1600, wenn auch unter sehr gewandelten Bedingungen) um die Behauptung und Führung der Reichstagsstimmen, das Konnubium mit den Fürsten und um die Aufrechterhaltung der reichsgräflichen „Reputation", d.h. des sichtbaren ständischen Ranges. Wenn Heinrich von Senckenberg 1742 feststellte, die Grafen hätten von ihrem ehemaligen *splendor* nichts mehr übrigbehalten als *matrimoniorum communionem, consanguinitatis alicubi memoriam, et sedem in collegio Principum,*[78] so reichte dies doch immerhin aus, um ihre Standesqualität zu bewahren. Letztlich war es die korporative Führung der Reichstagsstimmen, die (völlig unabhängig

---

[75] *J. S. Pütter,* Über den Unterschied der Stände (Anm. 17).

[76] Die Reichsritter bildeten im Gegensatz dazu kein geschlossenes ständisches Sonderrecht aus, sondern waren dem römischen Privatrecht unterworfen; vgl. *O. v. Gierke,* Deutsches Privatrecht (Anm. 61), 406 ff.

[77] Vgl. *O. v. Gierke,* Deutsches Privatrecht (Anm. 61), Bd. 1, 395 ff.; *Heinz Gollwitzer,* Die Standesherren. Die politische und gesellschaftliche Stellung der Mediatisierten 1815–1918. Ein Beitrag zur deutschen Sozialgeschichte, 2. Aufl. Göttingen 1964, 32 ff., 262 ff.

[78] Vgl. *H. C. Senckenberg* (Hrsg.), Selecta Juris et Historiarum (Anm. 5), Praefatio, 27.

von ihrer realpolitischen Bedeutungslosigkeit) den Schlußstein eines komplexen standesrechtlichen Gebäudes bildete, den Punkt, von dem die juristische Konservierung des ganzen Geflechtes der Standesrechte abhing. Da die Grafen über ihre Reichstagssitze aktiv an der Reichsverfassung partizipierten, wirkte sich die strukturell konservative Tendenz der Reichspublizistik zu ihren Gunsten aus. Der Reichsverband war ein Rechtswahrungsverband: Jeder Standesvorzug, jedes Distinktionsmerkmal, das reichsgesetzlich verbürgt, juristisch dokumentiert und unangefochten geübt war, wurde konserviert. Auf diese Weise setzte das Reichsrecht dem sozialen und politischen Wandel lange Zeit verhältnismäßig wirksame Hindernisse in den Weg. Zwar konnte es die zunehmende soziale Inhomogenität des Standes nicht verhindern. Aber immerhin verhalf es den Reichsgrafen schließlich dazu, ihre ständischen Privilegien über den Untergang des Reiches hinwegzuretten.

Der deutsche Territorialstaat in Veit Ludwig von Seckendorffs Werk und Wirken*

Von Gerhard Menk

I. Forschungsstand und Darstellung

Veit Ludwig von Seckendorffs (1626–1692) „Teutscher Fürsten-Stat" zählt unstrittig zu den von Politikern wie Verwaltungsbeamten am häufigsten benutzten Büchern des späten 17. und 18. Jahrhunderts. Entsprechend seiner außerordentlichen Wirkung beschäftigten sich schon die großen Publizisten des 18. Jahrhunderts intensiv mit diesem Werk. Neben Johann Peter von Ludewig und Johann Stephan Pütter fanden auch weniger bekannte Autoren früh Interesse an Seckendorff.[1] Das wohl eindrucksvollste Denkmal hat ihm Schreber gesetzt, der bereits 1733 eine umfangreichere biographische Würdigung vorlegte und dabei auch die Wirkungsgeschichte nicht vergaß.[2] Rund dreißig Jahre später entwarf Johann Matthias Schröckh ein umfassenderes Lebensbild. Seckendorff wird diesmal als „einer der gelehrtesten Männer seiner Zeit" charakterisiert, der „vollkommen über alle Kenntnisse verfügt habe, „durch welche ein Staatsmann gebildet" werde. Hierzu rechne in erster Linie die „Rechtsgelehrsamkeit in ihrem ganzen Umfange" sowie „die Politik, die Verfassung der Europäischen Länder, und sonderlich des deutschen Reichs". Nicht zuletzt gelte dies für „die Geschichte, diese vortreffliche Lehrerinn der Klugheit der Menschen." Zuletzt rühmte

* Erheblich erweiterte Fassung des Vortrags. Die Zitate aus den Seckendorffschen Werken sind der einfacheren Lesbarkeit halber in der Interpunktion modernisiert.

[1] *Ephraim Gerhard,* Einleitung zur Staatslehre und des Herrn von Seckendorff politischen Schriften, Jena ²1716; *Johann Peter von Ludewig,* Oeconomische Anmerckungen über Seckendorffs Fürsten-Staat [...], Frankfurt a.M. 1753; *Johann Stephan Pütter,* Litteratur des Teutschen Staatsrechts, 1. Tl., Göttingen 1766, 225–230; zu Ludewig, der in Halle lehrte: *Notker Hammerstein,* Jus und Historie. Ein Beitrag zur Geschichte des historischen Denkens an deutschen Universitäten im späten 17. und im 18. Jahrhundert, Göttingen 1972, 169 ff.; zu Ephraim Gerhard: ebd., 76 u.ö.; zu Pütter, der in Göttingen lehrte: *Wilhelm Ebel,* Der Göttinger Professor Johann Stephan Pütter aus Iserlohn, Göttingen 1975.

[2] *Daniel G. Schreber,* Historia vitae ac meritorum illustris quondam domini, Domini viri Ludovici a Seckendorff, Leipzig 1733, ebd., 83 ff.

Schröckh Seckendorffs Dichtkunst und „seine theologische Gelehrsamkeit", von der man füglich urteilen könne, „daß sie der Person eines Gottesgelehrten würdig sei."[3]

Damit war zum ersten Mal ein Gesamtbild von der Breite der Gelehrsamkeit eines Mannes entworfen, die nahezu das gesamte Spektrum der frühneuzeitlichen Wissenschaften umfaßte. Aber auch in der späteren Literatur wird Seckendorffs Werk in den überaus zahlreichen Facetten gewürdigt. Neben dem Staatstheoretiker und Kameralisten,[4] tritt auch der Historiker hervor. Denn seine grundlegende Abhandlung über Luthertum und Reformation kennzeichnet Seckendorff als einen der großen Historiographen der Zeit.[5] Zum einen suchte er im engeren Rahmen die Traditionen eines Hortleder fortzusetzen, zum andern aber nach seinen staatstheoretischen Publikationen dem polyhistorischen Wissenschaftsideal nahezukommen.[6] Auch seine Hinwendung zum Pietismus ist angesichts der Verhältnisse in Gotha ein fließender Übergang.[7] Daß sich dieser Aspekt inzwischen breit in der Literatur findet, verwundert nicht angesichts der

---

[3] *Johann Matthias Schröckh,* Abbildungen und Lebensbeschreibungen berühmter Gelehrten, Bd. I, Leipzig ^{2}1765, 285–300, hier 292 f.

[4] Zu verweisen ist insbes. auf: *Horst Krämer,* Der deutsche Kleinstaat des 17. Jahrhunderts im Spiegel von Seckendorffs „Teutschem Fürstenstaat", in: Zeitschrift des Vereins für thüringische Geschichte 33/NF 25 (1922), 1–98 (Nachdruck Darmstadt 1954 m. e. Vorwort v. Walter Hubatsch); *Hildegard Banholzer,* Veit Ludwig von Seckendorff als Kameralist, Diss. rer. pol. Innsbruck 1964; *Hans Maier,* Die ältere deutsche Staats- und Verwaltungslehre, Neuwied-Rhein/Berlin 1966 bzw. München ^{2}1980, 139 ff.; *Pierangelo Schiera,* Cameralismo e l'Assolutismo tedesco, Milano 1968; *Karl Gustav Schmelzeisen,* Der verfassungsrechtliche Grundriß in Veit Ludwig von Seckendorffs „Teutschem Fürstenstaat", in: Zeitschrift für Rechtsgeschichte Germ. Abt. 87 (1970), 190–223; *Jutta Brückner,* Staatswissenschaften, Kameralismus und Naturrecht, München 1977, 9–32; zuletzt zusammenfassend für das 18. Jahrhundert: *Marcus Sandl,* Ökonomie des Raumes. Der kameralwissenschaftliche Entwurf der Staatswirtschaft im 18. Jahrhundert, Köln/Weimar/Wien 1999, 44 u. ö., insbes. 411 f.

[5] *Veit Ludwig von Seckendorff,* Commentarius historicus et apologeticus de Lutheranismo, sive de reformatione religionis, ductu D. Martini Lutheri in magna Germaniae parte aliisque regionibus, et speciatim in Saxonica recepta et stabilata, Frankfurt a. M./Leipzig 1692; vgl. hierzu eingehend: *Anneliese Wolf,* Die Historiographie V. L. v. Seckendorffs nach seinem „Commentarius Historicus et Apologeticus de Lutheranismo", Diss. phil. Leipzig 1925.

[6] Vgl. *Notker Hammerstein,* Jus und Historie (Anm. 1); *Anthony Grafton,* The World of the Polyhistors: Humanism and Encyclopedism, in: Central European History XVIII (1985), 35 ff.; *Gerhard Menk,* Conrad Samuel Schurzfleisch und seine Familie, in: Nachlass der Familie Schurzfleisch, Bestandsverzeichnis und Bibliographie, bearb. v. Gerhard Menk in Verbindung m. Jutta Fulsche/Michael Knoche, Weimar 1994, 1–53.

[7] Hierzu insbes.: *Dietrich Blaufuß,* Veit Ludwig Seckendorffs Commentarius de lutheranismo (1692) und der Beitrag des Augsburger Seniors Gottlieb Spitzel, in: Zeitschrift für bayerische Kirchengeschichte 39 (1970), 138–164.

hohen Aufmerksamkeit, die allein schon die gut entwickelte Pietismusforschung als inzwischen eigener Forschungszweig Seckendorff zugewandt hat. Wenn auch der Bogen von Seckendorff als Repräsentanten innerhalb der lutherischen Orthodoxie zur Betrachtung des „oekumenischen Gedankens" fortgeschritten war,[8] so bleibt noch auf die Verbindungen zu dem Pietisten Philipp Jacob Spener hinzuweisen. Wenn auch Staatstheorie und Verwaltungswissenschaft von jeher traditionelle Schwerpunkte der Historiographie über Seckendorff gebildet haben, so fanden doch ebenso scheinbare Randbereiche wie die Pädagogik immer wieder Beachtung.[9]

Trotz der Breite an älteren Spezialstudien und der durchaus nicht geringen Zahl an jüngeren Betrachtungen über Seckendorffs Lebensweg und wissenschaftlicher Leistung[10] bleibt ein Gesamtbild schwierig. Schon die zahlreichen Facetten in Leben und Werk, aber auch die angemessene Gewichtung und Zusammenfassung des Schrifttums erfordern

---

[8] *Ernst Walter Zeeden,* Der oekumenische Gedanke in Veit Ludwig von Seckendorffs Historia Lutheranismi. Über die Idee einer religiösen Überwindung des intoleranten Konfessionalismus im späten 17. Jahrhundert, in: Festschrift Gerhard Ritter, Tübingen 1950, 256–272 (bei *Michael Stolleis,* Veit Ludwig von Seckendorff, in: Staatsdenker in der frühen Neuzeit, hrsg. v. dems., München ^{3}1995, 148–171, hier 171, zum „ökonomischen Gedanken" verfremdet).

[9] *Richard Pahner,* Veit Ludwig von Seckendorff und seine Gedanken über Erziehung und Unterricht, Diss. phil. Leipzig 1892; knappe Kennzeichnung zuletzt bei *Uwe Kordes,* Wolfgang Ratke (Ratichius, 1571–1635). Gesellschaft, Religiosität und Gelehrsamkeit im frühen 17. Jahrhundert, Heidelberg 1999, 119 f. u. 150.

[10] In Auswahl seien erwähnt: *Hans-Jörg Ruge,* Vom Bibliothekar zum Geheimen Rat. Aspekte der beruflichen Laufbahn V. L. von Seckendorffs (1626–1692) in den Jahren seiner Anstellung im sachsen-gothaischen Staatsdienst, Berlin/Leipzig/Gotha 1992; *Dietrich Blaufuß,* Zum Bild der Reformation im Pietismus. Philipp Jacob Spener und Veit Ludwig von Seckendorff: Texte und Studien der Arbeitsstelle für kulturwiss. Forschungen, I. Programm und Exempel, Engi 1996, 104–127; *ders.,* Pastor Aulicus Conscientiosus. Philipp Jacob Spener und Veit Ludwig von Seckendorff im Gespräch über „Gottesfurcht und Fürstenherrschaft", in: Methodisch reflektiertes Interpretieren. Festschrift Hartmut Laufhütte, hrsg. v. Hans-Peter Eckert, Passau 1997, 201–214; *Rüdiger Mack,* Christlich-toleranter Absolutismus. Veit Ludwig von Seckendorff und sein Schüler Graf Friedrich Ernst zu Solms-Laubach, in: Mitteilungen des Oberhessischen Geschichtsvereins NF 82 (1997), 3–135; *Jürgen R. Wolf,* Veit Ludwig von Seckendorff und die Versuche zur Reform des Hessen-Darmstädtischen Finanzstaates unter Landgraf Ludwig VI., in: Hundert Jahre Historische Kommission für Hessen, hrsg. v. Walter Heinemeyer, Bd. 1, Marburg 1997, 513–553 (mit Briefedition); *Detlef Döring,* Untersuchungen zur Entstehung des „Christenstaates" von Veit Ludwig von Seckendorff, in: Europa in der Frühen Neuzeit. Festschrift für Günter Mühlpfordt, Bd. 1, hrsg. v. Erich Donnert, Weimar/Köln/Wien 1997, 477–500; *Jens-Wilhelm Stahlschmidt,* Policey und Fürstenstaat. Die gothaische Policesgesetzgebung unter Herzog Ernst dem Frommen im Spiegel der verfassungsrechtlichen und policeywissenschaftlichen Anschauungen Veit Ludwigs von Seckendorff, Diss. phil. Bochum 1999.

nicht nur ein hohes Maß an Kenntnissen des politisch-administrativen Gerüsts für die zweite Hälfte des 17. Jahrhunderts, sondern zugleich ein vertieftes Wissen um die kirchenrechtliche und theologische Entwicklung. Nicht zuletzt spielt die territoriale Umgebung, innerhalb derer sich Seckendorff jeweils bewegte, eine wichtige Rolle. Denn nur so läßt sich die Verbindung zwischen theoriegeleiteter Praxis und praxisbestimmter Theorie finden. Nicht zuletzt gilt es, die persönliche Entwicklung Seckendorffs zu berücksichtigen.

Wenngleich die älteren und jüngeren Gesamtdarstellungen, unter ihnen insbesondere jene von Michael Stolleis und Dietrich Blaufuß, ein passables Gerüst bieten,[11] so fällt doch bei der Betrachtung des „säkularen" Seckendorff auf, daß die Interpretation des Werkes nicht über den „Fürsten-Stat" als dominierende Schrift hinausgeht. Das weitere Œuvre bleibt in seinem bemerkenswerten Facettenreichtum eher unbeachtet. Schon die Fortentwicklung des „Fürsten-States" zu den wenige Jahre später erschienenen „Additiones" wird meistenteils übergangen.[12] Sie wurde nämlich, wenn die „Additiones" überhaupt erwähnt werden, als ohne Brüche verlaufende Entwicklung, – wie es der Titel suggeriert – als Ergänzung des „Fürsten-Stats" angesehen. Dabei wurden sie vom Autor selbst keineswegs vorrangig als vergleichsweise unbedeutende „Zugaben" oder „Erleuterungen" angesehen, sondern Seckendorff verstand sie als wesentliche Ergänzung mit eigenem Stellenwert. Doch nicht nur der Bruch zwischen dem „Fürsten-Stat" und seiner Nachfolgeschrift, sondern auch das Seckendorffsche Spätwerk bedarf einer eigenen Würdigung.

Ein plastisches Beispiel für die Einordnung Seckendorffs in die Gesamtdarstellungen zur deutschen Geschichte mag der ansonsten sehr in die Tiefe reichende, kluge Überblick von Volker Press zur Geschichte des 17. Jahrhunderts zu liefern.[13] Er beschränkt sich freilich – und dies ge-

---

[11] *M. Stolleis,* Veit Ludwig von Seckendorff (Anm. 8), 148–171; *ders.*, Geschichte des öffentlichen Rechts in Deutschland, Bd. 1: Reichspublizistik und Policeywissenschaft 1600–1800, München 1988, 115 u.ö.; *Dietrich Blaufuß,* Veit Ludwig von Seckendorff, in: Theologische Realenzyklopädie, Berlin/New York 1999, 719–727; an älteren zusammenfassenden Darstellungen seien erwähnt: *Wilhelm Lüdtke,* Vitus Ludwig von Seckendorff, ein deutscher Staatsman und Volkserzieher des 17. Jahrhunderts, in: Jahrbuch der Akademie gemeinnütziger Wissenschaften zu Erfurt, NF 54 (1940), 39–137; *Heinrich Tilemann,* Veit Ludwig von Seckendorff, in: Archiv für Reformationsgeschichte 40 (1943), 200–220 (mehrheitlich Beschreibung der Werke).

[12] [*V. L. v. Seckendorff*], Additiones oder Zugaben und Erleuterungen zu dem Tractat des Teutschen Fürsten-Staats/durch den Autorem selbst bey dieser neuen Edition aus Liebe des gemeinen Bestens abgefasset Anno 1664; hier benutzt: Ausgabe Frankfurt a.M. 1687.

[13] *Volker Press,* Kriege und Krisen. Deutschland 1600–1715, München 1991.

radezu klassisch – auf die Rolle, die der „Fürsten-Stat“ als Orientierung und Leitlinie innerhalb des territorialen Wiederaufbauprogramms nach dem Dreißigjährigen Krieg spielte. Seckendorffs Schrift wird dabei ganz in die Reformtätigkeit Herzog Ernst des Frommen eingepaßt. Innerhalb der „administrativen Modernisierungen“ des Gothaer Fürsten, so Press, aber eben nicht nur bei ihm, habe der „Fürsten-Stat“ die Rolle eines „Handbuchs der Verwaltung“ gespielt.[14] Der starke Reichsbezug, den das gesamte Werk Seckendorffs enthält, wird dagegen nicht erwähnt. Zu welchen Verkürzungen und falschen Interpretationen die Konzentration auf Person und Werk Seckendorffs verleitet, läßt sich aus einer der jüngeren größeren Darstellungen zur Reichsgeschichte zwischen Westfälischem Frieden und dem Ende des Alten Reiches erkennen. Hier wird der Namen Seckendorffs fälschlicherweise in der „Forma-Imperii“-Debatte genannt,[15] für die der „positivistisch“ denkende Seckendorff trotz allen Getöses in seiner engeren Umgebung keinerlei Verständnis besaß. Auch kann Manfred Friedrich allenfalls ansatzweise zugestimmt werden, wenn er in seiner jüngst erschienenen „Geschichte der deutschen Staatsrechtswissenschaft“ Seckendorff zum Theoretiker eines „verwaltungswissenschaftlichen Strang[s] zur allgemeinen Reichs-Territorialstaatslehre“ und damit zugleich schon zum Ahnherrn einer Entwicklung erhebt, die sich angeblich erst im späten 18. Jahrhundert ausgebildet habe.[16] Denn die Ansätze hierzu waren längst zu Lebzeiten Seckendorffs weit gediehen, wie es nicht nur das Œuvre Hermann Conrings,[17] sondern vielleicht stärker noch die zahlreichen territorialbezogenen Publikationen des führenden Wittenberger Historikers Conrad Samuel Schurzfleisch je einzeln, aber auch als klar erkennbares System ausweisen.[18]

---

[14] Ebd., 377.

[15] *Karl Otmar von Aretin,* Das Alte Reich 1648–1806, Bd. 1: Föderalistische oder hierarchische Ordnung (1648–1684), Stuttgart 1993, 38.

[16] *Manfred Friedrich,* Geschichte der deutschen Staatsrechtswissenschaft, Berlin 1997, 73.

[17] Hierzu zuletzt insbes. die Beiträge von *Notker Hammerstein,*Die Historie bei Conring, und *Arno Seifert,* Conring und die Begründung der Staatenkunde, in: Herman Conring (1606). Beiträge zu Leben und Werk, hrsg. v. Michael Stolleis, Berlin 1983.

[18] Als Beispiel zu einer vergleichenden Staatengeschichte sei insbes. das posthum erschienene Werk genannt: *Conrad-Samuel Schurzfleisch,* Germania Princeps, sive discursus historico-politicus der Germaniae principum nonnullorum originibus, incrementis, mutationibus familiarum aliisque revus memorabilibus, hrsg. v. Christoph-Friedrich Ayrmann, Frankfurt/Leipzig 1745; trotz der Konzentration auf den Fürsten, wie sie im Titel aufscheint, handelt es sich bei den Untersuchungen zu einzelnen deutschen Territorien eher um territorialorientierte, verfassungsrechtliche Untersuchungen; zu ihrem weiten Spektrum bei Schurzfleisch siehe das Werkverzeichnis, bearb. v. *M. Knoche* in: Nachlass der Familie Schurzfleisch (Anm. 6), 155–185.

Mit diesen wenigen Hinweisen wird deutlich gemacht, daß die Historiographie erhebliche Desiderata aufzuweisen hat – und daß es vor allem an einem fehlt: an einer modernen Biographie, die die gesamte Breite der vorhandenen Literatur jenseits der Einzelwissenschaften, darüber hinaus aber auch alle vorhandenen Quellen erschließt. Um auch in diesem Zusammenhang wieder nur einen Mangel zu benennen, der die deutsche Forschung auszeichnet: Sie hat bisher kaum die in niederländischer Sprache erschienene vorzügliche Untersuchung über die „Acta Eruditorum" zur Kenntnis genommen, die seit 1986 vorliegt.[19] Doch dies ist nur die eine Seite einer Medaille, die noch größere Lücken bei der Erschließung und Verwertung der archivalischen Quellen aufweist. Dies gilt insbesondere für den Briefverkehr, der für jeden Verwaltungsbeamten, mehr aber noch den Staats- und Privatgelehrten in der verblassenden humanistischen Tradition ein wichtiges zusätzliches Interpretament von Werk und Wirken darstellt.[20] Nicht nur, aber vor allem im territorialstaatlichen Bezugsfeld gilt dies für Seckendorffs Korrespondenz mit den Landesherren, wobei die Korrespondenz mit seinem großen Förderer Ernst dem Frommen vermutlich nur einen vergleichsweise geringen Teil ausmacht. Zwei jüngere Studien über die Verbindungen Seckendorffs zu Hessen-Darmstadt und Solms-Laubach[21] zeigen, unter Berücksichtigung eines breiten Fundus neu erschlossener Quellen, auf, welche Desiderate die Seckendorff-Forschung noch besitzt.

Nicht minder wichtig bleibt der Versuch, Seckendorff innerhalb der Societas litteraria des späten 17. Jahrhunderts angemessen zu verorten, zugleich aber auch das Netzwerk an Korrespondenzpartnern zu berücksichtigen, das immer ein Ausweis der intellektuellen wie auch der politisch-praktischen Kapazität ist. Als wichtigster, bisher nur in Maßen von der Forschung benutzter Fundus ist dabei der Seckendorffsche Nachlaß im Staatsarchiv Altenburg anzusehen. Ohne Kenntnis des von Hans Patze gut erschlossenen Altenburger Nachlasses lassen sich grundlegendere Aussagen kaum machen.[22] Als erste wichtige Ergänzung ist die Überlieferung im Staatsarchiv und in der Forschungs- und Landesbibliothek Gotha zu erwähnen, in deren Beständen sich die „amtliche" Tätig-

---

[19] *Augustinus-Hubertus Laeven,* De „Acta Eruditorum" onder redactie van Otto Mencke. De geschiedenis van een internationaal geleerdenperiodiek tussen 1682 en 1707, Amsterdam/Maarssen 1986; Anfang der 1990er Jahre erschien eine englische Übersetzung.

[20] Eine erste Zusammenstellung jetzt bei: *D. Blaufuß,* Veit Ludwig v. Seckendorff (Anm. 11).

[21] *J. R. Wolf,* Veit Ludwig von Seckendorff (Anm. 10); *R. Mack,* Christlich-toleranter Absolutismus (Anm. 10).

[22] Der Rest des Familiennachlasses in Meuselwitz ist eher nachrangig einzustufen.

keit Seckendorffs bis zu seinem Weggang nach Zeitz widerspiegelt. Doch auch die jüngeren Funde in Darmstadt und Laubach, überdies die Berücksichtigung von Korrespondenzen – darunter mit so bedeutenden Gelehrten wie Gottfried Wilhelm Leibniz, Philipp Jacob Spener[23] oder Otto Mencke,[24] aber auch mit weniger bekannten wie Johann Schilter[25] – sind unverzichtbar für die Neuinterpretation des gesamten Œuvre. Damit gewinnt das praktische Wirken an Tiefenschärfe und beseitigt das Vorurteil, daß der als großer Theoretiker des deutschen Territorialstaats rubrizierte Seckendorff in ein Schema einzupassen sei, das den fürstlichen Duodezstaat mit einem duodezhaften Horizont gleichsetzt. Wenn beispielsweise Friedrich zuletzt nicht weniger als zweimal durchaus abschätzig vom „kleinräumigen protestantischen deutschen Fürsten-Stat“ spricht, als dessen Repräsentant Seckendorff anzusehen sei,[26] so stellt dies eine eher verfremdende Assoziation dar. Denn dem fränkischen Reichsritter stand nicht nur das staatsrechtliche System des Heiligen Römischen Reiches vor Augen, wie es auch das in den letzten Lebensjahren publizierte Werk über das „Ius publicum Romano-Germanicum“ ausweist,[27] sondern, wie die Korrespondenz und die Rezensionen Seckendorffs eindeutig beweisen, der europäische Horizont.

Es ist hier keine abschließende Würdigung des Gesamtwerks beabsichtigt. Im folgenden werden jedoch Leitlinien für die Seckendorffsche Sicht des deutschen Territorialstaates vorgelegt, wobei das Heilige Römische Reich einbezogen wird. Denn nur beides zusammen, in möglichst enger Verbindung, machte für Seckendorff Sinn. Das geradezu symbiotische System von deutschen Kleinstaaten und Kaiser, das gleichermaßen dem Reich wie seinen kleinsten Territorien eine Überlebenschance gab,

---

[23] Als Beispiel seien genannt: *Otto Clemen,* Zwei unveröffentlichte Briefe Philipp Jacob Speners, in: Monatshefte der Comeniusgesellschaft 12 (1903), 39–44; *Ernst Lotze,* Veit Ludwig von Seckendorff und sein Anteil an der pietistischen Bewegung des XVII. Jahrhunderts. Ein Beitrag zur Geschichte des Pietismus, Quedlinburg 1911.

[24] Vgl. *A. H. Laeven,* De „Acta Eruditorum“ (Anm. 19).

[25] Vorhanden sind sieben Briefe, die sich in der Universitätsbibliothek Gießen befinden; zu Schilter (1632–1705) siehe u. a.: *Gerd Kleinheyer/Jan Schröder* (Hrsg.), Deutsche Juristen aus fünf Jahrhunderten, Heidelberg ³1989, 361.

[26] *M. Friedrich,* Geschichte der deutschen Staatsrechtswissenschaft (Anm. 16), 73.

[27] *Veit Ludwig von Seckendorff,* Ius publicum Romano-Germanicum, das ist: Beschreibung des H. Röm. Reichs Teutscher Nation, worinnen nicht nur von dem Zustande desselben ins gemein und denen Inwohnern, sondern auch von der Verfaß- und Regierung in Geist- und Weltlichen Sachen, ingleichen von dem Vorzuge, Regalien, Praeeminentien, Einkünfften und Beschaffenheit des Kaiserlichen Hoffs gehandelt wird, Frankfurt a. M./Leipzig 1686; die Vorstudien zu diesem Werk im Staatsarchiv Altenburg sind bisher ebensowenig gewürdigt wie die Wirkung, die sich unter anderem aus einem Nachdruck 1687 ergibt.

wurde erst wieder von der Nachkriegshistorie erkannt.[28] Überdies ist beabsichtigt, Seckendorff aus seiner dominierenden Rolle als Kameralist herauszuführen, um so stärker die geistige Weite eines höheren Beamten innerhalb der deutschen territorialen Welt des 17. Jahrhunderts hervorzuheben.[29]

II. Leben und Schriften – ein Überblick

Veit Ludwig von Seckendorff wurde am 20. Dezember 1626 im fränkischen Herzogenaurach geboren.[30] Kriegsbedingt und durch die Stellung des Vaters, der in Militärdiensten Herzogs Ernst von Sachsen-Gotha stand, wurde er mit der Mutter zu zahlreichen Ortswechseln (Coburg, Mühlhausen, Erfurt) gezwungen. Ab 1639 erhielt er zuerst am Coburger Gymnasium, dann ab 1640 am Gothaer Gymnasium eine mehr als gediegene Ausbildung. Im Oktober 1642, ein halbes Jahr nach dem frühen Tod des Vaters,[31] immatrikulierte sich der knapp 16jährige an der Universität Straßburg und hörte hier vornehmlich den Staatsrechtler und Historiker Johann Heinrich Boecler.[32] Nach dreijährigem Aufenthalt in Straßburg fand Seckendorff im Dezember 1644 – nicht wie bisher vermutet 1645 – eine kurzfristige Anstellung bei Landgraf Georg II. von Hessen-Darmstadt. Freilich hielt er sich nicht am Hof und in der Darmstädter Residenz auf, sondern lebte zuerst in Marburg, das seinerzeit noch für kurze

---

[28] Beispielhaft sei genannt: *Volker Press,* Das römisch-deutsche Reich – ein politisches System in verfassungs- und sozialgeschichtlicher Fragestellung, in: ders., Das Alte Reich. Ausgewählte Aufsätze, hrsg. v. Johannes Kunisch (Historische Forschungen, 59) Berlin ^{2}2000, 18–41.

[29] Als Beispiele für die eigene Qualität kleinstaatlicher Existenz siehe auf politisch-praktischer und zugleich verfassungsrechtlicher Ebene: *Gerhard Menk,* Grundzüge der Geschichte Waldecks in der Neuzeit. Perspektiven und Perseveranz kleinstaatlicher Politik, in: Hessisches Jahrbuch für Landesgeschichte 37 (1987), 241–297; aus staatstheoretischer Sicht: *Horst Dreitzel,* Monarchiebegriffe in der Fürstengesellschaft, Semantik und Theorie der Einherrschaft in Deutschland von der Reformation bis zum Vormärz, 2 Bde., Köln/Weimar/Wien 1991, hier Bd. 1, 216 ff.: Die Bewertung von Groß- und Kleinstaaten.

[30] Vgl. zu Herkunft und Jugend näher: *Hans Hubert Hofmann,* Veit Ludwig von Seckendorff, ein großer Sohn Herzogenaurachs (1626–1692), in: Herzogenaurach. Ein Heimatbuch, hrsg. v. Valentin-Joseph Fröhlich, Herzogenaurach 1949, 196–200; zuletzt eingehend: *D. Blaufuß,* Veit Ludwig von Seckendorff (Anm. 11), freilich noch ohne Berücksichtigung des Beitrags von *J. R. Wolf,* Veit Ludwig von Seckendorff (Anm. 10); ergänzende Literatur wird im folgenden nur soweit herangezogen, wie sie spezielle Aspekte erhellt.

[31] Zu seinem Tod siehe: *Reinhold Brode,* Die schwedische Armee nach dem Prager Frieden und die Enthauptung des Obristen Joachim Ludwig von Seckendorff, in: Jahrbuch der königlichen Akademie in Erfurt 12 (1896), 117.

[32] Zu Boecler: *Ernst Jirgal,* Johann Heinrich Bökler, in: Mitteilungen des Instituts für österreichische Geschichtsforschung 45 (1931), 322–384.

Zeit in darmstädtischer Hand war und auch die darmstädtische Universität beherbergte.[33]

Es ist inzwischen gesichert, daß die Anstellung des jungen Seckendorff in hessen-darmstädtischen Diensten mit der Ausbildung der jungen Landgrafen in Marburg in Zusammenhang stand.[34] Seine Bestallung erhielt Seckendorff bereits am 15. Dezember 1644, wobei er auf Empfehlung des Vizestatthalters Ernst Albrecht von Eberstein zunächst als Page auf Probe angestellt wurde.[35] Neu war die Aufgabe für Seckendorff nicht, denn bereits während seiner Coburger Schulzeit hatte er bei der Prinzenerziehung mitwirken dürfen, so daß man von darmstädtischer Seite auf erprobte Fähigkeiten zurückgreifen konnte. Der junge Seckendorff galt trotz seiner erst 17 Jahre schon als „ein feiner erwachsener sittsamer und wohl qualificirter von Adel", der während des nahezu dreijährigen Aufenthalts in Straßburg „seine Collegia iuridica gehalten" und sich sowohl „in mathematicis als in französischer und italienischer Sprach einen guten Anfang" verschafft habe. Nachdem die besonderen Qualitäten des jungen Seckendorff erkannt waren, veränderte man die Bestallung noch 1644 in die eines Hofjunkers und erlaubte ihm nebenbei den Besuch der örtlichen Universität. Eine Eintragung in die Matrikel läßt sich freilich nicht nachweisen – was bei der angespannten Lage, in der sich Marburg kurz vor dem Jahreswechsel 1644/45 befand, freilich kaum verwundert.

Nach der Rückeroberung der Stadt durch Hessen-Kassel zog Seckendorff zusammen mit den jungen Landgrafen im November 1645 nach Gießen. Nur wenige Monate später bemühte sich Herzog Ernst von Sachsen-Gotha[36] um ihn, nachdem er Seckendorff kurz zuvor während eines

---

[33] Zu den hessischen Besonderheiten: *Gerhard Menk*, Die kalvinistischen Hochschulen und ihre Städte im konfessionellen Zeitalter, in: Stadt und Universität, hrsg. v. Heinz Duchhardt, Köln/Weimar/Wien 1993, 81–106, hier 94 ff.

[34] Zur Ausbildung der jungen Landgrafen allgemein: *Notker Hammerstein*, Prinzenerziehung im landgräflichen Hessen-Darmstadt, in: Hessisches Jahrbuch für Landesgeschichte 33 (1983), 193–237.

[35] Zum folgenden gegenüber der bisherigen Forschung präzisierend: *J. R. Wolf*, Veit Ludwig von Seckendorff (Anm. 10), 515 ff.; zum bisherigen Forschungsstand, der von einem Aufenthalt in Darmstadt mit militärischem Dienstverhältnis ausging: *M. Stolleis*, Veit Ludwig von Seckendorff (Anm. 8), 151.

[36] Zu ihm dominieren eindeutig die älteren Publikationen, während es an einer modernen Biographie fehlt; s. insbes.: *Johann Heinrich Gelbke*, Herzog Ernst I., genannt der Fromme, zu Gotha als Mensch und Regent, Gotha 1810; *Karl Klaunig/H. J. Schneider*, Ernst der Fromme, Herzog von Gotha, nach seinem Leben und Wirken dargestellt in Wort und Bild, Leipzig 1857 (erste, das Gesamtspektrum berücksichtigende Publikation); *August Beck*, Ernst der Fromme, Herzog zu Sachsen-Gotha und Altenburg. Ein Beitrag zur Geschichte des siebzehnten Jahrhunderts, 2 Teile, Weimar 1865; *Woldemar Boehne*, Die pädagogischen Bestrebun-

Aufenthaltes in Gotha gesprochen und dabei erfahren hatte, daß die darmstädtische Bestallung nicht mehr bestand. Der ebenso ehrgeizige wie wissenschaftsbegierige Gothaer Herzog kannte Seckendorff gut genug, nachdem er ihn zuvor schon „etzliche Jahr an unserm Hof gehabt", wie er es in einem Brief vom 5. April 1646 an Landgraf Georg II. von Hessen-Darmstadt formulierte. Bereits 1646 kehrte der junge Mann an seine frühere Ausbildungsstätte in Gotha zurück. Hier fand er ein Unterkommen bei seinem alten Freund und Förderer, der – wie es der Schloßbau, aber auch die intensive Wiederaufbaupolitik nach den Jahren des Krieges paradigmatisch unterstreichen – seit seiner Regierungsübernahme zu neuen Ufern strebte und sich dabei von Widerständen im Lande nicht abhalten ließ.[37] Bei der bemerkenswerten intellektuellen Tradition eines Territoriums,[38] das den Neuaufbau bereits vor dem Ende des Dreißigjährigen Kriegs mit zeitangemessenen Leitlinien zu bewältigen suchte, kam ein bestens ausgebildeter Mann wie Seckendorff dem ehrgeizigen Herzog durchaus gelegen.

Obwohl der Aufstieg Seckendorffs sich innerhalb der beamtlichen Hierarchie Gothas vergleichsweise zügig vollzog, war der Weg von der untersten Ebene bis zur Spitze lang. Anfangs wurde er als Bibliothekar eingesetzt – und hatte sich auf diese Weise mit einem der Steckenpferde des Herzogs zu beschäftigen.[39] Der Herzog erkannte jedoch rasch seine weiterreichenden Talente und nutzte sie alsbald in den Verhandlungen mit Schweden über die Entschädigungsgelder.[40] 1648 erhielt Seckendorff bereits die Bestallung als Kammerherr, und nur weitere drei Jahre später stieg er zum Rat auf. An der neuen gothaischen Landesordnung von 1653, mit der die Agenden des Territoriums auf eine neue Grundlage gestellt wurden, dürfte Seckendorff maßgeblich beteiligt gewesen sein. Al-

---

gen Ernsts des Frommen von Gotha, Gotha 1888; zuletzt: *Andreas Klinger,* Die Friedensfeste von 1650 in den ernestischen Herzogtümern Gotha und Weimar, in: Zeitschrift des Vereins für Thüringische Geschichte 51 (1997), 97–114.

[37] Zum Regierungsauftakt mit dem geradezu klassischen Mittel einer Visitation des gesamten Territoriums, die sich erheblichen Widerständen gegenüber sah: *Friedrich Waas,* Die Generalvisitation Ernst des Frommen im Herzogtum Sachsen-Gotha 1641–1645, in: Zeitschrift des Vereins für Thüringische Geschichte und Altertumskunde NF 19 (1909), mit weiteren Folgen bis Bd. 22, NF 30, 157–187; hier auch eingehende Hinweise auf die Widerstände auf Seiten des Adels und der Geistlichkeit.

[38] Nützlich ist immer noch: *Johann Georg August Galletti,* Geschichte und Beschreibung des Herzogthums Gotha, 2 Tle., Gotha 1779.

[39] Vgl. *K. Klaunig/H. J. Schneider,* Ernst der Fromme (Anm. 36), 64 ff.

[40] Hierzu u. a.: *Theodor Lorentzen,* Die Entschädigung der schwedischen Armee nach dem 30jährigen Kriege, Würzburg 1888; *Antje Oschmann,* Der Nürnberger Exekutionstag 1649–1650. Das Ende des Dreißigjährigen Krieges in Deutschland, Münster 1991.

lerdings vergingen bis zum Erscheinen der ersten Auflage des „Fürsten-Stats“ noch weitere drei Jahre, während derer die Intensivierung der territorialstaatlichen Grundlagen durch den Erlaß weiterer Ordnungen vorangetrieben wurde.[41] Bei Erscheinen des Buches, das die Verwaltung innerhalb der deutschen Territorien nicht nur systematisieren, sondern revolutionieren sollte, war Seckendorff gerade 30 Jahre alt.[42] Da er im Vorwort ausdrücklich betont, der Beginn der Arbeiten sei in sein 29. Lebensjahr gefallen, kann keine unmittelbare Verbindung zwischen Werk und der Landesordnung von 1653 gezogen werden.[43]

Im Jahre des Erscheinens seines ersten großen Werkes stieg Seckendorff zum Geheimen Hof- und Kammerrat auf. Ein Jahr später holte er seine während der Kriegszeit nicht mögliche *Peregrinatio academica* nach.[44] Es fand sich nämlich die günstige Gelegenheit, den jungen Herzog Johann Ernst zu begleiten. Das Reiseziel bildete nicht mehr Frankreich, sondern die inzwischen „modernen“ Niederlande. Die Reisestationen lassen sich nicht nur anhand eines Tagebuches verfolgen.[45] Die Ergebnisse schlugen sich darüber hinaus in Bemerkungen nieder, die Seckendorff später in die „Additiones des Teutschen Fürsten-Stats“ aufnahm. So studierte er etwa das Amsterdamer Armenwesen eingehend und fand Gefallen an der Institution.[46] Nach seiner Rückkehr 1657 erhielt Seckendorff seine Bestallung als Richter am Hofgericht in Jena. Es dauerte weitere sechs Jahre, bis Seckendorff die Verwaltungsspitze des Gothaischen Territoriums erklomm: 1663 wurde er Kanzler, Geheimrat, Kammerdirektor und Konsistorialpräsident in einer Person. Damit erreichte er innerhalb der territorialen Verwaltung eine Machtfülle ohnegleichen. Neben seinen eigentlichen Aufgaben verfaßte Seckendorff 1662 auf Geheiß des Herzogs eine Schulschrift für das Gothaer Gymnasium, die ihn als guten Kenner der zeitgenössischen pädagogischen Literatur

---

[41] Eingehender hierzu: *J. W. Stahlschmidt,* Policey und Fürstenstaat (Anm. 10); zur Verbreitung der Gothaischen Jagdordnung und des „Fürsten-Stats“ 1656 in Hessen-Kassel vgl. Staatsarchiv Marburg (im folgenden StaM) 4 f Sachsen-Gotha 42.

[42] *Veit Ludwig von Seckendorff,* Teutscher Fürsten-Stat, Frankfurt/Leipzig 1656; hier benutzt die 5. Auflage von 1687, die „mit einer gantz neuen Zugabe/ Sonderbahrer und wichtiger Materien um ein grosses Theil vermehret“ wurde; zum Werk s. a.: Thüringisches Staatsarchiv Gotha, Geheimes Archiv E XI, 59.

[43] *M. Stolleis,* Veit Ludwig von Seckendorff (Anm. 8), 152.

[44] Zur bisherigen Praxis der *Peregrinatio academica* von Juristen: *Gerhard Menk,* Der frühneuzeitliche Beamte und die Staatsräson. Georg Friedrich von Waldeck und die Nachlaßregelung des Kanzlers Johann Viëtor, in: Geschichtsblätter für Waldeck 81 (1993), 35–75.

[45] *H.-J. Ruge,* Vom Bibliothekar zum Geheimen Rat (Anm. 10), 20 f.; zur Reise insbes.: Thüringisches Staatsarchiv Gotha, Geheimes Archiv E III, 3 und E IV, b.

[46] [*V. L. v. Seckendorff*], Additiones (Anm. 12), 182.

ausweist.[47] Mit dieser Publikation kehrte der ehemalige Prinzenerzieher zu den Anfängen seiner Beamtenlaufbahn zurück.

Doch nicht nur in Gotha war Seckendorff zu Anfang der 60er Jahre zum Maß aller Dinge innerhalb der territorialen Verwaltung geworden, sondern er schaltete sich jetzt auch in die Auseinandersetzungen um die kurmainzische Stadt Erfurt ein. Seine Intervention veröffentlichte er in zwei anonymen Positionsschriften,[48] die freilich das Verhältnis zu seinem Lehrer Johann Heinrich Boecler, der für die kurmainzische Seite Position bezogen hatte, belasteten.[49] Selbst wenn dies angesichts der Empfindlichkeit Boeclers wenig besagt, so waren gleichwohl seine Bemühungen, sich in der unmittelbaren Nachbarschaft Gothas außenpolitische Meriten zu verdienen, von eher zwiespältigem Erfolg gekrönt. Dafür aber hatten sich Seckendorffs Kenntnisse über die innere Landesverwaltung und die innerhalb des gothaischen Territoriums erzielten Erfolge längst an anderen Höfen herumgesprochen. Man erinnerte sich an die Vorrede des „Fürsten-Stats", wo Seckendorff darauf hingewiesen hatte, daß die Gothaer Bedingungen auch für andere Territorien gelten würden. So wollte man sich 1662 in Hessen-Darmstadt seiner Erfahrungen bedienen, um den ‚Staatsbetrieb' auf jene Füße zu stellen, die Seckendorff in seiner ersten großen Schrift so modellhaft vorgeführt hatte. Nach einer Reise in die landgräfliche Residenz setzte Seckendorff eine umfangreiche Reformtätigkeit in Gang, wobei die Leitlinien des „Fürsten-Stats" unmittelbar in seinen Konzepten für Hessen-Darmstadt zum Tragen kamen.[50] Das gesamte hessen-darmstädtische Staatswesen wurde nun von Seckendorff nach den Möglichkeiten einer Umstrukturierung und Verbesserung durchleuchtet, wobei die „Politica", die „Oeconomica" und die „Ecclesiastica" gleichermaßen Berücksichtigung fanden.

Wahrscheinlich sind aber seinerzeit nicht nur Anfragen von Darmstadt aus nach Gotha gerichtet worden, sondern vermutlich auch von anderer Seite, so daß Seckendorff jetzt offen Klage über seine aufreibende Tätigkeit führte. In der bereits erwähnten Ergänzung zum „Fürsten-Stat", die 1664 erstmals in dem Drucker- und Messezentrum Frankfurt a. M. erschien und ebenso wie das Hauptwerk mehrfache Nachdrucke fand, verwies er nämlich eingangs in der „Erinnerung an den günstigen Leser"

---

[47] *Veit Ludwig von Seckendorff,* Schola Latinitatis ad copiam verborum et notitiam rerum comparandam usui paedagogico in ducatu Gothana accomodata, Gotha 1662.

[48] [*V. L. v. Seckendorff*], Justititia protectionis in civitate Erfurtensi; [*ders.*], Repetita et necessaria defensa justae protectionis, Mainz 1664.

[49] Näher hierzu: *D. Blaufuß,* Veit Ludwig Seckendorffs Commentarius de lutheranismo (Anm. 7), 140 f.

[50] Hierzu und zum folgenden: *J. R. Wolf,* Veit Ludwig von Seckendorff (Anm. 10), 521 ff.

darauf, daß er sein Werk überwiegend auf Reisen habe verfassen müssen. Seckendorff beschrieb aber auch die Umstände seines Tätigkeitsumfangs näher: „Bey solchen meinen Vorhaben muß ich nun offenhertzig anzeigen, daß ich abermals wegen der mir zugewachsenen mehrern Bemüh- und Verrichtungen, so dann auch bey hernach mit eingefallener Veränderung meiner Dienste und Wohnung fast nicht einen einigen Tag vollkömmlich erlangen können, meine unterschiedlich gefaste Gedancken zu Papier zu bringen, sondern ich habe diese meine additiones fast verstohlener weise bey hier und dort abgezwackten Stunden und besonders auf Raisen eilsam entworfen".[51] Überdies gab er im Vorwort seiner Verwunderung darüber Ausdruck, daß ein in deutscher Sprache verfaßtes Werk wie der „Fürsten-Stat" so habe reüssieren können, wie dies der Fall war.

Schon seine klaren Äußerungen in den „Additiones" machen deutlich, daß er dem Maß an Inanspruchnahme, das er als hoher Beamter in gothaischen Diensten hatte, nicht mehr allzuviel abgewinnen konnte. Unter den gegebenen Umständen fiel es ihm schwer, die traditionell geringen ordentlichen Einkünfte, wie sie in kleineren Territorien üblich waren, durch einen möglichst umfangreichen Nebenerwerb auszugleichen. Seine Gothaer Zeit neigte sich daher rasch dem Ende zu. Bereits ein Jahr nach Erscheinen der „Additiones", deren einleitende „Erinnerung" voll von bitteren und resignativen Bemerkungen sind, trat er in die Dienste des Herzogs Moritz von Sachsen-Zeitz. Mit diesem Wechsel verließ Seckendorff aber keineswegs den kleinstaatlichen Rahmen – und auch dem weitverzweigten sächsischen Hause blieb er treu. „Nun lebte ich zu der Zeit zu Zeitz als Geheimer Rath, Cantzlar und Director der Cammer", schreibt er im Vorwort der „Politischen und Moralischen Discurse", um damit anzudeuten, daß er neuerlich – und nur er ausschließlich – die beamtliche Mitte aller zentralen Verwaltungseinrichtungen des sächsischen Kleinstaates bildete.[52] Diese Konzentration der Funktionen habe allerdings, so klagte Seckendorff jetzt ebenso wie in Gotha, zu „unmüssigen, schweren amtsverrichtugen" geführt, die mit „anwendung vieler zeit" verbunden gewesen seien. Eine die amtliche Stellung begleitende publizistische Tätigkeit, so versicherte er bedauernd, sei unter den gegebenen Umständen kaum möglich.

Wenn Seckendorff Mitte der 60er Jahre mit seinem großen Förderer Ernst gebrochen hatte, so öffnete sich mit dessen Tod 1675 der teilweise Rückzug von Zeitz nach Gotha. Er übernahm nämlich 1676 neben seiner bisherigen Position zusätzlich die Stelle eines Landschaftsdirektors in

---

[51] [*V. L. v. Seckendorff*], Additiones (Anm. 12), 5.

[52] *Veit Ludwig von Seckendorff,* Politische und Moralische Discurse über M. Annaei Lucani dreyhundert auserlesene lehrreiche Sprüche und dessen heroische Gedichte, genannt Pharsalia, 2 Bde., Leipzig 1695, hier Bd. 1, Vorwort.

der gothaischen Verwaltung. 1681 jedoch entledigte er sich aller vorherigen Dienste bis auf das Amt des altenburgischen Direktors der Steuereinnahme, das er erst im Jahre zuvor übernommen hatte. Fortan zog er sich auf sein nahe Altenburg gelegenes Gut Meuselwitz zurück. Die kommenden Jahre standen so gut wie ausschließlich unter dem Eindruck einer fast schon exzessiven wissenschaftlichen Produktion. Es hat den Anschein, als wolle Seckendorff nun alles das nachholen, was ihm die Mühsal der zahlreichen Ämter verwehrt hatte. Ab 1682 verfaßte er zahllose, z.T. bemerkenswert umfangreiche Beiträge für die in Leipzig von Otto Mencken herausgegebenen „Acta Eruditorum“.[53] Insgesamt waren es nicht weniger als 235 Besprechungen innerhalb von zehn Jahren. Von dem außerordentlichen Gelehrtenfleiß zeugt auch der 1685 in Leipzig erschienene „Christen-Stat“, zu dem ihn Blaise Pascal animierte.[54] Hatte schon der „Fürsten-Staat“ hohes Aufsehen erregt, so kann dies in kaum geringerem Ausmaße von seinem späten Pendant gesagt werden. Nach seinem Erscheinen folgten Schlag auf Schlag weitere größere Publikationen, ohne daß der Eifer des europaweit beachteten Rezensenten darunter gelitten hätte. So wurden 1686 die „Teutschen Reden“ wiederum im Drucker- und Messezentrum Leipzig publiziert,[55] und noch im gleichen Jahr erschien das bereits erwähnte „Jus publicum Romano-Germanicum“, dessen Anfänge in die späten 50er Jahre zurückreicht. Schon diese erste Bilanz unterstreicht den großen, wenn nicht sogar außerordentlichen schriftstellerischen Eifer, den Seckendorff in den Jahren nach 1681 entfaltete.

Allerdings wurden seine Wissenschaftsprinzipien 1686 gleich mehrfach auf eine harte Probe gestellt. Wenn eine Disput mit Valentin Alberti eine der zahlreichen Gelehrten-Kontroversen bildete und relativ rasch beigelegt werden konnte, zog die Auseinandersetzung mit dem in Frankreich geborenen, aber in die Niederlande geflüchteten Philosophen und calvinistischen Theologen Pierre Poiret weite Kreise. Er antwortete nämlich auf die Seckendorffsche Rezension in den „Acta Eruditorum“ mit einer anonym publizierten Gegenschrift.[56] Poiret warf ihm nicht nur vor, daß

[53] Vgl. *A. H. Laeven,* De „Acta Eruditorum“ (Anm. 19).

[54] *Veit Ludwig von Seckendorff,* Christen-Stat, in drey Bücher abgetheilet [...], Leipzig 1685; näheres zur Entstehung: *R. Mack,* Christlich-toleranter Absolutismus (Anm. 10).

[55] *Veit Ludwig von Seckendorff,* Teutsche Reden, an der Zahl vier und vierzig, samt einer ausführlichen Vorrede von der Art und Nutzbarkeit solcher Reden, Leipzig 1686.

[56] [*anon.* = Pierre Poiret], Monita necessarium ad Acta Eruditorum Lipsinesi Anni 1686 mens. Jan. spectans, in quo compilator articuli III Actorum de Antonia Burignona ejusque operibus referens plus quadragesies falsi convincitur, Amsterdam 1686.

er die von ihm besprochenen Werke Antoinette Bourgignons aus zu stark lutherischer Sicht beurteilt habe, sondern der in Rijnsburg nahe Leiden wirkende Gelehrte unterstellte seinem Kontrahenten überdies, nicht weniger als 40 Stellen schlicht falsch verstanden zu haben. Seckendorff sah sich deshalb zur raschen Abfassung einer Gegenschrift veranlaßt, die noch 1686 in Leipzig gedruckt wurde.[57]

Theologische und kirchengeschichtliche Probleme und Fragen blieben auch in den folgenden Jahren Schwerpunkt seiner Beschäftigung. An erster Stelle sind der „Commentarius historicus et apologeticus de lutheranismo“[58] und das „Imago Pietismi“ zu nennen.[59] Mit diesen beiden Schriften sind das durchgängig religiöse Moment in Seckendorffs Leben sowie seine pietistischen Neigungen benannt. Vor allen Dingen aber die historische Studie über das Entstehen des deutschen Luthertums samt seiner politisch-verfassungsrechtlichen Komponente nahm er jetzt in Angriff, so daß sich Seckendorff mit Fug und Recht unter die großen Historiker der Zeit einreihen lassen darf. Der erste Band des „Commentarius historicus et apologeticus de lutheranismo“ erschien 1688 und ein zweiter 1689, 1692 erfolgte ein Gesamtdruck, der nunmehr insgesamt 1000 Folioseiten umfaßte. Beeindruckt schon der Umfang dieses wahrhaften Opus magnum, so imponiert noch mehr die Quellendichte und die Freiheiten, die Seckendorff sich bei der Darstellung herausnahm.[60] Die Untersuchung beruht so gut wie ausnahmslos auf ungedruckten Quellen, da ihm die Einsichtnahme in die Archivalien des Ernestinischen Archivs ermöglicht wurde - ein seinerzeit höchst ungewöhnliches Privileg.[61] In dieser Abhandlung faßte Seckendorff auch heiße Eisen an, wie beispielsweise die Doppelehe Langraf Philipps des Großmütigen. Obwohl auf

---

57 *Veit Ludwig von Seckendorff,* Defensio relationis de Antonia Burignonia, adversus anonymi famosas chartas, sub titulo moniti necessarii publicatas, Leipzig 1686.

58 *Veit Ludwig von Seckendorff,* Commentarius historicus et apologeticus de lutheranismo, sive de reformatione religionis, ductu D. Martini Lutheri in magna Germaniae parte aliisque regionibus, et speciatim in Saxonia recepta et stabilata, Frankfurt a. M./Leipzig 1692.

59 *Veit Ludwig von Seckendorff,* Bericht und Erinnerung auff eine neulich in Druck Lateinisch und Teutsch ausgestreuete Schrifft, in Latein Imago Pietismi, zu Teutsch aber Ebenbild der Pietisterey genannt [...] sambt einer Vorrede Philip Jacob Speners [...], o. O. 1692.

60 Knapp hierzu: *Dietrich Blaufuß,* Der fränkische Edelmann Veit Ludwig von Seckendorff (1626–1692) als Reformationshistoriker, in: Jahrbuch für Fränkische Landesforschung 36 (1976), 81–91.

61 Näher hierzu: *Erich Beyreuther,* Die Kirche in der Neuzeit, in: Geschichte Thüringens, 4. Teil, hrsg. v. Hans Patze/Walter Schlesinger, Köln/Wien 1972, 22; zum Bekanntheitsgrad des Werkes schon vor seinem Erscheinen siehe unter Hinweis auf einen Brief Otto Menckes an Leibniz: *A. H. Laeven,* De „Acta Eruditorum“ (Anm. 19), 58.

diese Weise eine ungewöhnlich unabhängige Darstellung zustande kam, so war sie dessen ungeachtet schon deswegen weit stärker als der „Fürsten-Stat“ den tradierten Normen der zeitgenössischen Wissenschaft verpflichtet, weil er sich des Lateinischen bediente.

Freilich ließ sich der aus dem öffentlichen Leben zurückgezogene, vornehmlich der Wissenschaft lebende Mann 1691 noch einmal zu einer Aufgabe überreden, die einen durchaus prestigiösen Eindruck machte: Sekkendorff wurde von brandenburgischer Seite dazu ausersehen, bei der Gründung der Universität Halle mit ihren neuen – und vor allen Dingen auch pietistischen Zielen – mit an vorderster Stelle zu stehen. Die Stelle des Kanzlers, die ihm angeboten wurde, hat er angenommen.[62] Doch überforderten ihn ganz offensichtlich Anstrengungen, die er bei der Beilegung von inneruniversitären Streitigkeiten unternahm. Er starb bereits am 18. Dezember 1692 auf seinem Gut Meuselwitz. Bereits unmittelbar nach dem Tod wird die hohe Achtung deutlich, die Seckendorff sich zeit seines Lebens erworben hatte. Denn niemand anderes als Christian Thomasius verfaßte eine öffentliche Trauerrede auf ihn.[63]

III. Der „Teutsche Fürsten-Stat“ – die Leitlinien Seckendorffs für den deutschen Territorialstaat nach dem Dreißigjährigen Krieg

1. Der „Fürsten-Stat“ als Reaktion auf den Dreißigjährigen Krieg: eine Handreichung für Fürsten und Beamte, keine „Politik“

Als Seckendorff seine voluminöse, nämlich über 700 Seiten in Oktav umfassende Schrift plante, geschah dies unter zweierlei Prämissen. Die meisten deutschen Territorien hatten während des nicht enden wollenden Dreißigjährigen Krieges in materieller wie in rechtlicher Hinsicht schwersten Schaden genommen.[64] Darüber hinaus wurden ihnen, in fast schon brutaler Abkehr von den Höhenflügen des späten 16. und frühen 17. Jahrhunderts, die Grenzen ihrer Superiorität mehr als schmerzlich aufgezeigt. Daß dabei nicht nur die Truppen fremder Mächte, sondern

---

[62] Vgl. hierzu *N. Hammerstein,* Jus und Historie (Anm. 1), 148 ff., insbes. 154.

[63] *Christian Thomasius,* Klag- und Trauerrede, welche, als der Cörper des Cantzlers von Seckendorff nach Meuselwitz am 29. Decembris angeführet wurde, öffentlich gehalten, Halle 1693 (nachgedruckt in: *Chr. Thomasius,* Kleine Teutsche Schrifften, Halle 1701, 498 ff.).

[64] Hierzu jüngst: *Peter Englund,* Die Verwüstung Deutschlands. Eine Geschichte des Dreißigjährigen Krieges, Stuttgart 1998; aus der Perspektive eines Bauern: Bauernleben im Zeitalter des Dreißigjährigen Krieges. Die Stausebacher Chronik des Caspar Preis 1636–1667, hrsg. v. Wilhelm A. Eckhardt/Helmut Klingelhöfer m. e. Einf. v. Gerhard Menk, Marburg 1998.

auch die des Kaiserhauses beteiligt waren, machte die Angelegenheit nicht weniger problematisch.[65]

Obwohl Mitte der 50er Jahre noch jugendlichen Alters, wußte Seckendorff um diese Hintergründe; denn das juristische Studium unter Boecler bot beste Gelegenheit zur theoretischen Aufarbeitung. In jedem Fall aber war und blieb Seckendorff zeitlebens ein Kind des Dreißigjährigen Krieges. Schon der Tod des Vaters hatte ihm die Beiprodukte des militärischen Ringens um politische Macht deutlich gemacht. Nach seinem Wechsel in darmstädtische Dienste konnte er auch noch einen ungetrübten Einblick in die Absurditäten von innerdynastischen Differenzen gewinnen, die ihren Anfang in konfessionellen Problemen hatten. Als die ohnehin zuvor schon hart geführten Auseinandersetzungen zwischen den beiden hessischen Linien in Kassel und Darmstadt noch einmal mit aller Schärfe aufflammten und letztlich die Entfernung der jeweils anderen Linie aus dem politischen Spektrum zum Ziele hatten, wurden dem jugendlichen Seckendorff die Folgen konfessioneller Überspannung und zugleich die Aporie des übersteigerten Machtgedankens vor Augen geführt.[66] Es steht mehr als nur zu vermuten, daß die Erfahrungen, die er während seiner Darmstädter Bestallung sammelte, Seckendorffs politischen, konfessionellen und staatsrechtlichen Maximen entscheidend formten. Alle Ausprägungen konfessioneller Engstirnigkeit und übertriebener Machtansprüche blieben ihm nicht nur fremd, sondern er bekämpfte sie in seinen Schriften.

Eine weitere Reaktion Seckendorffs auf den langen Krieg und seine Folgen konnte nur darin liegen, daß er als guter Beamter dem schwer geschundenen deutschen Territorialstaat wieder auf die Beine zu helfen suchte. Die Art, mit der er dieses Ziel verfolgte, stellte eine unmittelbare Konsequenz der langen kriegerischen Auseinandersetzungen dar. Seckendorff beging nämlich in seinem „Fürsten-Stat“ gleich einen doppelten Stilbruch. Zum einen beabsichtigte er, wie er es ganz ausdrücklich in seiner Vorrede bekundete, keine „Politik“ zu verfassen. Dieses literarische Genre war wenn schon nicht in Verruf geraten, so doch wegen

---

[65] Zuletzt hierzu in der Übersicht: *Volker Press*, Kriege und Krisen, München 1991, 195 ff.; zu den theoretischen Grundlagen: *Dietmar Willoweit*, Rechtsgrundlagen der Territorialgewalt. Landesobrigkeit, Herrschaftsrechte und Territorium in der Rechtswissenschaft der Neuzeit, Köln/Wien 1975; zum weiteren Rahmen auch: *H. Dreitzel*, Monarchiebegriffe in der Fürstengesellschaft (Anm. 29).

[66] Zum sogenannten „Hessenkrieg“: *Kurt Beck*, Der Hessische Bruderzwist zwischen Hessen-Kassel und Hessen-Darmstadt in den Verhandlungen zum Westfälischen Frieden von 1644–1648, Frankfurt a.M. 1978; zuletzt mit vornehmlicher Berücksichtigung der Wiener Überlieferung: *Volker Press*, Hessen im Zeitalter der Landesteilung (1567–1655), in: Das Werden Hessens, hrsg. v. Walter Heinemeyer, Marburg 1986, 267–331.

seines normensetzenden Charakters eher unzeitgemäß. Überdies aber regte es zur „Disputierlichkeit“ an, wie es die Anfang der 50er Jahre einsetzende Diskussion um die Althusianische „Politica methodice digesta“ eindrucksvoll belegt.[67] Gerade dies aber wollte Seckendorff mit seiner Handreichung tunlichst vermeiden. Er trachtete vielmehr danach, sich an die Realien zu halten. Seckendorff hat seine Abkehr von dem Genre der „Politik“ folgendermaßen charakterisiert: „Denn von dergleichen Büchern in allerhand Sprachen bereits eine große Menge vorhanden, sondern mein Zweck und Absehen ist auf den Zustand der meisten deutschen Fürstenthümer gerichtet gewesen, wie nemlich solche in ihren und guten Zustande beschaffen zu seyn und regieret zu werden pflegen. Denn ungeachtet so vieler Politischen Bücher und Discursen, welche wir auff in der Jugend auff den Schulen oder sonst zu lesen pflegen, und der vielerley darinn beschriebenen Arten der Regimenter und mancherley Regeln, wie in diesem und jenem Stück Herren und Diener Obrigkeit und Unterthanen sich *bezeigen sollen,* habe ich doch meines wenigen Orts an andern in acht genommen und bey mir selbst erfahren, daß derjenige, welcher wol viel zeit und Jahre in solchen Politischen Büchern zugebracht, dennoch, wenn er würcklich zu Diensten getreten, gar wenig gründlichen Bericht von dem Zustande und der Art des Landes“ habe. Damit wird deutlich, daß Seckendorff nicht – wie bei Stolleis geschehen – zu jenen Staatstheoretikern zähl, die – wie Althusius – eine „Politik“ verfaßten. Er bewegte sich im Rahmen einer ganz und gar von verwaltungspraktischen Zielen dominierten Publikation. Er wollte nicht – um es zugespitzt zu formulieren – theoriegeleitete Doktrinen durchsetzen, sondern Handlungshilfen für die Verwaltung eines Territoriums liefern.

Der zweite Stilbruch Seckendorffs lag darin, daß er im „Fürsten-Stat“ auch die eher präskriptiven älteren Regentenlehren hinter sich ließ, weil sie seinen Absichten und Zielen nicht entsprachen.[68] Allerdings hat er dies in den „Additiones“ in Teilen wieder korrigiert, wobei sich jetzt ganz offensichtlich seine praktischen Erfahrungen niederschlugen, die schließlich auch zum Ausscheiden aus den gothaischen Diensten führten. Jedenfalls hielt er schon 1664 den stark zu absolutistischen Tendenzen neigenden Herrschern einen Spiegel vor, indem er ihnen zunächst den Ratschlag erteilt, ohne das Vorhandensein von Ständen „eine rechtmäßige Regierung“ zu führen und „mit der Sclaverey die seinige zu verscho-

---

[67] Näher hierzu: *Gerhard Menk,* Johannes Althusius und die Reichsstaatsrechtslehre. Ein Beitrag zur Wirkung der Althusianischen Staatstheorie, in: Politische Theorie des Johannes Althusius, hrsg. v. Karl-Wilhem Dahm/Werner Krawietz/ Dieter Wyduckel, Berlin 1988, 255–300.

[68] Hierzu: *Wolfgang E. Weber,* Prudentia gubernatoria. Studien zur Herrschaftslehre in der deutschen politischen Wissenschaft des 17. Jahrhunderts, Tübingen 1992.

nen."[69] Die Verantwortung für den Regenten wachse um so mehr, je deutlicher er die „Verantwortung", zugleich aber damit die „Gefahr" allein trage. Es sei daher einem Regenten „nichts nützlicher, als entweder von seinen Ständen oder von treuen Räthen und Dienern guthen Rath anzunehmen und die liebe Warheit zu hören." Seine weiteren Erörterungen erscheinen dann wie der Erfahrungsbericht eines höheren Beamten über den praktischen Umgang mit einem Regenten. Er warnt vor den negativen Folgen, die entstehen, wenn dem Regenten die Wahrheit vorenthalten oder auch mit „unnöthigen falschem Anstrich und Gleister" vorgetragen werde, falle der Fürst in den „eigenen Willen zu seinem und seiner Unterthanen höchstem Unglück und Schaden, lernet sich gleichsam für einen Gott halten, stellet alles oder das meiste auf seine inclination." Bedauerlicherweise trügen aber viele Beamte „wider ihr besser Wissen und Gewissen, auch zu ihrem eigenen Schimpf und Schaden" zu dieser Entwicklung bei.

Ohne jede Frage war der Landesherr für Seckendorff nicht ein Ebenbild Gottes, sondern ein fehlbarer Mensch aus Fleisch und Blut, der dringend der guten Ratschläge seiner Beamten bedurfte, um den rechten und von Gerechtigkeit gepflasterten Weg der Regierung einhalten zu können. Seckendorff wußte inzwischen nur zu gut um die wahren Verhältnisse – und traf entsprechende Vorkehrungen. Falls nämlich der Regent eines Landes sich der „Unart der eigenwilligen Herrschafft" befleissige, was „soviel man aus Historien begreiffen und vermuthen" könne, „der alten Freyheit zuwider" sei, auch „etliche Secula her mehr und mehr an vielen Orten, auch in unserm Vaterland zugenommen" habe,[70] dann sei es um so schwieriger, ihn wieder von dieser Linie abzubringen. Jedenfalls bedürfe es nicht nutzloser „Höflinge", sondern charakterstarker Beamter, um den „eigenwilligen" Regenten wieder auf den Pfad der Tugend zurückzuführen: „Wo auch gleich ein Regent öffters anläuffet und seine selbst beliebte Anschläge und Einfälle ohne Nutzen und Succeß findet, ja wol in vergebliche Kosten und grosse Gefahr darüber geräthet, so ist es doch sehr schwer und gehöret grosse Treue und Hertzhafftigkeit darzu, dem Herrn seine eitele und betriegliche Gedancken und augenscheinliche Fehler fürzustellen und ihme zu zeigen, daß er nichts weniger als andere Menschen gefehlet und geirret habe."[71] Sekkendorff fährt in seiner sehr regentenkritischen Diktion fort, wenn er ebenso metaphorisch wie moralisierend die Forderung erhebt, daß der Höfling dem Landesherrn besser „den Abgott des eigenwilligen Regi-

---

[69] [*V. L. v. Seckendorff*], Additiones (Anm. 12), 52 f.; diesem ist im weiteren gefolgt.

[70] Ebd., 53 f.

[71] Ebd., 53.

ments aus dem Tempel seines Gemüths ausgetrieben" und der Regent sich überdies „in reiffem Rath durch redliche Diener und Stände hätte überstimmen lassen." Schon der „Extract auß einem Frantzösischen Tractat" des Jahres 1663 über die rechte Erziehung eines Königs, die den „Additiones" von 1687 mit Bedacht vorangestellt war, enthält ähnliche Äußerungen.[72]

Solche herrschafts- bzw. regentenkritischen Bemerkungen sind zweifelsohne entweder als Erkenntnisse aus der eigenen beamtlichen Praxis oder aber als Ergebnis von Beobachtungen in anderen Territorien anzusehen. Ohnehin bestimmten die praktischen Erfahrungen des Beamten weitgehend den Inhalt und Zweck des „Fürsten-Stats". Am eindrucksvollsten wird dies in dem langen Anhang deutlich, wo Seckendorff allein über knapp 200 Seiten hinweg einen „Ausführlichen Entwurff etlicher Bestallungen der vornehmsten oder weitläuffigsten Aemter und Dienste bey einem Teutschen Fürstenthum oder demselben gleich zu achtender Graff- und Herrschafft" vorlegt.[73] Dieser Abschnitt macht bezeichnenderweise den umfangreichsten Teil des Gesamtwerkes aus, während Seckendorff gänzlich auf eine theoriegeleitete Begründung des Staates verzichtete. Hätte er den „Fürsten-Stat" dagegen in der politiktheoretischen Tradition gesehen oder aber unmittelbar auf Hobbes' 1651 erschienenen „Leviathan" antworten wollen,[74] wäre dies unumgänglich gewesen. Auch in einer anderen Hinsicht unterscheidet sich der „Fürsten-Stat" von der politiktheoretischen Tradition: Seckendorff verzichtet ganz auf die Erörterung der Qualität von Herrschaftsformen, sondern setzt die monarchisch-monokratische Herrschaft voraus, die er allerdings mit starken institutionalisierten Beschränkungen sowohl durch Stände wie Beamte eingegrenzt sehen möchte.

Wenn im „Fürsten-Stat" die praktischen Fragen des inneren Aufbaus eines deutschen Terrtorialstaates im Vordergrund gestanden hatten, die der Autor zu einem Ideal- und Musterstaat samt dessen Behördenwesen fortentwickelte,[75] so holte Seckendorff den Reichsaspekt explizit nach.

[72] Extraxt auß einem Frantzösischen Tractat, Recueil des Maximes veritables & importantes pour l'institution du Roy & c., anno 1663 zu Pariß gedruckt/darauf sich in denen folgenden Additiones § 36 bezogen wird; nach dem Register des „Fürsten-Stats" den „Additiones" vorangestellt.

[73] *V. L. v. Seckendorff*, Teutscher Fürsten-Stat (Anm. 42), 595–792.

[74] *Thomas Hobbes*, Leviathan, hrsg. v. Richard Tuck, Cambridge 1991 (1. Aufl. 1651); zur Entstehungsgeschichte und den biographischen Hintergründen siehe die Einleitung des Herausgebers.

[75] Zur Nachahmung Seckendorffs in breiten Bereichen anderer Territorien siehe das Konzept des waldeckischen Rates Anton Friedrich Suden: Schema einer landesherrschafft[lichen] Regierung und mediocraen Reichs-Staats, wie die dabey vorkommende Affairen und desfallß nötige Collegia miteinander connectiret sint

Das 1686 veröffentlichte „Ius Publicum Romano-Germanicum", das er im Untertitel als „Beschreibung des H. Röm. Reichs Teutscher Nation" bezeichnete, reagierte zwar einerseits auf die inzwischen so reiche Literatur über die Verfassungsform des Reiches, wie sie sich nach Pufendorfs Traktat ergeben hatte,[76] doch blieb er andererseits wieder von jener Vorsicht beseelt, die er in allem an den Tag legte. Ganz eindeutig stand nämlich das deskriptive und nicht das normative Moment im Vordergrund. Wie bereits gut dreißig Jahre zuvor im „Teutschen Fürsten-Stat", so wollte er neuerlich „nur" eine Handreichung für die Praxis des Fürsten und territorialen Beamten bieten, nicht aber Wünsche oder gar Forderungen nach der Verwirklichung idealer Staats- oder Regierungsformen stellen.[77] Dieses Prinzip verfolgte er soweit, daß er in dem Werk nicht nur eine ausführliche Beschreibung des kaiserlichen Hofes vornahm, sondern Seckendorff gab dem Werk auch eine Reichsmatrikel bei. Verfolgte er mit der Beschreibung des Wiener Hofes den Zweck, den territorialen Verwaltungen eine wertvolle Hilfe für den Fall an die Hand zu geben, daß Missionen nach Wien oder aber Prozesse vor dem Reichshofrat anstanden, so sollte die Reichsmatrikel den Beamten eine wichtige Orientierung für die eigene Stellung innerhalb des Heiligen Römischen Reichs als verfassungsrechtlichem Rahmen der Reichsstände liefern.

2. Die territoriale Bestandsaufnahme als Ausgangspunkt des deutschen „Fürsten-States"

Für den gänzlich praktischen Zweck seiner ersten großen Publikation hielt es Seckendorff für notwendig, „von einem Fürstenthumb ins gemein und materialiter, als von dessen Ursprung und Namen, Situation, natürlichen Stücken/Gebirgen/Feldern/Wäldern Wassern/Eintheilungen Aemptern/Herrschafften/Städten/Schlössern/Dörffern/und Lehenschafften/Gräntzen/Fruchtbarkeit/Arthafftigkeit/Nahrung und Zuneigung der Unterthanen", schließlich auch noch „von dem Stand und Unterschied der im Lande wohnenden Personen Hoheit und Niedern" zu handeln.[78] Mit diesem Programm stellt sich Seckendorff in die Tradition von Landesaufnahmen, die sich bis in das 16. Jahrhundert zurückverfolgen

u[nt] auß jenen fließen, ediert in: *Gerhard Menk,* Der Weg zur waldeckischen Residenz Arolsen, in: Waldeckische Historische Hefte 5 (1996), 158–162.

[76] Ausführlich zuletzt: *Fiammetta Palladini,* Discussioni seicentesche su Samuel Pufendorf. Scritti latini: 1663–1700, Bologna 1978.

[77] Hierzu *Gerhard Oestreich,* Vom Herrschaftsvertrag zur Verfassungsurkunde. Die „Regierungsformen" des 17. Jahrhunderts als konstitutionelle Instrumente, in: ders., Strukturprobleme der frühen Neuzeit. Ausgewählte Aufsätze, hrsg. v. Brigitte Oestreich, Berlin 1980, 229–252.

[78] *V. L. v. Seckendorff,* Teutscher Fürsten-Stat (Anm. 42), 1 f.

lassen. Zu nennen sind hier beispielsweie der „Oekonomische Staat" Landgraf Wilhelms IV. von Hessen-Kassel[79] und ein ähnliches Projekt Landgraf Ludwigs IV. von Hessen-Marburg,[80] das Seckendorff höchstwahrscheinlich aus seiner kurzen Darmstädter Bestallung bekannt war. Doch ebenso im vermeintlich zurückgebliebenen Waldeck ist 1602 eine Landesaufnahme vorgenommen worden, wobei Graf Simon VI. zur Lippe als Vormund der beiden Grafen Christian und Wolrad federführend war.[81]

Gleichwohl besaß die Landesaufnahme, wie sie Seckendorff im „Fürsten-Stat" forderte, eine besondere Qualität, da sie auf die einschneidenden Ereignisse des Dreißigjährigen Krieges erfolgte, als die staatliche Bestandsaufnahme mehr als dringlich erschien. In Gotha wurde dies mit einer landesweiten kirchlichen Visitation zu Anfang der 40er Jahre geradezu beispielhaft vorexerziert. Aber auch im säkularen Rahmen erhielt die Seckendorffsche Darstellung geradezu Modellcharakter. Bemerkenswerterweise bediente er sich selbst der Vorschläge, als er zu Anfang der 60er Jahre den Auftrag erhielt, das hessen-darmstädtische Territorium zu reformieren. Neuerlich stand ein ganz schematisches Procedere am Anfang allen reformerischen Wirkens, das Seckendorff zu Papier brachte und nach Darmstadt übermittelte. Erst galt es, den schriftlich niedergelegten Katalog abzuarbeiten, ehe es sinnvoll erschien, die reformerische Medizin zu bestimmen und dann auch zu verabreichen. Vor allem war die territoriale Bestandsaufnahme insoweit wichtig, als sie die Neubelebung der territorialen Wirtschaft möglich machte. Denn sie bildete jetzt neben der Justizpflege die vornehmste Aufgabe des Territorialstaates. Nur so konnten Steuern eingenommen und damit eine Grundlage für das konzeptionelle, vorausschauende Handeln des Fürsten und seiner Verwaltung geschaffen werden.

3. Seckendorff als Theoretiker des deutschen Territorialstaats: Die Einbindung in das Heilige Römische Reich und die innere Ordnung des machtmoderierten Territoriums

Die preußische Historiographie des späten 19. Jahrhunderts unternahm den Versuch, das brandenburgische Territorium als Modellfall für den Aufstieg des Territorialstaates nach dem Dreißigjährigen Krieg au-

---

[79] Der Ökonomische Staat Landgraf Wilhelms IV. nach den Handschriften, bearb. v. *Ludwig Zimmermann,* Marburg 1934.

[80] StaM S 40.

[81] StaM 127 Generalia 9; zu Simon: *August Falkmann,* Graf Simon VI. zur Lippe und seine Zeit, 3 Bde., Detmold 1882–1887; *Heinz Schilling,* Konfessionskonflikt und Staatsbildung. Eine Fallstudie über das Verhältnis von religiösem und sozialem Wandel in der Frühneuzeit am Beispiel Lippe, Gütersloh 1981.

ßerhalb des Reichsbezuges zu schildern bzw. zu betonen. Dies kontrastiert scharf mit jenen Leitlinien, die der Staatsrechtler Seckendorff im „Teutschen Fürsten-Stat“ niedergelegt hatte. Denn er betont die Einbindung in den verfassungsrechtlichen Rahmen des Reichs in einer Deutlichkeit, wie sie nicht größer sein könnte. Die Superiorität des deutschen Territorialstaats mit dem Fürsten an der Spitze bedeutete nämlich keineswegs Ungebundenheit, sondern in erster Linie Eingebundenheit in den Verfassungsrahmen des Reiches. Es dürfe keinerlei Zweifel darüber bestehen, „als ob eine teutsche Landes-Herrschaft so gar frey und ohne einige Ziel und Masse ihre Hoheit zu gebrauchen hätte“, wenn sie innerhalb des Reiches läge. Dies hieße, daß „ein teutscher Fürst oder Landes-Herr nicht allein seinem Gewissen gegen Gott dem Allmächtigen, seine Regierung und Handlung zu verantworten hat, sondern er ist auch schuldig und mehrentheils mit Eydes-Pflichten verbunden, einem ordentlich Erwehlten regierenden Römischen Kayser und dem Reich gebührlichen Respect und Gehorsam zu leisten und demjenigen, was Kayserliche Majestät und die Churfürsten/Fürsten und Stände des Reichs altem Herkommen nach geordnet und geschlossen haben und noch schliessen werden, für sich und in seine Landes-Regierung in acht zu nehmen.“[82] Nur „gewisse Priviliegien, Freyheiten und Bedingungen“ verschafften dem Landesherrn eine Ausnahme von diesen unumstößlichen Bedingungen.

Mit der Kaiser- sowie Reichsbindung des deutschen Territorialherrn und seines Territoriums setzte sich Seckendorff deutlich von jenen Autoren ab, die – wie Hippolitus a Lapide bzw. Boguslav Philipp v. Chemnitz – nur wenig mehr als zwei Jahrzehnte zuvor den Kaiser als politische Partei und die Reichsverfassung als schiere Chimäre diskreditiert hatten.[83] Die scharfe Reaktion auf die kaiserlichen Aspirationen, wie sie sich im Restitutionsedikt und im Prager Frieden Ausdruck verschafft hatten, verloren jedoch mit dem Westfälischen Frieden als verfassungsrechtlichem Moment des Ausgleichs an Wirkung und lenkten, wenn auch insbesondere im protestantischen Bereich, zögerlich auf die Rechtsordnung des Reichs zurück. Das Funktionieren des Reichs als Rechtsbewahranstalt war aber insbesondere für die kleinen Territorien unverzichtbar – und dieser Aspekt kommt schon früh in Seckendorffs „Fürsten-Stat“ zum Ausdruck. Ohne jede Frage bedeutete die Einbindung in den rechtlichen Rahmen des Reiches für Seckendorff ein machtmoderierendes Element, mit dem fürstliches Handeln geleitet, ja gezügelt werden

---

[82] *V. L. v. Seckendorff,* Teutscher Fürsten-Stat (Anm. 42), 60 f.

[83] Zu Chemnitz: *Rudolf Hoke,* Hippolithus a Lapide, in: Staatsdenker in der frühen Neuzeit, hrsg. v. Michael Stolleis, München ^{3}1995, 118–128; Chemnitz' Ausführungen sind insoweit von Bedeutung, als sie nicht nur die schwedische Position spiegelten, sondern auch die hessen-kasselische.

sollte. Dies hieß auch, daß der Fürst vor eines der Reichsgerichte gezogen werden konnte.[84]

Einbindung in Recht und Herkommen,[85] darüber hinaus aber auch das Moment der „Mäßigung“ stellen Gegenstände dar, die von Seckendorff als konstitutive Elemente des Territorialstaats betrachtet werden. Nicht zufällig erscheint die „Mäßigung der Handhabungs-Mittel“ eines Fürsten in der Überschrift eines eigenen Unterkapitels.[86] Weit ausführlichere Aufmerksamkeit widmet Seckendorff aber den Rechten der „Untertanen“, die nicht mit der „eigenwilligen Herrschaft eines Haußwirths über sein Gesinde“ verwechselt werden dürfen.[87] Während im Hause eine unbeschränkte Herrschaft vorliege, seien die „Unterthanen im Lande nicht Sclaven und mit Leib und Gut so bloß hin ihrem Herrn eigenthumlich ergeben.“ Vielmehr sollten sie „wie freygeborne und unter seinem rechtmäßigen Regiment zu ihrer Leibes- und Seelen Wohlfahrt versamlete Leute“ behandelt werden. Wiederum betont Seckendorff ausdrücklich die rechtlichen Bindungen des Fürsten, die ihm vermittels des göttlichen Rechts, des Naturrechts und schließlich auch des Reichsrechts Grenzen auferlegten. Daneben aber verweist er auf weitere Rechte, die den Untertanen von dem regierenden Fürsten oder aber seinen Vorgängern eingeräumt waren. Sie sieht Seckendorff an erster Stelle „in Religions-Sachen“, dann aber auch in der rechten Ausübung der Justiz, in der Sicherung von Hab und Gut und schließlich in der Einhaltung von Verträgen und Privilegien.

Wie es der letztgenannte Punkt belegt, beschränkt sich der nicht eigens definierte Untertanenbegriff Seckendorffs vornehmlich auf ihre Formierung in Ständen. Die Rechte der Landstände, aber auch ihre Organisation bzw. ihr Zusammenspiel mit dem Fürst auf Landtagen, wird vergleichsweise intensiv beleuchtet – intensiver jedenfalls, als es der sich nach 1648 entwickelnde Hochabsolutismus erwarten ließe. Zumindest in dieser Hinsicht steht der Beamte eines Kleinterritoriums in der Tradition eines Althusius, und auch der zeitliche Blick nach vorn auf einen Mann wie Johann Jacob Moser läßt sich wohl kaum vermeiden, wenn man sich die Partien über die beachtliche Rolle der Stände im deutschen Territorialstaat vergegenwärtigt.[88] Freilich vermeidet er dabei große theoretische

---

[84] *V. L. v. Seckendorff,* Teutscher Fürsten-Stat (Anm. 42), 62.

[85] Zu seiner Rolle in der zweiten Jahrhunderthälfte siehe: *Bernd Roeck,* Reichssystem und Reichsherkommen. Die Diskussion über die Staatlichkeit des Reiches in der politischen Publizistik des 17. und 18. Jahrhunderts, Stuttgart 1984.

[86] *V. L. v. Seckendorff,* Teutscher Fürsten-Stat (Anm. 42), 65 f.

[87] Ebd., 72.

[88] Zu Moser u. a.: *Erich Schömbs,* Das Staatsrecht Johann Jacob Mosers (1701–1785). Zur Entstehung des historischen Positivismus in der Reichspublizistik des 18. Jahrhunderts, Berlin 1968; zu der Rolle des zeitweiligen württembergischen

Erörterungen, sondern vermittelt Leitlinien bzw. gibt gute Ratschläge. Wenn der Fürst „wo nicht aus Schuldigkeit, doch aus löblicher und guter Gewonheit seine Land-Stände ebenmäßig zu Rath fraget und Ihre unterthänige treue Meynung und Erinnerung anhöret", so eine seiner Empfehlungen, solle er selbst dann, wenn er nicht an sie gebunden sei, „dennoch nicht leichtlich" davon abweichen, sondern „da sie zumal auf gute vernünfftige Ursachen" gründen, ihnen „gerne" folgen. Denn dies trage „zu Erhaltung und Rettung des Landes-Fürstlichen Hohen Standes und Regalien wider besorgende schädliche Eingriffe" bei. Auf den ersten Blick könnte dies als eine ironische Schlußfolgerung angesehen werden, aber tatsächlich schätzte Seckendorff die Landstände so sehr, daß er ihnen eine außerordentlich wichtige, ja vielleicht sogar eine herausragende Position innerhalb des frühneuzeitlichen Staates einräumte. Allenfalls die Beamtenschaft reichte in ihrer Bedeutung an sie heran.

4. Die Funktion religiöser Bindung und des Friedens für den Territorialstaat

Seckendorffs Interesse im „Teutschen Fürsten-Stat" blieb keineswegs auf den säkularen Aspekt der Herrschaft begrenzt. Lange bevor er seine pietistischen Neigungen zu erkennen gab, beherrschte eine tiefe Religiosität seine Überzeugungen – und auch den „Fürsten-Stat". „Der letzte Zweck [...] aller menschlichen Handlungen soll seyn die Ehre Gottes, darzu das menschliche Geschlecht fürnemlich erschaffen", deklamiert er bereits im zweiten, den säkularen Momenten der Herrschaft vorbehaltenen Kapitel.[89] „Insonderheit gebühret denen hohen Obrigkeiten, welche Gottes Stadthalter auf Erden sind, dahin zu sehen, daß ihres höchsten himmlischen OberHerrns Ehre in allen Dingen gesuchet werde." Vornehmlich, wenn nicht ausschließlich „durch treue und fleißige Ausrichtung ihres Amts und Beruffs, wie derselbe Göttlichem Wortt und den natürlichen Land-üblichen Rechten gemäß ist", so Seckendorff weiter, könne „Gott dem Herrn selbst Gehorsam, Ehre und Dienst" geleistet werden. Mit seiner tiefreligiösen Überzeugung transportiert Seckendorff im „Fürsten-Stat" Werte, die bis in das späte 19. Jahrhundert hinein und damit weit über den Territorialstaat im Alten Reich hinaus nur unwesentlich an Bedeutung verloren.

Wenn Seckendorff auf den Untertan sah, dann diente vornehmlich die Religion zum Erreichen des „Seelen-Friedens" als einem hohen, wenn

Ständesyndikus in der praktischen Politik: *Gabriele Haug-Moritz,* Württembergischer Ständekonflikt und deutscher Dualismus. Ein Beitrag zur Geschichte des Reichsverbands in der Mitte des 18. Jahrhunderts, Stuttgart 1992.

[89] *V. L. v. Seckendorff,* Teutscher Fürsten-Stat (Anm. 42), 57.

nicht dem höchsten zu erreichenden Gut. Daneben aber gab er dem Territorialstaat noch ein zweites Ziel: „Nechst der Seelen-Wohlfahrt ist das edelste Kleinod und der höchste Schatz eines Landes der Friede", verkündet Seckendorff programmatisch.[90] Wer die Folgen unmittelbar vor Augen hatte, die der Dreißigjährige Krieg den deutschen Territorien sowohl durch die unmittelbaren wie auch die mittelbaren Schäden – etwa in Form des gänzlichen Superioritätsverlusts durch längere militärische Einquartierungen – verursacht hatte, der schätzte den Frieden nicht gering. Seckendorff stand dabei im übrigen zusammen mit einem anderen bereits genannten Staatstheoretiker, der aus vergleichbaren Erfahrungen geurteilt hatte: dem englischen Staatstheoretiker Thomas Hobbes. Doch blieb der gemeinsame Ausgangspunkt des Krieges und das daraus erwachsende Streben nach Frieden so gut wie das einzig verbindende Element zwischen dem „Leviathan" und dem „Teutschen Fürsten-Stat".

5. *Landeskirche und Bildungswesen*

An der Rolle der territorialen Landeskirche und des Schulwesens konnte eine grundsätzliche Abhandlung zum Territorialstaat nicht vorbeigehen – und schon gar nicht konnte dies Seckendorff angesichts seiner besonderen Vorliebe für kirchliche und schulische Fragen. So behandelte er denn auch die Stellung des protestantischen Landesherrn als Summepiscopus ausführlich. Seckendorff erläutert dabei – wie kaum anders zu erwarten – die Festlegungen des Augsburger Religionsfriedens, wobei er feststellt, daß dieser „nicht ohne grosse Zerrüttung, Mühe, Gefahr und Kosten" zustande gekommen sei.[91] Der Westfälische Frieden habe die Augsburger Festlegungen „aufs neue bestetigt", so daß die protestantischen Landesherren „so wol nach dem Grunde Göttlicher und natürliche als auch nach Zulassung der üblichen Reichs Recht und Satzungen nebenst dem weltlichen auch das geistliche Regiment" führten.

Nach ausführlicher Erörterung der konfessionellen und kirchenrechtlichen Festlegungen, die der Westfälische Frieden für die Territorien gebracht hatte, wendet sich Seckendorff den Aufgaben des Landesherrn innerhalb des Territorialstaates zu. Durch Ordnungen habe er zu gewährleisten, daß die „Christliche Lehr Jungen und Alten wol beygebracht und bey männiglich die rechte Wissenschafft von wahrer Religion samt der Gottseligkeit und Christlichem Wandel gepflantzet werde."[92] Hierzu

---

[90] *Kurt Zielenziger,* Die alten deutschen Kameralisten, Jena 1913, Nachdruck Frankfurt a.M. 1966, 366.

[91] *V. L. v. Seckendorff,* Teutscher Fürsten-Stat (Anm. 42), 263 (anstatt eingedruckt: 363).

gehöre aber nicht nur der Besuch von Predigten, in denen „alles deutlich, ordentlich und einfältig gelehret“ werden solle, „sondern die Anordnung der Christlichen Erziehung in den Schulen.“ Ihr weist Seckendorff eine besondere Rolle zu, soll sie doch die „Pflantzung der Christlichen Religion von Kindes-Beinen auf“ gewährleisten.[93] So konzipiert er auf den ersten Blick das Ideal eines Territoriums, das durch und durch von religiösen Prinzipien bestimmt ist; und doch scheint er sich ganz an dem gothaischen Vorbild zu orientieren, das spätestens nach der Generalvisitation diesen Maßstäben sehr nahe kam.[94] Auch für den Fall, daß „dem wahren Gottes-Dienst Abbruch geschehe und zu falscher Religion und sündlichem Leben der Weg bereitet würde“, muß der Landesherr mit Hilfe von Ordnungen sofort einschreiten, um die Gläubigen auf den Pfad der christlichen Tugend zurückzuführen. Dazu rechnet Seckendorff auch seine Obsorge dafür, daß die Reste des alten katholischen Glaubens endgültig beseitigt werden. Jedenfalls erwähnt er ausdrücklich die „Abschaffung allerhand aberglaubischer überflüssiger Ceremonien, Bilderwercks, Lateinischer unbekanter Gebet und Gesänge, also genanter geistlicher Orden der Münche und Nonnen“.[95]

Der in jeder Hinsicht ordnungsliebende Seckendorff sieht in einer territorialen Kirchenordnung das zentrale Mittel für die Ausübung der landesherrlichen Kirchengewalt. Der Territorialherr selbst soll zwar nicht ein Kirchenamt unmittelbar ausüben, aber doch „Verstand und Wissenschaft“ von allen kirchlichen Dingen besitzen. Denn, so räsoniert Seckendorff, „wie kan und wil er sonst von solchen wichtigen Dingen, welche der Menschen Seeligkeit und Gottes-Dienst, also das höchste und beste in seinem Regiments-Wesen betreffen, urtheilen, ordnen und schaffen, wo er der Christlichen Religion, der Kirchen-Ordnung und Gebräuche und der Beschaffenheit seines Landes in Kirchen-Sachen nicht zur Genüge erfahren und kundig ist.“[96] Angesichts dieses mehr als hohen Stellenwerts, den die territoriale Kirche besitzt, wird den Landesherren von Seckendorff ausdrücklich auferlegt, daß sie „das Gesetz Gottes sollen betrachten Tag und Nacht.“[97] So folgten sie nämlich „dem Exempel aller Christlichen Könige und Potentaten, welche von sich in ihren öffentlichen Satzungen und Patenten geschrieben haben, daß in der Wissenschafft und Stande der Religion- und Kirchen-Sachen ihre gröste Sorge und Mühe bestehe.“

---

92 Ebd., 270.

93 Ebd., 271.

94 Ausführlich: *F. Waas,* Die Generalvisitation Ernsts des Frommen (Anm. 37).

95 *V. L. v. Seckendorff,* Teutscher Fürsten-Stat (Anm. 42), 271 f.

96 Ebd., 279 f.

97 Ebd., 280.

Kaum weniger als für die Kirche soll der Landesherr dem territorialen Schul- und Bildungswesen seine besondere Fürsorge zukommen lassen.[98] Der „Fürsten-Stat“ enthält deswegen ein längeres Kapitel über „Bestellung/Ordnung und Beschaffenheit der Schulen/hoher und niederer“, aus dem sich das außerordentlich hohe Interesse Seckendorffs für Fragen des Schulwesens und der Bildung ergibt.[99] Dabei kamen viele persönliche Erfahrungen zur Geltung, zugleich jedoch das Wissen, daß das Bildungswesen den Motor für die Anpassung des Territorialstaats an die Erfordernisse der Zeit darstellte. Seckendorff nahm dabei zugleich ein Stück jenes Bildungsimpetus in sein großes Werk mit, das sich bereits in Luthers Schulschrift fand. Zugleich berücksichtigte er das für den „Fürsten-Stat“ allenthalben fühlbare Maß an Grundsätzlichkeit, indem er detailliert den idealen Aufbau des territorialen Bildungswesens von der untersten bis zur obersten Stufe schilderte. Dabei lößt er sich in einem nicht unwichtigen Punkt aus dem tradierten Gerüst. Er geht nämlich nicht – wie bei seinen berühmten Vorgängern Johann Heinrich Alsted oder Johann Amos Comenius üblich[100] – von einer Gliederung in drei Bildungsstufen aus, sondern erweitert sie aus wohl erwogenen Gründen um eine weitere.

Bekannte Muster finden sich auf der untersten Stufe, wo der „nothdürfftige Unterricht christlicher Lehre und die Erlernung gemeiner zu allen Ständen erforderlichen Geschickligkeit“, insbesondere aber Lesen und Schreiben an oberster Stelle stehen sollten.[101] Nächst diesem Schultyp, der sowohl in Dörfern wie in Städten die Grundschulung vorzunehmen hatte, nennt Seckendorff die „Lateinische oder Stadtschule“. In ihr wird bereits ein breiteres sprachliches Programm angeboten, nämlich das Lateinische und Griechische sowie Hebräische in den Anfängen gelehrt. Diese Sprachen seien deswegen wichtig, weil sie „einsten in Kirchen und Schul-Aemptern oder bey Gerichten und Rath-Stellen“ gebraucht würden, erklärt Seckendorff. Damit hebt er klar das Funktionale der Ausbildung auf dieser Schulstufe hervor. Neben dem sprachlichen Unterricht soll aber auch in der „gemeinen“ Stadtschule wie schon in der ersten

---

[98] Vergleichend hierzu jetzt: *Gerhard Menk,* Das frühneuzeitliche Bildungs- und Schulwesen im Bereich des heutigen Hessen, in: Regionale Aspekte des frühen Schulwesens, hrsg. v. Ulrich u. Kurt Andermann, Tübingen 2000, 153–199.

[99] *V. L. v. Seckendorff,* Teutscher Fürsten-Stat (Anm. 42), 303 ff.; zum folgenden schon eingehender: *R. Pahner,* Veit Ludwig von Seckendorff und seine Gedanken über Erziehung und Unterricht (Anm. 9).

[100] *Gerhard Menk,* Die Hohe Schule Herborn in ihrer Frühzeit 1584–1660. Ein Beitrag zum Hochschulwesen des deutschen Kalvinismus im Zeitalter der Gegenreformation, Wiesbaden 1981.

[101] *V. L. v. Seckendorff,* Teutscher Fürsten-Stat (Anm. 42), 306.

Schulstufe besonderer Wert auf den Katechismus-Unterricht bzw. die „Übung des Christentums“ gelegt werden.

Die dritte Schulstufe, die Seckendorff als „Gymnasium oder Land-Schule“ bezeichnet, scheint auf den ersten Blick nicht besonders scharf von der „Lateinischen oder Stadtschule“ getrennt. Er trägt nämlich vor, daß die „Ordnung der Unterweisung“ nur in der Weise fortschreite, daß jetzt kontrovers-theologische Fragen auf unterem Niveau berücksichtigt, überdies im Latein- und Griechischunterricht schwierigere Gegenstände behandelt und die Kenntnisse der alten Sprachen und des Hebräischen soweit fortgeführt würden, daß die Bibel in diesen Sprachen gelesen werden könne. Überdies werden hier „die ersten und leichtesten praecepta Rhetorica & Logica, auch wol Physica und Mathematica, nichts weniger auch ein kurtzer Auszug der Welt und Kirchengeschichte getrieben.“ Doch nicht so sehr aus den Unterrichtsgegenständen, als vielmehr aus der Bezeichnung wird das Spezifikum deutlich, das diesen Schultyp auszeichnet: die Rolle für das Land, mithin die Funktion für das ganze Territorium. In Anknüpfung an die Traditionen des Gymnasium Illustre schildert er hier, offenbar orientiert an der Schule zu Gotha,[102] die neue Rolle der „Land-Schule“ als zentrale Bildungsanstalt für jene Territorien, die nicht über eine eigene Universität verfügten. Wie in Sachsen-Gotha, so wurden in anderen kleineren Territorien nach 1648 Versuche unternommen, mit einem modernisierten Lehrbetrieb die Differenz zum universitären Niveau zu vermindern, vor allem aber verstärkte Standardisierung der Normen zu erreichen.[103]

Die oberste Stufe des territorialen Bildungssystems bildeten die „hohen Schulen und Universitäten“. Sie waren nach Seckendorff in Deutschland erst mit der Einführung des Christentums gegründet worden. Keiner anderen Bildungsstufe widmete er soviel Raum wie den Akademien.[104] Doch ließ er zugleich keinen Zweifel daran, daß erst ein gutes Bildungssystem in allen seinen Stufen hohen Nutzen für den Staat verspreche. Hierbei, nicht aber im Genus des „Fürsten-Stats“, knüpfte Seckendorff an Johannes Althusius an, der in einer Rede, die der „Politica methodice digesta“ beigebunden war, ähnliche Auffassungen vertrat.[105]

---

[102] Zur Entwicklung der Gothaer Schule unter Herzog Ernst u. a.: *K. Klaunig/ H. J. Schneider,* Ernst der Fromme (Anm. 36), 47 ff.; eine moderne Darstellung, die jüngere Forschungen zum Typus des Gymnasium Illustre berücksichtigte, fehlt.

[103] Als Beispiel für das waldeckische Gymnasium Illustre in Korbach siehe für den Reformversuch in den 60er Jahren, der von C. S. Schurzfleisch durchgeführt werden sollte: *Gerhard Menk,* Absolutismus und Regierungsform in Waldeck. Der Zugriff Graf Georg Friedrichs und seines Kanzlers Johann Viëtor auf Staat und Stände, in: Hessisches Jahrbuch für Landesgeschichte 35 (1985), 69–135, hier 78 ff.

[104] *V. L. v. Seckendorff,* Teutscher Fürsten-Stat (Anm. 42), 313 ff.

Der Zweck eines guten Bildungssystems bestand für Seckendorff nicht nur darin, den Untertanen die Lektüre der biblischen Schrift und ihre Ausbildung zu christlich geprägten Untertanen zu ermöglichen, sondern es war nicht zuletzt dem Territorialstaat selbst von Nutzen. Denn so konnte er sich seine Pfarrer und Beamten heranziehen. Dabei zählte ein gut entwickeltes Stipendiatensystem zu den Instrumenten, die der Territorialstaat nach Seckendorffs Auffassung einsetzen sollte, um einem Mangel an entsprechend qualifiziertem Personal vorzubeugen.[106] Für wie wichtig er diese Problematik erachtete, geht aus einem Vorschlag vor, den er mit leicht kritischem Unterton äußerte: „Zu wünschen wäre es, man versparete es an andern Ausgaben und wendete beyzeiten an iedem Hofe etwas auff dergleichen Personen, die in in ihren jungen Jahren des Verstandes und Bequemligkeit der Sitten spüren und blicken lassen." Er geht in seiner Kritik noch weiter, indem er ausdrücklich darauf verweist, daß die Höhe der Stipendien überwiegend viel zu gering ausfalle, als daß mit ihnen ein ordentliches Studium absolviert werden könne.

Daß in diesen Bemerkungen persönliche Momente einfließen, darf wohl vermutet werden. Noch stärker ist dies der Fall in den Passagen, in denen er sich über die herrschaftlichen Hofmeister ausläßt: „Wenn man erweget, daß eines gantzen Landes und Geschlechts Wolfahrt an der Erziehung und Wolgerathen der jungen Herrschaft gelegen, so sollte man das Ampt eines jungen Herrschafts-Hoffmeisters für das allervornehmste, wichtigste, ehrlichste und einträglichste halten", trägt er in den „Additiones" vor.[107] Doch auch in dieser Hinsicht wird neuerlich erkennbar, daß die „Additiones des Teutschen Fürsten-Stats" eher als eine kritische Bilanzierung der Verhältnisse der deutschen Territorien anzusehen ist – und nur insoweit stellen sie eine wichtige Ergänzung zum „Fürsten-Stat" selbst dar. Spätestens mit den Additiones wird deutlich, daß Seckendorff nicht an der Idealisierung des deutschen Territorialstaates gelegen war, sondern daß er mit kritischen Bemerkungen zur Verbesserung jener Staaten beitragen wollte, in denen er erhebliche Defizite ausmachte.

IV. Die staatstheoretischen Elemente in den „Spätschriften"

So lange Seckendorff in der praktischen Politik tätig war, ruhte seine publizistische Tätigkeit nahezu völlig. Erst nach 1681, als er die Stellung am Hofe zu Zeitz aufgab, sah er sich wieder zur publizistischen Tätigkeit

---

[105] *Johannes Althusius,* De utilitate, necessitate et antiquitate scholarum, in: ders., Politica methodice digesta atque exemplis sacris et profanis illustrata, Herborn ^{3}1614, Nachdruck Aalen 1981, 969–1003.

[106] [*V. L. v. Seckendorff*], Additiones (Anm. 12), 114 ff.

[107] Ebd., 139.

gedrängt. Die „süsse Ruhe im privat-leben", die er leicht ironisch 1692 in einem Vorwort beschwor, gönnte Seckendorff sich nämlich im letzten Lebensjahrzehnt keineswegs. Vielmehr setzte jetzt eine höchst angeregte Tätigkeit ein, die nicht auf den recht umfangreichen „Christenstaat" begrenzt blieb, sondern weitere, kaum weniger bemerkenswerte Publikationen beinhaltete.

Hierzu rechnet seine Geschichte des Luthertums, die er – wie es schon im Titel zum Ausdruck kommt – gegen eine 1680 erschienene Publikation des Jesuiten Louis Maimbourg verfaßte.[108] Bei diesem Werk handelt es sich keineswegs nur um eine einäugige Konfessionsgeschichte. Der Autor legte mehr oder weniger eine Geschichte des Reformationszeitalters vor, die er geradezu klassisch mit dem Augsburger Religionsfrieden enden ließ. Der reichsrechtlich bedeutsame Aspekt des Augsburger Friedens, mit dem bekanntermaßen die konfessionelle Hoheit in die Hände der Landesherren gelegt wurde, spielte dabei für Seckendorff eine herausragende Rolle. Die auf archivalischen Quellen beruhende Studie Seckendorffs, wurde rasch in ihrer Bedeutung erkannt. Bereits zu Anfang des 18. Jahrhunderts wurde sie ins Deutsche übersetzt, und Ende des 18. Jahrhunderts erfuhr sie – immer noch aktuell – eine in Tübingen gedruckte reich kommentierte Neuauflage.[109]

Wahrscheinlich einer der Gründe für die bleibende Aktualität der „Historia Lutheranismi" war das schon im „Teutschen Fürsten-Stat" erkennbare Bemühen, die konfessionelle Toleranz innerhalb des deutschen Territorialstaates als erstrebenswertes Ziel zu propagieren.[110] Das Moment der obrigkeitlich sanktionierten „Zwangskonfessionalisierung", schien Seckendorff nicht so sehr im Sinne des konfessionellen Momentes von Bedeutung. Hingegen zeigte er sich weit mehr an einer christlichen Erziehung der Untertanen interessiert. Der zwar immer aus der lutherischen Tradition argumentierende Seckendorff gehört damit zu den Befürwortern eines zwar noch keineswegs konfessionell neutralen, aber doch zumindest von der kontrovers-theologischen Auseinandersetzung befreiten Territorialstaates. Ob für diese Haltung schon der Begriff des „oekumenischen" taugt, wie er bei Ernst Walter Zeeden verwandt wird,[111] steht freilich dahin.

Wenn aus streng staatstheoretischer Sicht die 1686 erschienenen „Teutschen Reden" etwa im Hinblick auf die Grotius-Rezeption von be-

---

108 *Louis Maimbourg,* Histoire du Lutheranisme, Paris 1680.

109 *Johann Friedrich Roos* (Hrsg.), Reformations-Geschichte in einem verbesserten Auszug des Herrn Christian Friedrich Junius aus des Herrn Veit Ludwigs von Seckendorff Historia Lutheranismi, 2 Bde., Tübingen 1781 f.

110 Siehe schon *E. Beyreuther,* Die Kirche in der Neuzeit (Anm. 61), 22.

111 *E. W. Zeeden,* Der oekumenische Gedanke (Anm. 8).

sonderer Bedeutung sind, so darf noch nachdrücklicher auf die bisher viel zu sehr vernachlässigten 1695 posthum erschienenen „Politischen und moralischen Discurse" hingewiesen werden, weil in ihnen noch einmal das Herrschaftsverständnis *in nuce* ausgebreitet wird.[112] Seckendorff erweist sich in dieser Spätschrift, deren Vorwort er rund drei Monate vor dem Tod niederlegte, erneut als strikter Verfechter einer gemäßigten Herrschaft, die territorialen Eroberungen aus guten Gründen entsagt. Wenn er schon in den „Additiones" höchst kritische Bemerkungen über die Gebaren der deutschen Landesherren machte, so verstärkte sich die Distanz zu Macht und Herrschaft nunmehr ganz entschieden. Den mehr als 60jährigen Seckendorff bestimmte inzwischen ein tiefer Pessimismus gegenüber dem politischen Alltag – und ein noch höheres Maß an Vorsicht legte er zum Habitus der Fürsten an den Tag: Sie ließen sich stärker von den Eingebungen der Schmeichler beeinflussen als von den rationalen Erwägungen der studierten Juristen. Daher mag es auf den ersten Blick verwundern, daß er sich zu Anfang der 90er Jahre zur Übernahme der Hallenser Kanzlerschaft bewegen ließ. Vielleicht war es sein letzter Versuch, an einer der Schaltzentralen des Wissenschaftsbetriebs auf die politische Praxis Einfluß zu nehmen.

Während diesem Bemühen Seckendorffs nur noch eine höchst kurze Dauer beschieden war, weil er kurz vor Jahresende 1692 verstarb, wirkten seine Staatsmaximen aus den „Politischen und moralischen Discursen" um so stärker weiter. Sein Rat, das defensive Agieren im außenpolitischen Rahmen als wichtigste Leitlinie zu propagieren, entsprach ganz den Notwendigkeiten eines deutschen Kleinterritoriums. Darüber hinaus betonte er ebenso nachdrücklich das Moment der Mäßigung im verfassungsrechtlichen Spektrum wie im politischen Handeln. Auch hier unterstrich Seckendorff noch einmal das für ihn bestimmende kleinstaatliche Bezugsfeld, was den klarsichtigen Zeitgenossen nicht verborgen blieb. Sicherlich am deutlichsten sprach dies 1687 Samuel Pufendorf in einem Brief an Christian Thomasius aus.[113] Es sei ihm schier „unerträglich", so Pufendorf aus seiner Stockholmer Studierstube und zugleich aus der

---

[112] *Veit Ludwig Seckendorff,* Politische und moralische Discurse über M. Annaei Lucani dreyhundert auserlesene lehrreiche sprüche und dessen heroische Gedichte, genannt Pharsalia, 2 Bde., Leipzig 1695; vgl. bisher hierzu: *Friedrich Gundelfinger* (Gundolf), Seckendorffs Lucan, Heidelberg 1930.

[113] Samuel Pufendorf an Christian Thomasius, Stockholm 9. IV. 1687, in: Samuel Pufendorf. Briefwechsel, hrsg. v. *Detlef Döring,* Berlin 1996 (Pufendorf Gesammelte Werke 1), 161–163, hier 162; zu Pufendorf u. a.: *Hans Welzel,* Die Naturrechtslehre Samuel Pufendorfs, Berlin 1958; *Leonard Krieger,* The Politics of Discretion. Pufendorf and the Acceptance of Natural Law, London/Chicago 1965; *Horst Denzer,* Moralphilosophie und Naturrecht bei Samuel Pufendorf, München 1972; zuletzt zusammenfassend: *Notker Hammerstein,* Samuel Pufendorf, in: Staatsdenker (Anm. 8) 172–196.

Perspektive des Machtstaatstheoretikers mit schwedischem Hintergrund, „daß H[err] Seckendorff meinet, er sey ein so großer Staatsmann.“ Pufendorf fährt dann mit schneidender verbaler Schärfe unter Verweis auf den durchweg kleinstaatlich gefärbten beamtlichen Hintergrund Seckendorffs fort: „Da doch ein großer unterschied ist, eine Cantzley zu Gotha und Zeitz zu dirigiren und solche affairen hantiren, die ein monumentum in Europa geben.“

Ohne Zweifel stand es nie im Sinne Seckendorffs, einen Staat zu formen, der zu einem „monumentum in Europa“ taugte. Nicht machtstaatliche Expansion, sondern vielmehr Bewahrung, ja die Verhütung eines nicht auszuschließenden staatlichen Untergangs ist durchweg Gegenstand seiner Erörterungen. Damit werden eindeutig die Probleme eines Kleinterritoriums charakterisiert, das ständig am Rande des finanziell oder auch rechtlich begründeten Ruins stehen konnte.[114] Die Ursachen für einen Untergang seien aber „mächtigen und muthigen Regenten übel beizubringen“, klagt Seckendorff offen,[115] um seine Staatsmaximen darzulegen: „nemlich daß es besser sey, ein gemässigtes reich in seinen alten grentzen und schrancken zu besitzen als die grentzen immer weiter und breiter zu erstrecken.“ Das Bild, das Seckendorff von Herrschern großer Staaten entwirft, ist durchweg von pejorativen Zügen bestimmt: „Ihr hoher geist düncket sich fug und kraft dazu zu haben“, die territoriale Erweiterung ihrer Reiche durchzuführen und schließlich „wohl die halbe, wo nicht die gantze welt unter sich zu haben und zu regieren.“ Doch ergebe es sich nach dieser Vergrößerung der Reiche „hernach bald, wie den weiten örtern nicht allein elend und übel vorgestanden werde, und also der zweck und nutzen des regiments wegfallen, sondern daß auch solche offt mehr zu erhalten kosten als sie eintragen und keinen wahren nutzen nach sich ziehen, sondern zu steter sorge, ja krieg und blutvergießen anlaß geben.“ Eine gute und an den Gesetzen orientierte Staatsführung, so Seckendorff, übe sich vielmehr in einer defensiven Haltung: „Diejenigen regimenter oder länder, welche gern nach ihren gesetzen leben und der bürgerlichen durchgehenden freyheit geniessen wollen, die pflegen sich defensive zu halten und greiffen nicht leidlich an.“[116] Seckendorff erweist sich aber nicht nur hier als Realist, wenn er die Außerkraftsetzung von Recht durch die Ausübung von Gewalt seitens größerer Staaten bzw. europäischer Großmächte gegenüber ihren kleineren Spezies beschwört. Vielmehr trat er selbst als hoher Staatsbeamter in Erscheinung, indem er mit Vertretern noch kleinerer Territorien Ver-

---

[114] Ausführlich für das Beispiel Waldeck: *G. Menk*, Grundzüge der Geschichte Waldecks in der Neuzeit (Anm. 29).

[115] *V. L. Seckendorff*, Politische und moralische Discurse (Anm. 112), 7.

[116] Ebd., S. 18.

handlungen führte und dabei die eigenen Interessen zu vertreten hatte.[117] Seckendorff dürfte sich mithin über die wahren Machtverhältnisse und politischen Usancen im Klaren gewesen sein. Um so mehr schien es freilich dem praktizierenden Theoretiker geboten, auf die Notwendigkeiten hinzuweisen, die den rechtlichen Frieden nach sich ziehen sollten. Wenn es sich schon um die höchste Aufgabe des Fürsten und seiner Beamten im Staatsinneren handelte, so galt dies nicht minder nach außen.

Ohne ein unmittelbares Vertragsverhältnis zwischen Untertanen und Herrschaft zu berühren, verweist Seckendorff auf den Nutzen, die Untertanen gut und vor allem auch „christlich" zu regieren.[118] „Löbliche und christliche herrschafften", so doziert er, „sind mit fleiß bedacht, ihren unterthanen ein gut stück brod zu lassen, wiewohl man heute zu tage bey manchem hoffe das gegentheil höret und diejenigen vor grosse Statisten passiren, die, wenn es ihnen nachgienge, nichts als wasser und brod und einen leinen kittel liessen." Es sei allerdings kaum ratsam, „die unterthanen so härtiglich auszusaugen, denn solche bettelleuthe sind der herrschaft selbst beschwerlich, man nichts oder wenig von ihnen geniessen, sie haben keine lust im lande zu wohnen oder sich zu nehren, sie suchen lieber andere örter." Falle ein Feind ins Land ein, dann würden gerade sie „zu abtrünnigen und verräthern."

V. Die Wirkung Seckendorffs und seine Einordnung in Wissenschaft und Staatspraxis

Pufendorf, der sich dazu veranlaßt sah, Seckendorff nicht die Qualität eines „großen Staatsmanns" zu vindizieren, blieb nicht der einzige der großen Staatsrechtler des späten 17. Jahrhunderts, der über Seckendorffs Leistungen in Praxis und Theorie urteilte. Schon rund zehn Jahre vor Pufendorfs Urteil bezeichnet ihn der Genfer Jurist und Boecler-Schüler Philipp Andreas Oldenburger als „egregius statista christianus", also als herausragenden, ganz von christlichen Prinzipien durchdrungenen und geprägten Staatstheoretiker.[119] Damit war jener Ton getroffen, der über-

---

[117] Zu einem praktischen Fall, nämlich die Auseinandersetzung zwischen dem Herzogtum Sachsen und der Grafschaft Waldeck um die Herrschaft Tonna, vgl. die Notiz des waldeckischen Kanzlers Johann Viëtor über ein 1672 mit Seckendorff geführtes Gespräch: *Gerhard Menk*, Erwerb und Verwaltung der Herrschaft Tonna durch Waldeck (1640–1677), in: Thüringische Forschungen. Festschrift für Hans Eberhardt zum 85. Geburtstag am 25. September 1993, hrsg. v. Michael Gockel/V. Wahl, Weimar/Köln/Wien 1993, 189–213, hier 210.

[118] *V. L. Seckendorff*, Politische und moralische Discurse (Anm. 112), 64 f.

[119] *Philippus Andreas Oldenburger*, Thesaurus rerumpublicarum, Genf 1675, 14 f.; zu Oldenburger, einem in Genf lebenden, aber hauptsächlich für das Reich

wiegend erklingt, wenn Seckendorffs Person und Wirken von Zeitgenossen, der Staatstheorie des 18. Jahrhunderts charakterisiert wird. Denn Seckendorff blieb eigentlich bis zum Ende des Alten Reiches der Publizist, der dem deutschen Territorialstaat zumindest sein theoretisches, dank der starken Wirkung des „Fürsten-States" auch vielfach sein praktisches Profil verlieh.

Gerade für die staatliche Praxis enthielt die Schrift soviel unmittelbaren Anschauungsunterricht, daß es nicht wunder nimmt, wie viele Nachdrucke die Erstauflage bis in die Mitte des 18. Jahrhunderts hinein erlebte. Welche Rolle der „Teutsche Fürsten-Stat" darüber hinaus spielen konnte, läßt sich am Platz seines Entstehens in Gotha verfolgen. Denn hier scheint er Herzog Friedrich als unmittelbare Leitlinie des Regierens gedient zu haben. In Herzog Friedrichs Nachlaß findet sich nämlich ein Exemplar des „Fürsten-States", das von ihm gelesen und benutzt worden sein muß, da es umfangreiche Randglossen des Lesers und Benutzers aufweist. Seckendorffs Beratungstätigkeit in Hessen-Darmstadt sowie seine Korrespondenz mit dem Solms-Laubacher Landesherrn zeigt überdies beispielhaft, welchen Wert man auf seine Kenntnisse und Ratschläge sowohl für das Regierungshandeln wie die möglichst zeitangepaßte Einrichtung eines Territorialstaates legte. Bis hin zu der Ausformulierung von Beamtenbestallungen konnte auf den „Fürsten-Stat" zurückgegriffen werden.

Ein weiterer Grund für die starke Rezeption Seckendorffs lag womöglich darin, daß er sich soweit wie möglich aus den zeitgenössischen Gelehrtenstreitigkeiten herauszuhalten und jenen Mittelweg zu gehen suchte, den er den Fürsten immer anempfahl. Demgegenüber begann beispielsweise sein etwas jüngerer Zeitgenosse Conrad Samuel Schurzfleisch die publizistische Karrierre Mitte der 60er Jahre durch eine scharfzüngige Kommentierung der seinerzeitigen Staatsrechtslehre und ihrer Vertreter, geriet darüber prompt mit Seckendorffs Lehrer Johann Heinrich Boecler in heftigen Disput und wurde schließlich sogar zum Rapport nach Dresden bestellt.[120] Allerdings ist Seckendorff dieser Mittelweg, wie es unter anderem die Kontroverse mit Poiret zeigt, nicht ganz gelungen. Auch der Briefwechsel Pufendorfs läßt erkennen, daß seine Auffassungen nicht unumstritten waren. Denn nicht allein seine Beurteilung als politischer Praktiker im kleinstaatlichen Rahmen reizte zu Kommentaren, sondern ebenfalls die zahlreichen Werke. Mit dem streitbaren Pufendorf bestand beispielsweise ein Dissens über die Frage nach den Erstreckungs- bzw. Überlappungssphären von Göttlichem

schreibenden Außenseiter der *Societas litteraria*: *B. Roeck*, Reichssystem und Reichsherkommen (Anm. 85), 38 f.

[120] Bisher hierzu: *W. Weber*, Prudentia gubernatoria (Anm. 68).

Recht und Naturrecht. Es ist bezeichnend, daß Seckendorff, der zwischen Jus divinum und Naturrecht keinen Unterschied machte, die differierenden Interpretationsmuster eher herunterzuspielen, denn zu vertiefen suchte.

Dessen ungeachtet lag es nicht in Seckendorffs Sinn, sich in „spitzige zänckerey" einzulassen oder gar in ihr einen Lebenssinn zu erkennen. Dem gab er im „Christenstaat" Nachdruck und bekräftigte die Aussagen, die schon im „Fürsten-Stat" getroffen worden waren. Bereits sein Bestreben, das Werk ausdrücklich von den zeitgenössischen Politiken abzugrenzen, deutet hierauf hin. Aber auch an anderen Stellen finden sich immer wieder Aussagen, die dies bestätigen. Im Verhältnis zu Pufendorf und dessen staatsrechtlichem Verständnis führte der wissenschaftliche Ireniker Seckendorff folgendes aus: „Ich will zwar die art, das obgedachte jus [publicum universale] zu tractiren, die der auch fürtrefflich gelehrte und hochberühmte Herr Samuel Pufendorff mit abstraction von den principiis revelatis gebraucht, an und für sich selbst nicht verwerffen, noch seine hypothesin mit denjenigen, so Hobbes geführt, für einerley halten, weniger in die spitzige zänckerey, die darüber entstanden, mich einlassen: aber nach meiner einfalt finde ich doch den nutzen, den man aus der separation der natürlichen principiorum von dem jure divino revelato, oder weil es fast eines ist, von den zehen geboten, ziehen will, so groß nicht, als er sich ansehen läßt."[121] Seckendorff suchte hier, wie unschwer zu erkennen, die interpretatorischen Gegensätze zu minimieren. Nur wenig später durfte er sich zugute halten, daß Pufendorf seinen Wissenschaftskrieg gegen ihn einstellte und mit seinem früheren Kontrahenten in Frieden lebte.

Versucht man eine Einordnung des Wissenschaftlers und Beamten Seckendorff, dann muß vorab betont werden, daß er in enger Durchdringung von Theorie und Praxis schrieb. Weit mehr als die zeitgenössischen Professoren konnte Seckendorff bis in seine späten Jahre hinein aus der Kenntnis der täglichen Staatspraxis schöpfen – und da bot selbst der Kleinstaat immer noch mehr Anschauungsunterricht als die von der Staatspraxis bisweilen weit entfernte Universität. Als zweites muß darauf hingewiesen werden, daß eine Einordnung Seckendorffs als Kameralist in jeder Hinsicht eine wesentliche Verengung seines Wirkungsspektrums bedeutet. Ohne Frage sah er immer aufs Staatsganze – und entsprechend stand auch das Herrschaftsspektrum als Ganzes für ihn immer und durchgängig im Mittelpunkt des Interesses.

Seckendorffs Horizont beschränkte sich keineswegs auf den territorialen Kleinstaat, auch wenn dieser über weite Strecken seines Lebens die

---

[121] *V. L. v. Seckendorff,* Christen-Stat (Anm. 54), 883.

unmittelbare Umgebung markierte. Schon allein seine scharfe Kritik an der Ämterkäuflichkeit, die er in den „Politischen und Moralischen Discursen" äußerte,[122] deutet darauf hin, daß er Frankreich im Blickfeld hatte.[123] Dies stellte keineswegs einen Zufall dar, denn Seckendorff war ein außerordentlich guter, wenn nicht gar der Kenner par excellence der französischen Politik sowie der Literatur über Frankreich.[124] Auch in weiteren, freilich nie ausdrücklich genannten Fällen war wohl der ludovizianische Staat das Modell, an dem er sich beständig und am stärksten rieb. Ihm mißfiel nicht nur der Prunk, den der Sonnenkönig entfaltete, denn er sah es als höchst nachteilig an, daß dieser die deutschen Territorialfürsten zur Nachahmung animierte,[125] sondern Seckendorff mißbilligte noch weit mehr die seit Ende der 60er Jahre erkennbaren und zu Anfang der 70er Jahre mit dem Einfall in die Niederlande praktisch konkretisierten Expansionsbestrebungen. In dieser Kritik traf er sich ganz mit den Vorstellungen Graf bzw. Fürst Georg Friedrichs von Waldeck, der in den 60er Jahren die Wendung vom frankreichfreundlichen Politiker zum entschiedenen Gegner Ludwigs XIV. vollzog. Der Waldecker, eine der ganz typischen Figuren des deutschen Kleinstaats in der zweiten Hälfte des 17. Jahrhunderts,[126] besaß ein ebenso großes Interesse an der inneren Stabilität und äußeren Sicherung des Reiches wie Seckendorff – und wurde dafür Anfang der 80er Jahre von Kaiser Leopold I. mit der Fürstung belohnt.

Doch bestanden durchaus Unterschiede in der politischen Konzeption des politischen Praktikers und des Theoretikers. Im Gegensatz zu dem Waldecker, der in der territorialen Innenpolitik ohne jede Rücksicht auf Verluste vorging, wenn seine Interessen auf dem Spiele standen,[127] propagierte Seckendorff die Maximen eines ganz am inneren wie äußeren Frieden orientierten und in diesem ruhenden, über ein *regimen moderatum* verfügenden Staatsmodells. Dies sollte nicht nur im deutschen Territorialstaat Anwendung finden, sondern selbstverständlich auch im Reich, wo die staatsrechtlichen Voraussetzungen sehr viel besser als in vielen der Territorien waren. Während hier die Reichsstände, insbesondere aber die Kurfürsten eine besonders starke Stellung gegenüber dem

---

122 *V. L. Seckendorff,* Politische und moralische Discurse (Anm. 112), 21.

123 Zur Tradition siehe die zentrale Studie von: *Roland Mousnier,* La vénalité des offices sous Henri IV et Louis XIII, Paris 1971.

124 So *A. H. Laeven,* De „Acta Eruditorum" (Anm. 19), 59.

125 [*V. L. v. Seckendorff*], Additiones (Anm. 12), 6.

126 *G. Menk,* Georg Friedrich von Waldeck (Anm. 44); zum Vergleich: *Michael Rohrschneider,* Johann Georg II. von Anhalt-Dessau (1627–1693). Eine politische Biographie, Berlin 1998; bedauerlicherweise fehlen bei Rohrschneider vergleichende Momente.

127 *G. Menk,* Absolutismus und Regierungsform in Waldeck (Anm. 103), 69–135.

Kaiser besaßen, verfügten viele der Territorien nicht einmal über Stände. Auch das Instrument der Wahlkapitulation fand nur in den geistlichen Territorien Anwendung. So wundert es nicht, daß Seckendorff gerade den beamteten Räten eine wichtige Rolle bei der Machtmoderierung beimaß.

Doch wäre es verfehlt, in Seckendorff ausschließlich den Staatstheoretiker zu sehen. Vor allem die späten Werke, aber auch seine zahlreichen Beiträge für die „Acta Eruditorum" aus den unterschiedlichsten wissenschaftlichen Feldern unterstreichen, daß er sich ganz bewußt einen enzyklopädischen Anstrich zu geben suchte. Daß seine wissenschaftliche Umwelt in ihm eher einen Polyhistor als einen Staatstheoretiker sah, läßt eine Bemerkung Otto Menckes gegenüber Leibniz erkennen. Nach Seckendorffs Tod fehlte ihm einer der drei fleißigsten und wichtigsten Rezensenten, klagte Mencken – und versuchte Leibniz an Seckendorffs Stelle für die französischsprachige Literatur zu gewinnen.[128] Dieser Wunsch wirft ein bezeichnendes Licht auf einen Mann, dem nichts fremder war als die vorgebliche Kleinräumigkeit des deutschen Territorialstaates. Vielmehr ist Seckendorff das beste Beispiel dafür, über welche geistige Weite und Kapazitäten die höheren Beamten der kleineren deutschen Territorialstaaten verfügen konnten. Noch ein weiteres Paradoxon darf abschließend erwähnt werden: Nicht einer der inzwischen zahlreichen bürgerlichen Gelehrten, sondern ein kleiner fränkischer Reichsritter hatte einen, wenn nicht den zentralen Beitrag zur Formierung der deutschen territorialen Welt nach dem Dreißigjährigen Krieg geliefert.

[128] *A. H. Laeven,* De „Acta Eruditorum" (Anm. 19), 60.

Pietistische Herrscherkritik und dynastische Herrschaftssicherung

Die „mütterlichen Vermahnungen" der Gräfin Benigna von Solms-Laubach

Von Jutta Taege-Bizer

Gräfin Benigna von Solms-Laubach (1648–1702) und ihr Gemahl Johann Friedrich (1625–1696) galten in der Geschichtsschreibung des 19. Jahrhunderts als exemplarisches Gründerpaar einer Kultur frommer Grafenhöfe.[1] Dabei wurde die Gräfin häufig in enger Verbindung mit dem Wirken des pietistischen „Gründungsvaters" Philipp Jakob Spener (1635–1705)[2] erwähnt. Speners Widmungsworte an sie aus seinem „Laubachischen Denckmahl" (1683)[3] belegten diese Verbindung. Gegenüber der „einfachen und sichern Haltung des Mannes"[4] erschien die Gräfin als die prägendere Person am Laubacher Hof. Ihre Frömmigkeit wurde bereits kurz nach ihrem Tod durch die Veröffentlichung eines Teils ihrer Schriften zum Exempel erhoben. Im Jahre 1710 erschienen ihre „Ein und Zwantzig Vortreffliche Betrachtungen über die schmertzlichste Leyden

---

[1] *Friedrich Wilhelm Barthold,* Die Erweckten im protestantischen Deutschland während des Ausgangs des 17. und der ersten Hälfte des 18. Jahrhunderts; besonders die Frommen Grafenhöfe, Historisches Taschenbuch, hrsg. v. Friedrich Rauner, 3. Folge, 3. Jg. 1852 (129–320 = Abt. I), und 3. Folge, 4. Jg. 1853 (169–390 = Abt. II), 2. unveränd. Aufl., Darmstadt 1968, 4. Die Seitenangaben folgen dem Nachdruck. *Eduard Vehse,* Geschichte der deutschen Höfe seit der Reformation, Bd. 41, 6. Abth.: Die kleinen deutschen Höfe, Hamburg 1858, 77 u. 145 f.

[2] Vgl. *Johannes Wallmann,* Philipp Jakob Spener und die Anfänge des Pietismus, Tübingen 1970, 2. erw. u. überarb. Aufl., Tübingen 1986; *Paul Grünberg,* Philipp Jakob Spener, 3 Bde., Göttingen 1893, 1905, 1906.

[3] *Philipp Jakob Spener,* Laubachisches Denckmahl, oder Lehre von dem Weg zum Himmelreich und dem Nahmen der Christen, Frankfurt 1683. Die Widmung („Zuschrifft") an die Gräfin Benigna von Solms-Laubach ist auf den 5.10.1682 datiert. Das „Laubachische Denckmahl" wurde zum zweiten Mal veröffentlicht in: *Philipp Jakob Spener,* Erste geistliche Schriften, Frankfurt 1699, 823–940. Das Zitat ist entnommen aus dieser Ausgabe: „Zuschrifft", 824 f. Im folgenden wird das „Laubachische Denckmahl" aus der Ausgabe in den „Ersten geistlichen Schriften" zitiert.

[4] *Albrecht Ritschl,* Geschichte des Pietismus, 2 Bde., Bonn 1880, unveränd. Nachdruck Berlin 1966, Bd. 2, 514.

Jesu Christi",[5] sieben Jahre später das „Immer=grünende Klee=Blat Mütterlicher Vermahnungen".[6] Fragmente ihrer autobiographischen Schriften veröffentlichte Graf Erdmann von Henckel in einer weit verbreiteten pietistischen Lebenslaufsammlung.[7]

In der Pietismusforschung des 20. Jahrhunderts wurde das Grafenhaus Solms-Laubach über diese Angaben hinaus vor allem im Kontext des „radikalen Pietismus" wahrgenommen,[8] oder die Gemeinschaftsformen am Laubacher Hof wurden gemäß der Zinzendorf'schen Darstellung als Wiege einer frommen Hofkultur tradiert.[9] Nur am Rande geriet dabei die Frage ins Blickfeld, was den Pietismus für die Grafenhäuser überhaupt,[10] und speziell im Laubacher Fall,[11] attraktiv gemacht habe. Vor-

---

[5] [*Gräfin Benigna v. Solms-Laubach*], Ein und Zwantzig/Vortreffliche/Betrachtungen/Über die/schmertzlichste Leyden/unsers theuersten Erlösers/und Heylandes/Jesu Christi:/Von/Einer Gräflichen Wittib/Aus Geistlich=lebendiger Verständniß/und Erfahrung schrifftlich verfasset/Und/Nach Ihrem seligen Hintritt andern zur Erbauung durch den Druck mitgetheilet. Im Jahr 1710. Zu finden bey Henning Müllern/Buchhändlern und Buchdruckern in Giessen.

[6] Vgl. [*Gräfin Benigna v. Solms-Laubach*], Immer grünendes Klee=Blat Mütterlicher Vermahnungen/von Einer Gräfflichen Person/An Einige Ihrer in Verschiedenem Stand und Beruff sich befindende Kinder gerichtet/Darinnen vornehmlich Eines Regenten/Soldaten/Ehe=Gattens Pflichten und Obliegenheiten vorgestellet/ und Noch eine von eben Derselben verfassete Muetterliche Vermahnung an einen ihrer sich damahls auf der Universität befindenden Söhne vorgesetzet worden. Herausgegeben in Franckfurt am Mayn/im Verlag Friedrich Knoch und Sohn, 1717, Vorbericht an den Leser, 5. Im folgenden werden die einzelnen Schriften nach der Druckfassung von 1717 zitiert.

[7] Vgl. *Graf Erdmann Heinrich Henckel,* Die letzten Stunden einiger der Evangelischen Lehre zugethanen [...] selig dem HERRN Verstorbenen Personen, Von unterschiedenem Stande, Geschlecht und Alter, Zum Lobe Gottes und zu allgemeiner Erweckung, Erbauung und Staerckung [...], 4 Teile, Halle 1720–1733, hier Teil II (1721), 80–114. In Teil II befinden sich auch die Lebensläufe des Grafen Johann Friedrich (42–63) und der gemeinsamen Tochter Bibiane (24–41). Im folgenden wurde die 4. Auflage von 1757 benutzt. Vgl. *Ulrike Witt,* Eine pietistische Biographiensammlung. Erdmann Heinrich Graf Henckels „Letzte Stunden" (1720–1733), in: Pietismus und Neuzeit 22 (1996/97), 184–217.

[8] Diese Perspektive stützt sich auf den eng begrenzten Zeitabschnitt von 1699/ 1700, als die Aufnahme von Separatisten für soziale und herrschaftliche Konflikte sorgte. Vgl. im Überblick *Hans Schneider,* Der radikale Pietismus im 17. Jahrhundert, in: Geschichte des Pietismus, hrsg. v. Martin Brecht, Bd. 1, Göttingen 1993, 391–439, hier 419 ff. unter Zugrundelegung der Studie von *Heinz Renkewitz,* Hochmann zu Hochenau 1670–1721. Quellenstudien zur Geschichte des Pietismus, Witten 1969, 44–87; politische und soziale Aspekte bei *Barbara Hoffmann,* Radikalpietismus um 1700. Der Streit um das Recht auf eine neue Gesellschaft, Frankfurt/New York 1996, bes. 56–82.

[9] Die Tradition wird durch die Heirat Zinzendorfs mit Benignas Enkelin Erdmuthe Dorothea von Reuß-Ebersdorfs und die daraus folgenden persönlichen Kontakte begründet. Vgl. *Dietrich Meyer,* Zinzendorf und Herrnhut, in: Geschichte des Pietismus, hrsg. v. Martin Brecht, Bd. 2, Göttingen 1995, 17 f.

herrschend war das Interesse, wie es dem bürgerlichen Theologen Spener gelang, sich Zugang zu den oberen Ständen zu verschaffen, um durch sie seine Reformpläne in die Praxis umsetzen zu lassen.[12]

Demgegenüber beschäftigten sich die Historiker im 19. und noch Anfang des 20. Jahrhunderts mit den Beziehungen von Adelsstand und pietistischer Reformbewegung. An erster Stelle ist Friedrich Wilhelm Barthold zu nennen, der in seiner 1852 erschienenen Darstellung der „Erweckten" des 17. und 18. Jahrhunderts explizit die „frommen Grafenhöfe" thematisierte und dabei verschiedene Interessenlagen von Grafen und Gräfinnen unterstellte. Für die männlichen Angehörigen der Grafenhäuser sei der Pietismus aus materiellen und repräsentativen Gründen attraktiv gewesen. Die geforderte freiwillige Selbstdisziplinierung habe es ihnen ermöglicht, „einen sittlich=religiösen, patriarchalischen Zuschnitt des Familienlebens herzustellen, der ihnen auch den Schein gewährte, freiwillig Güter und Genüsse zu entbehren, welche ihnen die Nothwendigkeit versagte".[13] Dieses Motiv gelte auch für die Gräfinnen, sei aber wegen ihrer eingeschränkten Lebensperspektiven verschärft worden: Zum einen seien sie von den Stiftern, Abteien und Frauenklöstern ausgeschlossen gewesen, zum anderen hätten sie geringe Heiratschancen aufgrund der Geldnot vieler protestantischer Grafenhäuser gehabt. Pietistische Frömmigkeit sei deshalb nicht nur der natürlichen weiblichen Gemütsveranlagung zu „Beschaulichkeit und Andachtsübung" entgegen gekommen, sondern habe auch als Instrument der Verchristlichung ihrer Ehebeziehungen gedient und geholfen, die Langeweile aufgrund einer fehlenden höfischen Kultur mit solcher geistigen Nahrung zu vertreiben, „die sie ihr verfehltes Dasein wenigstens vergessen ließ".[14] Albrecht Ritschl spitzte diese Erklärung in seiner „Geschichte des Pietismus" weiter zu, indem er die Beteiligung von Grafen lutherischer oder reformierter Konfession am Pietismus als „Ersatz der unwiederbringlich verlorenen politischen Bedeutung dieses Standes" interpretierte. Pietistische Religiosität habe sie dazu bewegt, Reformen im Kirchenwesen durchzusetzen und im Namen der Toleranz Glaubens-

---

[10] Vgl. für die pietistischen Grafen Ysenburg-Büdingen: *Matthias Benad,* Toleranz als Gebot christlicher Obrigkeit. Das Büdinger Patent von 1712 (Studia Irenica, 27), Hildesheim 1983.

[11] *Rüdiger Mack,* Forschungsbericht: Pietismus in Hessen, in: Pietismus und Neuzeit 13 (1987), 181–226, zu Laubach 202–205; *ders.*, Christlich-toleranter Absolutismus. Veit Ludwig von Seckendorff und sein Schüler Graf Friedrich Ernst zu Solms-Laubach, in: Mitteilungen des Oberhessischen Geschichtsvereins, N.F. 82 (1997), 3–135.

[12] *Martin Brecht,* Philipp Jakob Spener, sein Programm und dessen Auswirkungen, in: Geschichte des Pietismus, Bd. 1 (Anm. 8), 279–389.

[13] *F. W. Barthold,* Die Erweckten (Anm. 1), 24.

[14] Ebd., 25.

flüchtlinge aufzunehmen und so die Bevölkerungszahl des eigenen Territoriums zu erhöhen.[15]

Ritschls politische Interpretation des Pietismus fand in der historischen Forschung lange wenig Interesse. Das hatte nicht nur disziplinäre Gründe. Religiosität wurde im herrschenden Diskurs des 19. und 20. Jahrhunderts immer weniger als relevanter Bereich adeliger Selbstdarstellung und herrschaftlicher Legitimation wahrgenommen, da die persönliche Religiosität von Obrigkeiten gemäß dem bürgerlichen Konzept einer aufgeklärten Öffentlichkeit zunehmend dem „privaten" und damit politisch irrelevanten Raum zugewiesen wurde. Frömmigkeit wurde zudem im Zuge der „Polarisierung der Geschlechtscharaktere" (Karin Hausen) mehr und mehr weiblich konnotiert und deshalb in der Sphäre von Gefühl und Innerlichkeit verortet, insbesondere wenn es um den Pietismus ging.[16] Ritschl selbst hatte wesentlichen Anteil an dieser Zuweisung, da er die These vertrat, daß der Pietismus als eine „typisch weibliche Charakterschwäche" und Einfallstor vieler Häresien zu deuten sei. Sollte dagegen die „männliche Kraft" des Pietismus betont werden, galt er als eine legitime Wiederaufnahme der Anliegen der lutherischen Reformation.[17] Ritschls Beurteilung der Gräfin Benigna spiegelt dieses Paradigma dennoch nur teilweise wider. Sie galt ihm zwar als „schüchterne" und „leidmüthige" Frau, aber ihre „Wahrhaftigkeit" habe sie „vor manirierter Frömmigkeit bewahrt".[18] Benigna zeigte sich unter diesem Blickwinkel in Gestalt einer regierenden Gräfin, die tatkräftig und nicht durch den Geist des „schwärmerischen Eskapismus" oder durch „zermürbende Reflexion" geprägt, ihren weltlichen Pflichten nachging.[19]

Die vermeintlich „weibliche Passivität" des Pietismus wie die politische Bedeutungslosigkeit der frommen Grafenhöfe trugen dazu bei, beide in der Geschichtswissenschaft des 20. Jahrhunderts zu vernachlässigen. Die verfassungs- und politikgeschichtliche Orientierung auf die großen Staaten des Alten Reiches herrschte vor.[20] Bewegung in diese Positionen kam erst in den siebziger Jahren des 20. Jahrhunderts, als mit der Wie-

---

[15] *A. Ritschl,* Pietismus (Anm. 4), Bd. 1, 420.

[16] Vgl. *Ulrike Witt,* Bekehrung, Bildung und Biographie. Frauen im Umkreis des Halleschen Pietismus, Tübingen 1996, 1–11.

[17] *Hans Walther Erbe,* Zinzendorf und der fromme hohe Adel seiner Zeit, Leipzig 1928. Die wissenschaftliche Diskussion um die Definitionsmöglichkeiten des lutherisch-orthodoxen oder des radikalen Pietismus war lange von dieser Polemik geprägt. Vgl. die Beiträge in *Martin Greschat* (Hrsg.), Zur neueren Pietismusforschung (Wege der Forschung, 440), Darmstadt 1977.

[18] *A. Ritschl,* Pietismus (Anm. 4), Bd. 2, 515.

[19] *H. W. Erbe,* Zinzendorf (Anm. 17), 141.

[20] Vgl. *Rudolf Endres,* Adel in der Frühen Neuzeit (Enzyklopädie Deutscher Geschichte, 18), München 1993; *Heinz Reif,* Westfälischer Adel 1770–1860. Vom Herr-

derentdeckung des Alten Reiches die kleinen Reichsstände, somit auch der Reichsgrafenstand, ihre historische Relevanz zurückgewannen.[21] Historiker, Theologen und Kirchenhistoriker erkannten die religiöse Dimension von Politik und sozialen Bewegungen in der Frühen Neuzeit[22] und der Pietismus als Frömmigkeitsbewegung wurde neben den großen Konfessionen und dem Prozeß der Konfessionalisierung[23] neu bewertet.[24] Die Frauen- und Geschlechterforscherinnen schließlich haben neue Einblicke in Handlungsräume und Herrschaftspraxis von hochadligen Frauen eröffnet.[25] Untersuchungen zur rechtlichen und sozialen Position von hochadeligen Frauen in kleinen und mittleren weltlichen Territorien[26] zeigen, daß diese als Teil der „Obrigkeit im Elternstand"[27] wie als Vormünderinnen nicht allein dynastische und repräsentative Funktionen,

schaftsstand zur regionalen Elite (Kritische Studien zur Geschichtswissenschaft, 35), Göttingen 1979.

[21] Vgl. *Volker Press/Peter Moraw,* Probleme der Sozial- und Verfassungsgeschichte des Heiligen Römischen Reiches im späten Mittelalter und in der frühen Neuzeit (13.–18. Jahrhundert). Zu einem Forschungsschwerpunkt, in: ZHF 2 (1975), 95–107; *Volker Press,* Das Alte Reich. Ausgewählte Aufsätze, hrsg. v. Johannes Kunisch, Berlin 1997; *ders.,* Adel im alten Reich. Gesammelte Aufsätze von Volker Press, hrsg. v. Franz Brendle u.a., Epfendorf 1998; *ders.,* Reichsgrafenstand und Reich. Zur Sozialgeschichte des deutschen Hochadels in der frühen Neuzeit, in: Festschrift für Gerhard Schulz, hrsg. v. Jürgen Heideking u.a., Berlin 1989, 3–29.

[22] Vgl. die Referate vom Historikertag 1971 in Köln. *Erich Angermann,* Religion – Politik – Gesellschaft. Ein Versuch in vergleichender Sozialgeschichte. Einführung, in: Historische Zeitschrift 214 (1972), 26–29; *Hartmut Lehmann,* Der Pietismus im Alten Reich, in: ebd., 58–95; *Peter Toon,* Der englische Puritanismus, in: ebd., 30–41; *Eberhard Weis,* Jansenismus und Gesellschaft in Frankreich, in: ebd., 42–57. – Zum Halleschen Pietismus und seiner Funktion im preußischen Staat vgl. *Klaus Deppermann,* Der hallesche Pietismus und der preußische Staat unter Friedrich III. (I.), Göttingen 1961; *Carl Hinrichs,* Preußentum und Pietismus: der Pietismus in Brandenburg-Preußen als religöse-soziale Reformbewegung, Göttingen 1971.

[23] Vgl. den Literaturbericht bei *Heinz Schilling,* Konfessionelles Zeitalter, in: Geschichte in Wissenschaft und Unterricht, Teil I: 5/6 (1997), 350–370, Teil II: 10 (1997), 618–627.

[24] Vgl. *Johannes Wallmann,* Der Pietismus, Göttingen 1990, bes. 7–11. Wallmann vertritt einen Begriff von Pietismus, der gesellschaftliche Bedingungen und soziale Gruppenbildung explizit einschließt. Seine Definition von Pietismus liegt auch dieser Arbeit zugrunde. – Vgl. auch *Martin Brecht* (Hrsg.), Geschichte des Pietismus, 2 Bde., Göttingen 1993, 1995.

[25] So die Forschungsthese bei *Heide Wunder/Helga Zöttlein/Barbara Hoffmann,* Konfession, Religiosität und politisches Handeln von Frauen vom ausgehenden 16. bis zum Beginn des 17. Jahrhunderts, in: Zeitsprünge. Forschungen zur Frühen Neuzeit 1 (1997), 75–98. „Ihnen eröffneten nicht allein die dynastischen Interessen politische Handlungsfelder, sondern Religion und Religiosität vermittelten ihnen Legitimationen, ein öffentliches Amt zu übernehmen und programmatisch wie herrschaftspraktisch auszufüllen." (ebd. 77).

sondern genuin herrschaftliche Aufgaben wahrnahmen. Gerade am Beispiel pietistischer Frauen treten die Beziehungen von Religiosität und Herrschaft besonders klar hervor.[28]

Eine bislang nicht beachtete Dimension dieses Verhältnisses läßt sich in den „Mütterlichen Ermahnungen“ der Gräfin Benigna von Solms-Laubach fassen. In dem „Regenten=Spiegel“ für ihren Sohn Friedrich Ernst formulierte sie das Idealbild eines gottesfürchtigen Herrschers im Spannungsverhältnis von lutherisch-pietistischen Normen und adelig-höfischer Praxis. Ihr Schreiben beruhte ebenso auf ihren Erfahrungen als Reichsgräfin wie auf ihrer Erziehungspraxis als pietistische Mutter. Meine Hypothese lautet, daß das praktisch-theologische oder „erbauliche“ Schreiben der Gräfin Benigna keineswegs einem „privaten“ und damit herrschaftlich irrelevanten Handlungsfeld zugewiesen werden kann, sondern der sozialethischen Kritik am eigenen Stand sowie der kritischen Aneignung und Weitergabe der pietistischen Obrigkeitslehre diente. In einem ersten Schritt werden die Person der Gräfin und die Motive ihres Schreibens skizziert. Es folgt meine Lesart des „Regenten=Spiegels“ und eine Kontextualisierung des von Benigna formulierten Herrschaftsverständnisses. Abschließend wird erörtert, welche Funktion der posthumen Veröffentlichung ihrer Schriften innerhalb und außerhalb der Dynastie zukam.

I. Gräfin Benigna und ihre „mütterlichen Vermahnungen“[29]

Gräfin Benigna von Solms-Laubach[30] stammte aus dem Grafenhaus Promnitz-Sorau und gehörte seit ihrer Heirat mit Graf Johann Friedrich

---

[26] Zum Forschungsstand vgl. *Heide Wunder,* Herrschaft und öffentliches Handeln von Frauen, in: Frauen in der Geschichte des Rechts. Von der Frühen Neuzeit bis zur Gegenwart, hrsg. v. Ute Gerhard, München 1997, 27–54. Für ein mittleres Territorium vgl. *Sybille Oßwald-Bargende,* Die Mätresse, der Fürst und die Macht. Christina Wilhelmina von Grävenitz und die höfische Gesellschaft, Frankfurt/New York 2000; Zur Grafschaft Solms-Laubach vgl. *B. Hoffmann,* Radikalpietismus (Anm. 8).

[27] Diesen Begriff prägte Heide Wunder in Abwandlung von Paul Münchs Terminus von der „Obrigkeit im Vaterstand“. Vgl. *Paul Münch,* Die Obrigkeit im Vaterstand. Zur Definition und Kritik des Landesvaters während der Frühen Neuzeit, in: Daphnis 11 (1982), 15–40. *H. Wunder,* Herrschaft (Anm. 26), 37. *Gotthard Frühsorge,* Die Begründung der „väterlichen Gesellschaft“ in der europäischen oeconomia christiana. Zur Rolle des Vaters in der „Hausväterliteratur“ des 16.–18. Jahrhunderts in Deutschland, in: Das Vaterbild im Abendland I, hrsg. v. Hubertus Tellenbach, Stuttgart u. a. 1978, 110–123.

[28] Vgl. *B. Hoffmann,* Radikalpietismus (Anm. 8).

[29] Die Charakteristik „Mütterliche Vermahnungen“ findet sich in der Druckfassung des „immergrünenden Klee=Blats“. Sie dürfte in Anlehnung an die Sprüche Salomos 31, 1 ff. gewählt worden sein. Dort ist es die Königsmutter, die ihren

von Solms-Wildenfels (1625–1696) im Jahre 1667 dem wetterauischen Reichsadel an. Ihre ersten Ehejahre waren davon geprägt, die Schäden des Dreißigjährigen Krieges in der kleinen Herrschaft Wildenfels bei Zwickau zumindest so weit zu beheben, daß die Einkünfte für ein standesgemäßes Leben der Familie reichten. Um der in Sachsen im Jahre 1680 grassierenden Pest zu entgehen, verlegte das Grafenpaar seine Residenz in das Städtchen Laubach am Fuße des Vogelsbergs, ca. 70 km nördlich der Reichsstadt Frankfurt am Main. Die Herrschaft Solms-Laubach war im Jahr 1676 durch Erbfall an Johann Friedrich und seine Brüder übergegangen und umfaßte neben der Stadt Laubach elf Dörfer, über deren Aufteilung unter den Erben jahrzehntelang gestritten und verhandelt wurde. Im Jahr 1680 hatte der regierende Graf Johann Friedrich nur zwei Fünftel der Grafschaft in seinem Besitz. Die anderen drei Fünftel der Herrschaft teilten sich die Solms-Rödelheimer Linie, das Haus Baruth und das Haus Sonnenwalde in Sachsen.[31]

Neben den herrschaftlichen Aufgaben und der Erziehung der sieben Kinder, die die Gräfin zwischen 1668 und 1675 in Wildenfels geboren hatte,[32] pflegte das Grafenpaar schon während der Wildenfelser Jahre Kontakte mit der frühen pietistischen Bewegung um Philipp Jakob Spener (1635–1705) in Frankfurt am Main. Der Briefwechsel zwischen Spener und Gräfin Benigna ist für die Jahre 1677 bis 1689 überliefert.[33] Spätestens seit das Grafenpaar ab 1680 in Laubach residierte, nahm Be-

Sohn König Lemuel von Massa die Grundprinzipien eines königlichen Lebenswandels lehrt.

30 Ihr vollständiger Titel lautete: Benigna/Gräfin zu Solms/Frauen zu Müntzenberg/Wildenfels und Sonnenwald/Gebohrner Gräfin von Promnitz/Frey=Frau zu Pleß/Frauen zu Sora/Triebl und Naumburg. Vgl. Widmung Philipp Jakob Speners an sie in: Laubachisches Denckmahl (Anm. 3), 823.

31 *Rudolph Graf zu Solms-Laubach,* Geschichte des Grafen- und Fürstenhauses Solms, Frankfurt am Main 1865, 341 ff. Gräfliches Archiv in Laubach (im folgenden: G. A. SL.) Rubr. XI Nro. 5: Gräfin Benigna von Solms-Laubach, Diarium. Das Diarium enthält detaillierte Informationen über finanzielle Verpflichtungen, dynastische Beziehungen und Erbschaftsprozesse des Grafenhauses, die unentbehrlich für den nachfolgenden Regenten waren.

32 Zu den Lebensdaten der Kinder vgl. *R. Graf zu Solms-Laubach,* Geschichte (Anm. 31), Stammtafeln in Tab. XII u. XIII des Anhangs; sowie Europäische Stammtafeln, Stammtafeln zur Geschichte der europäischen Staaten, Bd. V, v. Frank Baron Freytag von Loringhoven, a. d. Nachlaß hrsg. v. Detlev Schwennicke, Marburg 1978, Tafel 84. Keine Erwähnung findet hier Erdmuthe Benigna als drittes Kind neben ihren sechs Geschwistern.

33 Vgl. Briefe Speners an Graf Johann Friedrich, G. A. SL., Kl. Archiv Rubr. XVII Nro. 8. Abdruck bei: *Hermann Bräuning-Oktavio,* Aus Briefen Philipp Jacob Speners an den Grafen Johann Friedrich von Solms-Laubach, in: Ich dien. Festgabe zum 60. Geburtstag von Wilhelm Diehl, hrsg. v. Hans v.d. Au u.a., Darmstadt 1931, 179–195. 22 Briefe an Gräfin Benigna, G. A. SL., Kl. Archiv Rubr. XVII Nro. 7.

nigna an den Collegia Pietatis im Spener'schen Pfarrhaus in Frankfurt teil. Spener wiederum wurde von dem Grafenpaar mehrmals nach Laubach eingeladen, machte dort im Jahr 1682 eine Sauerbrunnenkur, nahm an den gräflichen Betstunden teil und hielt Predigten in der Stadtkirche, die er anschließend in einem kleinen Predigtband, betitelt „Laubachisches Denckmahl" (1683), der Gräfin widmete.[34]

Besonders beeindruckt äußerte sich Spener nach seinem Besuch über die intensive christliche Bildung, die das Elternpaar der „gräflichen Jugend" angedeihen ließ und über die Erbauungsstunden am Hof.[35] Christliche Erziehung und Lebenswandel des Regenten standen für Spener im Zentrum seines Reformprogrammes einer erneuerten Praxis Pietatis. In einer Anleitung zur Gewissensprüfung für die oberen Stände formulierte er drei Jahre nach seinem Aufenthalt in Laubach: „Ob er (der Regent, J. T.-B.) da er kinder hat/die sonderlich einmahl succediren sollen/dieselbe also erziehen lasse/daß sie lernen den Herrn fürchten/ und von jugend an nicht zu der eitelkeit der welt und hohem sinn/sondern zu solchen dingen angeführet werden/welche ihnen zu ihrem Christenthum und löblichem regiment dienlich seyn mögen? Wo dieses nicht geschiehet/muß er rechenschafft geben/was aus solcher versäuniß die nachkömmlinge dermaleinst sündigen und böses thun."[36]

Obwohl Spener hier nur den Regenten als für die Erziehung verantwortlichen Elternteil ansprach, zeigt die Praxis im Hause Solms-Laubach, daß es die gräfliche Mutter war, die die Erziehung und Ausbildung ihrer Kinder wesentlich in die Hand nahm. Auf Speners Vermittlung hin wählte die Gräfin dessen Freund und Kandidaten der Theologie Johann Peter Schäfer als Hofmeister.[37] Über die Ausbildung ihrer Söhne Friedrich Ernst und Carl Otto beriet sich das Grafenpaar unter anderem sowohl mit dem Theologen Spener als auch mit dem Verwaltungspraktiker und Staatsdenker Veit Ludwig von Seckendorff. Im Jahre 1691/92 hielten sich die Grafensöhne auf Wunsch der gräflichen Mutter zur Aus-

---

[34] *P. J. Spener,* Laubachisches Denckmahl (Anm. 3), 831 f.

[35] Ebd., 832.

[36] *Philipp Jakob Spener,* Der erste Anhang. Einiger gewissensprüfung derjenigen/welche in den beyden obern ständen leben/ob und wiefern die klagen über das verderbte christenthum sie auch betreffen?, erstmals abgedruckt im Anhang des Christen-Stat (1685). Der Anhang umfaßte 18 Seiten. Im Jahre 1687 veröffentlichte Spener diese „Gewissensprüfung" nochmals im Anhang von „Natur und Gnade". Hier und im folgenden wird aus dem Nachdruck zitiert: *Philipp Jakob Spener,* Schriften, Bd. IV, hrsg. v. Dietrich Blaufuss/Erich Beyreuther, Hildesheim/ New York 1984, 787.

[37] *P. J. Spener,* Laubachisches Denckmahl (Anm. 3), 832. Zu Schäfer vgl. *R. Mack,* Christlich-toleranter Absolutismus (Anm. 11), 44; *ders.,* Pietismus und Frühaufklärung an der Universität Gießen und in Hessen-Darmstadt, Gießen 1984, 31, Anm. 17.

bildung bei dem Staatsmann auf dessen Gut in Meuselwitz auf.[38] In seiner Schrift „Teutscher Fürstenstat" (1656) hatte Seckendorff den Aufgaben der praktischen Erziehung der adeligen Jugend einen ausführlichen Abschnitt gewidmet, in dem er Söhne wie Töchter der herrschaftlichen Häuser mit detaillierten Ausbildungsplänen bedachte.[39] Nachdem der regierende Graf Johann Friedrich 1696 gestorben war und der älteste Sohn Friedrich Ernst mit 25 Jahren in der Regentschaft nachgefolgt war,[40] bilanzierte die 48jährige Gräfinwitwe in ihrem Lebenslauf: „Da ich nun auch meine Kinder erzogen, und also mein Tage=Werck scheinet vollbracht zu seyn, so ist noch übrig, mich zu einem seligen Sterben gefaßt zu halten."[41]

Entsprach die Gräfin mit diesen Worten dem herrschenden Idealbild einer tugendhaften lutherischen Ehefrau, Mutter und Witwe, so zeigt ein Blick auf ihre Lebenspraxis, daß für sie die Erziehung der Kinder nur eines von vielen herrschaftlichen Aufgabenfeldern war. Denn Benigna übernahm sowohl als Ehefrau wie im Witwenstand vielfältige Funktionen in der Herrschaftsausübung und in der dynastischen Kommunikation.[42] Die gottesfürchtige Erziehung der Kinder galt als zentrale Pflicht eines Regenten, deren Erfüllung oder Vernachlässigung weitreichende Folgen für die Zukunft der gesamten Herrschaft hatte. Daß die Gräfin ihre mütterlichen Ermahnungen unter diesem Blickwinkel schrieb, zeigt sich daran, daß sie keineswegs für jedes ihrer Kinder eine derartige Schrift verfaßte, sondern nur für diejenigen, die aufgrund ihres „Amtes" das Ansehen des Grafenhauses und der Dynastie öffentlich repräsentierten.

Ihre erste Schrift „Richtigster Weg=Weiser Eines Jungen Pilgrims durch die Welt in seine Heimat/Vorgestellet von Einer Gräflichen Mutter ihrem studirenden Sohne/In einer Betrachtung über den 9. Vers des CXIX. Psalms" richtete Benigna als Anleitung zu einem frommen Lebenswandel an ihren Sohn Friedrich Ernst (1671–1723). Er war 1689 zum Studium nach Leipzig gegangen und bat seine Mutter brieflich um seelsorgerlichen und moralischen Beistand in seiner neuen Lebenssituation.

---

38 Vgl. *R. Mack,* Christlich-toleranter Absolutismus (Anm. 11), 43–50.

39 *Veit Ludwig von Seckendorff,* Teutscher Fürsten-Stat, Frankfurt/Leipzig 1656, 176–188; vgl. *Horst Kraemer,* Der deutsche Kleinstaat des 17. Jahrhunderts im Spiegel von Seckendorffs ‚Teutschem Fürstenstaat' (1922), Neudruck Darmstadt 1974.

40 *R. Graf zu Solms-Laubach,* Geschichte (Anm. 31), Tab. XII. im Anhang.

41 Gräfin Benignen Solms gebohrnen gräfin von Promnitz lebenslauf von ihr selbsten aufgesetzt unterm 7bten Mai 1697, G. A. SL., Rubr. IX Nro. 92. Abgedruckt bei *Graf E. H. Henckel,* Letzte Stunden (Anm. 7), 94.

42 Vgl. ihre eigenhändigen Aufzeichnungen zu Ereignissen und Entscheidungen während ihrer Ehezeit in ihrem Diarium, G. A. SL., Rubr. XI, Nro. 5.

Benigna reagierte erfreut und bereitwillig mit der Abfassung der genannten Schrift und begründete, anders als in den späteren Schriften, ihr Schreiben ausdrücklich mit ihrer Pflicht als christliche Mutter.[43]

Im Mai 1693[44] richtete sie an ihren jüngsten Sohn Heinrich Wilhelm (1675–1712), der nach Studien in Straßburg (ab 1690) und Halle (1692) trotz ihrer moralischen Bedenken die militärische Laufbahn eingeschlagen hatte,[45] eine christliche Ermahnung mit dem Titel „Der Christliche Soldat und Sein vortrefflicher Beystand/Oder Anzeige/worinnen die Krafft und der Nachtruck eines getrost= und muthig=fechtenden Christlichen Soldatens bestehe? Vorgestellet von Einer Gräfflichen Mutter Dem Jüngsten Ihrer Söhne/In einer geistlichen Betrachtung des 30. Vers im XIIX. Ps."

Ihre dritte (undatierte) Schrift „Regentenspiegel/oder/Das rechte Muster/Wornach ein Regent seine Regierung einrichten soll/Vorgestellet von einer Gräflichen Mutter ihrem ältesten Sohne/In einer geistreichen Betrachtung des CI. Psalms"[46] war wiederum Friedrich Ernst, der 1696 die Herrschaft Laubach übernahm, zugedacht und sollte ihm das fromme Verhalten im Regentenstand vor Augen führen.[47] Ihre vermutlich letzte Schrift[48] „Der Vortreffliche und allein Lobenswürdige Weiber=Schmuck/ Oder Die nach den vornehmsten Lineamenten herrlich entworffene Ab-

[43] „[...] ich auch selbst nicht approbire/wann Weiber schreiben wollen/andere zu lehren an ihr eigen Hauß und Kinder aber solches zu thun ist nicht allein vergönnt/sondern ein Stück der Schuldigkeit." Brief Benignas an Friedrich Ernst nach Leipzig vom 15.11.1689. G. A. SL, Kl. Archiv Rubr. XVII, Nro. 16. Eine Kopie dieses Teils des Briefes hat Friedrich Ernst als Vorschlag für die Einleitung in der gedruckten Fassung angefertigt (G. A. SL, Rubr.XV Nro.142). Bis auf die Anrede, im Original schreibt die Gräfin „liebes kind", ist der Auszug wörtlich wiedergegeben und ebenso in die Druckfassung im „Klee=Blat" (Anm. 6) als „Extract Schreiben der Verfasserin dieser Betrachtung an ihren Sohn" übernommen worden.

[44] Die Vorrede ist als Handschrift erhalten und auf den 20 Mai 1693 datiert. G. A. SL, Rubr XV Nr. 142.

[45] Im Jahre 1694 trat er mit dem Grafen Alexander zu Dohna als Grand mousquetaire in brandenburgische Dienste. 1698 wurde er Capitain der Infanterie unter dem nassauisch-weilburgischen oberrheinischen Kreis=Regimente, im Jahr 1701 begab er sich als Oberst des genannten Kreisregimentes und Obristenleutnant in preußische Dienste. Vgl. *R. Graf zu Solms-Laubach,* Geschichte (Anm. 31), 417.

[46] Im folgenden zitiert: Regenten=Spiegel.

[47] Der Vater Graf Johann Friedrich hinterließ dem Nachfolger, soweit bisher bekannt, nur Verwaltungsanweisungen. G. A. SL., E 2.

[48] Diese Schrift stellte Benigna erst kurz vor ihrem Tod (1702) fertig. Das ergibt sich aus der Bemerkung des Herausgebers der Traktate: „Die bey andern Tractätchen befindliche mütterliche Zuschrifft an das Kind/an welches jedes nahmentlich gerichtet worden/gehet hier ab/weil die selige Urheberin Todes verblichen/ehe sie dergleichen/gehegtem Vorsatz nach/ausfertigen mögen."

bildung Einer Tugendsam=Gottsfürchtigen Frau/Darinnen vorgestellet wird/Wessen sich eine tugendhaffte Frau vornehmlich befleissigen solle/ wann sie denen in der Welt so hochbelobten Schönen den Preiß nehmen/ und das wahre Lob davon tragen wolle? Von Einer Gräflichen Mutter an ihre Tochter gerichtet/Nach den Sprichwörtern Salomonis XXXI, 30. I. Petri III, I–6."[49] widmete sie ihrer Tochter Erdmuth Benigna (1670–1732), die seit 1694 mit dem Grafen Heinrich X. von Reuß-Ebersdorf (1662–1711) verheiratet war.[50] Thema dieses christlichen Tugendspiegels war die Frage, wie das für eine Ehefrau gültige Gehorsamsgebot mit der verantwortlichen Wahrnehmung der Herrschaftsaufgaben einer regierenden Gräfin zu vereinbaren sei. Benigna vertrat die Auffassung, das Gehorsamsgebot gegenüber dem Ehemann gelte, dem biblischen Vorbild der gehorsamen Sarah folgend, auch für die Frauen höherer Stände. Aus Gottes Ordnung sei klar ersichtlich, daß „denen Weibern keine Herrschaft zukoemmt und folglich keine Regiments=Sachen vor sie gehören".[51] Trotzdem zeige ihre Erfahrung, daß Gottes Wille manchmal wunderliche Wege gehe, indem der Regent den Ehefrauen ein Stück der Regimentsarbeit übertrage. Dann gebiete es der Gehorsam, die Last des Mannes zu mildern und einen Teil seiner Tätigkeiten zu übernehmen. Nach dem Tode des Ehemannes könne der Witwe sogar die ganze Regierungslast allein zufallen, die sie mit allen Verantwortlichkeiten zu tragen habe.[52] Mit dieser Lösung blieb Benigna im Rahmen der gültigen Geschlechterhierarchie: eine eheliche Mitregentin sollte dem Wunsch des Eheherrn, eine verwitwete Vormünderin den ihr durch den Tod des Gatten auferlegten Verfügungen des himmlischen Herrn gehorchen.

Benigna ging also in ihren mütterlichen Ermahnungen gezielt auf die jeweilige persönliche und gesellschaftliche Position jedes dieser drei

---

49 Im folgenden zitiert: Weiber=Schmuck.

50 Vgl. *F. W. Barthold,* Die Erweckten (Anm. 1), 219; *R. Graf zu Solms-Laubach,* Geschichte (Anm. 31), Tab. XII im Anhang. Der Autor bezeichnet den Gatten fälschlich als Heinrich X. von Reuß-Lobenstein.

51 Weiber=Schmuck, 211.

52 Weiber=Schmuck, 212 f. Diesen Gedanken führt auch Seckendorff in seinen Ausbildungsplänen für adelige Töchter an: „weil sichs zutragen kan/das eine Fürstliche und Gräfliche Weibes=Person/wie anderswo gedacht/in Vormundschafft ihrer Kinder zu einer Landes=Regierung gelangen kan/oder auch gewissen Emptern und Herrschafften/die ihnen zum Leib=Geding eingeräumet werden/vorstehen muß [...]". Vgl. *V. L. v. Seckendorff,* Teutscher Fürsten-Stat (Anm. 39), Buch 2, Kapitel 7, 180. Im gleichen Sinne vgl. *Herrn Veit Ludwigs von Seckendorff* Christen-Stat, in drey Bücher abgetheilet. Im ersten wird von dem Christenthum an sich selbst/und dessen Behauptung/wider die Atheisten und dergleichen Leute; im andern von der Verbesserung des weltlichen/und im dritten des geistlichen Standes/nach dem Zweck des Christenthums gehandelt, Leipzig 1685, Theil III, Kap. IX, § 6, bes. 603 f.

Kinder ein. Sie hatte bei ihren handschriftlichen Aufzeichnungen nicht an eine Veröffentlichung gedacht. Ihre Manuskripte sind verloren gegangen, so daß nur die Druckfassung der Schriften Grundlage der Interpretation sein kann.[53] Im folgenden soll ein Themenbereich ihrer Schriften, nämlich ihr Verständnis von frommer Herrschaft, am Beispiel des „Regentenspiegels" einer Analyse und Kontextualisierung unterzogen werden.

II. Herrschaft in Verantwortung vor dem Gericht Gottes – Erziehung zum ‚frommen' Grafen[54]

Der „Regenten=Spiegel" der Gräfin Benigna stellt eine Auslegung des gesamten Psalms 101 dar.[55] Vers für Vers meditierte die Schreiberin die inhaltlichen Aussagen, bezog sie auf ihre Lebenswirklichkeit und erklärte sie nach ihrem Wissen im historischen Kontext. Die Wahl des Psalms 101 war sicher nicht zufällig, denn er gehörte in der reformatorischen Tradition zu den Schlüsseltexten, die bei der Formulierung einer lutherischen Obrigkeitslehre häufig herangezogen wurden. Nach der Auslegung Martin Luthers sollte Psalm 101 Hofleute trösten und ermahnen, vor ihren Aufgaben nicht davonzulaufen. Sie sollten nicht, wie die wiedertäuferischen „Rottengeister" es forderten, alles stehen und liegen lassen. Diese würden zwar besondere Frömmigkeit vorgeben, mißachteten aber in Wirklichkeit die Ordnung des Hauses und des Ehestandes, ja sogar die Unterscheidung in hohe und niedrige Stände. Das Beispiel Davids zeige demgegenüber, wie ein frommer König oder Fürst seine Hofbediensteten in rechter Weise anleiten könne. Luther selbst hielt sich zwar für unerfahren im höfischen Leben, denn er wisse wenig, welche

---

[53] Vgl. Klee=Blat (Anm. 6). Ungebundene Drucke der Einzelschriften finden sich noch mehrfach im G. A. SL., Rubr. XV Nro. 142.

[54] Vgl. *Wolfgang E. J. Weber*, Dynastiesicherung und Staatsbildung. Die Entfaltung des frühmodernen Fürstenstaats, in: Der Fürst. Ideen und Wirklichkeiten in der europäischen Geschichte, hrsg. v. dems., Köln 1998, 91–136, hier 99.

[55] Der Text des Psalms 101 lautet nach der im „Regenten=Spiegel" abgedruckten Fassung: „(1) Von Gnade und Recht will ich singen/und dir/HERR/Lob sagen. (2) Ich handele fürsichtig und redlich bey denen/die mir zugehören/und wandle treulich in meinem Hause. (3) Ich nehme mir keine böse Sache für/ich hasse den Übertretter und lasse ihn nicht bey mir bleiben. (4) Ein verkehrt Hertz muß von mir weichen/den Bösen leide ich nicht. (5) Der seinen Nächsten heimlich verleumdet/den vertilge ich/ich mag des nicht/der stolze Gebärde und hohen Muth hat. (6) Meine Augen sehen nach den Treuen im Lande/daß sie bey mir wohnen/und habe gerne fromme Diener. (7) Falsche Leute halte ich nicht in meinem Hause/die Lügner gedeyen nicht bey mir. (8) Früh vertilge ich alle Gottlosen im Land/daß ich alle Übelthäter ausrotte aus der Stadt des HERRN." Vgl. Klee-Blat (Anm. 6), 38/39.

„Tücke und List“ da regiere, dennoch wolle er versuchen, mit anschaulichen Beobachtungen und Geschichten, die er von anderen gehört hätte, die Worte des Psalms treffend auszulegen.[56]

In der Tradition Luthers erhielt Psalm 101 in den Lutherbibeln die Überschrift „Davids Regentenspiegel“ und wurde zusammen mit Jesaja 49,23 in Fürstenspiegeln und politischen Testamenten als Quelle der Regierungsweisheit tradiert.[57] Auch die lutherische Predigtliteratur bediente sich des Psalms 101.[58] Benigna kannte also den Psalm 101 aus der Lutherbibel als Davids Regentenspiegel.

Im Zentrum ihres Regenten=Spiegels stand, wie der biblische Text es vorgab, die Person des Herrschers. Entscheidend für die Beurteilung seiner Herrschaftsausübung war die Frage, ob er in seiner Umgebung als gutes Vorbild wirke. Denn sein Gottesverhältnis und sein gottseliger Wandel richteten nach Benignas Überzeugung mehr aus als alle Gesetze und Worte. Der Regent sei für die Untertanen und ihr Wohl da, nicht umgekehrt. Unter Bezug auf Jesaja 49,23 forderte Benigna, daß die Regenten „Säugammen“ und „Vätter des Vatterlandes“ sein sollten.[59] Das Amt der Obrigkeit sei kein Privileg, das dem Regenten irgendwelche Annehmlichkeiten zuteil werden lasse, sondern ein von Gott auferlegtes schweres Amt.[60] Mit dieser lutherisch-patriarchalen Auffassung vom herrschaftlichen Amt argumentierte die Gräfin gegen Hochmut und Herrschsucht vieler kleiner Regenten: „Es hat ja die Regiersucht die gantze Welt inficirt/ein jeder will Regent sein/und reist sich mancher/zu seinem zeitlichen und ewigen Verderben/um diese schwere Last/darunter er gnug zu erkennen gibt/daß ers nicht versteht und fürwahr keine vorsehende Augen hat. Damit ists nicht außgemacht, daß man Geld einnehmen/trutzig einher gehen/und den armen Leuten tausend böse Flüche an Halß werffen kan/wenns nicht alles nach Sinn gehet/daß man allerley

---

56 *Martin Luther*, Psalmauslegungen, Der CI. Psalm. 1534, in: Dr. Martin Luthers sämmtliche Werke, 39. Bd., 3. Abtheilung. Exegetische deutsche Schriften, 7. Bd., nach den ältesten Ausgaben kritisch u. historisch bearb. v. Konrad Irmischer, Erlangen 1846, 267 f.

57 *Bruno Singer*, Die Fürstenspiegel in Deutschland im Zeitalter des Humanismus und der Reformation, München 1981, 42.

58 *Wolfgang Sommer*, Gottesfurcht und Fürstenherrschaft. Das Verständnis der Obrigkeit in Predigten von Justus Gesenius und Michael Walther, in: Pietismus und Neuzeit 6 (1980), 40–42. Vgl. auch die Rezeption von Psalm 101 bei *P. J. Spener*, Gewissensprüfung (Anm. 36), 778.

59 Regenten=Spiegel, 56: „Denn so die Regenten Säugammen/Vätter des Vatterlandes genennet werden/so muß ja folgen/daß die Unterthanen seine Kinder sind. Was könte ihnen näher angehören.“

60 So auch das Verständnis vom Herrschaftsamt bei *P. J. Spener*, Laubachisches Denckmahl (Anm. 3), Zuschrifft, 827. Spener spricht dort von Gottes „Reichsamtleuten“.

Practiquen/Geld zu erpressen erdencken/sich stattlich halten/und um solches auszuführen/den armen Leuten/unter allerhand sinnreichen Contributions-Tituln/die Haut über die Ohren ziehen kan, das solte ein Bauer/so er nur die Macht hätte/eben so stattlich lernen und practiciren könne. Es dörffte keiner so hochgebohrnen Schergen/das Volck zu beherrschen und zu plagen/und liegt doch am Tage/wie viel es deren gibt/ die in dieser Kunst Meister sind."[61]

Unbeherrschtheit und Willkür, Prasserei und Vergnügungen, Erpressen von Steuern und Abgaben, das waren nach Benignas Ansicht die Vergehen vieler großer und kleiner Landesherren. Solche Obrigkeitskritik erstaunt, vernimmt man sie aus dem Munde einer Reichsgräfin. Aber die Erwartung des nahen Gericht Gottes verdrängte an dieser Stelle herrschaftspragmatische Gesichtspunkte, denn ihr Ziel war es, dem Sohn die Bedeutung seines herrschaftlichen Handelns in aller Konsequenz vor Augen zu führen. Gottes Gericht ergehe über alle Menschen ohne Unterscheidung des Standes, das betonte die Mutter: „Es wird an jenem Tage nicht heißen: Du Diener komm/thu Rechnung/dein Herr soll frey seyn/er ist eine Standes=Person/mit denen muß es so genau nicht genommen werden/sondern du Fürst/du Graf/du Herr/du Haußhalter Gottes/wer du auch seyest/thue Rechnung von deinem Haußhalten."[62]

Hier zog die Gräfin als biblische Begründung für die Verantwortlichkeit des Regenten in Gottes Gericht das neutestamentliche Gleichnis von den anvertrauten Pfunden (Matth. 25,14-30) heran. Wie die Knechte den ihnen anvertrauten Besitz vergrößern sollten, so sei es die Aufgabe des Regenten, sich um den Erhalt seines Erbes zu kümmern.[63] Dazu gehöre es auch, das leibliche und geistliche Wohlergehen der eigenen Untertanen zu sichern. Deshalb müsse der Regent ein offenes Ohr für seine Untertanen haben, treue und redliche Beamte einsetzen und sie überwachen, gottselige Prediger berufen und die christliche Bildung der Untertanen durch ein geordnetes Schulwesen sichern. Darüber hinaus sah Benigna in der Schulbildung und christlichen Unterweisung der Unterta-

---

[61] Regenten=Spiegel, 52 f.

[62] Regenten=Spiegel, 52. Die Bewahrung und Vermehrung des Familienbesitzes, häufig verwirklicht durch das Primogeniturprinzip, war mittel- und langfristig eine der grundlegenden Anforderungen zur Dynastie- und Herrschaftssicherung. Vgl. *W. E. J. Weber*, Dynastiesicherung (Anm. 54), bes. 127.

[63] Regenten=Spiegel, 54. „Ein Regent ist/wie ein Handelsmann/er hat täglich einzunehmen und auszugeben/diß und das umzusetzen/so/daß er in stätiger handlung begriffen. Wie nun ein Kauffmann/wo er falsch und untreu ist allen Credit verliehren/ja gar banquerot werden kan; so kan es auch leicht geschehen/daß einer/der ein Regent seyn will/wann er nicht aufrichtig handelt/seinen Credit und Glauben bald verliehret/und sich selbst einen unehrlichen Schandfleck anhänget."

nen eine Maßnahme zur Beförderung der Akzeptanz von christlicher Herrschaft. Denn nur, wer fähig sei, die Verordnungen des Regenten zur Kenntnis zu nehmen, könne sie befolgen oder anderenfalls als Übertreter bestraft werden. Das selbständige Lesen bestimmter Bibeltexte, so die Hoffnung der Gräfin, schaffe die gewünschte respektvolle Haltung der Untertanen und einen willigen und aufrichtigen Gehorsam, der aus eigener Einsicht und Überzeugung herrühre.[64]

Die Gräfin zielte also auf eine Verchristlichung von Herrschaft einerseits durch Selbst-Disziplinierung des Herrschers, andererseits durch eine obrigkeitlich geförderte Selbst-Disziplinierung der Untertanen. Wichtigste Aufgabe des gottesfürchtigen Regenten war es dabei, durch sein christliches Beispiel um aufrichtige Ehrerbietung und freiwilligen Gehorsam bei seinen Untertanen zu werben.[65]

Gräfin Benigna ließ in ihren Schriften nicht erkennen, inwiefern ihre Kritik durch Lektüre oder persönliche Erfahrungen beeinflußt war. Da sie keine gelehrte Bildung genossen hatte, konnte sie die gelehrte Diskussion in lateinischer Sprache nicht verfolgen. Vertraut waren ihr hingegen Luthers Bibelübersetzung, die deutsche und zum Teil auch englische Erbauungsliteratur des 17. Jahrhunderts[66] sowie einige in deutscher Sprache verfaßte Traktate zu herrschaftsethischen und herrschaftspraktischen Fragen.[67] Neben Seckendorffs „Christen-Stat" (1685) gehörten zur Privatbibliothek der Gräfin auch zahlreiche Werke Philipp Jacob Speners.[68] Den Mangel an wahrer Frömmigkeit in allen Ständen hatte Spener im Jahre 1675 in seinen Reformvorschlägen „Pia desideria" beklagt. Für ihn standen die Mißstände unter den Pfarrern der lutherischen Kirche, an den theologischen Fakultäten und unter den Laien im

---

[64] Regenten=Spiegel, 69.

[65] Vgl. *Andreas Gestrich,* Absolutismus und Öffentlichkeit. Politische Kommunikation in Deutschland zu Beginn des 18. Jahrhunderts, Göttingen 1994, 24–28. Auch die Perspektive der Untertanen einbeziehend: *Andreas Würgler,* Unruhen und Öffentlichkeit: städtische und ländliche Protestbewegungen im 18. Jahrhundert, Tübingen 1995, 92–99. Zur Bildung eine öffentlichen Meinung Ende des 17. Jahrhunderts, ebd. 195 ff.

[66] Die 117 Titel der Bibliothek der Gräfin Benigna sind fast durchweg theologischen Inhalts. Sie wurden nach ihrem Tod per Los an ihre fünf Kinder verteilt. Vgl. G. A. SL., Kl. Archiv Rubr. X Nro. 35, Theilungs Zettel.

[67] Neben einigen Schriften Speners und Seckendorffs (siehe weiter unten) läßt sich in ihrem Bücherbesitz nur noch ein (kirchen-)politisches Handbuch – „Mittel zur Bekehrung aller Ketzer" – nachweisen. Vgl. G. A. SL., Privatarchiv Rubr. X, Nro 35.

[68] Um die wünschenswerten Tugenden einer frommen Obrigkeit kreisen folgende zwei Werke Speners in der Bibliothek der Gräfin: 1. das „Laubachische Denckmahl" (Anm. 3) und 2. „Natur und Gnade" (1685) mit dem Anhang „Einiger Gewissensprüfung", der auch im Anhang des „Christen-Stats" abgedruckt war.

Vordergrund, während die Mängel im obrigkeitlichen Stand nur am Rande erwähnt wurden.[69] Eine Reform der protestantischen Kirche sollte auf die Mitwirkung der weltlichen Obrigkeit verzichten, denn deren Engagement in Religionsdingen sei entweder zögerlich oder nur von politischem Eigeninteresse motiviert.[70] Doch das wachsende Interesse einzelner adeliger Frauen und Männer an der pietistischen Bewegung in Frankfurt und daraus resultierende Anfragen zwangen Spener, seine Aufmerksamkeit auch auf den Adelsstand zu richten. In seinem Vorwort zum „Laubachischen Denckmahl" aus dem Jahr 1683 konstatierte er zwar, daß die gegenwärtigen bösen Zeiten und die verderbten Sitten vor allem in den oberen Ständen zu finden seien, aber trotzdem wollte er auf die Mitwirkung der Obrigkeiten nicht mehr verzichten An ihnen liege es, ob „Gerechtigkeit, Zucht und gottseliges Wesen" wieder eingeführt würden oder ob das schlechte Exempel der Obrigkeiten seinen verderblichen Einfluß auf die Untertanen weiter ausüben könne. Ihr schlechtes Beispiel sei Ursache dafür, daß Sündhaftigkeit und Verdorbenheit unter allen Menschen Raum gegriffen hätte und kaum jemand mehr vor Gottes Gericht bestehen könne.[71]

Mit Spener erörterte die Gräfin im gemeinsamen Briefwechsel auch Fragen des frommen obrigkeitlichen Handelns. Noch mehr ins Detail herrschaftspraktischer Entscheidungen muß die Korrespondenz mit dem befreundeten und hochgeschätzten Sachsen-Gothaischen Kanzler Veit Ludwig von Seckendorff (1626–1692)[72] gegangen sein.[73] Für Seckendorff gehörte es zu den wesentlichen Pflichten des Landesherrn, die Herrschaft an seine Nachfolger in gutem Zustand zu übergeben. Zu diesem Zwecke sollte der Regent in schriftlicher Form Ratschläge hinterlassen, wie seine Söhne die Herrschaft friedlich und zum Wohle ihrer Unterta-

---

[69] Vgl. *Martin Kruse,* Speners Kritik am landesherrlichen Kirchenregiment und ihre Vorgeschichte, Witten 1971, 15–47.

[70] *P. J. Spener,* Pia desideria (1675), zit. n. d. Ausg. v. Kurt Aland, 2. durchges. Aufl., Berlin 1955, 15: „Daß sie hingegen jetzo ihre gewalt/so zur beförderung nicht aber unterdruckung der kirchen gegeben/durch eine unverantwortliche *Caesaropapiam* mißbrauchen/und damit/wo etwa einige von Gott gerührte diener der kirchen etwas gutes zu stifften meynen/solches muthwillig hindern."

[71] *P. J. Spener,* Laubachisches Denckmahl (Anm. 3), Zuschrifft.

[72] Vgl. *Michael Stolleis,* Veit Ludwig von Seckendorff, in: Staatsdenker im 17. und 18. Jahrhundert. Reichspublizistik Politik Naturrecht, hrsg. v. dems., 2. erw. Aufl., Frankfurt 1987, 148–171.

[73] Die im Repertorium des Gräflichen Archivs in Laubach noch verzeichneten Briefwechsel zwischen Benigna und v. Seckendorff aus den Jahren 1683–1692 (Privatarchiv Rubr. XVII Nro. 9) und die Briefe v. Seckendorffs an Johann Friedrich und Benigna (Privatarchiv Rubr. XVIII Nro. 9) sind zwischen 1970 und 1977 größtenteils verschwunden. Vgl. *R. Mack,* Christlich-toleranter Absolutismus (Anm. 11), 43 u. 47–50.

nen auszuüben hätten.[74] Auf Speners Wunsch hin veröffentlichte Seckendorff 1685 die Reformschrift „Christen=Stat“,[75] die sich ausdrücklich an die weltlichen und geistlichen Obrigkeiten richtete. Spener faßte die detaillierten Ausführungen Seckendorffs in einer „Gewissensprüfung an die oberen Stände“ in Form eines knappen Beichtspiegels zusammen, um sie für den täglichen Gebrauch leichter handhabbar zu machen.[76]

Gräfin Benigna nahm Kritik und Reformgedanken beider Schriften in ihren „mütterlichen Vermahnungen“ auf. Die moralische Verurteilung des höfischen Lebensstils, die Kritik an der Entwicklung der absolutistischen Herrschaftsauffassung als einer aus dem Naturrecht begründeten „eigenwilligen Herrschaft“,[77] selbst die partielle Parteinahme für die von einem unmäßigen, unchristlichen Herrscher geplagten Untertanen, all das findet sich im „Christen=Stat“ und in den Schriften Speners ebenso wie in denen der Gräfin Benigna. Es scheint mir jedoch, daß die Gräfin deren kritischen Tenor noch verschärfte, indem sie ihrem Sohn zur Warnung die eigene Anschauung von zeitgenössischer Herrschaftspraxis drastisch vor Augen führte. Vor allem war es die durch den Pietismus neu aktualisierte Erwartung des göttlichen Gerichts, die Religiosität und Ethik der Gräfin Benigna prägten. An ihren Sohn schrieb sie im Bewußtsein, daß ohne Gottes Hilfe ihre mütterlichen Ermahnungen ohne Erfolg bleiben würden. Neben der Bitte um Gottes Segen gipfelte ihre Furcht vor dem göttlichen Gericht in dem Wunsch, daß Gott ihre Kinder von aller Herrschaft fernhalten möge, wenn sie den ethischen Anforderungen nicht gewachsen sein sollten. Nur die Verinnerlichung der pietistischen Obrigkeitskritik und eine Lebens- und Herrschaftspraxis, die an den Forderungen des protestantischen Patriarchalismus ausgerichtet war, konnte ihrer Meinung nach vor Gott und der Welt Rechtfertigung finden.

---

[74] *V. L. v. Seckendorff,* Teutscher Fürsten-Stat (Anm. 39), 187.

[75] *V. L. v. Seckendorff,* Christen-Stat (Anm. 52). Vgl. *Ernst Lotze,* Veit Ludwig von Seckendorff und sein Anteil an der pietistischen Bewegung des XVII. Jahrhunderts, Quedlinburg 1911, bes. 31–35. *Detlef Döring,* Untersuchungen zur Entstehung des „Christenstaates“ von Veit Ludwig von Seckendorff, in: Europa in der Frühen Neuzeit, Festschrift für Gerhard Mühlpfordt, hrsg. v. Erich Donnert, Bd. 1, Weimar 1997, 477–500. *R. Mack,* Christlich-toleranter Absolutismus (Anm. 11).

[76] *P. J. Spener,* Gewissensprüfung (Anm. 36).

[77] Seckendorff wandte sich besonders in den späteren Ergänzungen zum Fürstenstaat gegen die Konzeption einer „eigenwilligen Herrschaft“, womit Staatslehren, die auf dem modernen Naturrecht oder auf Macchiavellis Trennung von Herrschaft und Ethik basieren, gemeint sind. Vgl. *V. L. v. Seckendorff,* Teutscher Fürsten-Stat (Anm. 39), Additiones § 15. Nachweis bei *M. Stolleis,* Seckendorff (Anm. 72), 168.

III. Herrscherkritik und Dynastiesicherung

Die „mütterlichen Vermahnungen“ der Gräfin Benigna stellen im Kontext der in der Forschung bislang bekannten adeligen Tugendspiegel[78] und Ehestandsbüchlein[79] sowie der Hausväterliteratur[80] für das 17. Jahrhundert ein einzigartiges Quellenkorpus dar.[81] Sie zeigen, wie intensiv die pietistische Gräfin ihre Erziehungspflichten wahrnahm. Im Dialog mit der pietistischen Obrigkeitskritik und in Abgrenzung zur Praxis an großen und kleinen Höfen, die dem absolutistischen Ideal nacheiferten, formulierte sie ihr frommes Verständnis von Herrschaft und versuchte, diese Auffassung im Gedächtnis der Dynastie zu verankern, um auf diese Weise langfristig die Herrschaft des Hauses zu sichern. Ihr Sohn Graf Friedrich Ernst erkannte die Chance zur Profilierung der eigenen Dynastie, die in der Veröffentlichung der mütterlichen Tugendspiegel lag.[82] Ohne Gräfin Benigna als Autorin mit vollem Namen zu nennen, aber für ihre Identifizierung doch mit ausreichenden ikonographischen Hinweisen und Namensabkürzungen versehen,[83] erschienen im Jahre 1717 die vier Schriften an die Kinder unter dem Titel „Immer=grünendes Klee=Blat Mütterlicher Vermahnungen“. In der Einleitung wurde die Publikation mit der erbaulichen Wirkung von guten christlichen Vorbildern begründet. Das christliche Gewissen gebiete es, das der Gräfin von Gott mitgeteilte erbauliche Talent nicht hinter Privatwänden verborgen zu halten, sondern es der Welt als Zeugnis vorzulegen, aus dem diese ersehen

[78] Vgl. *Rainer A. Müller,* Die deutschen Fürstenspiegel des 17. Jahrhunderts. Regierungslehren und politische Pädagogik, in: Historische Zeitschrift 240/3 (1985), 571–597; *Heinz Duchhardt* (Hrsg.), Politische Testamente und andere Quellen zum Fürstenethos der Frühen Neuzeit, Darmstadt 1987; *B. Singer,* Fürstenspiegel (Anm. 57); *Cornelia Niekus-Moore,* Die adelige Mutter als Erzieherin: Erbauungsliteratur adeliger Mütter für ihre Kinder, in: Europäische Hofkultur im 16. und 17. Jahrhundert, hrsg. v. August Buck u. a., Bd. 3 (Wolfenbütteler Arbeiten zur Barockforschung, 10), Hamburg 1981, 505–510.

[79] Vgl. *Ulrike Hörauf-Erfle,* Wesen und Rolle der Frau in der moralisch-didaktischen Literatur des 16. und 17. Jahrhunderts im Heiligen Römischen Reich deutscher Nation, Frankfurt am Main u. a. 1991.

[80] Vgl. *Julius Hoffmann,* Die „Hausväterliteratur“ und die „Predigten über den christlichen Hausstand“. Lehren vom Hause und Bildung für das häuslichen Leben im 16., 17. und 18. Jahrhundert, Weinheim/Berlin 1959.

[81] Wie groß die Zahl der Regentenspiegel, Tugendbilder oder dynastischen Memoria ist, die von Gräfinnen, Fürstinnen oder Herzoginnen verfaßt oder angeregt worden sein mögen, ist noch kaum erforscht. Nur wenige liegen gedruckt vor. Bekanntestes Beispiel sind immer noch die Schriften der Herzogin Elisabeth von Braunschweig-Lüneburg. Vgl. *Barbara Becker-Cantarino,* Der lange Weg zur Mündigkeit, München 1987, 204–220.

[82] Vgl. die Korrespondenz von Friedrich Ernst um Edition und Drucklegung der Schriften der Gräfin Benigna: G. A. SL., Rubr. XV Nro. 142.

[83] Vgl. das Titelkupfer in den „Ein und zwantzig Betrachtungen“ (Anm. 5).

könne, daß auch Personen im Adelsstande „zu einem rechtschaffenen Wesen in Christo Jesu“ zu gelangen vermögen.[84]

Die Verbreitung von Erbauungsschriften von adeligen Verfassern und Verfasserinnen war im 17. und frühen 18. Jahrhundert ein wichtiges Mittel der geistlichen und herrschaftlichen Kommunikation. Gedruckte Leichenpredigten und die neue pietistische Literaturgattung der „Letzten Stunden“,[85] die vorbildliches, frommes Leben und Sterben u.a. von adeligen Standespersonen verbreiteten, zielten zwar primär auf ein pietistisches Publikum, dienten jedoch zugleich der öffentlichen Darstellung der jeweiligen Dynastie. Denn Herrschaft mußte öffentlich legitimiert und repräsentiert werden, um ihre inhaltliche Übereinstimmung mit dem jeweils gültigen Sinn von Herrschaft in der Adelsgesellschaft zu vermitteln.[86] So verhalfen hochadelige Mäzeninnen mit ihren Aufträgen der eigenen Dynastie und ihrer Herrschaft zu Ruhm.[87] Im Unterschied zu architektonischer und künstlerischer Repräsentation der eigenen Dynastie[88] hatte die Verbreitung von Druckschriften den Vorteil, daß sie weniger kostspielig war und doch ein überständisches Publikum, den Adel wie das gelehrte Bürgertum, erreichte.

In diesem Kontext der Repräsentation bot der Pietismus hochadligen Frauen die Möglichkeit, durch ihr praktisches Herrschaftshandeln, ihre fromme Lebensführung und ihre religiösen Schriften ihre Dynastie gegenüber der Öffentlichkeit zu repräsentieren und so über die kritische Abgrenzung von der Herrschaftspraxis anderer Dynastien zur Konturierung des frommen patriarchalen Herrschaftsverständnisses der eigenen Dynastie beizutragen. Damit wurde Standesgenossen, Untertanen und besonders dem gelehrten Publikum der Juristen, Theologen und Ärzte signalisiert, daß die fromme Dynastie ihre Vorrechte nicht länger allein auf Macht oder adelige Geburt stützen wollte, sondern ihren Herrschaftsanspruch im Dialog mit den Normen der lutherisch-pietistischen Obrigkeitslehre zu formulieren bereit war. Pietistische Frömmigkeit von Frauen und Männern an kleinen Grafenhöfen war nicht nur eine private Haltung, sondern auch Mittel dynastischer und herrschaftlicher Legiti-

---

[84] Klee=Blat (Anm. 6), Einleitung, 2.

[85] *Graf E. H. Henckel*, Letzte Stunden (Anm. 7).

[86] Vgl. z.B. *Horst Wenzel*, Zur Repräsentation von Herrschaft in mittelalterlichen Texten. Plädoyer für eine Literaturgeschichte der Herrschaftsbereiche und ihrer Institutionen, in: Adelsherrschaft und Literatur, hrsg. v. dems. u. a., Bern u. a. 1980, 339–375; *W. E. J. Weber*, Dynastiesicherung (Anm. 54).

[87] Vgl. *Birgit Franke*, „Huisfrouw“, Ratgeberin und Regentin. Zur niederländischen Herrscherinnenikonographie des 15. und beginnenden 16. Jahrhunderts, in: Jahrbuch der Berliner Museen 39 (1997), 23–39.

[88] s. Cordula Bischoff in diesem Band.

mation. Darüber hinaus bot der Pietismus für Frauen eine neue Öffentlichkeit, in der die Norm von der Unterordnung der Frauen aufgrund ihres Geschlechts zeitweise vernachlässigt oder sogar bestritten wurde.[89]

[89] *Jutta Taege-Bizer*, Weibsbilder im Pietismus. Das Beispiel von Frankfurt am Main 1670–1700, in: Frauen Gestalten Geschichte, hrsg. v. Leonore Siegele-Wenschkewitz u. a., Hannover 1998, 118–136.

„habe ich die politica bei H. Richter angefangen“

Herrschaftsalltag und Herrschaftsverständnis der Landgräfin Elisabeth Dorothea von Hessen-Darmstadt (1640–1709)

Von Helga Meise

Landgräfin Elisabeth Dorothea von Hessen-Darmstadt, geb. Herzogin von Sachsen-Gotha, regierte zehn Jahre lang, von 1678 bis 1688, die Landgrafschaft Hessen-Darmstadt als Vormünderin für ihren ältesten Sohn Ernst Ludwig (1667–1739). Als dieser sein 21. Lebensjahr erreichte, übergab ihm die Landgräfin die Herrschaft und zog sich nach Butzbach auf ihren Witwensitz zurück. Über die vormundschaftliche Regierung der Landgräfin ist bisher wenig bekannt, nur auf ihre Mitwirkung an der „Konsolidierung der Finanzen“ in Hessen-Darmstadt ist wiederholt hingewiesen worden.[1] Dabei fehlt es keineswegs an Quellen. Bereits die Leichenpredigt auf die Fürstin von 1710 geht ausführlich auf die Jahre ein, in denen sie die Regentschaft innehatte:

„Zeit dero Vormundschaftl. Regierung – haben Ihro Fürstl. Durchl. sich angelegen seyn lassen, das Fürstenthumb bey allen *occasionen* durch rechtmässige Handlungen zu vermehren, und von unterschiedenen *ex calamitate bellica et fatalitate temporum* angewachsene beschwehrden zu *liberiren* gestalten (1) am kayserlichen Hoff Viele wichtige *affaires* mit gutem *Success negotiiren* lassen. (2) die Moßbach=Wallbrunn=Heusenstamm= und Franckensteinische Reichs Lehen zum Stande gebracht. (3) des Herrn Cardinals Von Hessen und die Ostfrießländische *praetensionen* gehoben, nicht weniger (4) in der Isenburgischen abgeurtheilten Sachen im Jahr 1682 wegen Kelsterbach, Nauheim, Grießheim, Langen, [?] und Mörfelden, die Kayserl. Confirmation erlangt, nebst einer Kayserl. Commission daß (5) Hochfürstliche Hauß in ebenselbem Jahr in 3 1/2 Dorffschafften, als Königstaden, und die Helffte von Peterweil, Eberberg, Oberndorff, Oberellem, und Ebersgönß um ein merckliches vermehret

[1] *Jürgen R. Wolf,* Joseph Süß Oppenheimer („Jud Süß“) und die Darmstädter Goldmünze. Ein Beitrag zur hessisch-darmstädtischen Finanzpolitik unter Landgraf Ernst Ludwig, in: Neunhundert Jahre Geschichte der Juden in Hessen. Beiträge zum politischen, wirtschaftlichen und kulturellen Leben, hrsg. v. Christiane Heinemann (Schriften der Kommission für die Geschichte der Juden in Hessen, 6), Wiesbaden 1983, 215–263, hier 220.

worden. Als im Jahr 1683 des Türckischen Erbfeinds Einfälle in die Kays. Erbland gar biß naher Wien geschehen, haben dem damahls regierenden Röm. Kayser Leopoldo 1.mo Ihro Fürstl. Durchl. eine ansehnliche Mannschaft zu Roß und fuß in Ungarn zur Verfügung geschickt, und auf Dero Kosten wieder den Erbfeind bey allen *occasionen* rühmlich mit *agiren* lassen, es auch des Vatterlandts Nutzen Rath= und beschüzung immer beyzubehalten sich auffrichst bemühet."[2]

Den politischen Erfolgen stellt die Leichenpredigt die fürstlichen Tugenden der Regentin an die Seite, ihre „laboriositas" bei den Regierungsgeschäften, vor allem aber ihre „Barmhertzigkeit" und ihre „Amor iustitiae". Aber im Unterschied zu den Leichenpredigten für ihren Ehemann blieb die Leichenpredigt auf Elisabeth Dorothea ungedruckt, die Kunde von den Taten und Verdiensten der Regentin mithin ungelesen.[3] Aber auch in der Landesgeschichte geriet Elisabeth Dorothea in Vergessenheit. Die Jahre ihrer Regentschaft werden der Herrschaftszeit ihres Sohnes Ernst Ludwig subsumiert und somit ihr Anteil an der Bewältigung der schwierigen inneren Probleme des Landes außer acht gelassen.

Das innenpolitische Handeln der Regentin ist jedoch leicht zu erschließen. Bereits ein Blick auf die Erlasse, die in Hessen-Darmstadt während ihrer Regentschaft ergingen, bestätigt das Resumee, das die Leichenpredigt gezogen hat. Elisabeth Dorothea entfaltete bei Regierungsantritt sofort eine rege Tätigkeit. Ihr Augenmerk richtete sich an erster Stelle auf die innere Ordnung des Territoriums sowie auf die Konsolidierung der fürstlichen Einnahmen.[4] Spätere Edikte gehen in dieselbe Richtung. Diese ‚amtlichen' Quellen geben hinreichend Auskünfte über Herrschaftspraxis und politisches Handeln der Landgräfin. Demgegenüber erlauben Selbstzeugnisse der Landgräfin, ihre Schreibkalender sowie Dokumente und Aufzeichnungen aus der Butzbacher Witwenzeit, aber auch der Briefwechsel mit ihrem Gothaer Lehrer Daniel Richter genau-

---

[2] Hessisches Staatsarchiv Darmstadt (im folgenden: StAD) D 4 Nr. 259/6: „Christl.=Fürstl. Lebenslauff oder Beschreibung Der Durchleuchtigsten Fürstin und Frauen, Fr. Elisabeth Dorothea [&] Geburts und Herkommens, wie auch geführten Lebens und darauf erfolgten seeligen Endes [...] Entworffen den 30. Dez. 1709 und offentlich abgelesen den 13.1.1710.", fol. 24.

[3] Zur Praxis der Leichenpredigten in Hessen-Darmstadt vgl. *Jill Bepler/Birgit Kümmel/Helga Meise,* Weibliche Selbstdarstellung im 17. Jahrhundert. Das Funeralwerk der Landgräfin Sophia Eleonora von Hessen-Darmstadt, in: Geschlechterperspektiven. Forschungen zur Frühen Neuzeit, hrsg. v. Heide Wunder/Gisela Engel, Königstein/Ts. 1998, 441–468.

[4] Beispielsweise StAD R 1 Höpfner 159/No. 72: „Edikt gegen das Laster der Hurerei, Ehebruch, sodann Fluchen, Schwören und Gotteslästern [...] Darmstadt 1679, Oktober 20"; StAD R 1 Höpfner 16/No. 2: „Ausschreiben, wie es mit Erhebung und Eintreibung der herrschaftlichen Gelder gehalten werden soll [...] Darmstadt 1681, Juni".

ere Einblicke in ihr Selbstverständnis als regierende Landgräfin, als Regentin und als fürstliche Witwe. Besonders ergiebig sind die Schreibkalender der Landgräfin. Sie hatte bereits in Gotha angefangen, täglich zu notieren, was sie für merkwürdig befand, eine Praktik, die sie nach ihrer Übersiedlung nach Darmstadt noch intensivierte. Kurz nach ihrer Verheiratung begann sie, ihr Leben Tag für Tag zu protokollieren. Mit Ausnahme der Zeit ihrer schweren Niederkunft 1670, als die Aufzeichnungen mehrere Wochen hatten unterbrochen werden müssen, ging die Landgräfin im Laufe der Jahre auf Hof- und Haushaltung, die Sorge für die Kinder und deren Erziehung sowie die ersten demonstrativen Anschaffungen – etwa eines französischen Prunkbettes – bzw. Umgestaltungen des Darmstädter Schlosses immer detaillierter ein. Nach der Übernahme der Regentschaft kamen viele die Herrschaft betreffende Angelegenheiten hinzu.[5]

Gestützt vor allem auf die genannten Selbstzeugnisse werde ich im folgenden drei Aspekte in den Blick rücken, um das Selbst- und Herrschaftsverständnis der Fürstin zu eruieren: 1. Witwenstand und Herrschaft in den ersten Monaten nach dem Tod von Landgraf Ludwig VI. 1678; 2. die zehnjährige vormundschaftliche Regentschaft; 3. die Bedeutung, die Elisabeth Dorothea dem ihr gebührenden „respect“ während ihrer Witwenzeit in Butzbach beimaß.

I. Witwenstand und Herrschaftssicherung

Nach dem Tode ihres Gemahls Ludwigs VI. 1678 befand sich Elisabeth Dorothea in einer schwierigen Lage. Der 20jährige Sohn aus der ersten Ehe des Landgrafen trat als Ludwig VII. die rechtmäßige Nachfolge seines Vaters an, seine Vermählung mit Prinzessin Dorothea, einer Tochter des Herzogs von Naumburg-Zeitz, war bereits angesetzt. Ludwig plane, so heißt es mehrfach, bereits tiefgreifende Neuerungen im „Regiment“. Elisabeth Dorothea sah sich mithin nicht nur mit ihrem Witwenstand konfrontiert, sondern auch mit unvorhersehbaren Verhältnissen bei Hof und im Land. In dieser Situation wandte sich Elisabeth Dorothea an ihren ehemaligen Lehrer Daniel Richter (1616–1683),[6] der als Amtmann

---

[5] Die Schreibkalender werden im Hessischen Staatsarchiv Darmstadt aufbewahrt; erhalten sind die Jahrgänge 1656–1709, lediglich ein Jahr, 1685, fehlt (StAD D 4 Nr, 254/3–258/7). Zu Auswertung und Stellenwert des Mediums am Darmstädter Hof vgl. meine Habilitationsschrift: Das archivierte Ich. Schreibkalender und höfische Repräsentation in Hessen-Darmstadt 1624–1790 (Arbeiten der Hessischen Historischen Kommission, N.F. 21), Darmstadt 2002.

[6] Der hier erstmals ausgewertete Briefwechsel stellt das Geburtsjahr Richters sicher. In seinem Brief vom 29.7.1678 schrieb er: „Entlich habe ich auch nunmehr bereits das drey und Sechzigste Jahr (: welches nach vieler meinung sehr gefähr-

in Sachsen-Gotha tätig war. Vom 4.5. bis zum 3.8.1678 sandte Richter mindestens zwölf Schreiben an die fürstliche Witwe in Darmstadt; wie viele Briefe diese ihrerseits an ihn richtete, ist aufgrund der Darmstädter Bestände nicht zu überprüfen, ebensowenig, welche Beilagen von beiden Seiten die Korrespondenz umfaßte.[7] Auch wenn hier nur die in Darmstadt erhaltenen Briefe Richters herangezogen werden können, berühren sie wohl alle Probleme, die die Landgräfin belasteten: Zunächst ist offenkundig, daß sich Elisabeth Dorothea in einer Notlage befand. Beinahe täglich ging ein Schreiben ab, meist mit „expresse"; immer wieder thematisierte Richter seinerseits die „empfindliche Trauer" (4.5.), die „betrüb= und bekümmernüs", in die die Fürstin geraten sei (27.5.).

Die Dringlichkeit, mit der Elisabeth Dorothea ihn um Rat ersuchte, ihn dann auch als Rat nach Darmstadt verpflichten wollte, war nicht nur ihrer Verwitwung geschuldet. Von Anfang an ging es auch um ein ganz bestimmtes Problem, nämlich wie sich die fürstliche Witwe am Hof des Nachfolgers Macht und Einfluß sichern könne. Das Thema kehrt leitmotivisch wieder; Fragen wie die nach der Notwendigkeit von Neuerungen in Verwaltung und Regiment oder dem „Ansehen" der Witwe treten nur scheinbar dahinter zurück, werden aber gleichfalls immer wieder aufgegriffen, standen sie doch mit der Sorge der Fürstin um ihren Machterhalt in direktem Zusammenhang.

Richter gab der Landgräfin konkrete Verhaltensregeln an die Hand, die ihr weiterhin Einfluß auf das „Regiment" sichern sollten. Ihr oberstes Ziel müsse sein, über alles, was das „Regiment" betreffe, auf dem laufenden zu bleiben. „Darbey wird die Göttliche vorsorge auch ein großes befördern, wan Sie mittel und wege weiset, wie Ew. F. Durchl. des herren Sohnes guttes vornehmen und vertrauen stetes nehren können, und durch böser leute schädliches ohrenblasen nicht mindern laßen. Hergegen alles solcher gestalt was in dem Regiment vorgehet erfahren können, [...] zu diesem obigen principio ist höchlich von nöthen alda bey hofe zu verbleiben" (27.5.). Unerläßliche Vorbedingung sei das Vertrauen des Stiefsohnes. Dieses sei nur durch Klugheit und Verstellung zu gewinnen: „Wen Ew. HF. Durchl., wie bißhero höchstloblichst geschehen, auch hinfüro in Christfürstlicher Mütterlicher Demuth in allem Ihrem vornehmen, rathgeben und verrichtungen, und nicht das wenigste von eigennutz, oder übermeßiger ehr und regiments begierde spüren laßen, kan des Regierenden Printzen Hochfürstl. Durchl. anders nicht als bey seiner Kind=Söhnlichen liebe und Gutten vertrauen gegen Ew. Hfürstl. Durchl. verbleiben [...]" (13.7.). Schon in seinem zweiten Brief hatte Richter fest-

---

lich sein sol:) angetrettten, und sind meine Leibeskräfte [...] sehr geschwächt." StAD D 4 Nr. 271/4.

[7] StAD D 4 Nr. 271/4, im folgenden nach dem Datum zitiert im laufenden Text.

gestellt: „Den unter dem klugen schein, daß Sie Zu regieren nicht begehren, können Ew. F. Durchl. in dem Regiment viel guttes schaffen und viel schädliche anschläge, ehe sie zu wercke gerichtet weden, bey Zeiten hindern" (27.5.).

Angesichts dieser unmißverständlichen Anleitung nimmt es nicht wunder, daß Richter in puncto Verstellung detaillierte Ratschläge parat hatte. Einen unhintergehbaren Vorwand für den Verbleib bei Hof biete die Erziehung ihrer Kinder (27.5.). Tatsächlich waren sieben unmündige Kinder aus ihrer Ehe mit Ludwig VI. zu versorgen sowie zwei noch unverheiratete Töchter aus dessen erster Ehe. Unabhängig davon empfahl er ihr die permanente Simulation: „ [...] wen, wie Sie bishero gethan, Sie Sich gegen allen in worten, minen und affecten sehr verdeckt und retirade halten möchten, daß man also aus ihrem indifferenten wesen weder dieses noch ein anders schließen könne, [?]mittels aber denen, mit denen Sie nothwendig zu thun haben müßen, alle aufrichtige respective gnade treu und liebe in regimentsSachen aber als wan Sie gantz sich nicht darümb bekümmern, oder etwas darmit zu schaffen haben wolten sich zu erweisen, und were gutt, daß diese maxime gegen alle außer dem Printzen (gegen welchen die Kindliche liebe und vertrawligkeyt zu erhalten, Ew. HFürstl. Durchl. in geheimen conferrentien nicht dürffen so verdeckt sein, sondern Ihm auf sein rath fragen und nach seiner notturft iedoch sehr behutsam in ein und anderm dero Fürst=Mütterliches gemüth und meinung offenbahren) wohl in acht genommen werden möchte" (19.6.).

Richters deutliche Worte haben ihr Pendant in seiner beständigen Sorge um die Geheimhaltung der Korrespondenz als ganzer. Daß und was er mit der Landgräfin verhandelte, bedurfte, um überhaupt in die Tat umgesetzt werden zu können, der absoluten Verschwiegenheit. Wiederholt äußerte er Bedenken, ob diese gewährleistet sei, und erinnerte die Fürstin an die „in Ihrer Fürstlichen Jugend weitläuffig vorgetragenen Discurs von der Verschwiegenheit und indifferent sein wohl zu üben" (19.6.). Die Verheimlichung, die Richter forderte, dürfte der Landgräfin tatsächlich schon aus ihrer Jugend vertraut gewesen sein. Richter spielte aber auch auf das damit zwangsläufig einhergehende, ebenso alte Interesse der Prinzessin an „RegimentsSachen" an: „Anitzo kan man gantz augenscheinlich verspüren, woher Gott EHFD in Ihrer Zarten Fürstlichen Jugend schon solche große begierde, sich mitt RegimentsSachen bekand zu machen eingegoßen, und wie Er hernach diese, was EFHD hierinnen fleißig begrieffen und auch in der erfahrung angemercket, Zu wieder bedrängten Lande und Leute, sonderbahren schutz und aufnehmen, nützlichen habe gebrauchen wollen" (27.5.). Tatsächlich hatte die 21jährige Elisabeth Dorothea unter dem 26.2./8.3.1661 in ihrem Kalender vermerkt: „habe ich die politica bei H. Richter angefangen".

Schließlich brachte Richter den eigentlichen Anlaß der Korrespondenz zur Sprache, die „reformation“ der Landgrafschaft. Gerüchte über deren Bevorstehen gingen in Darmstadt um. Sie lag dem neuen Regenten offensichtlich besonders am Herzen und ging auf sein Zusammentreffen mit Veit Ludwig von Seckendorff zurück, dem früheren Gothaer und jetzigen Zeitzer „cantzler“.[8] Richter hielt weder von Seckendorff noch von dessen Reformen etwas. Er machte wiederholt verschlüsselt und unverschlüsselt deutlich, daß er nur eins wirklich fürchtete, Seckendorffs Einfluß. Die „reformation“, die dieser dem Prinzen eingebe und „offentlich proponieren“ (27.5.) wolle, sei nur schädlich, da der Prinz als Regent noch nicht fest „im RegimentsSattel“ sitze (27.5.). In Anbetracht des desolaten finanziellen Zustandes der Landgrafschaft hielt Richter allein folgendes Vorgehen für aussichtsreich: „Wie auch in Gemein am besten ist daß man also gar heimlich, unvermerckt, langsam, und bescheidentlich alle reformation des Stats vornehme, daß man nicht eher die reformation spüre, als bis Sie bereits geschehen, und wan dieses also erhalten werden kan, wird es EHFD auch so wohl bey den Ihrigen als auch frembden einen gutten glimpf und nahmen erwecken und zuziehen“ (13.5.).

Über die von Ludwig VII. erwogenen Pläne zur Verbesserung des „estat“ heißt es: „Auf die übrigen puncta auch gehorsambst Zu andworten, kommet mir in meinem armen verstande die gantze reformation vor, als wen man einem gefährlich krancken und in letzten zügen liegenden Patienten, die medicamenta, welche auch eine noch starcke und und gesunde person kaum nach und nach ertragen könte, auf einmahl einschütten und gleichsam den Patienten in einem mörsel Zerstoßen und ganz new gießen wollte“ (27.5.).

Richters Ausfälle gegen Seckendorff und die mit seinem Namen verbundene „reformation“ lassen die Schlußfolgerung zu, daß es in seinem Briefwechsel mit Elisabeth Dorothea sowie den dazugehörigen Beilagen vor allem um Probleme des „Regimentes“ ging. Die fürstliche Witwe machte sich mithin nicht nur Gedanken über ihren Witwenstand, sondern auch über den Zustand des Landes und die Chancen zu seiner Gesundung. Worin diese bestanden, bleibt freilich – angesichts der gebotenen Geheimhaltung kaum verwunderlich – im Briefwechsel ebenso unausgesprochen wie in Elisabeths Schreibkalendern. Allerdings hatte sie bereits 1677, also ein Jahr vor dem Tod Ludwigs VI., Richter mit einem Gutach-

[8] Zuletzt *Jürgen R. Wolf,* Veit Ludwig v. Seckendorff und die Versuche zur Reform des Hessen-Darmstädtischen Finanzstaates unter Landgraf Ludwig VI., in: Hundert Jahre Historische Kommission für Hessen 1897–1997. Festgabe dargebracht von Autorinnen und Autoren der Historischen Kommission, hrsg. v. Walter Heinemeyer (Veröffentlichungen der Historischen Kommission für Hessen, 61), 2 Bde., Marburg 1997, hier Bd. 1, 513–553.

ten über den Zustand des Landes betraut.[9] Ihr politisches Interesse beschränkte sich also nicht nur auf das Studium der „politica" in der Gothaer Zeit, sondern wandte sich in Darmstadt dringenden Fragen zu.

II. Die vormundschaftliche Regierung

Als Ludwig VII. am 31. August 1678 bereits vier Monate nach Antritt der Regentschaft auf dem Weg zu seiner Braut Dorothea von Naumburg-Zeitz in Gotha starb, war seine Stiefmutter Dorothea Elisabeth, die ihn begleitet hatte, also keineswegs unvorbereitet für die Aufgaben der mütterlichen Vormundschaft. Dies dokumentiert ihr Eintrag im Schreibkalender: „So., den 31.[8.1678] ging ich zu meinem sohn, war er sehr schwach, aß zu mittags und abends in meinem gemach, n.m. um 3. Uhr starb mein Hertzallerliebster Herr Sohn landgraf Ludwig VII. in seinem Erlöser Jesu Christo sanft und Seelig, wurd er gleich angetan, schrieb an meinen Bruder nach Coburg, und an die geheime räthe nach darmstatt". Elisabeth Dorothea kehrte am 4.9. nach Darmstadt zurück, nachdem Ludwigs VI. Testament, dessen Kodizill Elisabeth Dorothea als „Vormünderin, Administratrix und Regentin" einsetzte,[10] noch in Gotha eröffnet worden war (2.9.); in Darmstadt ging sie unverzüglich daran, die „regiments=Arbeit" zu übernehmen. Sie wurde zum beherrschenden Thema der nächsten Wochen:

„Fr., den 6.[9.1678] [...] n.m. unterschrieb ich die gantze zeit briefe, [...]";

„Mi., den 11.[9.1678] [...] kahm ein Churmäintzischer abgesandter her, hatte audientz bey mir, [...] kahm meines Sohns pagage, [...]".

Nach der Beisetzung empfing sie täglich mehrere Beamte. Am 24.9. heißt es erstmals: „durchlas die postsachen", ein Eintrag, der fortan so gut wie täglich wiederkehrt. Nach der „leichpredigt" für Ludwig VII., die am 28.9. gehalten wurde, nahm die Regentin weitere Aufgaben in Angriff:

„Mo., den 30.[9.1678] hatte ich Herr Richter, Petmann, den Burckgrafen, Rittesel, Marschalck und HaußHofmeister bey mir, truge Ihnen eine *Commission* an den tauben [Landschreiber] auf, [...] nach dem eßen laß ich die postsachen, laß in der Bibel und schrieb";

„Do., den 10.[10.1678] [...] Wurden die sämtlichen Räthe in Pflicht genommen";

---

[9] Dies geht aus den Briefen Richters an die Fürstin vom 4. bzw. 13.5.1678 hervor, StAD D 4 Nr. 271/4.

[10] StAD D 4 Nr. 236/5.

„Fr., den 11.[10.1678] [...] Wurde der Geißmar den Kindern als Hofmeister vorgestellt“;

„Mo., den 14.[10.1678] [...] hatte ich den General leutnant, haußHofmeister, Herr Richtern, tauben und Malcomesium bey mir, schickte sie zum Wittgensteinschen abgesandten, *referirten* sie mir wieder, [...] durchsahe die postsachen [...]“;

„Mi., den 16.[10.1678] [...] ging mit Valentin de Marchi, Hofmeister Geißmar und Adolphen in das neue Gewölbe, fuhr hernacher in den lustgarten, ging hernacher in die cantzley, geheime rathsstube, Rentkammer und *archiv,* redte hernacher mit Herrn Richtern, und dem Hofmeister Geißmar [...]“;

„Do., den 17.[10.1678] [...] hatte ich den [...] landschreiber dauben bey mir, durchsahen der dienerbesoldung [...]“;

„Mo., den 21.[10.1678] [...] Wurden die *guarden* zu fuß und zu Pferd gemustert und in Pflicht genommen [...] durchlaß und unterschrieb die postsachen [...]“;

„Do., den 28.[11.1678] [...] nahm ich den Generalleutnant in *Presens* deß Herrn Richters selbsten in Pflicht, [...] hatte ich Bruder B[ernharden, H.M.] Secretarium bey mir Wurd der Recess von mir unterschrieben, abends aß der HaußHofmeister und Herr Richter mit Uns, nach dem eßen redte ich lange mit Ihnen, laß und unterschrieb danach die postsachen, und in der Bibel“.

Vom 15.–23.10.1678 wurden die „Inventaria“ „meines herrn“ aufgerichtet. Elisabeth Dorothea „räumt in meines herrn gemach und *Cabinet* auf“ (28.10.–2.11.1678) und ließ „die Kinder“, vermutlich ihre beiden ältesten Söhne Ernst Ludwig und Georg, dort einziehen (11.11.1678). Bereits seit dem 24.9., dem Tag, an dem es erstmals geheißen hatte: „unterschrieb die Postsachen“, lief die „confirmation“ ihrer vormundschaftlichen Regierung beim Reichskammergericht.[11] Am 7.10. ging der „Kriegsrath und Landobrist Johann v. Arend“ in dieser Angelegenheit nach Speyer ab; er kam am 18.10. zurück.[12] Am 15.12. notierte Elisabeth Dorothea: „bekahm Nachricht von Speyer wegen der confirmation“. Mit dem kaiserlichen Dekret vom 16.1.1679[13] wurde die Vormundschaft der

[11] StAD D 4 Nr. 262/4–5: Btr. Übernahme der Vormundschaft durch Landgräfin Elisabeth Dorothea, 1678; Reichskammergerichtsakten btr. Vormundschaft durch Landgräfin Elisabeth Dorothea über ihre Stief- und eigenen Kinder, 1678.

[12] StAD D 4 Nr. 262/6: „Betr. Sendung des Obersten Joh. v. Arend nach Speyer in Sachen der Vormundschaft der Landgräfin Elisabeth Dorothea, 1678/79“: „Diarium gehalten über diejenigen Verrichtungen so Elisabeth Dorothea Wittib dem Kriegsrath Joh. v. Arend aufgetragen“.

[13] StAD, D 4 Nr. 262/4: „Copia“ des Dekrets Leopolds I.

Fürstin rechtsgültig. Vier Wochen später heißt es: „Mo., den 17.[2.1679] [...] ging nachgehends zum erstenmahl in rath *Deus Omnia benedicat.*"

Fortan kehrt der Eintrag „ging in Raht" regelmäßig wieder, er gehört zu den häufigsten Notaten dieser Jahre. Die Sitzungen fanden montags, mittwochs und freitags statt, die Regentin war fast immer anwesend. Bald heißt es: „hielt Rath in meinem Gemach".[14] Daneben erscheinen mit derselben Regelmäßigkeit die beiden anderen „Regierungs=Arbeiten". So gut wie täglich notierte sie: „durchging die *Concepta*" und „unterschrieb ich die postsachen". Die Leichenpredigt von 1710 würdigte unter dem Stichwort „laboriositas" eben diese Tätigkeit der Regentin eingehend:

„Auch sind Ihro Durchl. darbey sehr sorgfältig und ordentlich geweßen, die auf Reichs=Land= und *extraordinari* Posttägen wochentlich zu verschiedenen mahlen eingelangten Schreiben Berichte *Correspondentien* und wichtigen *Missionen*, haben Sie sich selbsten Vortragen, forters im Geheimbden Raht oder jeweilen auch auff dero fürtrefflichen Gemach drüber *deliberiren* lassen, die übergebene *Memoralia*, offt selbst gelesen, mehrentheils eigenhängig *rubricirt, praesentiert,* die *resolutiones* darauff *notiret,* und das geringste nicht ausser hand gegeben, davon nicht einige Vorzeichnete Nachricht dargegen hingelegt worden."[15]

Schließlich nahm Elisabeth Dorothea im Herbst 1679 die Huldigung „in der Statt" (4.9.) und bei Hof „mit denen Hofdienern in der Taffelstube" (4.11.) ab: Damit war ihre Regentschaft bestätigt.

Nachdem ihre Position als „Vormünderin, Administratrix und Regentin" auch formal gesichert war, stand der Herrschaftsalltag im Mittelpunkt ihrer Aufzeichnungen. Daß politische Entscheidungen anstanden oder getroffen wurden, wird im Schreibkalender stichwortartig benannt. Typisch sind Aussagen wie diese:

„Mo., den 5.[1.1680] [...] hatte ich den G[eneral]L[eutnant], Haushofmeister, hofmeister Geißmar, alten Milius, und dauben bey mir, *referirten* die 4. letztern wegen der vorgehabten *commission* [...]";

„Mi., den 7.[1.1680] [...] waren der G[eneral]L[eutnant] und Richter die gantze zeit bey mir redten von allerhand wichtigen dingen [...]";

„Di., den 7.[2.1682] [...] waren die Räthe bey mir, *referirten* wegen der landstände bedencken [...]";

„Mo., den 26.[3.1683] [...] Conferirte n.m. lange mit dem presidenten Herr Richtern und landschreiber in Cammersachen".

---

[14] So etwa zum Jahresende 1679 und 1680.

[15] StAD D 4 Nr. 259/6: „Lebenslauff" (Anm. 2), fol. 27.

Hinter dem Namen „Uffenbach“[16] etwa verbirgt sich der Streit mit den Grafen von Isenburg. Auch Notate, wie die über den „Bingenheimischen *revers*“ oder die „Bingenheimische Verrichtung“,[17] über den „Vorschuß der 20 000 L. an den Cardinal v. Hessen“,[18] das „Mosbachische lehn“[19] oder den „succurs“ für Wien,[20] bezeichnen Kontrahenten und Streitobjekte und werfen indirekt auch Licht auf die eigene Position. Dasselbe gilt für die Nennung ihres Wiener Gesandten: „So., den 19.[8.1683] [...] redte ich lange mit G[eneral]L[eutnant], Passer[21] und *Doctor Malcomesio* [...]“. Erwähnungen wie diese bringen die reichspolitischen Unternehmungen der Regentin in den Blick, sei es das Bemühen um die Klärung der in Wien anhängigen Streitfälle innerhalb des Hauses Hessen-Darmstadt, sei es die Unterstützung des Kaisers gegen die Türken. Daß die Landgräfin auf seiten des Kaisers stand und dabei doch die politische Linie der protestantischen Fürstentümer im Auge behielt,[22] schlägt sich in den Aufzeichnungen nicht nieder. Gleichzeitig

---

[16] „Sa., den 2.[6.1683] [...] fuhr ich früh morgens um 4. Uhr nach ffurth [Frankfurt], handelte allda Wegen der noch allda stehenden Pfand, hatte den Ufenbach, den Barckhausen, und Jubelierer Hartmann Schwier [?] bey mir, nach 3. Uhren nachmittag führ ich Von ffurth Wieder Weg, kahm abends halbeng 8. Wieder anhero, aßen abends in meinem Gemach, laß in der Bibell“.

[17] 30.1.1680; 2.5.1682.

[18] 13.8.1681.

[19] 18.6.1684.

[20] 8.8.1683.

[21] Zu Justus Eberhard Passer (1652–1733) vgl. Artikel „Passer“, in: *Friedrich Wilhelm Strieder,* Grundlage zu einer Hessischen Gelehrten und Schriftsteller Geschichte. Seit der Reformation bis auf gegenwärtige Zeiten, Bd. 10, Göttingen 1795, 203–206. Zu seinen diplomatischen Missionen unter Elisabeth Dorothea 1681–1683, 1685–1688, Rentmeister in Vöhl seit 1680, Amtmann in Battenberg seit 1680 vgl. *Ludwig Baur,* Berichte des hessischdarmstädtischen Gesandten Justus Eberhard Passer an die Landgräfin Elisabeth Dorothea über die Vorgänge am kaiserlichen Hofe und in Wien von 1680–1683, in: Archiv für Österreichische Geschichte 37 (1867), 271–411; zu Biographie und späteren Aufträgen vgl. *Walter Gunzert,* Die Heidelberger Mission des darmstädtischen Rentmeisters Justus Eberhard Passer im Jahr 1685, in: Archiv für hessische Geschichte und Altertumskunde 24 (1951), 63–71. – Die Instruktionen, die Passer für seine Missionen seit 1680 „jedesmal“ erhielt, werfen ein Licht auf die „Regierungs=Arbeit“ der Fürstin: „Alle Posttäge soll Er gewiß halten vnd anhero mit gutem Grund gebührend referiren, in was vor terminis vnsre negotia am Kayserlichen Hoff von zeiten zu zeiten beruhen, auch was sonsten in publicis in Sichere Erfahrung zu bringen, berichtlich vnd alle seine relationes zu vnsern fürstlichen eigenen handen zu- vnd überschreiben, weßwegen Er mit guter manier bey einem oder andern an den Cantzeleyen u. s. w. Bekandschafft zu machen, Sodann im übrigen sich vigilant, Treu, verschwiegen, nüchtern, Mässig vnd dergestalt in seiner conduite verhalten, damit Ihme nichts ohngleiches mit fug nachgeredet werden vnd daßelbe zur disreputation gereichen möge. Auch wird Er dem Kayserlichen hoff, wan derselbe hinweggeht, zu folgen wißen.“ Zit. nach *L. Baur,* Berichte, 274 f.

hatte sie ein ausgeprägtes Interesse an allen Vorgängen am kaiserlichen Hof, wie die ausführlichen Schilderungen des Hoflebens in Passers „Diarium“[23] verdeutlichen, aber auch die Wahl der Kalender, die Elisabeth Dorothea über Jahre benutzte. Sie gab durchweg den Kalendern von Marcus Freund den Vorzug, die sich ausdrücklich an Standespersonen wandten.[24]

Insbesondere dokumentieren die Einträge in Elisabeth Dorotheas Schreibkalendern, welches Gewicht die Regentin der Ökonomie und dem Finanzwesen beimaß. Elisabeth Dorothea, so ist Woche für Woche, Quartal für Quartal, Jahr für Jahr zu verfolgen, setzte feste Zahltage, sowohl für die Quartalsrechnungen aus den verschiedenen Ämtern als auch für die wöchentlichen Abrechnungen bei Hofe, an. Ein- und Auszahlungen wurden regelmäßig festgehalten, ebenso das „Zehlen“ von Geld. Lakonisch wurden Abweichungen von der Regel vermerkt: „Fr., 1.[7.1681] bekahm geld von Gießen, ließ mir einstheils zu zehlen und zahlte wie sonsten sambstags aus.“

Die Landgräfin fuhr selbst auf die Oster- und Herbstmessen nach Frankfurt, nicht nur um Rechnungen zu begleichen, sondern vor allem, um sich um laufende Pfandgeschäfte zu kümmern. Daß dabei die Auszahlung ihrer Leute überwacht werden konnte, war ein weiterer Vorteil.[25]

„Sa., den 12.[4.1679] [...] hatte ich den dauben, Presidenten, Herolden und Haushofmeister bey mir, ließ das geld zur Messe zahlen [...]“;

„So., den 13.[4.1679] [...] backete ich ein, fuhr nach ffurth[Frankfurt] [...]“;

„Mo., den 14.[4.1679] War D. Horst, und der daube bey mir, hernacher kahm landgraf Ernst und Landgraf Wilhelm Zu mir, kahm langdraf Wilhelms Gemahlin mit Ihrer frau Mutter und Schwester Zu mir, fuhr hernacher mit Ihnen in Römer und in Ihr Hauß, sah allda landgraf Carll mit seiner gemahlin Von Rheinfelß, [...] und Viele gräfliche persohnen“;

---

[22] Vgl. *Krätzinger*, Die kirchlichen Reunionsversuche des Bischofs Christoph Rojas von Spinola an den protestantischen Höfen Deutschlands und die Landgräfin Elisabethe Dorothee von Hessen, in: Archiv für hessische Geschichte und Altertumskunde 11/2 (1867), 250–269.

[23] Vgl. *L. Baur*, Berichte (Anm. 21), 275.

[24] *Helga Meise*, „... bey einem jeden Monat eine wunderbare denckwürdige Historia“ – Die Freundschen Kalender des ausgehenden 17. Jahrhunderts, in: Simpliciana 16 (1994), 167–187.

[25] Die Darmstädter Landgrafen besaßen auf der Frankfurter „Zeil“ einen Hof, in dem sie bei Besuchen in der Reichsstadt Wohnung nahmen.

„Di., den 15.[4.1679] [...] ließ das Geld zehlen, zahlte etliche Schuldleute aus, [...] ging ins gewölb [...] hub das Geld Vor meine brüder gehörig uf [...]";

„Mi., den 16.[4.1679] [...] ließ ich vor- und nachmittag die Schuldleute auszahlen";

„Do., den 17.[4.1679] [...] kaufte gebild zeug, fuhr wieder nach darmstatt";

„Fr., den 18.[4.1679] [...] ging in Rath, ließ Wieder etliche Schuldleute auszahlen".[26]

Auf den ersten Blick scheint dieses Finanzgebaren auf die Empfehlungen Seckendorffs zu deuten, doch verschiedene Indizien weisen darauf hin, daß Elisabeth Dorothea in ihrer Regentschaft nicht auf die Hilfe des ihr seit Jahren bekannten Staatsmannes zurückgriff: Seine Werke fanden sich zwar in ihrer Bibliothek,[27] waren aber eher unterrepräsentiert, vor allem gegenüber denen von Pufendorf. Seckendorff hatte für ihre Erziehung noch nicht die zentrale Rolle gespielt, die er für ihre jüngeren Geschwister spielen sollte.[28] In ihren „lectiones" für die Erziehung der eigenen Söhne kam Seckendorff nicht vor, wohl aber Lipsius, Pufendorf und Justus Sinold, gen. Schütz.[29] Während ihrer Regentschaft bestellte sie ihren ehemaligen Lehrer Daniel Richter als „Geheimen Rath und Wittumbsrat", der sofort mehrere Entwürfe für die Einrichtung des Kammerwesens erarbeitete.[30] Das Gewicht, das er den Einkünften der Rentkammer einräumte, verweist gleichwohl auf Seckendorff; die Unterschiede zwischen beiden sind schwer faßbar und scheinen letztlich minimal. So war der wöchentliche „auszahltag", der Jahr für Jahr in Elisabeth Dorotheas Schreibkalender wiederkehrte, bereits im Finanzgutachten Seckendorffs von 1664 gefordert worden, um „den wöchentlichen Stand der Finanzen zu erkennen".[31] In mehreren, teils wiederholt erlassenen Ausschreiben suchte Elisabeth Dorothea, das Rechnungswesen insgesamt in diesem Sinne neu zu organisieren, indem sie es bis ins Detail regelte, von der Art und Weise, wie die Rechnungen in den Ämtern geführt und Gelder eingeliefert werden sollen, bis zu den Vorschriften über die für die Geldlieferungen zu verwendenden „Tüten".[32] Auf diesem Wege scheint der Regentin in der Tat die „Konsolidierung der Finan-

---

[26] Ebenso am 1.4.1680. Die Ostermesse 1682 wickelten die „Kinder" ab.

[27] StAD D 4 Nr. 260/4: Fürstenstaat, Christenstaat, Teutsche Reden.

[28] *Robert Lieb*, Erziehungspraxis am Hof Ernsts des Frommen von Sachsen-Gotha am Beispiel der Ausbildung seines Sohnes Albrecht vom Juni 1664 bis März 1665, in: Jahrbuch der Coburger Landesstiftung 35 (1990), 165–222, hier 204 f.

[29] StAD D 4 Nr. 279/1.

[30] StAD D 4 Nr. 271/4.

[31] *J. R. Wolf,* Oppenheimer (Anm. 1), 218 f.

zen“[33] gelungen zu sein, ein Erfolg, der nicht zuletzt auf die fast schon manisch wirkende Schriftlichkeit zurückgehen dürfte, die die Landgräfin für die eigene wie die staatliche Rechnungslegung entfaltete. In ihrem Fall hätte es nicht des kaiserlichen Dekrets über die vormundschaftliche Regierung bedurft, welches der Regentin auferlegte, „[...] zum besten des *Pupillo* [...] ein ordentlich *inventarium* fürtreflich aufrichten [zu] lassen, ihrer *administration* und handlung gebührend und rechter zeit“.[34]

An keiner Stelle nutzte Elisabeth Dorothea die Schreibkalender, um die eigene Regentschaft zu reflektieren. Sie protokollierte vielmehr den Herrschaftsalltag als Arbeit, als unausgesetzte Beschäftigung und als Erledigung von „Regierungs-Geschäften“. Dagegen ist in anderen Schriftstücken Elisabeth Dorotheas durchaus eine Reflexion der Herrschaftstätigkeit erkennbar. Als das Ende ihrer Regentschaft näher rückte, brachte sie 1687 unter dem Titel „Waß mir an den Ernst Ludwig mißfällt“ ihre Bedenken über die Fähigkeiten ihres Sohnes zum Ausdruck:

„1. Daß Keine rechte Gotteßfurcht an Ihme Zu Spühren,
2. Daß er sich gar nicht, auf die *affairen applicirt* und alleß Wieder Vergißet, Waß er in seiner Jugend gelernet,
3. Scheinet eß manchmahl, als wenn er mich nicht groß achtet und Viel Weniger nach mir fraget,
4. Uberleget er nichts Weder mit mir noch mit Andern Ehrlichen und rechtschaffenen leüten, sondern übereilet sich in alle seinem thun,
5. *Judiciret* er die leüte gar nicht, ob sie Ihme treü und VerschWiegen sein, oder nicht, sondern an Weme er einmahl sein Hertze gehänget (er mags nun gut oder böse mit Ihme meinen) deme Vertrauet er sein gantzes Hertz biß ers mit seinem Schade inne Wird,
6. machet er sich gantz keinen *respect* bey seinen leüten, sondern macht sich gar Zu gemeine mit Ihnen, und machet Ihne Zu Viel Weiß sie mögen nun sein Adelich, oder Undadelich,
7. hatt er gar Viel *affectirtes* Wesen, und Verdrißliche *minen* und Ungebrechen an sich,

[32] StAD R 1: Höpfner Verordnungen. So etwa Höpfner 10 Nr. 221: „Ausschreiben die Einschickung der Quartals-Rechnungen betr. Darmstadt 1680“, 20.4. Darin heißt es: „[...] daß du zu Ende eines jedes quartals eine solche Rechnung zu verfertigen, und jedes mahl unfehlbar und gewiß neben dem Geld, ohne weiteren erwartenden befelch [...] in unserem Fürstl. Gemach einschicken und daran nicht säumig sein sollst.“ – In der Tat war die Finanzlage der Landgrafschaft äußerst prekär: 1661 betrug der Schuldenstand 200 000 Gulden, 1674 waren diese bereits auf 2 Millionen Gulden angewachsen, *J. R. Wolf,* Oppenheimer (Anm. 1), 217 u. 219.

[33] Ebd., 220 f.

[34] StAD D 4 Nr. 262/4.

8. *menagiret* er seine Gesundheit, auch seine eigene Persohn gantz nicht,
9. gehet er lieber mit *Canalje,* und Närrichten, als mit rechtschaffenen, Wackeren, Klugen, und gelehrten leüten ümb,
10. Ist er noch nicht recht erkantlich gegen die Jenige Welche in seiner Jugend auch nachgehends, Viel große VerantWorttung, mühe, Sorge, Gutes und böses mit Ihme außgestanden haben und Ihrer Herrschft treü geWesen,
11. Das allZu lange aufsetzen biß in die Nacht."[35]

Diese Bedenken griff Elisabeth Dorothea in dem Brief auf, mit dem sie im Jahr darauf „im Nahmen der heyligen Dreyfaltigkeit" ihrem ältesten Sohn die Regierung übergab.[36] In ihrem Verständnis ist der Fürst als Stellvertreter Gottes auf Erden für das Wohl seiner Untertanen verantwortlich. In diesem Sinne ermahnte sie den Sohn zuallererst zu Gottesfurcht: „laß Dir den 101. Psalm, ‚das 9. Cap. deß Buches der Weisheit' wohl *recommandiret* sein", sodann zu den fürstlichen Tugenden Gerechtigkeit und Milde, Liebe zu Wahrheit und Weisheit, zur Sorge für die Untertanen und um des „Friedens willen" zur Achtung von Treue und „Freund= und Nachbarschaft". Dabei warnte sie ihn ausdrücklich vor „Fuchsschwänzern". Darüber hinaus verwies sie Ernst Ludwig auf die Umstände, aufgrund derer ihm das Regiment zugefallen war: „[...] alle Deine Brüder von Deines Seligsten Herrn Vatters erster Ehe haben weggehen und Dir Platz machen müssen, [...] und kann, wann Gott wahrhaftig ist, anderst nicht angesehen werden, als daß darunter etwas merkwürdiges verborgen seye [...]". Dieser Fingerzeig Gottes verpflichte Ernst Ludwig, das Regiment besonders ernst zu nehmen.

In diesem Brief, den sie unmittelbar vor dem Akt der Resignation schrieb – „Früh morgens umb 5. Uhr angefangen und umb 7. Uhr vollendet" heißt es auf dem hier zitierten Exemplar –, zog sie aber auch eine selbstbewußte, wenngleich kritische Bilanz ihrer zehnjährigen Regentschaft: „Du wirst Dich noch gutermaßen erinnern, wie daß ich nun fast vor 10 Jahren die beschwehrliche vormundschaftliche Regierung mit großer Mühe, Sorge und Wiederwerttigkeit mit onverdroßenem Hertzen durch Gottes Gnade getragen auch soweit geführet habe, daß ich solche durch Gottes Allmächtigen beystand gegen Dir und dem gantzen Lande mit freudigem Muthe und ohne Nagung meines Gewissens veranttworten und *resigniren* kan. [...] hätte ich wohl wünschen und gerne sehen mögen, daß ich Dir das Land ohne Schulden, alle Collegia mit düchtigen

---

[35] StAD D 4 Nr. 259/4.
[36] StAD D 4 Nr. 350/7.

und *qualificirten* leüten besetzt, hätte übergeben können, alleine Gott hatt es nicht haben, auch ein und andere Umstände und Convenientien haben es nicht zulaßen wollen [...]".

Mit ihren Monita wie mit ihrer Bilanz richtete Elisabeth Dorothea sich zwar an den Sohn, zugleich formulierte sie damit ihre eigene Auffassung vom Herrschaftsauftrag: Herrschaft war ihr Amt und Pflicht, sie forderte vom Regenten bestimmte Tugenden und Disziplin. Hierin folgte sie ganz der lutherischen Tradition, für die Johann Arndt, dessen Lektüre Elisabeth Dorothea seit ihrer Kindheit begleitete, steht.[37] Sie betonte auch die Rolle, die sie als Vormünderin für die Übergabe des Landes in geordneten Verhältnissen und damit für die Herrschaftssicherung gespielt hatte.

III. Der Anspruch der fürstlichen Witwe auf „Respect"

Zeichnet sich im Briefwechsel mit Daniel Richter ab, daß Fragen von Herrschaft und gutem „Regiment" Elisabeth Dorothea schon beschäftigten, als die eigene Regentschaft noch gar nicht anstand, so werfen einige eigenhändige Aufzeichnungen der Landgräfin aus der Butzbacher Witwenzeit Licht auf ihr Herrschaftsverständnis, nachdem sie als Regentin resigniert hatte. Unmittelbar nach ihrer Ankunft auf dem Witwensitz – der Umzug von Darmstadt nahm das gesamte Jahr 1688 in Anspruch – ging die Witwe daran, das Leben auf dem Schloß Butzbach neu zu ordnen. Sie erließ am 1.1.1689 einen „Burgfried", der ihr Regiment auf dem Witwensitz fundierte und zu Beginn jeden Jahres verlesen werden sollte:

„Von Gottes Gnaden, Wir Elisabetha Dorothea Landgräffin zu Hessen, &&. [?] allen und Jeden Unseren Beambten, Hoffdiener und In Gemein Jedermänniglichen, der sich Unsers Fürstlichen Hoffs Jetzund gebrauchet und künfftiglichen gebrauchen würde, hiermit zu Wissen, Wiewohl kundbar, Daß alle Chur= und Fürstliche Häuser und Hofhaltung Dermaßen mit Burgfrieden und Fürstlichen Freyheiten Versehen, Daß niemand den andern, bey Leibstraff darinnen mit der that zu Vergewaltigen und zu Beleidigen, in Keinerley Weise sich Unterstehen soll;

Derowegen auch keine sonderliche Verkündigung und Erinnerung Vonnöthen thut, Jedoch, damit sich hernechst niemandt, Das seye gleich Wer er Wolle, mit Unwissenheit zu Beschönen, oder sonst unter einigem Schein, wider solche Freyheit Unserer Fürstlichen Häuser und Hoffhal-

[37] Vgl. dazu *Wolfgang Sommer,* Gottesfurcht und Fürstenherrschaft. Studien zum Obrigkeitsverständnis Johann Arndts und lutherischer Hofprediger zur Zeit der altprotestantischen Orthodoxie (Forschungen zur Kirchen- und Dogmengeschichte, 41), Göttingen 1988, 135 ff. u. 255 ff.

tungen zu behelffen, und der Verwürckte Straff des Burgfriedens und Fürstlichen Freyheit, zu entschlagen haben möge;

So Wollen Wir hiermit einem Jeden, der sich Unsers Hoffs gebrauchet mit sonderm Ernst eingebunden haben, Statuiren Demnach, Ordnen und setzen, aus Krafft Hohen Fürstlichen Wittenthumblichen Ambts und Obrigkeit, Daß niemand den andern in diesem oder in anderen Unseren Fürstlichen Häusern mit Ungebührlichen, Unartigen Worten oder Wercken zu schmähen, oder in einige Weise mit der That zu beleidigen, Unterstehen, sondern ein Jeder seines Amts, und Geschäfften, Darzu Er verordnet ist, Treulich abWarte, und einer gegen den anderen sich mit freundlichen, guten, sittigen und glimpflichen Wortten, dermaßen erzeigen und Verhalten, Damit nicht zu eingem Unrecht Ursach gegeben werde.

Im Fall aber Jemands So Vergessen seyn, der in diesem oder in anderen Unseren fürstlichen Häusern, Da Wir Jeder Zeit mit unserer Hofhaltung seyn werden, die Wehre rücken, und auff den anderen in ernstem Muth zu schlagen oder stechen, und demselben blutrünstig machen Wird, der soll ohne alle Mittel in die Straff des Burgfriedens gefallen seyn, und mit dem Schwerdt vom Leben zum Tode hingerichtet werden, und soll nicht Vonnöthen seyn, über denselben einig Recht zu sitzen [...]

Wie auch Niemandt hinfüro einige Unwissenheit wider solchen Unseren Burgfrieden schützen soll, Diesen zu Uhrkund haben Wir Unser Fürstlich Secret Insiegel hieran Wissentlich Trucken und geben lassen Zu Butzbach, den 1. Januarij 1689 Elisabeth Dorothea LZHeßen".[38]

Nicht nur mit dem „Burgfried", flankiert von der kurz darauf folgenden Verkündung einer „Hofordnung" sowie der noch ein Jahrzehnt später erlassenen „Tafelordnung",[39] setzte die Landgräfin ihr Regiment orientiert an den Darmstädter Standards fort. Dies schlug sich vor allem in der Überwachung der Kammerrechnungen bzw. der Fortführung der „Manualia" zur eigenen Rechnungslegung nieder. Der Kalendervermerk „ging in Rath" oder „Hielt geheimen Rath in meinem Gemach" kehrt allerdings weniger häufig wieder als zuvor,[40] Serien über wöchentliche Sitzungen sind eher die Ausnahme.[41] Dagegen erscheint der im Mai und

---

[38] StAD D 4 Nr. 272/1, fol. 89r–95r.

[39] Beide in StAD D 4 Nr. 265/2.

[40] 9.5.1689; 18.10.1691; 19.9., 25.11.1692; 4.1., 24.11.1693; 29.1., 5., 21., 26.2., 18., 29.5.1694; 26.6.1695; 3.4., 31.5., 23.7., 4.9., 23.10., 8.11.1699; 7., 20.6., 4.7., 8., 18.8., 5., 10.10., 28.12.1701; 21.1., 9.2., 5.4. 1., 7., 22.5.1702; 20.1., 4.2., 13.3., 6., 1711.1704; 16.2., 9.3., 4.5., 8.10., 9.11.1705; 26.1., 8., 11.2., 11., 12., 14.10.1706.

[41] 4., 11., 16., 23., 31.3.; 6., 13., 20.4., 4., 25.5., 13.7., 21., 28.9., 7.27.10., 4., 23.11., 13.12.1696; 4., 13., 15., 22.1., 8., 22.3., 16.4., 4.5., 15.7., 19.8., 25.10., 15.11., 19.12.1697. 27.1., 3., 10., 17., 28.2., 14., 24.3., 4., 11.4., 3., 30.5., 30.6., 22.8., 7., 8.9.,

November stattfindende „Oberamtsdag“ regelmäßig im Kalender; zu diesem Termin fand sich auch der Rat zu einer Sitzung zusammen.[42]

Die beiden Akte, die den Herrschaftsanspruch der Fürstin dokumentieren, der „Burgfrieden“ und die „Hofordnung“, tauchen in ihren Kalenderaufzeichnungen ebenfalls nicht sofort auf, ganz im Unterschied zu den Notaten, die 1678 – wenn auch vage – über Wochen hin ihre Bemühungen, sich die vormundschaftliche Regierung zu sichern, festgehalten hatten. Erst ab 1692 finden „Burgfrieden“ und „Hofordnung“ in den Schreibkalendern Erwähnung, und auch jetzt nur unregelmäßig.[43] Belegen die beiden „Uhrkunden“, daß die *Ordnung*, d.h. fürstliches Regiment und *gute Policey* auf dem Witwensitz, die Landgräfin schon während ihres Umzuges beschäftigte, so tritt in den Eintragungen der Schreibkalender die Einrichtung in Butzbach und die Übertragung der fürstlichen Lebensweise von Darmstadt auf den Witwensitz immer mehr in den Vordergrund.

Dennoch blieb der Komplex Herrschaft für Elisabeth Dorothea auch nach der Etablierung in Butzbach virulent. Deutlichstes Indiz dafür sind ihre wiederholten Klagen darüber, daß es ihre Umgebung am gebührenden „respect“ fehlen lasse. Der Begriff kehrt in den Listen, in denen sie ihre Zukunftsvorhaben, aber auch ihre Beziehungen zu den Personen ihres Umfelds festhielt, mehrfach wieder; dies belegt, daß ihm Elisabeth Dorothea besonderen Wert beimaß. So heißt es etwa nach 1705 in einer Aufstellung „Unterschiedliche Notamina. Mich selbsten betreffend“, „Meinen Sohn Concernirent“ und „Meines Sohnes Eldeste dochter betreffent“: „1. gefället mir ihre itzo führende Conduite gar nicht, dann Sie gar zu frech ist, ihrem herrn vater wenig respect gebet und gar zu francher mit Ihme ümbgehet, mit einem Wort zu sagen, Sie ist gantz [?] VerWildert und Verdorben.“[44]

Die schriftliche Fixierung dieser Beobachtungen erwies sich für Elisabeth Dorothea als erste Zuflucht, aber auch als letzter Ausweg. Dies gilt nicht nur für die Probleme, die sie mit ihren Familienangehörigen hatte, sondern auch für die auf dem Witwensitz anfallenden, vor allem für die sich häufenden Differenzen mit ihrem Hofmeister Christian Ludwig von Oeynhausen, aber auch mit anderen Bediensteten. In der Akte, die die fürstliche Witwe über den Hofmeister schließlich 1708 anlegte,[45] trug sie

3.10., 2.,3.11., 15.12.1698; 13., 17., 20., 27.1., 3., 10., 28.2., 14., 24., 31.3., 7.4., 12., 19., 26.5., 26.7., 4., 8., 18.8., 28.9., 10., 24.10., 3.,18., 26.11.1707; 2., 9.1., 24.9., 22., 24.10., 12., 17.12.1708; 2., 28.1., 11., 18.2., 4., 18., 21.3., 3., 29.4., 27.5., 10., 24.6., 4., 18., 22., 29.7., 1.8.1709.

[42] 1688, 1690, 1692, 1694, 1695, 1698, 1699, 1704, 1705, 1706, 1708, 1709.

[43] 6.1.1692; 6.1.1694; 10.1.1698.

[44] StAD D 4 Nr. 259/4.

selbst neben dem Bestallungsdekret sowie allen seit 1690 vorhandenen Schuldzetteln und Auszahlungsbelegen eine auf acht Bogen ausgebreitete Darstellung ihres Verhältnisses zu v. Oeynhausen ein. Der *Aufsatz* besteht zum großen Teil aus der Schilderung eines Gespräches zwischen ihr und einer ihrer „*Dames*", der Bieberin. In diesem Gespräch geht es zunächst allein um die Ereignisse der Karnevalszeit,[46] die Vor- und Nachteile des „Verkleidens" und wer dies dürfe und wer nicht. Die Bieberin bringt das Gespräch schon bald auf das Verhalten des Hofmeisters. Dieser habe sich fürstliche „Divertissemens" wie das Verkleiden angemaßt, er könne „auch sein Gesichte und augen nicht Zwingen", vor allem erweise er ihr, der Fürstin, „nicht genugsamen *respect* als einer *Dame* Von dem altter und dignität", so daß er sie in eine „böse *blame*" bringe, obwohl sie doch „bißhero alle Zeit in einer guten *renomée, respect,* und ansehen gestanden". Die Anspielungen der Kammerfrau sind in ihrer Zweideutigkeit eindeutig. Wie Elisabeth Dorothea klarstellt, habe sie nach diesen Vorstellungen das Gespräch durch Nichtigkeiten bewußt weiter in Gang gehalten, ohne daß es ihr letztlich gelungen wäre, ihre Gefühle zu verbergen: „[...] Welches [Nichtigkeiten] hierher Zu setzen gar Zu Weitläufftig fallen Würde Und lieber Mündlich sagen Will, endlich aber Wie sie sahe, daß ich mich sehr darüber *alterirte* und betrübte, machte Sie mir einen dieffen *reverance* fast biß auf die Erde [...] und bate mich darbey Ihr nicht Ungnädig Zu nehmen, daß sie so freih im reden geWesen, Sie hätte es aus keiner anderen als treüen aufrichtigen Untterthänigsten *devotion* und *intention* gethan [...]."

Die Fürstin entließ sie, fühlte sich aber gleichwohl bei Tisch auch von anderen „auf eine eigene Arth angesehen": „daß ich oftmahls gemeinet, mein Hertz müste mir Vor betrübniß und Jammer in stücken Zerspringen, und wenn dann der Argwohn DarZu kommt, ist es völlig mit mir aus, habe also Wohl daraus schließen und abnehmen können, daß ein greüliches geplauder müste Von Vorgedachter Sache Vorgegangen seyn, Ihme dem Hofmeister mochte ich eß nicht sagen, keinem anderen Menschen kontte ich mich dieser Sache Wegen Vertrauen untterdeßen hätte ich doch gerne gewußt Wie eß mit der Sache und geschwätz Wehre, oder denen leüten Unrecht thäte, Waß ich Von Sie *subsonnirte,* bin also gar lange mit mir deß Wegen Zu rahte gangen Waß ich thun soltte, habe mich schrecklich darüber abgehermet und gegrämet, daß mir aller *appedit* Zum Eßen Vergangen, Ich auch fast keinen Schlaff mehr habe, Endlichen habe ich mich *resolvirt,* daß Wann die Marschallin einmahl Wieder Zu

[45] StAD D 4 Nr. 265/4.

[46] Da die Bieberin 1692 Butzbach verließ, könnte es sich um den Karneval dieses Jahres handeln.

mir Kähme, Ich Sie auf geWiße Manier deßhalben ausforschelln Woltte, da denn solches Vergangen Woche geschah, und Zwar auf solche arth."

Die Situation, die die Landgräfin schildert, weist alle Versatzstücke der typisch *höfischen* Situation auf, die diese dem Verdikt der Hofkritik[47] unterwirft: Üble Nachrede und Verstellung dominieren das Gespräch und das Verhältnis zwischen Herrin und Dienerin; Wahrhaftigkeit und Unschuld haben gegen Umtriebe dieser Art keine Chance. Das Mißverhältnis – es mutet fast tragisch an, daß die Situation durch das Thema der „Verkleidung" eingeleitet wird – ist weder durch Worte noch durch Gebärden zu klären; beider *Sprache* erweist sich als untauglich.[48] Konfrontiert mit diesen, sie selbst direkt attackierenden Verdächtigungen, dem Angriff auf ihren „*respect* und ansehen", der ihr „renomée" zu untergraben drohte, gleichgültig, ob sie ausgesprochen wurden oder nicht, reagierte die Fürstin mit der Schrift: Sie zeichnete den Hergang auf. Was sie „keinem andern Menschen vertrauen" konnte, überantwortete sie der Schrift, ihre Gefühle, das Eingeständnis, von der öffentlichen Meinung über sie abhängig zu sein, die Machtlosigkeit, als fürstliche Witwe dagegen nichts unternehmen zu können. Welchen Erfolg das „ausforschelln" hatte, berichtet Elisabeth Dorothea nicht.

Die Ich-Aussagen Elisabeth Dorotheas, die hier im wörtlichen Sinne unter dem Druck der Verhältnisse hervorgebracht wurden, frappieren durch ihre Ausführlichkeit ebenso wie durch die Überlegtheit, mit der die Landgräfin den Konflikt um den „*respect*" vor sich selbst erörtert. Die Tatsache, daß es sowohl in listenhaften „Annotationes" als auch in „Aufsätzen" öfter zu solchen Aussagen und Überlegungen kommt, verweist darauf, daß der höfische Alltag derlei *Selbstbesinnung* permanent erzwang, nicht zuletzt, weil die „Ordnung" hier – aus der Perspektive der Herrschaft – immer wieder neu durchgesetzt werden mußte. Dies belegen zwei andere Situationen, in denen Elisabeth Dorotheas „respect" von neuem auf dem Spiel stand und in denen sich die fürstliche Witwe gleichfalls in die Schrift rettete.

Die erste Situation führt die Ausübung der Herrschaft gleichsam exemplarisch vor. Elisabeth Dorothea hielt den Vorgang auf einem klein-

---

[47] Vgl. grundlegend *Claus Uhlig*, Hofkritik im England des Mittelalters und der Renaissance. Studien zu einem Gemeinplatz der europäischen Moralistik (Quellen und Forschungen zur Sprach- und Kulturgeschichte der germanischen Völker, N.F. 58), Berlin 1973; für Deutschland *Helmuth Kiesel*, „Bei Hof, bei Höll". Untersuchungen zur literarischen Hofkritik von Sebastian Brant bis Friedrich Schiller (Studien zur deutschen Literatur, 60), Tübingen 1979.

[48] Zu der neu entfachten Diskussion um Tragweite und Umbau des Verhältnisses von „simulatio – dissimulatio" in der Frühen Neuzeit vgl. *Ursula Geitner*, Die Sprache der Verstellung. Studien zum rhetorischen und anthropologischen Wissen im 17. und 18. Jahrhundert (Communicatio, 1), Tübingen 1992.

formatigen Stück Papier fest. Was sie dokumentierte, ist nichts anderes als die Wiederherstellung ihres „respectes“ vor und für sich selbst: „Die Weil der Sattler Johanneß Brenner seiner Herrschaft *respect* gröblich und derselben burgfrieden *violiret,* dieselbe dadurch sehr Zu Ungnade bewogen, und ErZürnet, Wie nicht Weniger in seine Uberschickten *Memoralien,* selbige mit Vielen UnWarheitten berichtet, auch auff meinen HoffMeister in der trunckenheit sehr loßgeZogen und also eine große Straffe deßhalben Verdient hette, Nachdeme Er aber an heüte sein Unrecht Erkantt und bekant, auch so Wohl Mich, als seine Obrigkeit, und Herrschaft, Wie auch Meinen HoffMeister ümb Verzeihung bitten laßen, und gebehten hatt, als Will ich Vor dißmahl noch Gnade Vor Recht Ergehen laßen, und ihme seinen begangenen groben *excess* und fehler gerne VerZeihen und Vergeben, doch mit dem Vorbehalt, daß so bald Er dergleichen Wieder begehen, und sich Voll Sauffen soltte, Er gleich [...] mit Schimpff und Speth Vom HandWerck gestoßen, und Zur Statt hinaus Verwurfen Werden soll; Wornach Er sich Zu achten und nunmehro bey ihme stehet Welches Mittell am besten Vor ihn Zu sein, Er Er Wehlen Will, Wornach ich mich als seine Herrschaft, gleichfalß richten Werde, meine *mesures* Zu nehmen; auch soll Er vor dißmahl deß arrests erlaßen sein, Welches mein HoffMeister ihm, und der WachtMeister anZudeütten hatt. Signatum Butzbach, den 24. Junij 1709.“[49]

Auch der zweite Fall entzündete sich an dem „respect“, den die Untertanen ihrer Herrschaft schuldeten. Der Vorfall, der Zusammenstoß Elisabeth Dorotheas mit einer ihrer Damen, zeigt zugleich, wie labil die *Ordnung* des höfischen Lebens insgesamt war. Wieder hielt die Landgräfinwitwe den „Discurs“ mit der Bernstorffin, ihrer Kammerfrau, auf dreieinhalb Foliobogen ausführlich fest. „Dinstags, den 3. May 1707, etwann eine halbe stunde nach der MittagsMahlzeit, als ich in meiner *retirade* auff und abginge, und an allerhand, auch an meinen itzigen *estat* und *oeconomie* Wesen gedacht, kam die Bernstorffin mit einem großen amtsgesichte Zu mir ins Gemach getreten und fragte mich [...]“. Hinter dem Vorwand, der Fürstin etwas in Gießen zu besorgen, wird schnell das eigentliche Anliegen der Bernstorffin sichtbar. Sie beschuldigte die Landgräfin nämlich, diese werde ihr, wie sie auf Grund von Gerüchten aus Darmstadt wisse, das von ihr geliehene „Capital“ von „600 R.“ bei Lebzeiten nicht mehr zurückerstatten können. Die Erklärung Elisabeth Dorotheas, sie habe sich noch nicht um die Beschaffung der Summe kümmern können, beantwortete die Kammerfrau mit der Klage, sie werde von der Fürstin mißachtet und ungerecht behandelt; überhaupt zöge diese andere ihr vor. Rede und Gegenrede führten zu einem Streit, den Elisabeth Dorothea mit folgenden Worten resümierte:

---

[49] StAD D 4 Nr. 259/4.

„Sie Wehre viel zu klein dazu, mich zu *Reprochiren* [...] Wem mein thun und Wesen nicht anstünde, könnte ja sein glück andersWo suchen [...] Ich bliebe bey meinem alten thun, kehrete mich an niemanden und würde nie nicht anders [...].“ Nach weiteren Vorwürfen, sie, die Fürstin, sei hochmütig und behandle die Diener, wie sie wolle, endet die Szene nur, weil „mein Cammermädchen einen Mir auffgesteckten Kopff [Perücke] brachte, und wurde also dieser *discurs* unterbrochen.“[50] Elisabeth Dorothea beendete die Darstellung des Vorfalls lakonisch: „Zwey Stunden hernach Kahm Sie, die Bernstorffin Wieder Zu mir, und Zoge andere seitten auff, ich aber mochte nichts mit ihr Zu thun haben, ließe Sie alß Wieder hingehen.“ Die Entscheidung für dieses Verhalten fiel umgehend und definitiv.

Zugleich bemühte sich die Landgräfin, das in Frage stehende „Capital“ aufzutreiben, sie sandte ein Schreiben an ihren Amtmann:

„Lieber Amtmann, ich soltte euch (Weil ihr nicht Wohl seyd) Wohl ohngeplaget laßen, allein ich muß euch doch Klagen daß mir Vor einer halben Stunde so Unhöflich Von der B. Wegen ihres *Capitals*, und anderer dinge, ist so Unhöfflich begegnet Worden, als mir noch Von keiner Von meinen *Dames* Wiederfahren ist, und bin ich deßhalben gantz auseinander, darff eß auch sonsten niemandem klagen, dann mir doch keine hülffe Wiederfähret, bitte euch also gar sehr, mir doch nur Vor dißmahl mit denen 36. R. der *pensionen* an hand Zu gehen Wegen deß *Capitals* Will ich dann auch mit euch reden Wann ihr Wills Gott! Wieder gesund seyd, und Zu mir kommet Bitte euch aber gar sehr, dieses gleich nach Verleßung Zu Verbrennen, und keinem Menschen Hiervon etWaß zu sagen [...].“[51]

Zusätzlich hielt Elisabeth Dorothea den Vorgang in ihrem Schreibkalender fest. Hier taucht die Seite des Geschehens wieder auf, die sie auch dem Amtmann gegenüber zur Sprache gebracht hatte, der ihr als Fürstin zustehende „respect“:

„Di, den 3.[5.1707] stunde ich umb 5. Uhr auff, Betete, laß in der Bibel, thate mich an, hatte den Cammerschreiber bey mich, hatte allerhand zu thun, aßen zu mittag und abends im Eßgemach, nach dem wahre die Bernstorffin lange bey mir, NB Wegen ihres mir geliehenen *Capitals*, und anderer schon längst passirten dinge, Worbey sie sich sehr *prostituirt*, und den *respect* vergeßen hatt, wahr ich deßhalben den gantzen Nachmittag betrübt, kahm mein Hofmeister zu mir, laß in der Bibel, abends nach dem Eßen thate ich mich gleich aus, hielte betstunde, brauchte wieder ein *Clistier*“;

---

50 StAD D 4 Nr. 259/4.

51 StAD D 4 Nr. 272/1.

„Mi., den 4.[5.1707] stunde ich ümb 1 Uhr auff, schrieb ein Zettelgen an den amtmann, setzte der Bernstorffin *discurs* Weitläufftig auff, schrieb daran biß vier Uhr, legte mich wieder nieder, um 7 stunde ich wieder auff, Betete, laß in der Bibel, thate mich an, hatte den Cammerschreiber lange bey mich [...]".

Die Aufzeichnungen Elisabeth Dorotheas dokumentieren, wie schwer sie von den Insinuationen ihrer Kammerfrau getroffen war. Sie fürchtete, daß sie Achtung und Ansehen an ihrem eigenen Hof verlieren würde.[52] Diese Befürchtungen waren keineswegs übertrieben. Die Schutzbedürftigkeit der Witwen gehörte nicht nur zu den aus der Bibel bekannten Stereotypen, sondern entsprach den Erfahrungen vieler Witwen aus dem hohen Adel. So referierte noch 1775 der Staatsrechtler Johann Jacob Moser in seinem „Familien=Staats=Recht Derer Teutschen Reichsstände": „Hingegen disponiren die Testatores mehrmalen, daß ihren Wittwen, zumalen von denen Kindern, mit gebührendem Respect begegnet werden solle; es ist auch eine nicht allezeit überflüßige Sache; wann sie nur jedesmal fruchtete, was sie sollte."[53] Nicht zuletzt bedeutete der einer fürstlichen Witwe erwiesene Respekt zugleich Achtung und Ehre für die jeweiligen Dynastien und trug damit zur Stabilisierung von Herrschaft bei.

---

[52] „Respect, Respectus, ist ein Affect, dadurch man in seinem Gemüht einem Menschen nach Proportion der Opinion, die man von ihm hat, eine Hoheit zugestehet und in Ansehung dessen Scheu vor ihm träget. Er setzet eine Opinion, oder innerliche Überzeugung von den Vollkommenheiten und Geschicklichkeiten, die jemand an sich hat, zum voraus, und würcket in Faveur dessen, der solcher gestalt hochgeachtet wird, ein Gepränge von äusserlichen Ehr=Bezeugungen nebst einer sorgfältigen Behutsamkeit, der Sachen hierinnen nicht zu wenig zu thun, noch sonst in einige Wege, der ihm im Gemüth zugetheilten Hoheit zu nahe zu treten." Artikel ‚Respect', in: Grosses vollständiges Universal-Lexicon Aller Wissenschaften und Künste [...], hrsg. v. *Johann Heinrich Zedler*, Bd. 31, Leipzig 1742, 747. ‚Respect' und Ehre hängen offenkundig zusammen. Vgl. dazu zuletzt *Martin Dinges*, Die Ehre als Thema der historischen Anthropologie. Bemerkungen zur Wissenschaftsgeschichte und zur Konzeptualisierung, in: Verletzte Ehre. Ehrkonflikte in Gesellschaften des Mittelalters und der Frühen Neuzeit, hrsg. v. Klaus Schreiner/Gerd Schwerhoff (Norm und Struktur. Studien zum sozialen Wandel in Mittelalter und Früher Neuzeit, 5), Köln/Weimar/Wien 1995, 29–63.

[53] *Johann Jacob Moser*, Neues teutsches Staatsrecht, Neudruck d. Ausg. 1766–1782, Bd. 12/2, 1. Hälfte, Neudruck d. Ausg. 1775, Osnabrück 1967, S. 667.

„im dritten Gradu ungleicher Linie Seitwarts verwandt“

Frauen und dynastisches Bewußtsein in den Funeralwerken der Frühen Neuzeit

Von Jill Bepler

Die Herausbildung des Funeralwerks als Teil der höfischen Publizistik

Das gedruckte Funeralwerk spielte eine überaus wichtige Rolle in der frühneuzeitlichen Publizistik, besonders in den deutschsprachigen Territorien. Schätzungen zufolge sind wahrscheinlich mehr als 250.000 Drucke dieser Art in der Zeit von der Mitte des sechzehnten bis Mitte des achtzehnten Jahrhunderts erschienen.[1] Das Verständnis der Gattung speiste sich aus dem reformatorischen Anliegen, nicht auf das Seelenheil der Toten, sondern auf das der Lebenden gerichtet zu sein.[2] Leichenpredigten wurden bei fast allen Todesfällen gehalten,[3] und es gehörte zu den Amtspflichten der lutherischen Schulmeister, mit ihren Kantoreien den Toten das letzte Geleit zu geben, wofür sie auch jene Gebühren erheben durften, die einen wesentlichen Teil ihres Einkommens ausmachten. Obwohl die meisten Gemeindemitglieder Anspruch auf eine Predigt hatten, wurden längst nicht alle gehaltenen Predigten gedruckt. Im sechzehnten Jahrhundert bestand das gedruckte Funeralwerk meist nur aus der Leichenpredigt. Gelegentlich wurden Epicedien der trauernden Freunde oder Verwandten mitabgedruckt. Zunehmend weitete sich jedoch der Umfang der üblichen Bestandteile eines solchen Gedenkwerks aus: zu Textteilen wie Lebensläufen, Leichenreden, akademischen Ora-

---

[1] *Rudolf Lenz,* De mortuis nil nisi bene? Leichenpredigten als multidisziplinäre Quelle (Marburger Personalschriften-Forschungen, 10), Sigmaringen 1990, 21. Hier auch eine ausführliche Bibliographie der Sekundärliteratur.

[2] *Eberhard Winkler,* Die Leichenpredigt im deutschen Luthertum bis Spener (Forschungen zur Geschichte und Lehre des Protestantismus, 34), München 1967, 26 ff. Vgl. jetzt zur katholischen Tradition: *Birgit Boge/Ralph Bogner* (Hrsg.), Oratio Funebris. Die Katholische Leichenpredigt in der Frühen Neuzeit. Zwölf Studien, Amsterdam 1999.

[3] *Wilhelm Rauls,* Das Begräbnis in der Geschichte der Evang.-luth. Landeskirche in Braunschweig, in: Jahrbuch der Gesellschaft für Niedersächsische Kirchengeschichte 78 (1980), 115–143.

tionen oder Gedichtsammlungen kamen die graphische Ausschmückung durch Titelkupfer, Porträts und Darstellungen von Leichenprozessionen und Musiknoten hinzu. Die Komplexität dieser Drucke und ihre nachträgliche Zerfledderung machen die Rekonstruktion ehemaliger bibliographischer Überlieferung in heutigen Sammlungen oft mühselig.[4]

Innerhalb der Funeralwerke der Frühen Neuzeit nehmen die Drucke, die an den Höfen des Reichs entstanden sind, eine Sonderstellung ein. Ihre Entwicklung ist parallel zu der der höfischen Festbücher verlaufen, und oft waren die gleichen Drucker und Künstler an ihrer Produktion beteiligt.[5] Erst langsam und mit teilweise erheblichen Zeitverschiebungen haben die einzelnen Höfe das Repräsentationspotential der Gattung zu nutzen begonnen. Zunehmend vereinigte das fürstliche Funeralwerk zunächst disparat erscheinende Kunstwerke und Texte zu einem einheitlich gestalteten Grabmonument aus Papier. 1586 zum Beispiel erschienen beim Tode des Kurfürsten August von Sachsen über fünfzig Einzelveröffentlichungen. Eine zehn Meter lange Druckgrafik hielt die Leichenprozession für die Nachwelt fest.[6] Riesenholzschnitte und Graphiken in der Nachfolge des Triumphzugs und der Ehrenpforte Maximilians[7] tradierten höfische Ereignisse und Stammbäume der Dynastien. Die aus mehreren Druckstöcken bzw. Kupferplatten gefertigten Bilddrucke wurden allmählich nicht mehr getrennt publiziert, sondern als Falttafeln in die Fest- und Funeralbücher aufgenommen. Auch das Format wuchs. Zunächst auf das kleinere Quartformat beschränkt, erschien 1626 das erste fürstliche Funeralwerk in Folioformat, wobei sich die Redaktion allmählich von der Landesuniversität an die Höfe selbst verlagerte. Die Verantwortlichkeit für die Gestaltung des Gedenkwerks als Manifestation des ephemären Zeremoniells oblag mancherorts dem Hofmarschallamt. Dabei entwickelten einzelne Höfe durchaus einen erkennbaren „Hausstil" für solche Druckwerke.[8] Genau wie die Opernlibretti und Fest-

---

[4] *Marina Arnold,* Die Leichenpredigten der Herzog August Bibliothek und ihre Erschließung, in: Überlieferung und Kritik. Zwanzig Jahre Barockforschung in der Herzog August Bibliothek Wolfenbüttel, hrsg. v. d. Herzog August Bibliothek, Wiesbaden 1993, 105–112.

[5] *Jill Bepler,* German funeral books and the festival description. A parallel development, in: The German Book 1450–1750, hrsg. v. John Flood/William Kelly, London 1995, 145–160.

[6] *Jutta Bäumel,* Das Trauerzeremoniell für Kurfürst August von Sachsen 1586 in Dresden und Freiberg, in: Dresdner Kunstblätter 6 (1987), 208–216.

[7] *Horst Appuhn/Christian von Heusinger,* Riesenholzschnitte und Papiertapeten der Renaissance, Unterschneidheim 1976.

[8] *Jill Bepler,* Das Trauerzeremoniell an den Höfen Hessens und Thüringens in der ersten Hälfte des 17. Jahrhunderts, in: Frühneuzeitliche Hofkultur in Hessen und Thüringen, hrsg. v. Jörg Jochen Berns/Detlef Ignasiak, Jena 1993, 249–265.

bücher der Epoche bildeten die Funeralwerke einen Teil der binnenhöfischen Kommunikation, auf deren Archivierung man bedacht war.

Herkommen, Lebenslauf, Genealogie im Funeralwerk

Im höfischen Bereich waren zunächst getrennte Gattungen am Werk. In seinen frühen Predigten für die Kurfürsten von Sachsen ging Luther auf die Biographie der Verstorbenen überhaupt nicht ein.[9] Für ihn spielte einzig die Frömmigkeit des jeweiligen Fürsten eine Rolle, und zwar in seiner Eigenschaft als „von Gott eingesetzter und in seinem Auftrag handelnder Regent."[10] Die Predigt diente keinesfalls als Lob des Verstorbenen, sondern als Ermahnung an eine durch den Trauerfall und die Konfrontation mit dem Tod sensibilisierte Gemeinde. Die Zurückhaltung des Reformators wirkte lange nach, und der Lebenslauf hielt als fester Bestandteil erst langsam Einzug in das Funeralwerk, wobei es zeitliche Verschiebungen gab.[11] Zunächst wurde noch in der Chronik von Herkommen, Leben und Taten verstorbener Fürsten erzählt. Die Aktivitäten Kaiser Maximilians in Sorge um die Verschriftlichung der eigenen Memoria sind hinlänglich bekannt.[12] Als Johann Friedrich I. von Sachsen 1554 starb, wurden Predigten ohne ausführlichen Lebenslauf von Nikolaus von Amsdorf, Johann Stoltze und Justus Menius gehalten und gedruckt. 1561, sieben Jahre später, erschien eine Bilderchronik seines Lebens und Sterbens.[13] Diese Publikationen gehören eindeutig getrennten Bereichen an, wobei die Chronik durch den Begriff „Historia" charakterisiert wird. Ebenfalls als Chronik anzusprechen unter den vielen Publikationen, die sich auf den Tod des Kurfürsten August von Sachsen 1586 beziehen, ist das zweibändige Werk des Meissener Predigers Bar-

---

[9] *Eberhard Winkler,* Die Leichenpredigt im deutschen Luthertum bis Spener (Forschungen zur Geschichte und Lehre des Protestantismus, 34), München 1967, 31.

[10] *Roswitha Jacobsen,* Religiosität und Herrschaftsrepräsentation in Funeralien sächsischer Fürsten, in: Religion und Religiosität im Zeitalter des Barock, hrsg. v. Dieter Breuer (Wolfenbütteler Arbeiten zur Barockforschung, 25), Wiesbaden 1995, 163–173, hier 166.

[11] *Jill Bepler,* Women in German funeral sermons: models of virtue or slice of life?, in: German Life and Letters 44 (1991), 392–403.

[12] *Jan-Dirk Müller,* Gedechtnus: Literatur und Hofgesellschaft um Maximilian I. München 1983. Zum Themenkomplex „Memoria" die Sammelbände: *Otto G. Oexle/D. Guenich* (Hrsg.), Memoria in der Gesellschaft des Mittelalters, Göttingen 1994; *Otto G. Oexle* (Hrsg.), Memoria als Kultur, Göttingen 1995.

[13] *Anon.,* Bericht dieser Chronicken. Das ist das Leben und Histori/deß aller Thewersten Christlichen Ritters/und heyligen Mann Gottes/Hertzog Johann Friderichen [...], o.O, (1561). Herzog-August-Bibliothek Wolfenbüttel (im folgenden: HAB): Gm 920 4°.

tholomäus Clamorinus *Historica Narratio,* das die Beschreibung des Lebens des Verstorbenen mit der der Beisetzungszeremonien verbindet.[14] Einen Übergang bildet das 1593 erschienene Werk von Thomas Stybarus, das beide Traditionen verbindet und fürstliche Leichenpredigten neben chronikartigen Lebensberichten und Porträts abdruckt.[15] Die bildlichen Darstellungen der Trauerfeier (Aufbahrung, Prozession usw.) wurden auch zunächst getrennt publiziert.[16] Allmählich wurden die in den unterschiedlichen Gattungen gezeichneten Einzelaspekte und die fürstlichen Lebensbeschreibungen in das höfische Funeralwerk integriert. Für die Lebensbeschreibung weiblicher Mitglieder der Dynastien war diese Entwicklung entscheidend. Die Darstellung des Lebens und der Taten einer Fürstin gewann im Funeralwerk und dessen biographischen Textbestandteilen allmählich einen eigenen Raum, der ihr in den früheren Chroniken nicht zukam. Im folgenden wird die Darstellung der dynastischen Rolle der Fürstin in der Gattung des Funeralwerks untersucht.

Eine exemplarische Ahnenreihe: von Sachsen nach Stolberg

Bis heute gibt es keine Untersuchung zur politischen und publizistischen Wirkung höfischer Funeralwerke in Deutschland in der Frühen Neuzeit. Während einzelne Höfe wie Düsseldorf, Darmstadt und Kassel sehr früh mit der Publikation aufwendiger Funeralwerke begannen, setzte diese Tradition bei anderen Höfen erst in den 80er Jahren des siebzehnten Jahrhunderts ein, in Wolfenbüttel gar erst 1731. Auch die spezifische Rolle der Fürstin als Subjekt, aber ebenfalls als Auftraggeberin solcher Schriften verdient besondere Aufmerksamkeit.

Angesichts fehlender Vorarbeiten und der schier unübersehbaren Quellenmenge, auch angesichts der unterschiedlichen Praxis an den einzelnen Höfen, scheint es ratsam, hier zunächst einem dynastischen Faden zu folgen und sechs Fallbeispiele zu untersuchen, die verschiedene Schlaglichter auf das dynastische Bewußtsein von Frauen werfen. Endpunkt bildet die berühmte Sammlerin von Leichenpredigten, Gräfin Sophia Eleonora von Stolberg-Stolberg, die 1745 verstarb. Ausgehend von Kur-

[14] *Bartholomäus Clamorinus,* Historica Narratio. Kurtze erzehlunge und betrübte Rede [...], Dresden: Gimel Bergen 1586; Altera pars Historicae Orationis luctu plenae [...], Bautzen: Michael Wolrab (1586). HAB: Stolberg 19326; 19312.

[15] *Thomas Stybarus,* Historische Erzehlung und Leychpredigten Etlicher Hocherleuchter Keyser/Könige und Churfürsten, Leipzig: Henning Gross 1593. HAB: Stolberg 866–78.

[16] Darauf hat bereits *Aron Petneki,* Identificatio, exemplum, stimulus. Mode und Rolle der Ahnengalerie in Ostmitteleuropa, in: Geschichtsbewußtsein und Geschichtsschreibung in der Renaissance, hrsg. v. August Buck, Budapest 1989, 47–56, hingewiesen.

fürstin Anna von Sachsen, für die erstmals ein gedrucktes Funeralwerk erschien, wird nach Bezügen zu den Vorfahrinnen der Gräfin gesucht.

Anna v. Dänemark (1532–85) ꝏ August Kurf. v. Sachsen (1526–86)

↓

Sophie Markgräfin v. Brandenburg (1568–1622) ꝏ Christian I. Kurf. v. Sachsen (1560–91)

↓

Magdalena Sibylla v. Preussen (1587–1659) ꝏ Johann Georg I. Kurf. v. Sachsen (1585–1656)

↓

Sophia Eleonora v. Sachsen (1609–71) ꝏ Georg II. Ldgf. v. Hessen-Darmstadt (1605–61)

↓

Luise Christine v. Hessen-Darmstadt (1636–97) ꝏ Christoph Ludwig Graf zu Stolberg-Stolberg (1634–1704)

↓

Sophia Eleonora Gräfin zu Stolberg-Stolberg (1669–1745)

Anna von Dänemark, Kurfürstin von Sachsen (1532–1585)

Anna von Dänemark, Kurfürstin von Sachsen, starb im Oktober des Jahres 1585. Zu diesem Todesfall gibt es eine Reihe von Publikationen. Ein 1586 in Leipzig erschienener Druck, *Zwo Christliche Kurtze Leichpredigten,*[17] enthält die Predigt des Nikolaus Selnecker, Professor und Superintendent in Leipzig, und die des Johann Haberman, die in Zeitz gehalten wurde. Angehängt an diese Predigten findet man die lateinische Oration des Johann Maior, die bei der akademischen Trauerfeier der Universität Leipzig gehalten wurde. Aus weiteren gedruckten Leichenpredigten für die Kurfürstin ist an Biographischem lediglich zu entnehmen, daß sie über siebenunddreißig Jahre mit Kurfürst August verheiratet gewesen ist. Ihr genaues Alter wird nicht erwähnt. Die Predigten, in denen die Kurfürstin als „Matrem Patriae & Patronem Ministerii“ apostrophiert wird, enthalten keine chronologische Darstellung ihres Lebensweges, sondern beziehen sich nur auf ihre christlichen Tugenden und ihren Eifer im Bewahren des lutherischen Glaubens vor Spaltungen und Irrlehren.

---

[17] *Nikolaus Selnecker,* Zwo Christliche Kurtze Leichpredigten, Leipzig 1586. HAB: 189.45 Theol. (8).

Als 1586, kaum ein Jahr nach dem Tod der Kurfürstin, ihr Mann, Kurfürst August von Sachsen, starb, erschien eine Flut von Einzelveröffentlichungen. Vor dem Hintergrund einer sich in Sachsen ausbreitenden Furcht vor kryptocalvinistischen Strömungen ist die 1588 ebenfalls in Leipzig erschienene Sammelpublikation *Sechs und Viertzig Leichpredigten* kirchenpolitisch zu verstehen. Der Band enthält 30 auf Kurfürst August gehaltene Trauerpredigten, gefolgt von 16 weiteren für Kurfürstin Anna. Insgesamt umfaßt das Werk elfhundert Seiten, in denen das Ehepaar als Säulen des Luthertums in Sachsen gefeiert wird. Die früher veröffentlichten Predigten auf den Tod der Kurfürstin wurden erneut abgedruckt, ergänzt durch bislang unpubliziertes Material. Die hier versammelten Predigten entsprechen dem Habitus der gleich nach dem Todesfall gedruckten. Dem Lebenslauf der Verstorbenen ist nirgends ein besonderer Abschnitt der Predigt gewidmet. Einzelheiten ihrer Herkunft oder ihres Lebensweges werden weder in den älteren noch in den neu hinzugekommenen Texten berichtet. Ihre vorbildlichen Tugenden als Christin, Mutter und Landesmutter werden aufgeführt. Der Stellenwert ihrer dynastischen Herkunft geht lediglich aus der Wiedergabe ihres vollständigen Titels hervor. Aber auch damit gehen die einzelnen Prediger vergleichsweise nachlässig um. Gleichwohl wird beiläufig auf ihre königliche Abstammung hingewiesen. Der Hofprediger Martin Mirus bezeichnet Anna bei seiner Predigt in Dresden eher nebenher als „Diese unsere Königs Tochter unnd Churfürstin selige".[18] Selnecker, Mirus und die zahlreichen anderen Prediger erwähnen zwar den Vater der Kurfürstin, König Christian I. von Dänemark, ausnahmslos aber in seiner Eigenschaft als Verfechter des Luthertums und immer nur, um den besonderen Eifer der Kurfürstin in Religionssachen zu unterstreichen. Der politisch-dynastische Aspekt ihrer Abstammung wird nirgends eigens thematisiert. Lediglich in einer Predigt wird breiter auf den Vater der Kurfürstin eingegangen, wobei dem Prediger, Zacharias Fröschel in Weissensee, offensichtlich eine Rechtfertigung dieser Ausführlichkeit notwendig erscheint. Fröschel beschreibt die Rolle König Christians I. bei der Einführung des Luthertums in seinen Territorien, seine Veranlassung der Übersetzung der Bibel ins Dänische sowie seine große persönliche Frömmigkeit. Diesen Abschnitt kommentiert er: „Hier werden viel unter euch sagen: Was wird oder ist das für eine Predigt? Was gehöret solche Historia hierher?"[19] Der Gebrauch des Wortes „Historia" verweist die Erzählung lebensgeschichtlicher Elemente in den Bereich der Chronik, der Gattung der Leichenpredigt sind sie (noch) unangemessen. Aber

[18] Sechs und Viertzig Leichpredigten Gehalten bey den Begrebnüssen und trawrigen Begengnüssen, Leipzig: Johann Beyer 1588, 61. HAB: Alvensleben Dl 216.

[19] Ebd. 265.

auch hier gilt, daß die Erwähnung Christians I. als Vater der Verstorbenen nicht geschieht, um ihre politisch-dynastische Verbindungen hervorzuheben, sondern um die Ursachen ihrer besonderen Frömmigkeit in ihrer gottseligen Erziehung durch einen frommen Vater, anderen Eltern zum Vorbild, zu begründen. Weniger wird eine eigenständige Bedeutung gewürdigt als vielmehr ihr Beispiel in die Belegkette einer lutherischen Kirchenpolitik eingereiht.

Sophie Markgräfin von Brandenburg, Kurfürstin von Sachsen (1568–1622)

Bei den Publikationen auf den Tod der Kurfürstin Sophie 1622 begegnet eine völlig gewandelte Einstellung zur dynastisch-politischen Bedeutung der Verstorbenen. Ihre persönliche Eigenständigkeit wird erkennbar und auch aus ihrer Abstammung begründet. Wie bei den Predigten auf Kurfürstin Anna wird die Rolle der Fürstin als Verfechterin eines reinen Luthertums angesichts der Gefahr von Sektierertum und Calvinismus hervorgehoben. Sophie wurde als Vierzehnjährige mit dem späteren Kurfürsten Christian I. vermählt. 1591 wurde sie mit 23 Jahren Witwe. Ihr Mann stand, als er starb, im Verdacht, sich heimlich zum Calvinismus zu bekennen. Sein Tod löste eine Welle von Verfolgungen aus, und wie ihre Schwiegermutter Anna erwies sich Sophie als Verfechterin des orthodoxen Luthertums. Ihr Engagement für das Predigtamt und für die Ausschmückung der Kirchen des Landes wird in jeder Predigt hervorgehoben. Ein zentral gesteuertes höfisches Funeralwerk gab es allerdings auch für Sophie nicht, aber es wurden zwei Predigtsammlungen gedruckt. Der Dresdner Oberhofprediger Hoe von Hoenegg gab drei von ihm in Dresden und Freiberg bei der Bestattung gehaltene Predigten heraus.[20] Sein Amtskollege in Dresden Aegidius Strauch gab ebenfalls drei Predigten heraus, die er in der Kreuzkiche gehalten hatte.[21] In weiteren Einzeldrucken wurden in Leipzig,[22] Wittenberg,[23] Altenburg[24] und Colditz[25] gehaltene Predigten veröffentlicht.

---

[20] *Matthias Hoe von Hoenegg,* Trawrige/aber hochansehnlichste Heimfahrt/und schüldigstes Christliches Ehrengedächtnüß [...], Leipzig: Nikolas Nerlich 1623. HAB: Stolberg 6795.

[21] *Aegidius Strauch,* Aeterna Justorum Memoria. Ewiges Ehrengedechtnüß der Gerechten [...], Dresden: Gimel Bergen (1623). HAB: Stolberg 6832.

[22] *Vincentius Schmuck,* Christliche TrawerPredigt [...], Leipzig: Johann Glück 1623. HAB: 334 Theol. (17).

[23] *Friedrich Balduin,* Juditha Saxonica/Erklärung der Historien von der Judith heiligen Wandel [...], Wittenberg: Johann Gorman 1623. HAB: Stolberg 6795c.

[24] *Heinrich Eckhart,* GedechtnüßPredigt/Aus dem fünfften Capitel des Buchs der Weißheit [...], Leipzig: Henning Groß Erben 1623. HAB: Stolberg 6975a.

In allen Predigten wird die hohe Abstammung Sophies thematisiert. Hoe von Hoenegg vergleicht sie mit Helena, der Mutter Kaiser Konstantins, und in seiner ersten kurzen Predigt bei der Überführung der Leiche in die Schloßkirche wird ihr Tod als Strafe Gottes für unbotmäßige Untertanen ausgelegt. Im Eingang zu seiner Predigt in der Kreuzkirche entwickelt Hoe diesen Gedanken in aller Ausführlichkeit und gibt eine Explikation der dynastischen Bedeutung Sophies, die in dem Satz gipfelt: „Daraus abzunehmen/welch einer Durchleuchtigsten Person Cörper wir jetzt für unseren Augen haben“. Sich auf Zacharias 11 („Heulet ihr Tannen, denn die Cedern sind Gefallen“) beziehend, belegt er aus vielen Quellen den Zusammenhang zwischen dem Tod eines Herrschers und bevorstehenden gefährlichen politischen Umwälzungen. Er zitiert Ambrosius von Mailand mit der Meinung, dies gelte nicht nur bei Herrschern, sondern ebenso beim Tod weiblicher Mitglieder eines Herrscherhauses. Ausgehend von der Behauptung des Plinius, die spartanische Königin Lampido sei als Königstochter, -gattin und -mutter die erlauchteste Frau, die je gelebt habe, beweist er die Überlegenheit Sophies:

> „Wenn wir aber erwegen/daß die Churfürstliche Hoheit der Königlichen Würde im heiligen Römischen Reich gleich geachtet wird/Ja auf gewisse weiß und maß/wann die Churfürsten sich an ihrem Ort befinden/andern Königen vorgehen/so ist die Lampido nichtes gegen unserer Churfürstin Frawen Sophien, Christseligster Gedechtnüß zurechnen. Dann Ihre Churf. Gn. rück/vor/und seitwerts/drey/vier mahl mehr Churfürstliche Respect gehabt.“[26]

Die Ahnenreihen der Kurfürstin werden ebenfalls im Lebenslauf der Dresdner und Freiberger Predigten Hoes aufgeführt. Diese Darstellungen dynastischer Verbindungen bilden den Bezugsrahmen für das Gedenken der Verstorbenen und heben ihre politische Bedeutung hervor. Ihr persönliches Schicksal wird wesentlich durch ihre Herkunft begründet, mit dem Gedeihen des Landes verknüpft.

Nur die Predigten von Hoe enthalten für den Lebenslauf Sophies einen eigenen Abschnitt, der mit dem Begriff Personalia überschrieben wird. Alle anderen gebrauchen das Wort *applicatio* und bleiben damit noch im Zusammenhang von Predigt und Deutung des Schrifttextes in Hinblick auf das Leben der Verstorbenen. Sämtliche Predigten stellen jedoch den gleichen Bezug zur dynastischen Bedeutung Sophies für das Haus Sachsen her. Aegidius Strauch umreißt ihre Abstammung als „biß in den sechsten gradum in linea ascendente, auß Churfürstlichem Stamme ent-

---

[25] *Basilius Andreae,* Justa Sophia Saxonica. Das ist: Ein Christlicher TrawrSermon und Leichpredigt [...], Leipzig: Justus Jansonius 1623. HAB: Stolberg 6795d.

[26] *M. Hoe von Hoenegg,* Heimfahrt (Anm. 20), 38.

sprossen“ und behauptet, sie habe die geschwächte Dynastie (ihr Ehemann Christian I. war der einzige männliche Erbe Augusts von Sachsen) durch ihre fünf Kinder „stattlich und ansehnlich erbawet“.[27] In der *applicatio* greift der Altenburger Prediger Heinrich Eckart den Gedanken Hoes auf, die hohe Geburt der Kurfürstin sei an sich schon das Zeichen göttlicher Gnade, die unter den Gründen um sie zu trauern an erster Stelle genannt wird, noch vor ihren Eigenschaften als fromme Christin:

„Erstlichen/Als eine Hochgeborne/und von Gott selbsten hochgeehrte Fürstin/denn sie nicht allein aus einem Hochberühmbten Fürstlichen Stamme ihre Ankunfft gehabt/sondern ist darneben mit einer solchen Ehre von Gott gewürdiget worden/daß/wenn man heut zu tage schon das gantze Römische reich würde durchsuchen/so würde man doch dergleichen Weibsbilde schwerlich finden/deren Gott solche Ehre angetan: Sintemahl wie von der Agrippina gerühmet wird/als eine besondere Glückseligkeit/daß sie gewesen sey eines Römischen Keysers Tochter/eines Römischen Keysers gemahlin/und eines Römischen Keysers Mutter: Also kan von der seligst verstorbenen Churfürstin gesaget werden/daß Ihre Churfürstliche Gnaden gewesen/Eines Churfürsten Tochter/eines Churfürsten Schwester/eines Churfürsten Gemahlin/und zweyer Churfürsten Fraw Mutter/deren der eine bey ihrem Leben des heiligen Römischen Reichs Vicariat zun zweyenmal mit Lob und Ruhm verwaltet hat. Selig vor dieser Welt ist ein solch Weibsbild/und hochgeachtet/die Gott also ehret und würdiget: Gesegnet sey sie unter den Weibern/*Judic, 5. v.24.*

Zum andern wird die verstorbene Churfürstin auch betrawret/als eine andächtige Hanna [...].“[28]

Magdalena Sibylle Markgräfin von Brandenburg, Kurfürstin von Sachsen (1586–1659)

1659 starb Kurfürstin Magdalena Sibylle im Alter von zweiundsiebzig Jahren. Die Dresdner Publikationen auf die Kurfürstin verstehen sich offensichtlich auch rein äußerlich als Partnerdrucke zu den Funeralwerken für ihren wenige Jahre zuvor verstorbenen Gatten Johann Georg I., auf deren Titel sie anspielen.[29] Entsprechend dem älteren Gebrauch erschienen zeitnahe zum Ereignis im Quartformat die drei vom Oberhof-

---

27 *A. Strauch,* Memoria (Anm. 21), fol. Hiv.

28 *H. Eckhart,* GedechtnüßPredigt (Anm. 24), fol. Fiv.

29 Chur-Sächsische Ehren- Trauer- Crone Das ist Drey Christliche Klag- und Trost-Predigten/Meinem Jesum laß ich nicht: Glaubens hoher Ceder-Baum/und Göldener Grund/So alle schwartze Noth- und Tod-Balcken erträgt [...] gehalten von Jacob Wellern D. [...] Sampt angehangter Beschreibung des Chur-Fürstl. Lebens-Laufs/wie derselbe beedes in Dreßden und Freyberg erzehlet worden/und

prediger Jakob Weller in Dresden und Freiberg für die Kurfürstin gehaltenen Predigten in einem Druck vereinigt. Der Lebenslauf findet nun als eigener Bestandteil des Druckes schon im Titelblatt Erwähnung.[30] Die einzige Abbildung ist das allegorische Titelkupfer, in dessen Mitte die von der Verstorbenen verkörperte „Sachsenburg“ steht. Oben links ist die Kurfürstin in einem Porträtmedaillon abgebildet. Gegenüber steht die Darstellung der Judith des Alten Testaments, die der Predigttext zur Vorlage nimmt. Wie schon bei Kurfürstin Sophie ist der zentrale Bezug des Lebenslaufs Magdalena Sibylles hohe Abstammung und ihre Rolle bei der dynastischen Absicherung der Wettiner (Abb. 1). Die Ahnen der Kurfürstin werden väterlicherseits auf das Jahr 260 und Widukinds Bruder Bruno, mütterlicherseits auf den legendären Gottfried von Bouillon zurückgeführt. In der Aufzählung der Taten ihrer unmittelbaren Vorfahren wird der Leser für weitere Einzelheiten auf die Geschichtswerke von Sleidanus und Böhme verwiesen. Neben den männlichen kommen nun also auch die weiblichen Vorfahren als politisch-dynastisch Agierende zur Geltung und werden, wie bei den männlichen Stammbäumen üblich, bis in legendäre Vorzeiten zurückverfolgt. Von ihrer Mutter Maria Eleonore von Jülich wird ihre unerschrockene Annahme des Schicksals einer Heirat mit dem psychisch kranken Marggrafen Albrecht Friedrich von Preußen (hier wird die Krankheit als „überfallene Schwachheit“ bezeichnet) hervorgehoben. Als die Nachricht seiner Erkrankung sie erreichte, setzte sie gegen den Rat ihrer Begleiter die Reise zur Hochzeit mit der Bemerkung fort, sie wolle das Kreuz, das Gott ihr damit auferlege, annehmen. Dann aber betont der Lebenslauf die politische Begabung der Mutter „so auch die Politicos und Räthe in die Bücher treiben können“.[31]

Als Initiatorin der Ehe Magdalena Sibylles mit Johann Georg I. wird dessen Mutter Sophie angeführt,[32] eine Rolle, die in deren eigenem Le-

---

nun in einander ordentlich verfasset ist/mit Beyfügung des Chur-Fürstl. Stamm-Baums [...], Dresden: Melchior Berg o.J. HAB: 434.19 Theol. 2° (2).

[30] *Jakob Weller,* Chur-Sächsischer Macht: und Ehren-Schild/Das ist: Drey Christliche Leich-Predigten/von Der unüberwindlichen Sachsen-Burg: Dem Ambt/der in der Sachenburg Inwohner; Und Derer schönen Gestalt und lieblicher Stimme Aus den 4. C. Matth. v.1. Ps. 146 Luc. 23.46. Uber den aus dieser sehr betrübten Welt Hochseligsten Abtritt Der Weyland Durchlauchtigsten/Hochgebornene Fürstin und Frauen/Frauen Magdalenen Sibyllen/Hertzogin zu Sachsen [...] In der Churfürstl. Schloßkirchen zu Dresden am 20. Febr. in der Creutzkirchen daselbst dem 10. Aprill und zu Freyberg in der Domkirchen den 12. eiusdem Anno 1659. auffgerichtet von Jacob Wellern/D. Churf. Sächs. OberHoffPredigern. Nebenst ausführlicher Beschreibung des Churf. lebensLauff und Hochsel. Ende, Dresden: Seyffert 1659. HAB: Xb 3924.

[31] Ebd. 209.

[32] Ebd. 222.

Abb. 1. Titelkupfer zu Jakob Weller, Chur-Sächsischer Macht- und Ehren-Schild, Dresden 1659 (Herzog August Bibliothek: Xb3924)

benslauf nirgends Erwähnung fand. Hier wird die politisch zentrale Funktion der Fürstin als Vermittlerin dynastischer Beziehungen als eine für die Nachwelt „denkwürdige" Komponente ihres Handelns greifbar. Magdalena Sibylle selbst wird ebenfalls in einer politischen Rolle bei der 1634 erfolgten Hochzeit[33] ihrer gleichnamigen Tochter mit dem dänischen Kurprinzen Christian V. gezeigt:

„und haben [...] unsere Gnädigste Frau/hochgedachte Ihre damals Fräulein Tochter Persönlich [...] mitten unter den Krieges Gefährigkei-

[33] *Mara Wade,* Triumphus Nuptialis Danicus. German Court Culture and Denmark. The „Great Wedding" of 1634 (Wolfenbütteler Arbeiten zur Barockforschung, 27), Wiesbaden 1996.

ten/worinnen dieses Land und das gantze Römische Reich dazumahl begriffen war/naher Dennemarck geführet/daselbsten herrlich und prächtig ausgestättet/und mit hoher darvon erlangter reputation dem gantzen hohen Churfürstlichem Hause Sachsen/zu immerwehrenden Ruhm und Ehren solches Beylager zu Coppenhagen glücklich volnbracht/auch hernachmahls gesund und in allen wohlsein hiesiges Ortes wiederumb angelanget."[34]

Durchaus politisch im Sinne landesherrlicher Kontinuität und Stabilität wird die Kurfürstin als Stammmutter gefeiert. Habe schon Kurfürstin Sophie mit ihrem Kinderreichtum in dieser Eigenschaft sich hervorgetan, übertraf Magdalena Sibylle mit zehn Kindern, fünfundfünfzig Enkelkindern und achtundzwanzig Urenkelkindern alle Vorgängerinnen. Als wichtiges, das kurfürstliche Regiment ergänzendes und abrundendes Element der Darstellung des fürstlichen Familienverbandes kommen die affektiven Bindungen zwischen Familienmitgliedern ausführlich zur Sprache, so die Fürsorge Magdalena Sibylles für ihren hinfälligen Gatten, das Verhalten der Familienmitglieder, die am Kranken- und Sterbebett der Kurfürstin wachen, die persönliche Sorge des Kurfürsten um seine Mutter, der dann auch bei ihrer Aufbahrung selbst mit Hand anlegt. Das vorbildliche Sterben der Kurfürstin schließlich wird in großer Ausführlichkeit geschildert.

Weitere Einzeldrucke im Umland gehaltener Predigten folgten aus Dresden,[35] Wittenberg,[36] Halle,[37] Leipzig[38] und Erfurt.[39] Keine dieser außerhalb Dresdens gehaltenen Predigten enthält einen Lebenslauf der

---

34 *J. Weller,* Chur-Sächsischer Macht: und Ehren-Schild (Anm. 30), 233.

35 *Christoph Germin,* Geistlicher Begräbnüß-Garte/Darinnen Drey geistliche Gewächse als da sind Der lieblich-grünende Palmbaum. Der gut-Gewächsige Cedernbaum. Der grün-blühende fruchtbare und frische Ewige Lebens-Pflantze [...] gepflantzet [...] zu Dittersbach Den 2. Apr. 1660, Dresden: Seyffert o.J. HAB: Stolberg 6841b.

36 *Christian Parneman,* Chur-Sachsen fester Thurm/Das ist: Christliche Leichen-Predigt/So auff Churfl. Durchl. zu Sachsen Hertzogen Johann Georg des Andern [...] gnädigste Anordnung [...] Vor der Christlichen Gemeine zu Jessen gehalten am 12. April Anno 1659 [...], Wittenberg: Michael Wendt 1659. HAB: Stolberg 6841e.

37 *Gottfried Olearius,* Chur-Sächsische Ehren-Trauermahl [...] Wegen hochseligsten Tödtlichen Hintrits so wol Des [...] Fürsten und Herrn/Herrn Johann Georgen des Ersten/[...]. Als auch Der Weiland [...] Fürstin und Frauen/Frauen Magdalenen Sibyllen [...]. Auf [...] Hertzogs Augusti zu Sachsen etc. Fürstl. Durchl. Gn. Verordnung In dero Fürstl. Residentz-Stadt Halle-OberPfarrkirchen zur L. Frauen den 5. November. 1656. und den 13. Martii des 1659. Jahrs auffgerichtet [...], Halle: Christoph Salfeld o.J. HAB: Stolberg 6841d.

38 *Johann Olearius,* Palma Perennis Der immergrünende Palmbaum im Reich der Allmacht/Gnaden und Ehren/Aus dem XCII. Psalm Davids [...] Auf [...] Hertzog Augusti zu Sachsen/etc. Fürstl. Durchl. Gn. Verordnung in Dero Fürstlichen

Kurfürstin. Einige Pfarrer widmeten ihre Werke dem Bruder des regierenden Kurfürsten Herzog August von Sachsen-Weißenfels, der als Landesherr eigene Trauerpredigten für den Tod seiner Mutter angeordnet hatte. Es zeichnet die Sekundogeniturhöfe in Sachsen aus, daß bei Todesfällen in der kurfürstlichen Familie die Verantwortung für die „Personalia" offenbar beim Dresdner Hof lag, wo sie formuliert, approbiert und verschickt wurden. In allen Territorien wurden sie dann beim Trauergottesdienst vermutlich auch verlesen, abgedruckt aber nur in den Predigtwerken des Dresdner Hofes. Auch die Lebensläufe der Fürstinnen wurden zu „Staatsaktionen".

Eine weitere Publikation aus Dresden dokumentiert für Kursachsen den allmählichen Übergang zu einem zentral gesteuerten höfischen Funeralwerk. Das Hauptgedenkwerk auf den Tod Magdalena Sibylles stammte aus dem Oberhofmarschallamt und wurde auf Veranlassung des Oberhofmarschalls Johann Georg Freiherr von Rechenberg vom Sekretär und Archivar Michael Gleichman erstellt,[40] ein Parallelwerk zu dem von Heinrich von Taube herausgegebenen Werk auf den Tod Johann Georg I., das ebenfalls von Gleichman kompiliert wurde.[41] Die akribische schriftliche Fixierung des zeremoniellen Ablaufs wichtiger höfischer Ereignisse war in Kursachsen seit dem sechzehnten Jahrhundert üblich. Das Ausrichten dieser Ereignisse unterstand dem Oberhofmarschallamt, dessen Archiv teilweise parallel zum Hausarchiv geführt wurde. Im Hausarchiv befinden sich Akten, die den Tod der Kurfürstin Magdalena Sibylle, die Notifikation der Verwandten und befreundeten Höfe, die Ausrichtung der Beerdigung und die Regelung ihres Nachlasses betreffen.[42] Im Oberhofmarschallamt dagegen wurde eine umfassende Dokumentation des Ereignisses und des zeremoniellen Ablaufes angelegt, teilweise aus Ein-

---

Dom-Kurchen zu Halle den XIII. Martii des MDCLIX Jahres betrachtet [...], Leipzig: Christian Michael o.J. HAB: Stolberg 6813c.

[39] *Polykarp Leonhard,* Letzte Klag- Trawer- und Leich-Rede Am Tag der Beerdigung Der [...] Fürstin und Frawen/Frawen Magdalenen Sibyllen/Herzogin zu Sachsen [...] Nach gehaltener LeichPredigt Zu WeissenSee auf dem Kirch Hofe [...], Erfurt: Friedrich Melchior Dedekind o.J. HAB: Stolberg 6841c.

[40] *Johann Georg von Rechenberg/Michael Gleichmann,* Kurtze Erzählung Derer Kostbar- und ansehnlichsten Leich-Begängnüsse [...], Dresden: Melchior Berg [1664]. HAB: Stolberg 6813 (1).

[41] Gründliche Beschreibung derer Dem weiland Durchleuchtigsten Hochgebornen Fürsten und Herrn Herrn Johann Georgen dem Ersten/zu Dreßden/am 2. und 3.: Zu Freyberg aber am 4. Februarii im Jahr 1657. zu Sr. Höchstseel. Churfürstl. Durchl. immerwehrendem Andänken/Kostbahrlichst angestellet- und ansehnlichst gehaltener Drey unterschiedener Churfürstlicher Leichbegängnüsse, Dresden: Seyffert o.J. HAB: 434.19 Theol. 2°.

[42] 4 gebundene Konvolute zum Tod Magdalena Sibylles, Sächsisches Hauptstaatsarchiv Dresden, Geheimes Archiv Loc. 4385.

gaben und Diarien der Beteiligten zusammengesetzt,[43] aus der das in Dresden erschienene Druckwerk zusammengestellt wurde. Mit den Quellen wurde das Druckwerk dann nachträglich zu einer Archivalie vereinigt.[44] Das Druckwerk wurde zur verbindlichen Quintessenz des Zeremoniells. Es konnte in Zweifels- oder Streitfällen wie Archivgut herangezogen werden.[45] Daß die Zusammenstellung auch gedruckt und verteilt wurde, ist freilich durch die damit zu erzielende Repräsentatio begründet.

In seinem vom 12. Dezember 1663 datierten Vorwort spricht von Rechenberg über die Verzögerung bei der Herausgabe des Druckes und führt den Topos der Furcht vor dem Aufreißen kaum verheilter Wunden als Grund dafür an.[46] Der aufwendige mit Kupfertafeln ausgestattete Druck im Folioformat wurde vom Hofbuchdrucker Melchior Berg wahrscheinlich erst 1664 fertiggestellt. Berg druckte 1665 auch eine neue Ausgabe der Predigten des Oberhofpredigers Jakob Weller im Folioformat,[47] die offensichtlich mit dem Zeremoniellwerk zu Präsentationszwecken zusammengebunden wurde. Eine solche Verzögerung hatte es bei der Herausgabe des Zeremoniellwerks auf Johann Georg I., dessen Vorwort 1657 datiert ist, nicht gegeben. Gleichwohl erscheint die Aktualität, der unmittelbare zeitliche Zusammenhang mit dem Trauerfall für die Bedeutung dieser höfischen Selbstdarstellung und für ihren Absatz entbehrlich. Daß der quasi offizielle Band auf Magdalena Sibylle von vielen „vermisst“ worden wäre, liegt vielleicht daran, daß ein anderes höfisches Funeralwerk zum Gedenken an sie schon 1659 erschienen war, herausgegeben von ihrer Tochter, der Darmstädter Landgräfin Sophia Eleonora.[48]

---

[43] Das Diarium des Hofmeisters der Kurfürstin, von Miltitz, das schon vor dem Tod der Kurfürstin beginnt, Memoriale für den Hauptmann Pflug, für den Oberhofprediger Jacob Weller, für den Bassisten und für den Kapellmeister.

[44] Ein 547 Folien umfassender mit Registern versehener von Gleichman signierter Band, Sächsisches Hauptstaatsarchiv Dresden, OHMA C Nr. 10.

[45] Über einen solchen Fall berichtet der kursächsische Abgesandte Ernst Friedemann von Selmniz aus Darmstadt 1661, wo er Johann Georg II. bei der Beisetzung Georgs II. vertrat und in einen Präzedenzstreit geriet, der anhand einer vergleichbaren Beisetzung vor über dreißig Jahren geklärt werden sollte: „ließen mir aber in einem eingebundenen Buche Herrn Landtgraff Ludwigs Seeligen Leichbestattung und selbigen Process zeigen, woraus Sie beybrachten, das Ihr Herr Vater dazumahl dem Churf. Abgesanten an der Taffel nach, des Herrn Administratoris zu Hall Seinem aber vorgeseßen hatte.“ Sächsisches Hauptstaatsarchiv Dresden, Loc. 8658, fol. 201.

[46] *J. G. v. Rechenberg/M. Gleichmann,* Kurtze Erzählung (Anm. 40), fol. Aiv.

[47] *Jakob Weller,* Chur-Sächsischer Macht- und Ehren-Schild [...], Dresden: Melchior Berg 1665. HAB: Stolberg 6813(2).

[48] *Mara Wade,* Invisible Bibliographies: Three Seventeenth-Century German Women Writers, in: Women in German Yearbook 14 (1999), 41–69. Eine umfassende Würdigung der schriftstellerischen Tätigkeit Sophia Eleonoras gibt die

Sophia Eleonora von Sachsen, Landgräfin von Hessen-Darmstadt (1609–1671)

Die Gedenkwerke Sophia Eleonoras für ihren Vater[49] und ihre Mutter[50] entstammten einer anderen Tradition der höfischen Funeralwerke als die sächsischen, gehörten doch die Höfe in Darmstadt und Kassel zu den frühesten, die die propagandistische Wirkung der Gattung erkannten und ihre Steuerung selbst in die Hand nahmen. In Sachsen konnte sich bei einem solchen Todesfall noch 1659 eine Vielzahl einzelner Pfarrer und Autoren publizistisch betätigen, manche wie der Hofprediger Weller oder der Oberhofmarschall direkt beauftragt oder mit Privilegien versehen. Andere publizierten in der unsicheren Hoffnung auf Gegenleistungen, wie der Pastor aus Loitzschütz bei Zeitz, der im Mai 1659 dem Kurfürsten 25 Exemplare eines gedruckten Epicediums auf Magdalena Sibylle übersandte, mit der Erinnerung, daß er für frühere Trauerbekundungen das nicht eingelöste Versprechen einer Bezahlung erhalten habe.[51]

In Darmstadt hingegen hatte der Hof schon 1626 zum Tod von Ludwig V. die Koordinierung sämtliche Publikationen übernommen. Die Einsendung von Abschriften sämtlicher gehaltenen Predigten an den Hof wurde angeordnet, Leichenreden und Epicedien, die mit den Beschreibungen des eingehaltenen Zeremoniells Eingang in das gedruckte Funeralwerk fanden, wurden frühzeitig in Auftrag gegeben.[52] Diese Vorgehensweise übernahm Sophia Eleonora, die 1627 nach Darmstadt geheiratet hatte.

Habilitationsarbeit von *Helga Meise,* Das archivierte Ich. Der Schreibkalender am Darmstädter Hof 1624–1790 (Marburg 1998), die mir dankenswerterweise als Typoskript vorlag.

49 Ehren-Gedächtnüß/Des Durchläuchtigsten Fürsten und Herrn/Herrn Johann Georgen/Des Ersten/Groß-Mühtig- und Beständigen/Hertzogen zu Sachsen [...] Welches Höchstgedachten Ihrer Churfürstl. Durchl. Als Dero Hochgeehrtem/Hertzlieben Herrn Vattern/Höchstseeligen Andenckens/Die Durchläuchtigste Fürstin und Frau/Frau Sophia Eleonora [...] Zu Bezeugung dero immerwehrenden/unaußlöschlichen/Kindlichen lieb und Treu/und höchst-seeligem Andencken/Auffsetzen und in Druck verfertigen lassen [...], o.O. 1658. HAB: Stolberg 19556.

50 Ehren-Gedächtnüß/Der [...] Fürstin [...] Magdalenen Sibyllen [...] Welches Höchstgedachter Ihrer Churfürstl. Durchl. als Deren hochgeehrten hertzliebsten Fraw Mutter [...] Die Durchläuchtigste Fürstin und Frau/Frau Sophia Eleonora/ Gebohrne Hertzogin auß Churfürstlichem Stamm zu Sachsen/etc. Landgräfin zu Hessen/etc. etc. Zu Bezeugung Dero immerwehrenden/unaußlößlichen Kindlichen Lieb und Treu/und höchstseeligem Andencken auffsetzen und in Truck verfertigen lassen [...], o.O. 1659. HAB: Stolberg 6813a/b.

51 *Daniel Schadaeus,* Churf. Durchl. Fr. Wittben zu Sachsen Unaufhörlicher Hertzens-Seufftzer [...], Zeitz: Cellarius 1659, gebunden mit Brief vom 2. Mai 1659, Sächsisches Hauptstaatsarchiv Dresden, Geheimes Archiv Loc.4385, fol. 5 ff.

52 Vgl. *J. Bepler,* Trauerzeremoniell (Anm. 8).

Sie nahm damit das publizistische Instrument eines Funeralwerkes in eigene Regie und stellte neben das offizielle Gedenken des Dresdner Hofes einen eigenständigen Druck. Sowohl beim Tod ihres Vaters Johann Georg I. als auch bei dem ihrer Mutter gab sie ein solches Werk in Auftrag.

Diese Eigenständigkeit wird mit der affektiven Rolle der Fürstin und dem Topos übermäßiger kindlicher Liebe begründet. Als zweiter Beweggrund wird aber stets das Bewußtsein der eigenen dynastischen Bedeutung als Erstgeborene angeführt, mit der die Landgräfin eine Führungsrolle unter ihren Geschwistern, ob männlich oder weiblich, beanspruchte. Dieser Führungsanspruch wird im allegorischen Kupfertitel des jeweiligen Werkes vor Augen geführt. Im ersten für Johann Georg stehen die noch lebenden Kinder und Kindeskinder mit der Mutter am Sarg, wobei in einem Gedicht die herausgehobene Stellung Sophia Eleonoras erläutert wird: „Derselben/die/im Leben/War'/unter Achtzigen/des VATERN erstes Kind/Die selbst mit Neunen jetzt/die noch am Leben sind/Nächst an der Mutter steht."[53] Im *Ehren Gedechtnus* für Magdalena Sibylle ist die Rolle der „Führerin" noch deutlicher vorgestellt, indem die Nachkommen des verstorbenen Kurfürstenpaares als Pilgerschar allegorisiert werden. Die vier Brüder der Landgräfin stehen im Vordergrund des Bildes, sie selbst in der Bildmitte, vermittelnd zwischen den im Himmel thronenden Eltern und ihren Geschwistern auf der Erde.

Schon in dieser Selbstallegorisierung heben sich diese Werke ganz deutlich von den in Dresden erzeugten Publikationen ab. Sie zeigen aber auch einen persönlichen literarischen Anspruch der Darmstädter Landgrafenfamilie. Das Gesamtkonzept für das Funeralwerk stammt von Sophia Eleonora, die sich in einem Vorwort an den Leser wendet. Gedichte ihres Sohnes Ludwig VI. und ihrer Tochter Anna Sophia folgen darauf. Der Darmstädter Hof veranstaltete ein „Leichbegängnis" für die Kurfürstin, dessen zeremonieller Ablauf dann wiedergegeben wird. Predigten, die in Darmstadt und Gießen gehalten wurden, folgen. Der Darmstädter Predigt Balthasar Mentzers ist ein Lebenslauf angefügt, auf den noch eingegangen werden soll. Trostgedichte aus dem Umkreis des Darmstädter Hofes und aus der Beamtenschaft sind in einem eigenen Abschnitt des Bandes zusammengefaßt. Die im Rahmen einer Trauerfeier an der Landesuniversität Gießen vom Professor für Beredsamkeit Johann Tacke gehaltene lateinische Oration, die gesondert in Gießen erschien, wurde ins Deutsche übersetzt und dem Gedenkwerk Sophia Eleonoras angefügt.

---

[53] Ehren-Gedächtnüß/Des Durchläuchtigsten Fürsten und Herrn (Anm. 49).

Die Predigt Balthasar Mentzers und die akademische Rede Tackes enthalten Lebensläufe der Kurfürstin, die sich von den Angaben im Dresdner Lebenslauf in einigen Punkten unterscheiden. Lediglich in der Beschreibung der letzten Krankheit der Kurfürstin stimmen die Texte genau überein. Das genealogische Interesse der Landgräfin spricht vielleicht aus der anders strukturierten Anlage der Darmstädter Angaben zu den Ahnenreihen der Verstorbenen. Aber auch in einigen lebensgeschichtlichen Daten divergieren die Texte, ein möglicher Hinweis, daß auch hier Sophia Eleonora bestrebt war, die Eigenständigkeit ihrer Publikation hervorzuheben und eine eigene Rolle als Chronistin der Dynastie zu behaupten. Im Dresdner Lebenslauf wird die Wertschätzung der Kurfürstin für erbauliche Schriften erwähnt, besonders ihre Vorliebe für Cornelius Beckers Psalmenbearbeitung, aus der sie ganze Psalmen habe zitieren können. Im Darmstädter Werk wird über die erbauliche Lektüre hinaus die Tätigkeit der Kurfürstin als gebildete Sammlerin hervorgehoben, die sowohl eine wertvolle Kunstkammer als auch eine Bibliothek zusammengetragen habe, „welche Sie mit ansehnlichen Kosten zusammen gebracht/von allerhand Materien/mehrentheils himmlischer und geistlicher Sachen/woran Sie ein sonderbares Belieben getragen."[54] Zu der Sammeltätigkeit kommt eine rege Bautätigkeit hinzu. Die Benennung dieser intellektuellen Betätigungen der Kurfürstin dient zur Unterstreichung der Verbindungen zwischen Mutter und Tochter und setzt sie zu dem unterschwellig behaupteten geistigen Führungsanspruch Sophia Eleonoras in bezug, deren eigene Bibliothek gar die des Vatikan übertrumpfen könne:

„In welchem Stück dann Ihrer nunmehr höchstseligen hertzgeliebten Frauen Mutter gäntzlich nachschläget/die Durchläuchtigste unsere gnädigste Fürstin und Frau/Frau Sophia Eleonora/Landgräfin zu Hessen/ [...] . Welche an Bibliothecken und Büchern eine sonderbahre Freude hat/und dahero nicht ohne hohes Lob bißhero eine solche fürtreffliche Bibliotheck zusammen gebracht/daß an Schönheit dieselbe keiner nichts nachgeben wird/sie seye auch wo sie wolle, Zugeschweigen der grossen Mänge/welche kaum in etlichen Gemächern kann ordentlich eingefasset werden/und ich nicht ohne Ursach im Zweifel stehe/ob solche nicht der jenigen zu Florentz/oder die zu Rom auf dem Vaticano verhalten wird/ nicht Trutz bieten könne/wo nit mit der Anzahl/jedoch an Gütigkeit und Fürtreflichkeit der Materien."[55]

Die Eigenständigkeit, die sich in einer eigenen Publikation dokumentiert, die persönliche Bekundung der Trauer, die sich ohne Umweg durch

---

[54] Ehren-Gedächtnüß/Der [...] Fürstin [...] Magdalenen Sibyllen (Anm. 50), 41.
[55] Ebd. 42.

Dritte als Sprecher dieser Gefühle in Ich-Aussagen an eine breite Leserschaft adressiert, die Dokumentation eigener intellektuell-literarischer Betätigung sowie das Bewußtsein der eigenen herausragenden Rolle innerhalb einer Dynastie kennzeichnen die Funeralwerke der Landgräfin für ihre Eltern. Diese Haltung fand jedoch in beeindruckendster Form ihren Niederschlag im Gedenkwerk für ihren Gatten, Landgraf Georg II., der 1661 verstarb. Zu dessen Ehren ließ sie ein „Tafelwerk“ *Mausoleum* erstellen, das leitmotivisch ihre Sorge um die „memoria“ der eigenen Dynastie dokumentiert (Abb. 2). Wie die Funeralwerke für die Eltern ist das Werk als Gegenstück zum offiziellen Funeralwerk, jetzt aus dem eigenen Haus, zu verstehen, das im Auftrag ihres Sohnes Ludwig VI. von Hessen-Darmstadt entstand. [56]

Das Funeralwerk der Landgräfin steigert die Intensität der persönlichen Trauerbekundungen, die in den Werken für die Eltern schon angelegt waren und die jetzt zum Hauptthema werden. Die Witwe selbst avanciert zur Zentralgestalt sowohl der allegorischen Kupferstiche als auch der in dem Band enthaltenen Texte. Das Werk, das aus 82 kalligraphisch gestalteten Kupferstichen mit einem angehängten Texteil besteht, kann grob in drei Abschnitte eingeteilt werden: der dynastische Teil, bestehend aus Stammbäumen und Porträts, ein Abschnitt mit illustrierten Trauergedichten und, als letzter Teil, die Trauerrede des Johann Tacke. Hier interessiert aber ihr dynastisches Selbstverständnis und die Arbeit der Fürstin als Genealogin. Stets wird betont, daß die 38 Stammbäume und Stammtafeln, die im Werk enthalten sind, auf die Quellenarbeit der Landgräfin zurückgehen.

In der Vorrede wendet sich die Landgräfin selbst als Sprecherin an den Leser mit allen Topoi der barocken Klage und erklärt die Gründe, die sie bewogen haben, ein solches Werk in den Druck zu bringen:

„Ob Ich wol mit klagendem wehemüthigem Hertzen/kaum die feder ansetzen kann/so hat mich doch meine schuldigkeit angetrieben/und meine Trew-beständige Eheliche Liebe verpflichtet/dieses Werck zum nachruhm und stätigem gedächtnus/Meines Hertzallerliebsten/Hochge-Ehrtesten/Hochseeligen Herrn und Ehegemahls Lbd. Als worinnen Sr. Lbd. verwandschafft mit allen Christlichen Potentaten und Hohen Heüsern, gezeigt wird, Aufzusetzen und dadurch an den tag zu geben.“

[56] Mausolaeum, Darmstadt o.J., HAB: Gm gr.2° 7. Zu diesem Funeralwerk vgl. *Jill Bepler/Birgit Kümmel/Helga Meise,* ‚Weibliche Selbstdarstellung im 17. Jahrhundert. Das Funeralwerk der Landgräfin Sophia Eleonora von Hessen-Darmstadt‘, in: Geschlechterperspektiven. Forschungen zur Frühen Neuzeit, hrsg. v. Heide Wunder/Gisela Engel, Königstein/Taunus 1998, 441–468.

Abb. 2. Titelkupfer zu Mausoleum, Darmstadt ca. 1665
(Herzog August Bibliothek: Gm gr 2° 7)

Die von der Fürstin zusammengestellten Stammbäume weisen die Abstammung der Darmstädter Landgrafen von den Helden Widukind und Faramund nach. Hier führt die Landgräfin natürlich als sächsische Prinzessin auch selbstbewußt ihren eigenen Beitrag zu der dynastischen Bedeutung des Hauses Darmstadt vor. Als trauernde Witwe wird sie im Text und in den Bildern in den allegorischen Gestalten der Artemisia und der Turteltaube präsentiert. Im Gedicht zur Erklärung der Darstellung einer Turteltaube geht Gregor Tülsner, Rektor der Gießener Universität, auf die Einmaligkeit der von der Landgräfin erstellten genealogischen Tafeln ein:

„O über schönes werck! Wer hette wollen dencken,
Das eine FRAWENHAND Uns so was könte schencken
Dergleichen nirgendwo ein Hochgelahrter Mann
(So viel mir wissend ist) noch jemahls hat gethan?
Arbeit-volles Werck! Wer hette wollen sagen,
Dass eine FÜRSTIN dich zusammen würde tragen,
Und bringen an das Liecht, durch unersparten Fleiss
Zu ihrs Eh: Herrn ruhm und gantzen Hauses Preiss?
Frolocke Rauten-Crantz der Weltberuhmten Sachsen,
Und sihe wie du auch in Hessen fort gewachsen.
Frolocke Bunde Löw der Hessen, dessen Krafft
Auch stärker worden ist, durch Sachsens Rauten-Safft."[57]

Der apologetische Tenor dieses Gedichts deutet auf einen potentiellen Regelverstoß in der Aneignung politisch-dynastischer Selbstdarstellung durch die Fürstin. Sie selbst bezieht wie früher in Hinblick auf die Publikationen für ihre Eltern die der Frau zugestandene unanfechtbare Position der durch übermäßige Liebe zur Trauerarbeit Motivierten. Die der Fürstin zugebilligte affektive Kompetenz nutzt sie mit ihrem Funeralwerk als Einfallstor und greift handelnd in die politisch-dynastische Publizistik ihrer Familie ein. In den Funeralwerken, die zum Tode Sophia Eleonoras 1671 erschienen, wird stets auf ihre Verdienste um die Memoria der Häuser Sachsen und Darmstadt verwiesen und auf die Einmaligkeit ihrer Tätigkeit auf diesem Gebiet, allerdings immer mit dem apologetischen Hinweis auf deren affektive Begründung.[58]

Luise Christine von Hessen-Darmstadt, Gräfin Stolberg (1636–1697)

Angesichts der von Sophia Eleonora unternommenen Anstrengungen, die dynastische Bedeutung ihres Hauses publizistisch hervorzuheben, mag es ironisch erscheinen, daß es ihr nicht gelang, mit den üblichen Mitteln der Heiratspolitik ihre Töchter zur politischen Stärkung Darmstadts einzusetzen. Von den zwölf Töchtern des Darmstädter Landgrafenpaares starben vier im Kindesalter. Zwei wohnten unverheiratet am Hofe der Eltern, eine dritte, Anna Sophie, wurde Äbtissin von Quedlinburg. Von den verbleibenden Töchtern wurde eine an die hessiche Nebenlinie Hessen-Homburg verheiratet, eine heiratete in die Pfalz und trat zum Katholizismus über, eine wurde nach Sachsen-Meiningen vermählt, und

---

[57] Mausoleum (Anm. 56), fol. 67.

[58] *Johannes Olearius,* Refectio consummata, Halle: Salfeld 1671. HAB: Stolberg 13137; *Ernst Müller,* Poet- und Musikalische Traur-Handlung, Gießen: Hampel o.J. HAB: Stolberg 13136.

zwei Töchter heirateten in den Reichsgrafenstand. 1665 wurde Luise Christine von Hessen-Darmstadt mit dem Grafen Christian Ludwig von Stolberg-Stolberg vermählt. Auch die Stolbergs waren Mitglieder des Wetterauer Reichgrafenkollegiums, und die Familie wohnte zeitweilig in Ortenberg in der Wetterau.

Daß die historisch-genealogischen Interessen der Mutter an die Töchter weitergegeben wurden, läßt sich für Luise Christine nur an einer Stelle direkt belegen. In der Leichenpredigt für ihren 1698 verstorbenen Sohn Georg wird sie als eine „in der wahren Gottesfurcht und reiner Lehre unbeweglich gegründete, und in Göttlicher heiliger Schrifft, auch denen weltlichen Geschichten, und hoher Standes-Persohnen Geschlecht-Registern, und allen Christ-fürstlichen Tugenden hochgeübte [...] Mutter“[59] apostrophiert. Das Bewußtsein des eigenen Herkommens und die Beschäftigung damit offenbaren sich im Buchbesitz der Gräfin Luise Christine. Einige der sächsischen Funeralwerke in der Sammlung Stolberg stammen nachweislich aus ihrem Besitz.[60] Das Stolberger Exemplar der von Balthasar Mentzer 1677 herausgegebenen Sammlung seiner als Hofprediger in Darmstadt gehaltenen Leichenpredigten, *Darmbstättische Ehren-Säulen,* trägt eine handschriftliche Widmung an Luise Christine.[61] Ihre Präsenz belegt die aus anderen Quellen bekannte Praxis des Austausches solcher dynastischen Quellendokumente zwischen alliierten Häusern bzw. ihre Mitnahme als Teil der Mitgift.

Als Luise Christine 1697 starb, wurde in Stolberg ein Funeralwerk für sie gedruckt.[62] Der Druck hat zwar Folioformat, zeichnet sich aber durch große Schlichtheit aus und enthält weder ein Porträt noch Gedichte zu Ehren der Verstorbenen. Neben diesem gedruckten Exemplar enthält die Stolberger Sammlung 45 handschriftliche Quellen, Abschriften der in allen Landesteilen am Beerdigungstag angeordneten und gehaltenen Leichenpredigten, die offensichtlich an die gräfliche Familie nach Stolberg geschickt wurden. Ein Druckwerk blieb jedoch dem Hofprediger und Superintendenten Nikolaus Bötticher vorbehalten. Predigt und Personalia greifen auf die Tugendmuster der Fürstin als Vorbild der Frömmigkeit zurück. Anders als in den früheren Predigten verwirft Bötticher die Möglichkeit der Gleichsetzung der Gräfin mit Vorbildern aus der Bibel, der klassischen Literatur oder gar der Geschichte und besteht auf der Hervorhebung ihres individuellen Christentums:

---

59 *Nikolaus Bötticher,* Der Christen Wallfahrt aus dem irdischen ins himmlische Jerusalem, Stolberg: Erhart o.J., 57, HAB: Stolberg 21676.

60 HAB: Stolberg 6813; HAB: Stolberg 19542.

61 HAB: Stolberg 2454–74.

62 *Nikolaus Bötticher,* Fürstl. letzte Glaubens-Worte, der weyland Durchlauchtigsten Fürstin und Frauen Louysen Christinen [...], Stolberg: Ehrhardt, o.J., HAB: Stolberg 13141.

„Es fraget sich aber nicht unbillig/wer die seyn/die man rühmen soll/ und was man rühmen soll? Und kan keine andere Antwort/als diese fallen/die soll man rühmen/die den Ruhm meritiren/heilige und fromme Leute nach Standes Gebühr und ihren Würden. Andere mögen rühmen [...] die Klugheit der Abigail: Den Gehorsam der Sara/die Tapfferkeit der Judith/die Erbarkeit der Ruth/[...] Andere mögen rühmen der Weiber Freundlichkeit/Höfflichkeit und die wunderschöne Gestalt der Zenobiae, von welcher gesaget wird/sie habe Perlen an statt der Zähne im Munde gehabt/andere die Gelehrigkeit der Annae Mariae Schurmannin, welche eine Dissertation geschrieben von dieser Materia: Num foeminae Christianae conveniat studium literarium? Ich wil rühmen der weyl. Durchläuchtigsten Fürstin und Frauen/Frauen Louysen Christinen/Landgräfin zu Hessen etc. Unser weyl. Gnädigsten/nunmehr aber Hochseligsten Fürstin ihren Glauben."[63]

Im Lebenslauf tritt zu der Aufzählung von frommem Lebenswandel und karitativem Einsatz der Gräfin für kranke und arme Untertanen die Betonung ihrer dynastischen Bedeutung für das Grafenhaus hinzu. Hier wirkt das von der Mutter in ihrem dynastischen Tafelwerk geschaffene Bewußtsein nach, auf das Bötticher in den Personalia der Gräfin Luise Christine ausdrücklich hinweist, indem er behauptet, ihr Abkommen zurückverfolgen zu können:

„Von Mütterlicher Seiten aber auf Fridericum Gravem, Ottonem Divitem und Conradum Magnum den Grossen, als ersten Marggrafen zu Meißen, auch gar bis auf den grossen Widekindum, der Sachsen König, wenn es nicht bereits von unserer Durchlauchtigsten Fürstin Frau Mutter, einer mit hohem Verstande begabten Fürstin, und sonderlich in Genealogicis hocherfahrnen Fürstin, in ihrem vortrefflichen Mausoleo gethan. Gereichet also Derselben zu sonderbaren unsterblichen Nachruhm, daß die ietzige allerdurchlauchtigste Römische Käyserin, die Könige in Spanien und Portugall, unserer Durchlauchtigsten Fürstin im andern Grad der Blutsfreundschafft und Dero leiblichen Schwester-Kinder, ingleichen Ihro Königl. Maj. in Schweden, Dennemarck und Polen, Deroselben im dritten Gradu ungleicher Linie Seitwarts verwandt sind."[64]

„Im dritten Gradu ungleicher Linie Seitwarts verwandt" zu sein, kann sich nicht gerade mit der dynastischen Schlagkraft der hier früher untersuchten Kurfürstinnenstammlinien vergleichen, in denen die unmittelbare Verwandtschaft mit Königen und Kurfürsten angeführt wurde. Dennoch spricht auch die hier bemühte mittelbare Teilhabe an dynastischen

---

[63] Ebd. 43.

[64] Ebd. 62.

Verbindungen für die publizistische „Verwertung“ der Frauen zur Stiftung einer dynastischen Identität. Ihre Herkunft wertet hier die Bedeutung der rangniedrigeren Familie auf. In diesem Licht erscheint das bombastische Funeralwerk ihrer Mutter Sophia Eleonora fast wie das Aufbegehren eines besonders ausgeprägten Standesbewußtseins gegen den drohenden dynastischen Abstieg der Nachkommen.

Sophia Eleonora Gräfin Stolberg (1669–1745)

Sophia Eleonora wurde 1669 als älteste Tochter von Luise Christine von Hessen-Darmstadt und Christoph Ludwig Graf zu Stolberg-Stolberg geboren. Sie wurde bei der Taufe nach ihrer Großmutter, der verwitweten Landgräfin von Hessen-Darmstadt Sophia Eleonora, benannt. Über das Leben der Gräfin Sophia Eleonora ist wenig bekannt. Eine Leichenpredigt wurde zu ihrem eigenen Tode nicht gedruckt, Handschriftliches zu diesem Anlaß ist ebenfalls bislang nicht bekannt.[65] Als unverheiratetes Mitglied der Familie stand sie, als sie 1745 starb, nicht im Vordergrund des dynastischen Bewußtseins des Hauses, wie es sich in den gedruckten Leichenpredigten für ihre Vorfahren niederschlug.

Die „Comtesse“, wie sie in den Quellen bezeichnet wird, verbrachte ihre Kindheit wohl an den verschiedenen Residenzorten ihres Vaters, Ortenberg in Hessen, Roßla und schließlich Stolberg. Nach dem Tode der Eltern, 1697 bzw. 1704, lebte sie unvermählt und in der Obhut ihres Bruders, später ihres Neffen, auf Schloß Stolberg, wo ihr einige Räume zur Verfügung standen. Ihr Nachlaßinventar zeigt, daß sie neben erbaulichen Interessen viel Sinn für Kleider, schönen Schmuck und Silbergerät hatte und eine bedeutende Jagdflintensammlung besaß.[66] Bekannt ist sie jedoch für die Leichenpredigtensammlung, die sie zusammentrug. Wann die Gräfin begann, Funeralwerke systematisch zu sammeln, ist unbekannt. Ererbte Stücke und Widmungsexemplare, die vielleicht einen ersten Grundstock bildeten, finden sich häufig in der Sammlung. Durch umfangreichen Briefwechsel und Tausch wurden Stücke aus ganz Deutschland herbeigeschafft. Das Unternehmen wurde vor allem vom Stolberger Geschichtsschreiber und Diakon Johann Arnold Zeitfuchs (1671–1742) geleitet. Unterstützt wurde er dabei von Gottfried Balthasar Scharff, Prediger im schlesischen Schweidnitz (1676–1744), und dem mit ihm verwandten Stolberger Pfarrer Johann Georg Scharff (1661–1724).

---

[65] Der einzige nachgewiesene Druck zu diesem Anlaß ist ein von „Angehörigen Freund- und Dienerinnen“ verfaßtes Trauergedicht: Die Berge der Barmhertzigkeit, Stolberg: Ehrhart o.J., ULB Halle, an 78 M 362 (73).

[66] Landesarchiv Magdeburg (Wernigerode), Rep. H. Stolberg-Wernigerode Stolberg-Stolberg BI Nr. 130, fol. 17 ff.

Letzterer widmete 1715 der Gräfin ein Gedicht, „da Ihro hochgräffl. Gnd. allbereit sich einen Schatz von mehr als 3000 LeichPredigten gesamlet“,[67] 1718 wurde der Umfang der Sammlung mit 16.000 Stück angegeben,[68] und beim Tode der Gräfin 1745 war sie auf etwa 40.000 Exemplare angewachsen. Im hohen Alter und nach dem Tode ihres Helfers Zeitfuchs überwies die Gräfin ihre Sammlung in die Schloßbibliothek ihres Neffen. Durch verschiedene Neuordnungen auf die Hälfte reduziert, ist sie immer noch eine der größten erhaltenen planvoll angelegten Sammlungen dieser Gattung.

Die Beweggründe der Gräfin werden üblicherweise in ihrer tiefen Frömmigkeit gesucht.[69] Aus den Katalogisierungsunternehmen, die sie in Auftrag gab, spricht aber ein anderes Interesse an der Gattung der Funeralwerke, nämlich ein genealogisch-dynastisches. 1716 erschien der erste Katalog der Sammlung, dessen Drucklegung in Stolberg die Gräfin finanzierte. Er blieb jedoch unvollständig und wurde nur bis Seite 186 gedruckt. [70] Hier schon waren die Funeralwerke nach Formaten und innerhalb der Formate nach einer ständischen Gliederung geordnet. 1718 erschien in den *Neuen Zeitungen von Gelehrten Sachen* die Ankündigung eines neuen überarbeiteten und erweiterten Katalogs, in der diese Ordnung und ihre genealogische Ausrichtung erläutert wird:

> „Stolberg am Hartz
>
> Allhier soll folgendes gedrucket werden: Bibliotheca Necro-Mnemonica von Ihro hochgebornen Gräfin, Comtesse Sophia Eleonora, Gräffin zu Stollberg, Königstein, Rocheford, Wernigeroda und Hohenstein etc. etc. sonder unzeitigen Ruhm an. 1716 aufgerichtet, darinnen so wohl die Gedächtniß-Predigten in fol. und 4 Kayserl. Königl. Churfürstl. Fürstl. Gräfl. Freyherrl. und Adelichen Standes etc. etc. Bürgerl. Geist. und Weltl. Persohnen, wie sie nach ihren Dignitäten, Condition und Alter sich distinguieren, nebst unterschiedlichen Casual-Predigten, als auch derer Autorum Volumina von Leich-Predigten [...] zu finden. Dieses Verzeichniß enthält nicht allein Leich-Predigten, sondern auch andere den Verstorbenen zu Ehren gehaltene Reden, und ist nach den zweyerley Formaten in zwey Classen, iede Classe aber nach den unterschiedenen Ständen eingetheilet. In den Fürstl. hat man die Geographie und Genealogie, in den Gräfl. Freyherrl. Adlichen, und übrigen aber die Ordnung des Alphabeths beliebet, und kan man versichern, daß gewiß nicht leicht iemand anderswo eine solche Menge von alten und neuen Leichen-Predigten wird beysammen gesehen haben.“[71]

---

[67] Landesarchiv Magdeburg (Wernigerode), Rep. H. Stolberg-Wernigerode Stolberg-Stolberg BX Anhang Nr. 19, fol. 4v.

[68] Neue Zeitungen von Gelehrten Sachen Auf das Jahr 1718, Leipzig 1718, 400.

[69] *Hans Bayer,* Die Funeralien-Sammlung auf dem Schlosse zu Stolberg a/H., in: Zeitschrift des Harz-Vereins 10 (1877), 342–348.

[70] Catalogus einiger gesamleter Leich-Predigten in Folio & Quarto. Anno 1716, o.O. 1716. Nds. Staats- und Universitätsbibliothek Göttingen, 4 HLL V, 7491.

[71] Wie Anm. 68.

Aus der Kontroverse, in die Zeitfuchs anläßlich der zweiten Auflage des Katalogs geriet, geht eindeutig hervor, daß sich die Gräfin jede Entscheidung über die Ordnung und die Katalogisierung der Sammlung vorbehielt. Dieser zweite Katalog[72] sah insgesamt 28 ständisch gegliederte Gruppen vor, eine Ordnung, die keinesfalls der Übersichtlichkeit diente. Während der Arbeiten an diesem Katalog, der erst 1733 in einer Auflage von 500 Exemplaren erschien und ebenfalls unvollendet blieb, wandte sich der Bruder der Gräfin, der regierende Graf Christoph Friedrich zu Stolberg-Stolberg, an einen auswärtigen Gelehrten und bat um eine gutachterliche Stellungnahme zu dem Unternehmen seiner Schwester. In einem 1720 geschriebenen Gutachten setzte sich der Breslauer Gelegenheitsdichter und Schriftsteller Christian Stieff mit dem Vorhaben auseinander, wobei er an der ständischen Untergliederung des Katalogs die größte Kritik äußerte und die Ergänzung des Katalogs um mehrere Register forderte. Stieff besaß nach eigenen Angaben eine bedeutende Funeraliensammlung und spricht im Gutachten vom eigenen Umgang mit den Drucken, die er zu genealogischen Zwecken geordnet hatte, indem er sie auseinanderriß:

„Weil die gesammten Predigten und Reden auf ein Fürstl. Haus, oder Vornehme Familie nicht allemal in einem Bande beysammen, so müssen die Bände zerschnitten, und anfänglich aus allen Bänden alles zusammengeklaubet werden, was zueinander gehört. Man leget solches erstlich in fasciculos zusammen, die können hernach, wenn eine Suite complet ist, schon gebunden werden, auf solche Weise habe ich selbst schon über 200 bände zerschnitten, um nur zu einer accuraten Linie derer Geschlechter zugelangen."[73]

In seiner Erwiderung verweist Zeitfuchs auf den Unterschied zwischen der Sammeltätigkeit bürgerlicher Gelehrter, die zu jeweils verschiedenen wissenschaftlichen Zwecken ihre Materialien ordnen, und der von „hohen Standes-Personen", die „für sich und nach Ihrem Gefallen was sammeln und auffheben."[74] Hier tritt ein deutlicher Unterschied zwischen den sich etablierenden professionellen Historikern und Genealogen, verkörpert durch den Brotautor Stieff, und der sich mit der Materie identifizierenden, an der Wahrung der Memoria arbeitenden Fürstin und Gräfin zutage, der es nie in den Sinn kam, die als Gesamtkunstwerk konzipierten Gedenkwerke früherer Generationen auseinanderzureißen, nur um sich schneller und besser informieren zu können. Ihre Ordnungs-

---

[72] Catalogus gesammleter Leich-Predigten und Funeralien in Folio & Quarto unter gewissen Tituln, Stolberg 1733. Nds. Staats- und Universitätsbibliothek Göttingen, 4 HLL V, 7487.

[73] Rep. H. Stolberg-Wernigerode Stolberg-Stolberg BX Anhang Nr. 19, fol. 12v.

[74] Ebd. fol. 14v.

prinzipien bauten auf eine hierarchisch gegliederte ständisch fein differenzierte Sicht, die auch der eigenen dynastischen Verortung diente.

Zusammenfassung

Die hier behandelten Funeralwerke aus anderthalb Jahrhunderten verdeutlichen die immer größer werdende Bedeutung der dynastischen Zugehörigkeit für die literarische Überlieferung von hochadeligen Lebensläufen. Hier wird den Frauen ein biographischer Raum geboten, der ihnen in früheren Gattungen nicht zustand. Mit der Ausbreitung der Frauenviten im Funeralwerk ging der Anspruch einher, an der Gestaltung der eigenen dynastischen Selbstdarstellung mitzuwirken, ein Vorgang, den Heide Wunder für die weibliche Textilarbeit des Spätmittelalters nachgewiesen hat, als deren Fortsetzung sie ausdrücklich die Gattung der Leichenpredigt anführt.[75] Die Arbeit an der Memoria einer Dynastie kann neben der aktiven publizistischen Tätigkeit sich auch in der Aufbewahrung und Dokumentierung von Zeugnissen, im Bucherwerb und in der Ordnung von Wissen für die Nachwelt äußern. Ein Fazit der hier dargestellten Variationen von weiblichem dynastischem Bewußtsein ist, daß das Bedürfnis, sich mit diesen Themen zu beschäftigen, stetig anwuchs – proportional zu der eigenen dynastischen Marginalisierung.[76]

[75] *Heide Wunder,* ‚Gewirkte Geschichte': Gedenken und ‚Handarbeit'. Überlegungen zum Tradieren von Geschichte im Mittelalter und zu seinem Wandel am Beginn der Neuzeit, in: Modernes Mittelalter. Neue Bilder einer populären Epoche, hrsg. v. Jochen Heinzle, Frankfurt/Leipzig 1994, 324–354, hier 348.

[76] Hier möchte ich auf zwei Publikationen hinweisen, die bei der Erarbeitung dieses Beitrages noch nicht vorlagen: *Katrin Keller,* Kurfürstin Anna von Sachsen (1532–1585). Von Möglichkeiten und Grenzen einer „Landesmutter", in: Das Frauenzimmer. Die Frau bei Hofe in Spätmittelalter und früher Neuzeit, hrsg. v. Jan Hirschbiegel/Werner Paravicini (Residenzforschung, 11), Stuttgart 2000, 263–285; *Judith P. Aikin,* Die letzte ihres Geschlechts. Aemilie Juliane von Schwarzburg-Rudolstadt als letzte Gräfin von Barby, in: Blätter der Gesellschaft für Buchkultur und Geschichte 5 (2001), 9–37.

„... so ist ein anders das männliche, ein anders das weibliche Decorum“

Fürstliche Damenappartements und ihre Ausstattungen um 1700[1]

Von Cordula Bischoff

„Die Verzierungen dürfen nicht ohne Bedeutung seyn, und nicht ohne eine Absicht angebracht werden [...].“[2] So faßte der Architekturtheoretiker Christian Ludwig Stieglitz eine Forderung in Worte, die das gesamte 18. Jahrhundert über Gültigkeit hatte und die sich in ähnlicher Form in zahlreichen weiteren Architekturtraktaten wiederfindet. Die Wahl von Bild- und Dekorformen sollte nicht zufällig oder aus rein ästhetischen Gesichtspunkten heraus erfolgen, sondern unterlag einem vielschichtigen Regelwerk, und dies galt sowohl für die außen- wie für die innenarchitektonische Gestaltung. Die ständige Wiederholung solcher Äußerungen in den zeitgenössischen Werken zur Architekturtheorie belegt, daß – zumindest auf theoretischer Ebene – ein ausgeprägtes Bewußtsein über die Regelhaftigkeit der Wohnungsausstattung bestand. So mußte laut Zedler, der in seinem „Universal-Lexikon Aller Wissenschaften und Künste“ den Wissensstand seiner Zeit zusammenfaßte, sämtlicher „Zierrath“, also Gemälde, Schnitzarbeiten, Stuck, etc. den Richtlinien der Symmetrie und der Eurithmie, der richtigen Lage innerhalb des Hauses, folgen und damit der Nutzung des jeweiligen Raumes angepaßt sein. Er sollte die Natur übertreffen, der Mode entsprechen und in der Bedeutung an den Bewohnern ausgerichtet sein.[3] Ganz besonders waren die Regeln der „Wohlanständigkeit“ (auch Höflichkeit, Zierlichkeit, Manierlichkeit) zu beachten, welche das Verhältnis zwischen der Einrichtung und ihren Bewohnern definierten: „Wir nennen vielmehr den Wohlstand diejenige Einrichtung des äusserlichen und indifferenten Thuns und Lassens,

---

[1] Die folgenden Ausführungen beruhen auf meiner Habilitationsschrift, Trier 2001.

[2] *Christian Ludwig Stieglitz,* Encyclopädie der bürgerlichen Baukunst [...], 5 Bde., Leipzig 1792, Bd. 5, Art. „Verzierungen, Zierrathen“, 356. Sinngemäß gleiche Definitionen finden sich auch in den Architekturanweisungen des frühen 18. Jahrhunderts.

[3] Art. „Zierrath“, in: *Johann Heinrich Zedler,* Grosses vollständiges Universal-Lexicon [...], Bd. 62, Halle/Leipzig 1749, 663–670.

welche nach den Regeln geschiehet, die durch die Mode und Gewohnheit derjenigen Menschen, die in einerley Stand mit uns Leben, eingeführet wurden, damit wir ihnen gefallen mögen."[4] Der „Wohlstand" wäre im heutigen Sprachgebrauch etwa gleichzusetzen mit der Angemessenheit von Sprache, Körpersprache und Architektursprache, die in ihrer Wirkung auf andere ausgerichtet ist. Rede, Gestik, Kleidung und Raumausstattung orientierten sich am eigenen Stand, bzw. an dem, was von der Mehrheit des eigenen Standes für angemessen erachtet wurde.

Darüber hinaus galt es, eine Kategorie zu berücksichtigen, deren Relevanz von der Forschung bisher übersehen wurde: „Ausser diesem Unterscheid der Menschen nach dem Stand, nachdem man sich bey der Wohlanständigkeit zu richten, sind sie auch noch nach dem Geschlechte, nach dem Alter, und andern Umständen mehr von einander unterschieden, [...] so ist ein anders das männliche, ein anders das weibliche Decorum."[5] Diese im 17. und 18. Jahrhundert vielfach und klar ausgesprochene Forderung macht nicht nur deutlich, daß geschlechtsspezifische Darstellungsmodi in der Innenraumgestaltung den gleichen Stellenwert einnahmen wie standesspezifische, sondern auch, daß je nach Geschlecht eigene, voneinander unterscheidbare Dekorationsformen angewendet werden sollten. Zu überprüfen ist nun, ob solche theoretisch aufgestellten Kategorien einen Niederschlag in der praktischen Umsetzung gefunden haben. Die kunstwissenschaftliche Bearbeitung des Kunsthandwerks, zu dem die Elemente der Inneneinrichtung gemeinhin gezählt werden, ist sich dieser Dimension bislang kaum bewußt.[6] Im Vordergrund ihrer Untersuchungen stand stets die Einrichtung einzelner Räume oder Raumgruppen unter stilgeschichtlichem Aspekt oder die separate Erforschung bestimmter Ausstattungsstücke wie etwa Möbel, Tapeten, Tapisserien. Das System des Zusammenspiels dieser Gegenstände, ihrer Nutzung und ihrer Wirkung hingegen blieb weitgehend ausgeklammert.

Dagegen widmete sich die historisch-soziologische Forschung seit Norbert Elias verstärkt der Frage nach der Nutzung fürstlicher Innenräume und erklärte deren Gestaltungsweise mit dem Hofzeremoniell. Die von Elias für den Hof von Versailles schlüssig entwickelten Erklärungsmodelle des Zusammenspiels von Architektur, Zeremoniell, Kleidung und Ausstattung als Elemente eines zielgerichteten Repräsentationssystems

---

[4] Art. „Wohlanständigkeit", in: *J. H. Zedler*, Universal-Lexicon (Anm. 3), Bd. 58, Halle/Leipzig 1748, 82–92, hier 83.

[5] Ebd., 85.

[6] Einzig Möhlenkamp untersucht am Beispiel der Residenz Rastatt geschlechtsspezifisch bedingte Grundrißlösungen. *Annegret Möhlenkamp*, Form und Funktion der fürstlichen Appartements im deutschen Residenzschloß des Absolutismus, Diss. Phil. Marburg 1991.

zur Durchsetzung und Ausübung absolutistischer Herrschaft wurden lange Zeit, wenn auch mit Einschränkungen, auf die Höfe des Heiligen Römischen Reiches Deutscher Nation übertragen. Mit der Orientierung am französischen Vorbild, der Imitation sowohl des Zeremoniells als auch der Architektur Ludwigs XIV., schien die Gestaltung deutscher Schlösser hinreichend erklärt. Erst in jüngster Zeit setzt eine präzisere Betrachtung ein, die der Heterogenität der deutschen Verhältnisse Rechnung trägt.[7] So entwickelt Volker Bauer eine Reihe von Zeremoniell- und Hoftypen, die sich nur bedingt oder nur in einzelnen Aspekten am französischen Modell, vielfach jedoch stärker am Kaiserhof und damit am spanisch-habsburgischen Vorbild orientierten. Da das Hofzeremoniell konstitutiv für die architektonische Gestaltung der Räumlichkeiten war, muß folgerichtig auch die sichtbare Hülle, das „gebaute Zeremoniell", differenziert werden nach Status des Fürsten, Größe und Bedeutung des Territoriums, Konfession, dynastischen Verbindungen und politischen Verbündeten. Erst für wenige Einzelbeispiele liegen solche Untersuchungen vor.[8] Schließlich sind die praktischen und repräsentativen Anforderungen etwa einer Residenz, eines Lust- und Jagdschlosses oder eines Witwensitzes[9] zu berücksichtigen.

Diesen neueren Ansätzen der Erforschung barocker Schlösser möchte ich wesentliche Aspekte hinzufügen, indem ich profane Ausstattungskonzeptionen von Raumfolgen der Zeit zwischen 1670 und 1730 im Kontext von Zeremoniell und Hoftyp vergleichend gegenüberstelle.[10] Ausgehend von der Gestaltung von Fürstinnen-Staatsappartements einschließlich der Deckenfresken werde ich besonders die Selbstdarstellung der Auftraggeberinnen in den Blick nehmen. Bislang gibt es keine neueren, unter kritischer Einbeziehung soziologisch-historischer Fragen erstellten Untersuchungen zur deutschen Kunst um 1700, zu profanen Deckenfres-

---

[7] *Volker Bauer,* Die höfische Gesellschaft in Deutschland von der Mitte des 17. bis zum Ausgang des 18. Jahrhunderts. Versuch einer Typologie, Tübingen 1993; *Jeroen Duindam,* Myths of power. Norbert Elias and the early modern European court, Amsterdam 1995.

[8] Zum Beispiel *Erich Konter,* Das Berliner Schloß im Zeitalter des Absolutismus. Architektursoziologie eines Herrschaftsortes, Berlin 1991; *Samuel John Klingensmith,* The utility of splendour. Ceremony, social life and architecture at the court of Bavaria, 1600–1800, Chicago/London 1994.

[9] Braunfels konstatiert zwar „Damenresidenzen und Witwensitze haben im ganzen Reich ihren eigenen Stil", beläßt es jedoch bei dieser Aussage, ohne sie zu konkretisieren. *Wolfgang Braunfels,* Die Kunst im Heiligen Römischen Reich Deutscher Nation, Bd. I: Die weltlichen Fürstentümer, München 1979, 297.

[10] Grundlage meiner Arbeit ist ein Korpus von ca. 30 Schlössern, deren Erhaltungszustand gesichert ist, bzw. deren Appartements schlüssig rekonstruiert werden konnten und zu deren Bewohnerinnen ein aussagekräftiger Bestand an schriftlichen Quellen vorliegt.

kenprogrammen[11] oder zur fürstlichen Wohnung[12]. Die feministische Kunstgeschichtsforschung hat sich, abgesehen von Arbeiten zu Künstlerinnen und zur Ikonographie weiblicher Gestalten, wenig mit der Frühen Neuzeit und kaum mit dem Problemkreis Auftraggeberin/Selbstdarstellung/politische Propaganda befaßt.[13] Forschungen zur Innenraumgestaltung durch Frauen liegen erst ansatzweise und nur für das 19. und 20. Jahrhundert vor.[14]

Da Fürstinnen über eigene Räumlichkeiten und über einen eigenen Hofstaat mit entsprechenden Hofordnungen und Zeremoniellanweisungen verfügten,[15] bietet es sich an, nach dem Zusammenhang von Raumfunktion, Interieur, Zeremoniell und Handlungsabläufen von und für Frauen zu fragen.[16] Was spielte sich im täglichen Ablauf in den Damenappartements ab? Für wen waren die Räume zugänglich? An wen richteten sich die Bildprogramme? Welche Inhalte wurden mit welcher Intention dargestellt? Ersten Ergebnissen der historischen Geschlechterforschung zufolge besaßen hochadelige Frauen in der Frühen Neuzeit mehr Handlungsspielräume und damit auch mehr politische Einflußnahmemöglichkeiten als bisher angenommen.[17] Das läßt sich unter anderem an den Bildkünsten und an der Innenraumgestaltung ablesen, die als Medien der Herrschaftsausübung von einer selbstbewußten (Mit)Regentschaft zeugen können. Meine Untersuchung zielt daher in erster Linie auf die Entschlüsselung von Bildprogrammen als aktiv von Frauen for-

---

[11] Nur Lindemann unternahm den Versuch, in einem „diachronischen und synthetischen Vergleich“ (163) das Bild des Himmels in Deckenfresken sakraler *und* profaner Architekturen zu interpretieren. *Bernd Wolfgang Lindemann,* Bilder vom Himmel. Studien zur Deckenmalerei des 17. und 18. Jahrhunderts, Worms 1994.

[12] Für die Pariser Stadtpaläste vgl. *Katie Scott,* The Rococo interior. Decoration and social spaces in early eighteenth-century Paris, New Haven/London 1995.

[13] Vgl. Kritische Berichte (Themenheft: Weiblichkeitsentwürfe in der Kunst um 1700) 24/4 (1996); für England s. *Marcia Pointon,* Strategies for showing. Women, possession, and representation in English visual culture 1665–1800, Oxford 1997, sowie *Cynthia Lawrence* (Hrsg.), Women and art in early modern Europe. Patrons, collectors, and connoisseurs, Pennsylvania 1997.

[14] *Judy Attfield/Pat Kirkham* (Hrsg.), A view from the interior. Women and design, London 1989.

[15] Zum Problemkreis Zeremoniell und Geschlecht vgl. *Sabine Koloch,* Zeremoniellbücher als Forschungsaufgabe kulturhistorischer Frauenforschung, in: Kritische Berichte 24/4 (1996), 43–60.

[16] Vgl. *Jan Hirschbiegel/Werner Paravicini* (Hrsg.), Das Frauenzimmer. Die Frau bei Hofe in Spätmittelalter und früher Neuzeit, Stuttgart 2000.

[17] Vgl. etwa *Heide Wunder/Helga Zöttlein/Barbara Hoffmann,* Konfession, Religiosität und politisches Handeln von Frauen vom ausgehenden 16. bis zum Beginn des 18. Jahrhunderts, in: Zeitsprünge. Forschungen zur Frühen Neuzeit 1/1 (1997), 75–98; *Heide Wunder,* „Er ist die Sonn', sie ist der Mond“. Frauen in der Frühen Neuzeit, München 1992.

mulierte Ansprüche auf politische Handlungsmacht und als von Männern oder Frauen entwickelte Projektionen von Frauentugend und Weiblichkeit. Darüber hinaus werden die weiteren Raumausstattungselemente in die Betrachtung einbezogen. Deckenfresken stellen zwar zentrale, nicht jedoch die einzigen Medien der Selbstrepräsentation innerhalb eines Raumes dar, zumal sie als Gesamtkunstwerk in Einheit mit Stukkaturen, Möbeln, Wandverkleidungen und Textilien zu lesen sind. Für bestimmte Räume (Lack- und Porzellankabinett, Prunkküche) sowie Gegenstandsgruppen (Paradebett, gestickte Wandbespannungen und Möbelbezüge) läßt sich aufzeigen, daß sie als spezifisch weibliche Repräsentationsmittel eingesetzt und rezipiert wurden.

Neben den bereits angeführten Hof- und Zeremonielltypen bedarf es der Unterscheidung nach dem familiären und politischen Status der Frauen und damit nach den jeweiligen Handlungsspielräumen: Die Rolle als Ehefrau eines Fürsten, als Regentin, als Witwe oder als Mätresse erforderte eigene Bildprogramme. Im Vordergrund meines Interesses steht dabei nicht das jeweils individuell determinierte, aus der persönlichen Lebenssituation erklärbare Bildprogramm, sondern die Suche nach strukturell bedingten Mustern, die die Spezifika des Fürstin- oder Regentin-Seins reflektieren. Zu untersuchen ist, ob es den männlichen Apotheosen als Herkules, Apoll, etc. vergleichbare weibliche Topoi gab, die als ‚Standard'-Programme universell einsetzbar waren und welche Abweichungen davon vorgenommen wurden. Ob und in welchem Maße die Fürstinnen selbst Einfluß auf die Gestaltung der Inhalte nahmen oder ob – etwa im Falle junger Ehefrauen – typisierte Themen vorgegeben wurden, bedarf der Klärung. Daran knüpft sich die Frage nach der Auftraggeberschaft und nach den konkreten Einflußmöglichkeiten der Frauen auf die bildliche Ausgestaltung. In der bisherigen kunstwissenschaftlichen Forschung sind Frauen als Auftraggeberinnen für Schloßbauten und Innenraumdekorationen kaum präsent.[18] In vielen Fällen lassen sich jedoch gezielte Auswahl der Künstler, detaillierte Vorgaben zu den Bildprogrammen und Kenntnisse der jeweiligen ‚Trends' seitens der Fürstinnen belegen. Die bereits in anderen Disziplinen aufgestellten Thesen über die Arbeitsteilung in der (fürstlichen) Ehe, über Handlungsspielräume von Frauen und über ihren Bildungsstand erhalten hier von kunsthistorischer Seite weiterführende Präzisierungen. Das Ausmaß, in dem Frauen (kunst)politisch tätig waren, und die Bedeutung, die sie als Multiplikatorinnen einnahmen, wird damit erstmals in größerem Rahmen

---

[18] In der angelsächsischen Forschung hingegen führte die traditionell stärker verankerte Designgeschichte auch zu ersten Untersuchungen über Frauen als Planerinnen und Gestalterinnen von Häusern. Vgl. *Trevor Lummis/Jan Marsh,* The woman's domain. Women and the English country house, London 1990.

diskutierbar.[19] Letztlich geht es um die Art und Weise der Verbreitung unterschiedlicher Kunstströmungen an den deutschen Höfen und damit um den Anteil, den Frauen an den stilbildenden Diffusions- und Innovationsprozessen von Kunst hatten.

Grundlage meiner Vorgehensweise ist die Methode der empirischen Ikonologie.[20] Voraussetzung ist die Erkenntnis, daß in einem funktionierenden Kommunikationssystem (hier die höfische Sphäre) private, soziale oder politische Ambitionen unterschiedlicher Personen(gruppen) auch durch ähnliche ikonographische Bildmuster ausgedrückt werden mußten, um von den Adressaten verstanden zu werden. Umgekehrt gilt, daß ähnliche Varianten eines ikonographischen Topos auf vergleichbare Ansichten und Absichten der Auftraggeberinnen und Auftraggeber schließen lassen. Solchermaßen lassen sich individuelle Ausformungen von strukturellen Phänomenen unterscheiden. Letztere erst erlauben – in mentalitätengeschichtlichem Sinne – Rückschlüsse auf kollektive gesellschaftliche Erfahrungen und Denkstile einer Zeit.

Damenappartements in Theorie und Praxis

Die Staatsräume und die Fürstenappartements einer Residenz bildeten den äußeren, sichtbaren und bestimmenden Rahmen für die durch die Etikette festgelegten Verhaltensnormen. Dementsprechend kam ihrer Gestaltung höchste Priorität zu. Um 1700 galt an den Höfen des Heiligen Römischen Reiches Deutscher Nation eine kanonische Raumfolge: Dem zentralen ‚öffentlichen' Bereich Vestibul, Treppe und Hauptsaal schlossen sich im ersten Obergeschoß links und rechts die einer eingeschränkten Öffentlichkeit zugänglichen Appartements des Fürsten und der Fürstin an.[21] Beide bestanden in der Regel aus einem Gardesaal, einem oder mehreren Vorzimmern, wobei das erste, zu dem „[...] alle Personen von Distinction hineinzutretten Freyheit haben",[22] oft als Speiseraum be-

---

[19] *Kerstin Merkel/Heide Wunder* (Hrsg.), Deutsche Frauen der Frühen Neuzeit. Dichterinnen, Künstlerinnen, Mäzeninnen, Darmstadt 2000, bes. die Beiträge von Kerstin Merkel und Cordula Bischoff; *Barbara Gaehtgens,* Amalia von Solms und oranische Kunstpolitik, in: Onder den Oranje boom. Textband: Dynastie in der Republik. Das Haus Oranien-Nassau als Vermittler niederländischer Kultur in deutschen Territorien im 17. und 18. Jahrhundert, hrsg. v. Horst Lademacher, München 1999, 265–285.

[20] Vgl. *Cordula Bischoff,* Strategien barocker Bildpropaganda. Aneignung und Verfremdung der heiligen Elisabeth von Thüringen, Marburg 1990.

[21] Gelegentlich – vorwiegend in Lustschlössern – lag das Fürstinnenappartement im ersten Geschoß über dem Fürstenappartement im Erdgeschoß, verbunden durch eine „geheime" Treppe (z.B. Schloß Wilhelmsthal bei Calden, Schleißheim, Oldenburg).

nutzt wurde. Das zweite Vorzimmer diente als Warteraum für diejenigen, die um eine Audienz nachfragten, die ihnen im anschließenden Audienzzimmer gewährt wurde. Es folgte das aus dem französischen Zeremoniell übernommene Paradeschlafzimmer, das in deutschen Schlössern jedoch weniger öffentlich genutzt wurde.[23] Der exklusivste Raum in unmittelbarer Nähe zum Schlafzimmer und meist nur durch dieses zugänglich war das Kabinett (oder mehrere Kabinette).[24] Es konnte als Arbeits- oder Schreibzimmer oder aber als Pretiosen-Kabinett eingerichtet sein und bildete – als Abschluß der in einer Enfilade hintereinander aufgereihten und sich im Anspruch steigernden Räume – den intimsten und hochwertigsten Raum des offiziellen, zur Repräsentation errichteten Staatsappartements. Oft leitete es über zu den anschließend gelegenen „inneren Gemächern" oder der „Retirade", den nicht-öffentlichen Wohnräumen.

Im Prinzip war eine solche Raumfolge in gleicher Weise für Männer wie für Frauen vorgesehen. Dennoch lassen sich Unterschiede im Detail feststellen, die auf die unterschiedlichen Nutzungen und Bedürfnisse von Fürsten und Fürstinnen zurückzuführen sind. Häufig ist der Grundriß zwar völlig identisch, da für beide Appartements die gleiche Anzahl, Größe und Abfolge der Räume gewählt wurde, aber diese wurden unterschiedlich definiert. In Salzdahlum etwa stand Elisabeth Juliane Herzogin von Braunschweig-Wolfenbüttel (1643–1704) ein Vorzimmer weniger zur Verfügung als ihrem Ehemann Anton Ulrich; dafür konnte sie die doppelte Zahl an ‚Funktionsräumen' (Garderobe, Zimmer für die Kammerfrauen und Hofdamen) nutzen. Generell kann davon ausgegangen werden, daß mehr Raum benötigt wurde für die Vielzahl von Hofdamen, die sich immer (auch des nachts) in unmittelbarer Nähe zur Fürstin aufhielten. In weit geringerem Maße als der Fürst hatte sie die Möglichkeit, allein zu sein.

In Architekturanweisungen und -lexika des 18. Jahrhunderts waren durchgehend spezielle Prunkräume für Fürstinnen vorgesehen. Leonhard

---

[22] *Leonhard Christoph Sturm,* Kurtze Vorstellung der gantzen Civil-Bau-Kunst, Augsburg 1745, Kap. VI: Von den heutigen Gebäuden, 20.

[23] An den deutschen Höfen entwickelten sich Mischformen aus dem strengen spanisch-habsburgischen, auf Abschirmung des Fürsten ausgelegten und dem ‚freieren', eher auf öffentliche Zugänglichkeit beruhenden französischen Zeremoniell. Auf Ludwig XIV. geht die Einrichtung eines Paradeschlafzimmers zurück, welches jedoch nur in Versailles mit den Zeremonien des Coucher und Lever wirklich öffentlich war. Anders als in Frankreich existierten in deutschen Residenzen offiziell neben den Staatsappartements Privatgemächer (wobei „privat" im Gegensatz zu „staatlich" zu verstehen und nicht mit „intim" zu verwechseln ist). Vgl. auch *A. Möhlenkamp,* Fürstliche Appartements (Anm. 6).

[24] Am Kaiserhof zu Wien und in einigen nach Wien orientierten Residenzen lag das Kabinett vor dem Schlafzimmer und gewährleistete so symbolisch die Privatheit des Schlafraumes.

Christoph Sturm etwa schlug für einen Herrn ein Schreibkabinett, für eine Dame ein Prunkkabinett vor: „[...] Schreib=Cabinet. Bey dem Frauenzimmer pfleget dieses Zimmer mit Porcellain, andern köstlichen Gefässen, Miniatur-Gemählden und andern solchen Kostbarkeiten ausgebutzet zu werden, und ein Prunck=Zimmer zu heissen."[25] Auch Johann Friedrich Penther definierte 1744 ein Parade-Zimmer unter anderem als spezielles Damenzimmer: „Parade-Zimmer, Prunck=Zimmer, Staats=Zimmer ist in ansehnlichen Schlössern oder Häusern ein kostbar meubliertes Zimmer an den Wohn=Zimmern, so offtmahls bei Solennien zum Audienz-Zimmer gebraucht wird, auch haben vornehme Dames Putz= und Parade-Zimmer, worin kostbare Tapeten, Spiegel, Uhren und dergleichen vorhanden."[26]

In tatsächlich gebauter Architektur läßt sich nur selten feststellen, daß Damen kein Audienzzimmer oder Herren immer ein Schreibkabinett besessen hätten. Es scheint eher, daß Damen wie Herren möglichst alle Funktionen eines Staatsappartements inklusive Prunkkabinetten verwirklicht sehen wollten. Allerdings ist eine weitere normative Forderung nach geschlechtsspezifischer Differenzierung in um so stärkerem Maße verwirklicht worden: Fast alle Autoren konstatieren einhellig, wenn auch undifferenziert, daß die Frauenappartements „besser" ausgestattet seien, so z.B. Julius Bernhard von Rohr: „Die Ausmeublirungen der Zimmer, als, die Façon, und der Zeug der Tapisserien, Stühle, Tische, Spiegel, Gueridons und Gueridonetten, Camine u.s.w. müssen von einander unterschieden seyn. Die Zimmer der Dames werden insgemein besser paradirt und ausmeublirt, als der Manns=Personen, theils, weil man dem schönen Geschlecht in solchen Stücken, die bloß auf den äusserlichen Wohlstand angesehen, aus Höflichkeit und Gefälligkeit gerne einigen Vorzug gönnet, theils auch, weil sie mehrentheils auf die Galanterien mehr erpicht, und an solchen Eitelkeiten grössern Gefallen haben. [...] Die Audienz-Gemächer der Königlichen und Fürstlichen Personen sind noch proprer als die Wohnungs Zimmer, darinnen sie sich ordentlich aufzuhalten pflegen. In ihren Retiraden und Cabinettern findet man, zumahl bey denen Dames, manches noch prächtiger, zierlicher und delicater."[27]

Frauen konnten nicht nur mit einer höheren Anzahl an Prunkkabinetten aufwarten, sondern die Räume selbst waren wesentlich moderner und mit kostbareren Materialien ausgestattet. In zeitgenössischen Reise-

---

[25] *L. C. Sturm*, Civil-Bau-Kunst (Anm. 22), 20.

[26] *Johann Friedrich Penther*, Anleitung zur Bürgerlichen Bau-Kunst, Augsburg 1744, 1. Theil, Lexicon Architectonicum, 118.

[27] *Julius Bernhard von Rohr*, Einleitung zur Ceremoniel-Wissenschaft der Privat-Personen, Berlin 1728, Reprint Weinheim 1990, Kap. XII: Von der Wohnung, von Zimmern und deren Meublen, 529 f.

berichten wurden mit Vorliebe die Staatsappartements von Fürstinnen beschrieben und oft als die kostbarsten Räume des jeweiligen Schlosses gerühmt. Gelegentlich firmierten die Frauenräume explizit unter Bezeichnungen wie die „Schönen Zimmer“, so etwa in Weikersheim.[28] Eine jahrzehntelang auf Stilkritik und damit auf die Suche nach dem „erstmaligen“ Auftreten bestimmter Stilphänomene ausgerichtete Kunstgeschichtsschreibung hat festgestellt, daß in zahlreichen Raumausstattungsprogrammen stilistische Neuerungen zuerst in den Damenappartements auftraten. So gelten übereinstimmend die Deckenfresken (1704–07) in den von Markgräfin Sibylla Augusta von Baden-Baden bewohnten Räumen der Rastatter Residenz als die frühesten erhaltenen deutschen Beispiele der von Italien übernommenen illusionistischen Architekturmalerei.[29] Besonders auffällig sind die sehr frühen Spiegelkabinette, die offenbar eine ‚weibliche‘ Tradition fortführten: 1599 wurde das Spiegelkabinett der Katharina von Medici erwähnt; im Laufe des 17. Jahrhunderts richteten sich vor allem französische Damen Spiegelkabinette ein, unter anderem entstand 1688 auf Veranlassung Ludwigs XIV. das Kabinett seiner neuen Mätresse Mademoiselle de La Vallière.[30] Die Verbindung von Spiegel- und Porzellankabinett wurde erstmals 1687 für das Appartement der Prinzessin Amalie von Oranien in der niederländischen Statthalter-Residenz Honselaarsdijk beschrieben.[31] Zu den frühen deutschen Beispielen zählen Charlottenburg 1705 (Sophie Charlotte und Friedrich I. von Preußen),[32] Schloß Favorite ab 1710 (Sibylla Augusta von Baden-Baden) und Weikersheim 1708–1717 (Elisabeth Friederike Sophie von Hohenlohe).[33]

Das früheste erhaltene Lackkabinett im chinesischen Stil findet sich in Schloß Rosenborg/Kopenhagen und wurde 1663–65 für die dänische Königin Sophie Amalie (1628–1685) angefertigt.[34] Um 1700 kamen „In-

---

28 *Georg Sigmund Adelmann von Adelmannsfelden,* Barocke Möbel und Schreinerarbeiten im Schloß Weikersheim, in: Württembergisch-Franken N.F. 28/29 (1953), 242–268, hier 254.

29 *Ulrike Grimm,* Die Dekorationen im Rastatter Schloß 1700–1771, Karlsruhe 1978, 90 ff; *Dietrich Rentsch,* Rastatt. Führer durch Schloß und Stadtanlage, Karlsruhe 1985, 37.

30 *Serge Roche/Germain Courage/Pierre Devinoy,* Spiegel. Spiegelgalerien, Spiegelkabinette, Hand- und Wandspiegel, Tübingen 1985, 39 f.

31 *Wies Erkelens,* Der statthalterliche Hof Friedrich Heinrichs und der Amalie von Solms, in: Onder den Oranje boom (Anm. 19). Katalogband, München 1999, 107–130.

32 *Fransziska Windt,* „Es zerstreut, die schönen Porzellane anzuordnen“, in: Sophie Charlotte und ihr Schloss. Ein Musenhof des Barock in Brandenburg-Preußen, Ausstellungskatalog München 1999, 153–159.

33 *S. Roche u.a.,* Spiegel (Anm. 30), 41.

34 *Mogens Bencard/Jørgen Hein,* Rosenborg. Die Sammlungen der Dänischen Könige, 5. Aufl. Esbjerg 1995, 7.

dianische Kabinette", im ostasiatischen Stil mit Lackmalerei ausgestattete Räume zur Aufstellung von Porzellansammlungen, auf. In dem 1689 erstellten Inventar von Schloß Caputh wird bereits ein Fayence-Täfelung imitierendes Kabinett in blau-weißer Lackarbeit der Kurfürstin Dorothea von Brandenburg genannt.[35] Ein besonders prächtiges Exemplar in der Eremitage hat Markgräfin Wilhelmine von Bayreuth (1709–1758) teilweise eigenhändig ausgeführt.[36] Auch der Alkoven (Bettnische), unerläßlicher Bestandteil des Paradeschlafzimmers, ist außerhalb seines Ursprungslandes Spanien erstmals 1651 im Schlafzimmer der Königin von Frankreich und dann 1668 in der Münchner Residenz in den Räumen der Kurfürstin Henriette Adelaide von Bayern (1636–1676) nachgewiesen.[37]

Diese Beispiele, die sich um zahlreiche weitere ergänzen lassen, machen zum einen deutlich, daß Wert darauf gelegt wurde, die Räumlichkeiten der Damen auf dem neuesten Stand in puncto Möblierung und Innenausstattung zu halten. So wurden bei Wiederverheiratung eines Fürsten in der Regel sofort neue Räume oder zumindest neue Ausstattungen in Auftrag gegeben, so daß die neue Ehefrau nicht im Ambiente der Vorgängerin leben mußte. Zum anderen läßt sich jedoch erkennen, daß in den weitaus meisten Fällen die Fürstinnen selbst aktiv an der Gestaltung ihrer Appartements beteiligt waren. Das Wissen um neue Trends in Sachen Kunst und Kunsthandwerk scheint geradezu als eine der wesentlichen und – wie aus der normativen Literatur ersichtlich wird – wünschenswerten und angemessenen Beschäftigungen für hochadlige Damen erachtet worden zu sein. Nicht nur eine Regentin oder Witwe konnte eigenständig Künstler beauftragen, Bildprogramme entwerfen, Einkäufe veranlassen, ja, ganze Schlösser planen und bauen lassen. Auch in der scheinbar untergeordneten Rolle der Ehefrau eines Fürsten lag die Planung häufig in ihren Händen. Es war verbreitete Sitte, den Ehefrauen etwa zur Hochzeit oder zur Geburt eines Kindes ein Grundstück oder ein Lustschloß zu schenken, dessen Bau oder Umbau dann von den Frauen betrieben wurde.[38] Aber auch in den Fällen, in denen nach außen hin der

[35] *Walter Stengel,* Alte Wohnkultur in Berlin und in der Mark im Spiegel der Quellen des 16.–19. Jahrhunderts, Berlin 1958, 73.

[36] *Walter Holzhausen,* Lackkunst in Europa. Ein Handbuch für Sammler und Liebhaber, Braunschweig 1959.

[37] *W. Stengel,* Alte Wohnkultur (Anm. 35), 168.

[38] Häufig läßt bereits der Name eines Lustschlosses auf die Benennung nach der Beschenkten schließen. So schenkte Markgraf Christian Ernst von Brandenburg-Kulmbach seiner ersten Frau Erdmuthe Sophia das 1663–69 erbaute Schloß Sophienthal, seiner dritten Frau Elisabetha Sophia 1703 das Schloß Elisabethenburg. 1663 übereignete Kurfürst Ferdinand Maria von Bayern seiner Gemahlin Henriette Adelaide die Grundstücke Menzing und Kemnathen für die ein Jahr zuvor erfolgte Geburt des Erben; Henriette Adelaide ließ dort den Landsitz Nymphenburg erbauen. Wilhelmine von Bayreuth erhielt 1735 anläßlich des Regierungsan-

Ehemann als Auftraggeber in Erscheinung trat, gibt es Hinweise darauf, daß die Ehefrauen zumindest in die Entscheidungsprozesse einbezogen wurden, wenn sie nicht gar die eigentlichen Entscheidungsträgerinnen waren. Mehrfach finden sich in der Korrespondenz von Fürsten mit Künstlern Bemerkungen, die auf eine Absprache mit den Gattinnen schließen lassen. Markgraf Ludwig Wilhelm von Baden-Baden schrieb 1699 anläßlich des Baues der Rastatter Residenz an den Architekten Domenico Egidio Rossi: „In dem übrigen erwarte die Riß [Entwürfe] von Rastatt und Scheibenhardt mit großem Verlangen, welches letztere meiner Frau Gemahlin Lbd. sehr anlieget und große Freude machet.“[39] Auch aus den zahlreichen Schreiben des Hamburger Malers Hans Heinrich Rundt, der über zwanzig Jahre lang als Hofmaler für das Haus Lippe tätig war und eine Vielzahl von Bildern für das Residenzschloß Detmold anfertigte, geht hervor, daß er über seinen Ansprechpartner, den lippischen Landrezeptor des Grafen Friedrich Adolf zur Lippe, Christoph Leinweber, nicht nur die Zustimmung des Auftraggebers, sondern auch von dessen zweiter Gemahlin, Amalie von Solms (1667–1718), erbat. Er machte am 16. Dezember 1704 einen Vorschlag für das Deckengemälde des Kabinetts der Gräfin mit den Worten: „Ob meinen gnädigen Herrn und meiner gnädigen Frauen allergnädigst belieben solten, so wolte auff gnädigen Befehl auff den Plafon verfertigen [...].“ Über ein Jahr später, am 6. April 1706, ließ die Gräfin nachfragen, wie weit das Gemälde gediehen sei: „Ihro Hochgräffl. Gnaden die Frau Gräffin verlangen hertzlich daß Plafon [...]“, welches auch am 7. Mai 1706 noch nicht vollendet, aber weit fort geschritten war: „[...] Auff daß die Begierde der gnädigen Frau Gräffin möchte befriedigen [...]“.[40]

Das Metier der Inneneinrichtung galt offenbar als typische Aufgabe der Frauen. Die Beschäftigung mit bildender Kunst im allgemeinen und mit Möbeln, Textilien, Gartenbau sowie Handarbeiten im speziellen war eines der wenigen gesellschaftlich zugestandenen und für hochadlige Damen als angemessen erachteten Tätigkeitsfelder.[41] Es ist kein Zufall, daß fast alle architektonisch planenden und gestaltenden Frauen zugleich aktive dilettierende Künstlerinnen waren.[42] Die dadurch beson-

---

trittes ihres Ehemannes das Terrain der Eremitage zum Geschenk. Bereits zur Geburt ihrer Tochter 1732 hatte sie von ihrem Schwiegervater das Schlößchen Monplaisir erhalten.

[39] Brief vom 28. Mai 1699, zitiert nach *Hans Georg Kaack,* Markgräfin Sibylla Augusta. Die große badische Fürstin der Barockzeit, Konstanz 1983, 116.

[40] Zitiert nach *Hans Kiewning,* Der Hamburger Maler Hans Hinrich Rundt, in: Mitteilungen aus der lippischen Geschichte und Landeskunde 13 (1927), 63–102.

[41] Vgl. für England *Charles Saumarez Smith,* Eighteenth-century decoration. Design and the domestic interior in England, London 1993, speziell Kapitel „Women and decoration“, 233 ff.

ders starke Verbreitung von Lackkabinetten in den Damenappartements führte zu einem gesteigerten Interesse an der Herstellung von Lackmöbeln und -gegenständen.[43] Kaum eine der Fürstinnen führte nicht auch eigenhändig Lackarbeiten aus! Sibylla Augusta von Baden-Baden hinterließ ein handschriftliches, 1688 begonnenes Rezeptbuch voller praktischer Hauswirtschaftstips, betitelt „Vierfacher Handschrein Unterschiedlich angemerckter Kunst-Speiss-Confitur- und Medicinal-Sachen“, in dem ein eigenes Kapitel der „aufrichtige[n] Lack und Lasier Kunst“ gewidmet ist. Sie bezieht sich weitgehend auf ein verbreitetes zeitgenössisches Kunsttraktat, fügt jedoch Firnis-Rezepte „aus eigener erfahrung und experience“ hinzu.[44] Das kostbare Japanische Kabinett im Alten Schloß Eremitage der Markgräfin Wilhelmine von Bayreuth besteht neben vier Tafeln aus originalen chinesischen Paravents überwiegend aus Lacktafeln „von Ihro Königl. Hoheit eigenen Arbeit“.[45]

Ähnlich verhält es sich mit Stickarbeiten, die traditionell von Fürstinnen und ihren Hofdamen, nach eigenen Entwürfen oder nach Mustern professioneller Stickmeister, angefertigt wurden. Neben der Anfertigung von Geschenken war die Gestaltung von Sesselbezügen[46] und Bettvorhängen für die eigenen Räume beliebt. Kaum eine zeitgenössische Reisebeschreibung unterläßt den Hinweis auf die von der Fürstin selbst ausgeführten Handarbeiten. Bei einem Besuch von Schloß Salzdahlum beispielsweise bemerkte der reisende Jurist und Baumeister Johann Friedrich Armand von Uffenbach 1728: „[...] die meisten [Meubles] aber als Bette, Stühle und Teppiche von gewohnter Arbeit nach allerley Art von ermeldeter Hertzogin [Elisabeth Juliane von Braunschweig-Wolfenbüttel] verfertiget sind, die einen ungemeinen Fleiß hieran bewießen.“[47]

---

[42] Z.B. *Kerstin Merkel,* Caroline Luise, Markgräfin von Baden-Durlach (1723–1783), in: K. Merkel/H. Wunder (Hrsg.), Deutsche Frauen (Anm. 19), 195–209.

[43] „Es war in Deutschland [...] ein Zeitvertreib besonders für müßige Damen, wie etwa 150 Jahre später die Brandmalerei oder die Bronzierwut [...]“. *W. Stengel,* Alte Wohnkultur (Anm. 35), 80.

[44] *W. Holzhausen,* Lackkunst in Europa (Anm. 36), 253–257. Des weiteren werden Angaben gemacht zur Verarbeitung von Wachs, zur Anfertigung von Farben, zur Herstellung von Glasperlen und zur Steinschnittkunst. *Hans Leopold Zollner,* Aus dem „Kunst-, Speiß-, Confitur- und Medicinal“-Buch der Markgräfin Sibylla Augusta, in: Landkreis Rastatt. Heimatbuch 2 (1975), 95–108.

[45] *Erich Bachmann/Lorenz Seelig,* Eremitage zu Bayreuth. Amtlicher Führer, München 1987, 25 f.

[46] Erhalten sind beispielsweise genähte Arbeiten von Sophie Charlotte von Preußen und ihrer Mutter Kurfürstin Sophie von Hannover (vor 1705, Schloß Charlottenburg) sowie gestickte Sesselbezüge von Königin Charlotte Amalie von Dänemark (1718, Schloß Rosenborg).

[47] *Max Arnim* (Hrsg.), Johann Friedrich Armand von Uffenbach's Tagbuch einer Spazierfarth durch die Hessische in die Braunschweig-Lüneburgischen Lande, 1728, Göttingen 1928, 27.

Offenbar galt die Beherrschung kunsthandwerklicher Techniken ebenso wie die Sammlungstätigkeit als Ausweis künstlerischen Geschmacks. Sichtbarer Ausdruck für beide Fähigkeiten war die innenarchitektonische Gestaltung des Schlosses.

Daher verwundert es nicht, daß den hochadligen Damen die wichtige Aufgabe der Neugestaltung und Neueinrichtung von Appartements auch anläßlich fürstlicher Hochzeiten übertragen werden konnte, wenn also ein neuer Hausstand gegründet und damit eine neue dynastische Verbindung oder die Fortsetzung eingespielter Bündnispolitik gefeiert wurde. Der am Wiener Hof als Kaiserlicher Geheimer Rat tätige Fürst Carl Dietrich Otto zu Salm (1647–1710) ernannte seine jüngste unverheiratete Schwester Marie Christine (1655–1744) zu seiner Bevollmächtigten und beauftragte sie, für die bevorstehende Hochzeit seines Sohnes die heimatliche Wasserburg Anholt zur Residenz erweitern und neu ausstatten zu lassen. Zwischen 1697 und 1700 berichtete sie dem Bruder regelmäßig über die Fortschritte der Arbeiten, bat um Kommentare zu Anschaffungsvorschlägen und Arbeitsplänen, verglich Preise für Möbel und Stoffe aus verschiedenen Ländern und überwachte die Lieferung der Einkäufe.[48] In ähnlicher Weise besorgte Liselotte von der Pfalz 1706 in Paris im Auftrag ihrer Tante, der Kurfürstin Sophie von Hannover, die Hochzeitsausstattung für Sophie Dorothee und Friedrich Wilhelm I.[49]

Ausstattung als Medium fürstlicher Repräsentation

Es stellt sich die Frage, weshalb so viel Wert darauf gelegt wurde, gerade die Räumlichkeiten der fürstlichen Ehefrauen derartig prächtig und modern zu gestalten. Eine – wenn auch sicherlich nicht überzubewertende – Erklärung liegt in der technischen Durchführung der Bauaktivitäten: Bei Neubauten von Residenzen waren es meist die Staatsappartements des Fürsten, die zuerst fertiggestellt wurden. Die Pendants wurden mit einigen Monaten oder auch Jahren Verzögerung ausgestattet und waren dementsprechend moderner.

Entscheidender war jedoch die Bedeutung der Damenappartements für die fürstliche Repräsentation: Die Frauenräume unterlagen wohl einer weniger restriktiven Nutzung als die Herrenappartements. Sowohl die Zeremoniellbücher als auch die Briefe und Berichte höfischer Besucher lassen den Eindruck entstehen, daß offizielle Zusammenkünfte und Feierlichkeiten in einem erheblichen Maße in den Quartieren der Damen stattfanden. So meldeten sich auswärtige Besucher in der Regel zuerst

---

48 *Adriaan W. Vliegenthart,* Boulle Möbel der Fürsten Salm, Rhede 1995.

49 *W. Stengel,* Alte Wohnkultur (Anm. 35), 180.

bei der Fürstin, um dann bei wohlwollender Aufnahme, und oft erst nach einigen Tagen, dem Fürsten aufwarten zu dürfen. Das Zeremoniell sah für diesen eine rigider geregelte Zugänglichkeit vor, wie etwa Carl Ludwig von Pöllnitz anläßlich des Besuchs des Prinzen August von Sachsen am Königshof zu Madrid berichtete: „Weil aber das Zeremoniell dem König [Karl II. von Spanien] nicht erlaubte, ihn [Prinz von Sachsen] noch am selben Tage zu sprechen, ließ er ihm sagen, er sei ihm in seinem Lande und an seinem Hofe willkommen. Es würde ihm ein Vergnügen sein, ihn bei sich zu sehen. Die Königin aber, die nicht so sehr an die Etikette gebunden war, ließ ihm mitteilen, sie wünsche ihn noch diesen Abend zu sprechen. Er solle über die geheime Treppe zu ihr geführt werden.“[50] Obwohl Prinz August bereits bei der Königin eingeführt war, mußte er warten, bis er dem König seine Aufwartung machen konnte, was sich verzögerte, da der König unpäßlich wurde. Schließlich wurde er mit allen Ehren empfangen und nach kurzer Zeit entlassen. „Darauf bat er [der König] den Prinzen, zur Königin zu gehen, die ihn sehnsüchtig erwarte. Der Prinz dankte dem König für die außerordentliche Gnade, und der Graf von Benavente meldete ihn bei der Königin. Alle Herren, die im Zimmer des Königs warteten, begleiteten den Prinzen in die Gemächer der Königin. Ihre Majestät empfing ihn mit dem gleichen Respect wie beim ersten Mal.“[51]

Die abendlichen Zusammenkünfte mit Gästen, seien es Einladungen zum Essen, zum Spiel oder zum Ball, fanden an den meisten Höfen ebenfalls in den Räumen der Fürstin statt. Der italienische Reisende Fra Alessandro Bichi ließ sich 1696 am Hof zu Berlin zuerst bei Kurfürstin Sophie Charlotte vorstellen und wurde gleich zum abendlichen Spiel eingeladen. Wiederum erfolgte die Aufwartung beim Kurfürsten in einer halbstündigen morgendlichen Audienz, „da er Fremde zu keiner andern Zeit empfängt“. Am Tage darauf reiste das Kurfürstenpaar nach Potsdam ab. Die Kurfürstin „[...] erwies mir außerdem die Gunst, mich nach dem erwähnten Lustort [Potsdam] einzuladen und mir [...] Platz in einem Sechsspänner anzuweisen. [...] Während ich mich ungefähr fünf Tage lang in Potsdam aufhielt, hatte ich die Ehre, viermal an der Morgentafel des Kurfürsten und allabendlich an der Tafel der Kurfürstin zu speisen [...].“[52]

50 *Carl Ludwig von Pöllnitz,* Das galante Sachsen, [Dt. Ausgabe 1735] München 1995, 13 f.

51 Ebd., 18 f.

52 *[ohne Autor]* Berlin und sein Hof im Jahre 1696. Reiseerinnerungen des Fra Alessandro Bichi aus Siena, in: Die Grenzboten. Zeitschrift für Politik, Literatur und Kunst 50 (1891), H. 1, 20–30, H. 2, 71–81, hier 71 ff.

Die Zimmer einer Fürstin wurden anscheinend deshalb häufiger frequentiert, weil sich in ihnen die Möglichkeit bot, dem engen und starren Zeremoniell zu entfliehen, bzw. weil in ihnen ein anderes Zeremoniell zur Anwendung kam als in den Fürstengemächern. So schildern mehrere Autoren, daß man am Kaiserhof in drohenden Konfliktsituationen, die sich auf Grund der Präzedenz ergeben konnten, auf die Zimmer der Kaiserin auswich. „Speiset ein Churfürst mit dem Kayser, so Geschiehet selbiges, um alle Difficultäten der Ceremonien zu vermeiden, auf der so genennten Seite oder Quartier der Kayserin, da denn die Bedienung der Tafel von lauter Hoff=Damen verrichtet wird. Denn weil die Gesandten und Abgesandten auswärtiger Potentzien dem Kayser, wenn er en Ceremonie speiset, aufzuwarten, und nun einige darunter zu seyn pflegen, die von den Majestäten und Souverains mit dem Charactere repraesentativo gezieret sind, so weigern sich diese bey einer Tafel zu stehen, wo ein Churfürst, an welchen sie nicht gesandt worden, sitzet [...]".[53] Hingegen standen Fürstinnen, wenn sie den ihnen zustehenden Rang gefährdet sahen, schwerlich andere Räumlichkeiten zur Verfügung. Ihnen konnte nur das (Parade-)Bett selbst als ein Rückzugsort dienen, in dem das Zeremoniell außer Kraft gesetzt wurde. Anläßlich von Besuchern, deren genauer Rang unbekannt war, riet Winterfeld: „Kan man es dan nicht erfahren [wer ein Unbekannter sey]/so nimt man denn die Visite im Bette an; Wie der Graff Königsmarck zu Pariß war/und das Frauenzimmer besuchen wolte/wurde gezweiffelt/ob es ihm das Geleite geben solte. Ob nun wohl solches nicht gebräuchlich war/doch zu betrachten/daß er ein Königl. Ambassadeur, und deßwegen in Qualität seines Königs zu tractiren/er auch in Ansehung dessen mit dem König in bedecktem Haupte geredet/als schiene es/es solte das Frauenzimmer ihn zum wenigsten biß vor die Stube begleiten: Endlich wurde dieses Mittel getroffen/und legten sich alle Damen ins Bette/da haben sie nun schöne Cammersolen und Hauben auf."[54]

Das Damenappartement war offenbar einerseits einem größeren höfischen Personenkreis zugänglich als das des Fürsten, andererseits diente der Empfang durch die Fürstin als ‚Filter', den es zu passieren galt, um Zugang zum Fürsten zu erhalten. Die ‚dienstlich' genutzten Staatszimmer des Fürsten fanden somit ihre Entsprechung in den ‚repräsentativ-gesellschaftlichen' Kommunikationsräumen der Fürstin. Insofern besaß ein gesteigerter Aufwand an Ausstattung in den Damenappartements durchaus seine Berechtigung.

---

[53] *Gottfried Stieve,* Europäisches Hof=Ceremoniel, Leipzig 1723, 198.

[54] *Friedrich Wilhelm von Winterfeld,* Teutsche und Ceremonial-Politica, 2 Bde., Frankfurt/Leipzig 1700, 1702, Bd. 1, 932 f.

Selbstthematisierung der Fürstin durch Bildprogramme

Neben den repräsentativen Funktionen der Damenappartements erweist sich die Sprache der Bildprogramme als zentrales und politisch wirksames Medium für Fürstinnen, für ihre Selbst- wie für ihre Fremddefinition. Die Entschlüsselung der ikonographischen Programme ergab zentrale, in unterschiedlichen Formen immer wiederkehrende Themenkreise.

Ein in zahlreichen Allegorien und mythologischen Figuren verbildlichtes Themenfeld ist die *Liebe*. Der Liebesdiskurs scheint geradezu *das* adäquate Medium gewesen zu sein, um Botschaften unterschiedlichster Art angemessen zu transportieren. Auf einer ersten, wörtlich zu lesenden Ebene sind die Liebesthematiken als Kommentare zu Ehe- und Liebesvorstellungen angelegt, auf einer zweiten Ebene bilden sie Metaphern für weitere, oft politische Inhalte. Obwohl – oder gerade weil – fürstliche Eheschließungen in der Regel alles andere als Liebesheiraten waren,[55] gehörte die Fiktion der Einheit von Ehe und Liebe zum standardisierten Kanon bei fürstlichen Hochzeiten und bei der Gestaltung entsprechender Räumlichkeiten. Zurückgehend auf eine lange Tradition – cassoni des 14./15. Jahrhunderts, Kabinettkästchen und -schränke des 17. Jahrhunderts bis hin zur Ausmalung eines kompletten Appartements mit Liebespaaren (Ovid) oder Liebesemblemata – und verstärkt in den ersten Jahrzehnten des 18. Jahrhunderts wurde ein ‚Standardtyp' für junge Ehefrauen geprägt, der ihnen die Verantwortung für die Liebe (auch die sexuelle) und für das Gelingen der Liebe zuschrieb. Bestimmten hingegen Frauen selbst die Ausgestaltung ihrer Räumlichkeiten, konnte die Liebesthematik umgedeutet werden, etwa indem der Verzicht auf wahre Liebe zu einer Herrscherinnentugend stilisiert wurde (Kurfürstin Henriette Adelaide von Savoyen in der Münchner Residenz) oder indem die mütterliche Liebe und damit die Fortführung der Dynastie hervorgehoben wurde (Markgräfin Sibylla Augusta von Baden-Baden, Schloß Favorite).

Ein weiterer Themenkreis ist die Verbildlichung des häufig programmatisch formulierten *Ehrbegriffes*. Aspekte wie Frauentugenden, insbesondere die Beschäftigung mit Kunst und Religion, die Standesehre oder die Ehre des Hauses kamen zum Tragen. Sehr häufig etwa beriefen Fürstinnen sich auf die dynastische Linie ihrer Herkunftsfamilie und setzten daher (bildliche) Bezüge eher zu ihren Vätern als zu ihren Ehemännern.

---

[55] Vgl. *Michael Stolleis,* Staatsheiraten im Zeitalter der europäischen Monarchien, in: Die Braut – geliebt, verkauft, getauscht, geraubt. Zur Rolle der Frau im Kulturvergleich, hrsg. v. Gisela Völger/Karin von Welck, Ausstellungskatalog Köln 1985, Bd. 1, 274–279.

Dies war vor allem dann der Fall, wenn sie einer höherrangigen Familie entstammten. Sie bestanden weiterhin auf ihrem Geburtsrang, was sich sowohl in – häufig schwer erkämpften – Fragen des Zeremoniells als auch in der „Bildpropaganda“ niederschlug.

Ein dritter Schwerpunkt liegt auf den in zahlreichen Bildfolgen thematisierten weiblichen und männlichen *Herrschertugenden*, verkörpert etwa durch die „Guten Heldinnen“ und „Guten Helden“ und Varianten davon. Hier wurde offenbar stärker auf die Rolle der Frau eines Regenten und die Dualität des sich in seinen Tugenden und Regierungsfunktionen ergänzenden Herrscherpaares angespielt. Eine besonders aufschlußreiche Konstellation ergab sich, wenn Fürstinnen Regierungsfunktion übernahmen – was in der ersten Hälfte des 18. Jahrhunderts sehr häufig der Fall war – und diesen Statuswechsel in Bildfolgen zum Ausdruck brachten. Es zeichnet sich ab, daß es eine eigenständige genuin weibliche Traditionslinie in der Selbstdarstellung von Regentinnen gab: Bezugnehmend auf die französischen Regentinnen Marie de Medici und Anne d'Autriche und deren vorbildhaft wirkende „femmes fortes-Ikonographie“[56] manifestierten auch deutsche Fürstinnen ihre Ansprüche auf Herrschaft.[57]

Neben der bildlichen Selbstdarstellung sind Konzepte zu beobachten, in denen die architektonische Form und die Raumgestaltung selbst bereits bestimmte weibliche Tugenden symbolisieren. So haben sich einige Fürstinnen um 1700 mit kostbarem Kupfer- oder Fayencegeschirr ausgestattete Prunkküchen zur Demonstration ihres Hausfrauenfleißes und ihrer Rolle als Hausmutter eingerichtet, die in zahlreichen Reisebeschreibungen als etwas Besonderes erwähnt werden.[58] Berühmt war die noch heute erhaltene, in Symmetrie zur Nutzküche angelegte Schauküche der Markgräfin Sibylla Augusta von Baden-Baden in ihrem Lustschloß Favorite: „In den untern Gewölben siehet man mit Vergnügen die treffliche Ordnung der Küche, Speise=Cammer, Apotheke, des Waschhauses, ec. und macht sich die Markgräfin eine Freude, ihre Gäste auch in diesen unterirdischen Einrichtungen herum zu führen.“[59] Nicht ohne kritische

[56] *Barbara Gaehtgens*, Macht-Wechsel oder die Übergabe der Regentschaft, in: Die Galerie der Starken Frauen. Die Heldin in der französischen und italienischen Kunst des 17. Jahrhunderts, hrsg. v. Bettina Baumgärtel/Silvia Neysters, Ausstellungskatalog Düsseldorf 1995, 64–78.

[57] Vgl. das um 1672 errichtete (aber bereits 1674 durch Brand zerstörte) Vorzimmer der Kurfürstin Henriette Adelaide von Savoyen in der Münchner Residenz, das einen Zyklus antiker Heldinnen aufwies.

[58] Ausführlich dazu *Cordula Bischoff*, „... daß es was artiges sey zum Plaisir einer Fürstin ...“. Zum Phänomen der Prunkküche im Schloßbau des 17. und frühen 18. Jahrhunderts, in: J. Hirschbiegel/W. Paravicini, Das Frauenzimmer (Anm. 16), 193–204.

Untertöne hingegen beschreibt Sturm 1719 einem fiktiven Briefpartner gegenüber die Prunkküche von Salzdahlum: „Er beklaget sich/daß ich Ihm nichts von der Hertzogin Bade und Küche gemeldet habe/wie auch vor dem Saal/und vor der Orangerie, da ihm doch ein guter Freund versichern wolle/daß dieses beynahe die sehenswürdigsten Stücke daselbst seyen. [...] In der Kuche an sich selbst ist so wenig sonderliches anzumercken/daß ich solchen falles eine gemeine Bürgerliche Prang=Küche zu Nürnberg remarquabler halte/wie denn die Herrschaft selbst schwerlich intendiret hat etwas sonderliches vor Passagier da anzulegen/unter denen aber einige/welchen es was ungewohntes ist bey einer Fürstin Gemach eine Küche zu sehen/etwas sonderliches daraus machen. Das artigste dabey ist ein Cabinet, darinnen an einer Seite ein vollkommen Tafel=Servis von weissen Venedischen Glase [...]. Auf der andern Seite gegenüber stehet dergleichen Servis von Porcellain, welches mein Herr von selbst leicht ermessen wird/daß es nicht aecht Porcellain, sondern nur auserlesen Delphtisch Gut seyn könne/weil es viel grössere Weitläuffigkeit und Kosten verursachen würde/dergleichen in China expresse machen zu lassen/[...] als ein nicht verschwenderischer Fürst sie gegen dem Nutzen oder Endzweck so man dabey hat/proportionirt erachten würde. Da man nun itziger Zeit von nichts grosses rühmens machen soll/ als was nach der hoffärtigen Welt fein kostbahr ist/ein jeder aber von selbst sehen kan/daß es was artiges sey zum Plaisir einer Fürstin/die niemahl Plaisir gefunden hat in dem zu grossen Kostbahrkeiten ausgepresseten Schweiß der Unterthanen/habe ich nicht nöthig erachtet/daß ich in meinem Schreiben dessen à parte Meldung thun sollte. [...]“[60]

Über die Zuordnung der Bildfolgen zu den jeweiligen Fürstinnen lassen sich Auftraggeberinnen-Typen bilden, die die verschiedenen Lebensstadien, Adelshierarchien sowie unterschiedliche Konfessionen berücksichtigen, da diese Merkmale konstitutiv für die bildliche Selbstdarstellung sind. So steht Henriette Adelaide von Bayern modellhaft für die Kurfürstin, die Ehefrau und die Katholikin, aus deren Bildprogramm die Sehnsucht nach individueller Liebe spricht, die sublimiert wird in politische Macht, die teilweise gegen ihren Ehemann gerichtet ist. Markgräfin Sibylla Augusta von Baden-Baden verkörpert die vormundschaftliche Regentin (Residenz Rastatt) und die Witwe (Lustschloß Favorite), in deren Schloßausstattungen sich trotz ihrer individuellen künstlerischen

---

[59] *Johann Georg Keyßler,* Neueste Reise durch Teütschland, Böhmen, Ungarn, die Schweitz, Italien, und Lothringen [...], Hannover 1740, Bd. 1, 141. Der Besuch des Schlosses erfolgte am 8. September 1729.

[60] *Leonhard Christoph Sturm,* Durch einen grossen Theil von Teutschland und den Niederlanden biß nach Pariß gemachete Architectonische Reise-Anmerckungen. Zu der vollständigen Goldmannischen Bau-Kunst VIten Theil als Anhang gethan, Augsburg 1719, 9.

Gestaltung die vielfach vorgeprägte femmes fortes-Ikonographie zur Untermauerung der Regentschaftsansprüche und die dem Witwenstatus angemessenen künstlerisch-hausfraulichen Tugenden darstellen. Am Beispiel der Amalie von Solms lässt sich die Allgemeingültigkeit der Liebespaar-Utopie vorführen, die auch an kleinen Höfen galt. Mit Königin Sophie Charlotte in Preußen wird aufgezeigt, wie der Aufstieg von der Kurfürstin zur Königin erweiterte Handlungsspielräume schuf und wie dieser sich auf die Selbstdarstellung als Architektin und Entwerferin auswirkte. Markgräfin Wilhelmine von Bayreuth entwarf – ähnlich wie die Fürstinnen in München und Rastatt – einen Kanon weiblicher Tugenden, erweiterte diesen jedoch um eine spezifisch protestantische Form, indem katholische religiöse Ideen – etwa die Anlage der Eremitage als Abtei – übernommen und profaniert wurden.

* * *

Über die Entschlüsselung ikonographischer Programme von Fürstinnen und deren Bedeutung für die höfischen Kommunikationsstrukturen hinaus hat die Analyse der barocken Ausstattungsprogramme mit der Kategorie „Geschlecht“ beispielhaft offengelegt, wie soziales Geschlecht – das, was als männliche oder weibliche Qualitäten und Eigenschaften definiert war – mittels Bild- und Raumausstattung sichtbar gemacht wurde. Nicht zuletzt werden die androzentrisch geprägten kunsthistorischen Wertekategorien, die Phänomene wie nicht-professionelle Kunstausübung als dilettantisch stigmatisieren, Kulturformung durch Geschmacksbildung als irrevelant marginalisieren oder weibliches Mäzenatentum als nicht existent außer acht lassen, in Frage gestellt.

Die Bildnisse der Fürstin Christiane von Waldeck (1725–1816) – Herrschaftsverständnis und Repräsentation[1]

Von Sabine Stange

Im August 1741 wurde die noch nicht 16jährige Christiane von Pfalz-Zweibrücken (1725–1816), Tochter von Herzog Christian III. von Pfalz-Zweibrücken (1674–1735) und Caroline von Nassau-Saarbrücken (1704–1774), durch ihre Heirat mit Fürst Carl August Friedrich von Waldeck (1704–1763) regierende Fürstin von Waldeck.[2] Als solche war sie an der waldeckischen Territorialherrschaft in mehrfacher Weise beteiligt: Zum einen hatte sie als fürstliche Ehefrau während der 22jährigen Ehe Anteil an der Landesherrschaft, zum anderen übernahm sie 1763 nach dem Tod ihres Ehemannes für drei Jahre die vormundschaftliche Regentschaft für ihren minderjährigen Sohn Friedrich (1743–1812).[3] Sie gehörte somit zu

---

[1] Für wichtige Anregungen danke ich Helga Zöttlein, Heide Wunder, Barbara Hoffmann und Cordula Bischoff.

[2] Zu Fürstin Christiane: *Birgit Kümmel,* Das Kunst- und Naturalienkabinett der Fürstin Christiane von Waldeck und Pyrmont, in: Indessen will es glänzen – Arolsen, eine barocke Residenz, hrsg. v. Birgit Kümmel/Richard Hüttel, Korbach 1992, 129–136; *dies.,* Fürstin Christiane von Waldeck und Pyrmont. Eine Liebhaberin der Naturgeschichte, in: Hessische Heimat. Zeitschrift für Kunst, Kultur und Denkmalpflege 43/3 (1993), 79–84. Vereinzelte Hinweise auf die Fürstin finden sich in Beiträgen zur waldeckischen Landesgeschichte oder über die landesherrliche Residenz in Arolsen, in Darstellungen über ihren Sohn Fürst Friedrich von Waldeck und über ihr Herkunftsterritorium Zweibrücken. Vgl. *Sabine Stange,* Fürstin Christiane von Waldeck (1725–1816) – Herrschaft und Repräsentation in geschlechtergeschichtlicher Perspektive, Magisterarbeit an der Universität-Gesamthochschule Kassel 1995, 12 f. Als Geburtsjahr Christianes wird in einigen Publikationen 1721 oder 1723 angegeben. Nach freundlicher Auskunft von Herrn Jean-Louis Kleindienst, Zellenberg (Alsace), ist sie jedoch laut Eintrag im Kirchenbuch von Ribeauvillé am 16. November 1725 geboren.

[3] Staatsarchiv Marburg (im folgenden StaM): 121.9213: Antritt der vormundschaftlichen Regierung durch Fürstin Christiane und Huldigung der Stände 1763; 121.9198: Kaiserliche Konfirmation der von der verwitweten Fürstin Christiane übernommenen Vormundschaft und Landesregierung (1741) 1763–1768; Hinweise auf ihre Aktivitäten als vormundschaftliche Regentin finden sich bei *Adolf Gabert,* Arolsen, eine fürstliche Residenz des 18. Jahrhunderts, Mengeringhausen 1909, Anm. 99, der berichtet, daß Fürstin Christiane im April 1766 das Pflastern der Residenzstraßen anordnete, und bei *Titus Malms,* Fürst Friedrich von Wal-

den zahlreichen hochadligen Frauen der Frühen Neuzeit, die als Ehefrauen oder Vormünderinnen Landesherrschaft ausübten und gerade in kleinen Territorien unentbehrlich für die Aufrechterhaltung der Herrschaft waren.[4]

Ein wichtiges Zeugnis für das Selbstverständnis dieser Herrscherinnen sind ihre Bildnisse. Die Vergabe von Aufträgen für aufwendig gestaltete und bewußt inszenierte Porträts gehörte zu den selbstverständlichen Repräsentationspflichten und -gewohnheiten hochadliger Frauen.[5] Schon die Einbindung ihrer Porträts in die höfische Repräsentation ist ein Beleg für die Teilhabe der Dargestellten an der Landesherrschaft. Repräsentation war ein Mittel zur Demonstration von Herrschaftsansprüchen,[6] wobei die Herrschaftsstabilisierung innerhalb des eigenen Territoriums ebenso wichtig war wie die Sicherung von Rang und Macht gegenüber konkurrierenden Höfen.[7] Kontroversen zwischen den zahlreichen kleineren und größeren Höfen im Reich wurden nicht nur auf dem Schlachtfeld ausgetragen, vielmehr galt auch der jeweilige Repräsentationsaufwand als wichtiger Maßstab für die Macht der verschiedenen Höfe und wurde als Mittel zur politischen und sozialen Selbstbehauptung eingesetzt.[8]

Auch die Bildnisse der Fürstin Christiane von Waldeck sind in diesem Verbund von Repräsentation und Herrschaft zu sehen. Daher soll zu-

deck-Pyrmont und seine Zeit, Bad Pyrmont 1989, 7, der anführt, daß sie 1765 das Privileg für die Pyrmonter Hof-Apotheke unterschrieb.

[4] *Heide Wunder/Helga Zöttlein/Barbara Hoffmann,* Konfession, Religiosität und politisches Handeln von Frauen vom ausgehenden 16. bis zum Beginn des 18. Jahrhunderts, in: Zeitsprünge. Forschungen zur Frühen Neuzeit 1/1 (1997), 75–98, hier 80. Weitere Beispiele für die Regentschaft verwitweter Landesherrinnen bei *Heide Wunder,* Herrschaft und öffentliches Handeln von Frauen in der Gesellschaft der Frühen Neuzeit, in: Frauen in der Geschichte des Rechts. Von der Frühen Neuzeit bis zur Gegenwart, hrsg. v. Ute Gerhard, München 1997, 27–54, hier 48 f.

[5] *Barbara Krafft,* Qualitäten und Individualitäten in der Bildnistradition. Zur österreichischen Porträtmalerei des 18. Jahrhunderts, in: Alte und moderne Kunst 25/169 (1980), 5–12, hier 5 u. 7, berichtet von dem in ihren Briefen aufscheinenden intensiven Verhältnis der Kaiserin Maria Theresia zu ihren eigenen und fremden Bildnissen.

[6] In der Zeremonialliteratur hieß es, daß das sinnliche Moment des Augenscheins bei den meisten Menschen überzeugender wirke als vernünftige Argumente. Z.B. *Johann Christian Lünig,* Theatrum ceremoniale historico-politicum oder Historisch= und Politischer Schau=Platz Aller Ceremonien [...], Bd. 1, Leipzig 1719, 5.

[7] Art. ‚Hof', in: Grosses vollständiges Universal-Lexikon Aller Wissenschaften und Künste [...], hrsg. v. *Johann Heinrich Zedler,* Bd. 13, Halle/Leipzig 1739, 405–412, hier 405: „Der Fürst muß bey Fremden sowohl, als Einheimischen Ansehen haben".

[8] *Hubert Ch. Ehalt,* Ausdrucksformen absolutistischer Herrschaft. Der Wiener Hof im 17. und 18. Jahrhundert, München 1980, 66 f.; *Rainer A. Müller,* Der Fürstenhof in der Frühen Neuzeit, München 1995, 43 f.

nächst der Kontext der waldeckischen Repräsentation in der ersten Hälfte des 18. Jahrhunderts skizziert werden, bevor anschließend einige der Gemälde im Hinblick auf das herrschaftliche Selbstverständnis der Fürstin näher untersucht werden.

Politischer Aufstieg und Repräsentation in Waldeck

Für die Grafen von Waldeck[9] spielte wegen des Aufstiegs in den Fürstenstand zu Beginn des 18. Jahrhunderts die der Standeserhöhung angemessene Repräsentation eine wichtige Rolle.[10] Bereits 1682 war Graf Georg Friedrich von Waldeck (1620–1692) von Kaiser Leopold die Reichsfürstenwürde für die Eisenberger Linie verliehen worden.[11] Nach dem Aussterben dieser Linie bemühten sich seine Nachfolger, die Fürstenwürde für die ganze Familie zu erlangen. 1711 wurde schließlich Graf Friedrich Anton Ulrich (1676–1728), Christianes Schwiegervater, bei der Krönung Kaiser Karls VI. die erbliche Reichsfürstenwürde für sein Haus zugesprochen.[12] Der Prozeß der Rangerhöhung war damit jedoch nicht abgeschlossen; vermehrter repräsentativer Aufwand war nötig, um den neuen Status zu festigen, der Abwehr der alten Fürsten entgegenzutreten und die Aufnahme in den Reichsfürstenrat voranzutreiben.[13]

---

[9] Die 1055 Quadratkilometer große Grafschaft hatte zu Beginn des 18. Jahrhunderts ca. 35000 Einwohner in 13 Kleinstädten und 96 Dorfschaften. *Sigrid Puntigam,* Planstadt und Realstadt. „Magnificence und Utilité“, in: Indessen will es glänzen (Anm. 2), 49–63, hier 49. Zur Geschichte Waldecks siehe z.B. *Gerhard Menk,* Grundzüge der Geschichte Waldecks in der Neuzeit. Perspektiven und Perseveranz kleinstaatlicher Politik, in: Hessisches Jahrbuch für Landesgeschichte 37 (1987), 242–297; *Claus Cramer,* Territoriale Entwicklung, in: Waldeckische Landeskunde, hrsg. v. Bernhard Martin/Robert Wetekam, Korbach 1971, 171–261.

[10] *Richard Hüttel,* „... indessen will es glänzen“ – Arolsen, eine barocke Residenz, in: Indessen will es glänzen (Anm. 2), 9–13.

[11] Zum ersten Waldecker Fürsten: *Gerhard Menk,* Georg Friedrich von Waldeck (1620–1692). Eine biographische Skizze, Arolsen 1992.

[12] Es dauerte allerdings noch einige Jahre, bis Friedrich Anton Ulrich die Verleihung des Fürstentitels öffentlich bekanntgeben konnte. Auf die Ausfertigung des Diploms 1712 folgten Verhandlungen wegen der Bezahlung der erforderlichen Gebühren, die sich bis 1717 hinzogen. *C. Cramer,* Territoriale Entwicklung (Anm. 9), 231 f.

[13] Ohne die Mitgliedschaft im Fürstenrat besaß Waldeck noch nicht die volle Reichsstandschaft mit einem eigenen Sitz und einer Virilstimme im Reichstag. *C. Cramer,* Territoriale Entwicklung (Anm. 9), 232. *Gerhard Menk,* Grafschaft und Fürstentum Waldeck im Zeitalter des fürstlichen Absolutismus. Grundlagen und Folgen kleinstaatlicher Politik, in: Indessen will es glänzen (Anm. 2), 14–24, hier 20, geht davon aus, daß Fürst Carl August Friedrich bereits Anfang der 1750er Jahre die Aufnahme Waldecks in den Reichsfürstenrat durchsetzen konnte. Der Zeitgenosse *Johann Jacob Moser,* Von denen Teutschen Reichs=Ständen, der

Die Bauaktivitäten von Friedrich Anton Ulrich zu Beginn des 18. Jahrhunderts[14] sind vor diesem Hintergrund zu sehen. Ab 1710 bekam der Bau eines neuen Schlosses in Arolsen, wo sich seit 1694 die Residenz der Waldecker Grafen befand, besondere Bedeutung. Das dort bereits vorhandene Schloß war für eine anspruchsvolle Hofhaltung nicht mehr ausreichend und wurde abgerissen. Nach zehnjähriger Bauzeit konnte das neue Arolser Residenzschloß 1720 eingeweiht werden, die Arbeiten kamen jedoch erst 1728 zu einem vorläufigen Abschluß.[15] Als Fürst Carl August Friedrich in diesem Jahr unerwarteterweise die Regierungsnachfolge antrat – der eigentliche Thronfolger, sein älterer Bruder Christian Philipp (1701–1728), war nach nur wenigen Monaten Regierungszeit an den Blattern gestorben[16] – war das Land hochverschuldet.[17] Der neue Landesherr reduzierte daher die Ausführung des Arolser Schloßbaues[18] und betätigte sich insgesamt nur wenig als Bauherr.[19]

Er und Fürstin Christiane nutzten jedoch das Repräsentationsmedium der Bildnismalerei.[20] Um 1748 malte Johann Georg Ziesenis (1716–1776), der später u. a. auch für den Zweibrücker Hof arbeitete, mehrere Bildnisse der Fürstin und des Fürsten[21] sowie ein Gemälde fünf ihrer

---

Reichs=Ritterschafft, auch denen übrigen unmittelbaren Reichs=Glidern. Nach denen Reichs=Gesezen und dem Reichs=Herkommen, wie auch aus denen Teutschen Staats=Lehren; und eigener Erfahrung, Frankfurt am Main 1767, 642, führt dagegen Waldeck noch unter den „Candidaten zu Siz und Stimme im Reichs=Fürsten=Rath" auf und berichtet, daß Anfang der 1750er statt Waldeck Schwarzburg eingeführt wurde. *C. Cramer,* Territoriale Entwicklung (Anm. 9), 232, gibt an, daß Waldeck erst 1803 zum Reichstag zugelassen wurde.

[14] *C. Cramer,* Territoriale Entwicklung (Anm. 9), 230 f.; *Helmut Nicolai,* Arolsen. Lebensbild einer deutschen Residenzstadt, Glücksburg 1954, 19; *Marianne Jedicke,* Edelhof – Kloster – Residenz – Stadt, Arolsen 1992, 14.

[15] *Ulrich Schütte,* „Wie manchen Fürsten-Pracht hast du, O Fürst, erreicht". Das Residenzschloß Arolsen, in: Indessen will es glänzen (Anm. 2), 33–48.

[16] *H. Nicolai,* Arolsen (Anm. 14), 21.

[17] Zu den bereits länger währenden Finanzproblemen Waldecks siehe *G. Menk,* Grundzüge (Anm. 9), 248, 257 f., 260 f., 266 f.; *G. Menk,* Grafschaft (Anm. 13), 15–18.

[18] *U. Schütte,* ‚Fürsten-Pracht' (Anm. 15), 38.

[19] *C. Cramer,* Territoriale Entwicklung (Anm. 9), 242; *H. Nicolai,* Arolsen (Anm. 14), 22.

[20] Das hatten auch schon ihre Vorgänger getan. Sehr eindrucksvoll sind z. B. die noch vorhandenen mehr als lebensgroßen Wandgemälde von Friedrich Anton Ulrich und seiner Frau Louise (1678–1753), Tochter des Herzogs von Birkenfeld-Bischweiler, im großen Saal des Arolser Schlosses.

[21] *Karin Schrader,* Der Bildnismaler Johann Georg Ziesenis (1716–1776). Leben und Werk mit kritischem Oeuvrekatalog, Münster 1995, 53 f., 164–166, Abb. 56, 57; *dies.* zu Kat. Nr. 104 u. 105, in: Indessen will es glänzen (Anm. 2), 243–245 (m. Abb.); Die Bau- und Kunstdenkmäler im Regierungsbezirk Kassel, hrsg. v. Friedrich Bleibaum, NF Bd. 2, Kreis der Twiste, bearb. v. *Gottfried Ganssauge/Walter Kramm/Wolfgang Medding,* Kassel 1938, 46 u. 184; Die Bau- und Kunstdenkmäler

Kinder.[22] Das 1753 von dem Wiener Maler Martin van Meytens (um 1695–1770) zusammen mit dem Wiener Schlachtenmaler August Querfurt (1696–1761) geschaffene große Reiterbildnis des Fürsten[23] und die kleineren Feldherrenporträts von Martin van Meytens bzw. seiner Werkstatt aus demselben Jahr[24] können in Zusammenhang mit der erneut anvisierten Zulassung Waldecks zum Reichsfürstenrat gesehen werden.[25] In den folgenden Jahren wurden weitere repräsentative Gemälde in Auftrag gegeben:[26] 1756 schuf der Kasseler Hofmaler Johann Heinrich Tischbein d. Ä. (1722–1789)[27] ein Einzelbildnis der Fürstin Christiane für das Arolser Schloß.[28] Davon ausgehend malte er im folgenden Jahr ein Porträt der Fürstin für das Kasseler Landschloß Wilhelmsthal.[29] 1757 entstand außerdem ein großes Familienbildnis von seiner Hand.[30] Fürstin Chri-

---

des Landes Hessen, Regierungsbezirk Kassel, Kreis der Eder, bearb. v. *Gottfried Ganssauge/Walter Kramm/Wolfgang Medding,* Korbach 1960, 155. Einige der Ziesenis-Bildnisse werden auch um 1750 eingeordnet.

22 *K. Schrader,* Ziesenis (Anm. 21), 166, Kat. Nr. 57, Abb. 58. Die beiden jüngsten Kinder, Louise (1751–1816) und Ludwig (1752–1793), waren noch nicht geboren.

23 *G. Ganssauge u. a.,* Bau- und Kunstdenkmäler, Kreis der Twiste (Anm. 21), 46; *Barbara Mikuda-Hüttel* zu Kat. Nr. 114, in: Indessen will es glänzen (Anm. 2), 252 (m. Abb.). Fürst Carl August Friedrich gab bei Querfurt 1751/52 außerdem vier Schlachtenbilder in Auftrag. *Dies.* zu Kat. Nr. 109–112, in: ebd., 249 f. (m. Abb.).

24 *Walter Kramm,* Fürst Karl von Waldeck und die Wiener Hofmaler Martin von Meytens und August Querfurt, in: Zeitschrift des deutschen Vereins für Kunstwissenschaft 5 (1938), 77–93, hier 82–87.

25 Siehe Anm. 13.

26 Der Auftrag für ein Porträt des bald darauf verstorbenen Erbprinzen Carl Ludwig Christian (1742–1756) aus dem Jahr 1754 stammt laut Beschriftung auf dem Rahmen nicht vom Fürstenpaar, sondern von mehreren Bürgern. *G. Ganssauge u. a.,* Bau- und Kunstdenkmäler, Kreis der Twiste (Anm. 21), 184.

27 Zu Tischbein als Porträtmaler siehe z. B. *Anna-Charlotte Flohr,* Johann Heinrich Tischbein d. Ä. (1722–1789) als Porträtmaler, mit einem kritischen Werkverzeichnis, München 1997; *Erich Herzog,* Johann Heinrich Tischbein d. Ä. als Porträtmaler, in: Johann Heinrich Tischbein d. Ä. (1722–1789). Katalog der Ausstellung in der Neuen Galerie Kassel, 25.11.1989–11.2.1990, hrsg. v. den Staatlichen Kunstsammlungen Kassel u. d. Stadtsparkasse Kassel, Kassel 1989, 106–116.

28 230 × 126 cm. Arolsen, Stiftung des Fürstlichen Hauses zu Waldeck und Pyrmont. *Petra Tiegel* zu Kat. Nr. 90, in: Indessen will es glänzen (Anm. 2), 230; *G. Ganssauge u. a.,* Bau- und Kunstdenkmäler, Kreis der Twiste (Anm. 21), 47; *A. C. Flohr,* Tischbein (Anm. 27), 190, G 51.

29 162 × 117,8 cm. Schloß Wilhelmsthal, Verwaltung der staatlichen Schlösser und Gärten in Hessen. *P. Tiegel* zu Kat. Nr. 90 (Anm. 28), Anm. 1; *A. C. Flohr,* Tischbein (Anm. 27), 258, G 201; Die Bau- und Kunstdenkmäler im Regierungsbezirk Cassel, Bd. VII: Kreis Hofgeismar, 1. Teil Schloß Wilhelmstal, bearb. v. *Friedrich Bleibaum,* Cassel 1926, 57.

30 322 × 441 cm. Arolsen, Stiftung des Fürstlichen Hauses zu Waldeck und Pyrmont. *Petra Tiegel* zu Kat. Nr. 91, in: Indessen will es glänzen (Anm. 2), 231 f.;

stiane ließ während ihrer vormundschaftlichen Regentschaft ebenfalls Bildnisse bei Johann Heinrich Tischbein d.Ä. anfertigen: 1764 ihr eigenes Porträt[31] und 1765 ein Gemälde ihrer beiden Töchter im Alter von 17 und 14 Jahren.[32]

Da die fürstlichen Bildnisse Auftragsarbeiten waren, bei denen in erster Linie Auftraggeber und Auftraggeberinnen die Gestaltung bestimmten,[33] sind sie ein besonders geeigneter Ausgangspunkt für die Frage nach dem herrschaftlichen Selbstverständnis der Dargestellten. Als erstes (I) untersuche ich, inwieweit sich Fürstin Christiane im Einzelporträt als regierende Fürstin präsentierte. Hierzu interpretiere ich Tischbeins Gemälde (1756) im Arolser Schloß (Abb. 1) und vergleiche es mit seinem Porträt der Fürstin (1757) für Wilhelmsthal (Abb. 2). Anschließend (II) richte ich den Blick auf die herrschaftliche Darstellung der Fürstin im Kontext der fürstlichen Familie. Darüber gibt das Familienbildnis (Abb. 3) Auskunft. Schließlich (III) frage ich danach, welche herrschaftsbezogenen Aufgaben und Tätigkeiten der Fürstin auf den hier ausgewählten Bildnissen zugeordnet sind.

I. „der Fürstin Portrait"

Im Inventar des Arolser Schlosses von 1763 wird für das Schlafzimmer des Fürsten ein Bild „neben dem Bette, welches Ihro hochfstl. Durchl. der Fürstin Portrait ist, mit vergoldeten Rahmen" genannt.[34] Die besondere Nennung des Rahmens deutet auf das 1756 von Johann Heinrich

---

G. Ganssauge u.a., Bau- und Kunstdenkmäler, Kreis der Twiste (Anm. 21), 47; *A. C. Flohr*, Tischbein (Anm. 27), 191, G 52.

[31] *Georg Schäfer*, Kunstdenkmäler im Grossherzogtum Hessen. A. Provinz Starkenburg, Kreis Offenbach, Darmstadt 1885, 245. Dieses Gemälde entspricht ihrem Bildnis von 1756. Ein weiteres Porträt der Fürstin, das ebenfalls Johann Heinrich Tischbein d.Ä. zugeschrieben wird, ist undatiert. Siehe *Wolfgang Medding*, Waldecker Land, München/Berlin 1961, Abb. 65. Eine im Repertorium des Waldeckischen Kabinetts im Staatsarchiv Marburg verzeichnete Akte (StaM 118a.2801: Der Maler Johann Heinrich Tischbein d.Ä. 1756–1758, 1764), die möglicherweise weitere Informationen enthielt, ist verschollen.

[32] *Petra Tiegel* zu Kat. Nr. 92, in: Indessen will es glänzen (Anm. 2), 232 f. Der Auftrag für dieses Gemälde könnte mit der Heirat der älteren ihrer beiden Töchter in demselben Jahr zusammenhängen. *Jakob Christoph Carl Hoffmeister*, Historisch-genealogisches Handbuch über alle Grafen und Fürsten von Waldeck und Pyrmont seit 1228, Kassel 1883, 76.

[33] *Martin Warnke*, Hofkünstler. Zur Vorgeschichte des modernen Künstlers, Köln 1985, 274 f.

[34] StaM 125.3494: Inventare über das Residenzschloß zu Arolsen 1693–1805, darin: Inventar von 1763, No. 18. Vermutlich war dieses Bild bereits 1761 bei der Revision des Inventares von 1759 hinzugefügt worden, es ist dort aber geschlechtsunspezifisch als „Ihro Durchl. gn[ädi]gstes Porträt mit 1 Rahmen von Bildhauer-

Abb. 1. J. H. Tischbein d. Ä., Fürstin Christiane von Waldeck (1756), Schloß Arolsen (Bildarchiv Marburg)

Tischbein d. Ä. gemalte, überlebensgroße Ganzfigurenbildnis mit einem prunkvollen vergoldeten Rahmen, welches noch heute im Arolser Schloß hängt (Abb. 1). Das Gemälde zeigt die Fürstin mit einem Buch in der Hand vor einem überwiegend rot lackierten geöffneten Schreibpult sit-

arbeit vergoldet" genannt. StaM 125.3494, darin: Inventar von 1759, revidiert 1761, No. 17.

zend. Wichtigstes Kennzeichen für ihren fürstlichen Stand ist der hinter ihr über dem dunkelgrünen Sessel liegende hermelingefütterte rote Fürstenmantel.[35] Daneben verweisen das aufwendige cremefarbene, mit goldenen Bordüren geschmückte Kleid aus Atlasseide und der dazugehörige Schmuck wie die kostbare Brosche an der Halsschleife und die Agraffe[36] im Haar auf den hohen Status der Abgebildeten. Die Haartracht gehörte ebenfalls zu den Standeszeichen der äußeren Erscheinung: Das Tragen von weißem oder weißgrau gepudertem Haar war Adligen und privilegierten Bürgerlichen vorbehalten.[37]

Die aufrechte Haltung und der gebieterische Blick der Fürstin betonen ihren Rang, während die ausgeprägte Untersicht die Betrachtenden zwingt, zu ihr aufzublicken. Der Parkettfußboden repräsentiert die kostbare Innenausstattung des Schlosses und ist damit genauso wie die vergoldeten Leisten an der Rückenlehne des Sessels und die goldenen Bordüren im Kleid der Fürstin Prachtentfaltung und Größe verkörperndes Statussymbol. Die Vorhangdraperie, hier am linken Bildrand, findet sich häufig in frühneuzeitlichen Herrscherporträts, um durch den Stoffreichtum die Würde und den Rang der porträtierten Personen zu unterstreichen. Gleichzeitig läßt sie Raum im Bild und dadurch eine Bühne entstehen, auf der sich die Abgebildeten präsentieren.

Die Präsentation der Fürstin mit einem geöffneten Buch in der Hand deutet auf ihr Selbstverständnis als gelehrte und belesene Frau und kann ebenfalls als ein Verweis auf ihren herrschaftlichen Status verstanden werden. Bücher wurden, meist als staatswissenschaftliche Werke gekennzeichnet, auf Repräsentationsbildnissen als Hinweise auf Herrschaft eingesetzt.[38] Bücher konnten aber auch generell für Gelehrsamkeit stehen, welche in der Fürstenspiegelliteratur als eine grundlegende Voraussetzung für einen mit Weisheit herrschenden Fürsten genannt wurde.[39] In diesem Sinn weist die Darstellung der Fürstin Christiane als

---

[35] Zur Symbolik des Hermelins siehe *Helmut Hundsbichler,* Art. ‚Hermelin', in: Bildwörterbuch der Kleidung und Rüstung. Vom Alten Orient bis zum ausgehenden Mittelalter, hrsg. v. Harry Kühnel, Stuttgart 1992, 114 f. Im Art. ‚Hermelin', in: *J. H. Zedler,* Universal-Lexikon (Anm. 7), Bd. 12, 1735, Sp. 1729, wird auf den Gebrauch des Hermelins in der Wappenkunst verwiesen.

[36] *A. C. Flohr,* Tischbein (Anm. 27), 191.

[37] *Ingrid Loschek,* Reclams Mode- und Kostümlexikon, 3. rev. u. erw. Aufl. Stuttgart 1994, 386. Zur höfischen Mode im 18. Jahrhundert siehe ebd., 56–58.

[38] *Rainer Schoch,* Das Herrscherbild in der Malerei des 19. Jahrhunderts, München 1975, 36. Siehe z.B. das Porträt der Madame de Pompadour von Maurice-Quentin de la Tour, um 1755, auf welchem der Mätresse Ludwigs XV. mehrere staatswissenschaftliche Werke beigegeben sind. Ebd. und Abb. 16.

[39] *Ferdinand van Ingen,* Einleitung zur Sektion 9: Der Hof und die Gelehrsamkeit, in: Europäische Hofkultur im 16. und 17. Jahrhundert, hrsg. v. August Buck/

gelehrte und belesene Frau auf ihre Qualifikation für das Herrscheramt hin. Die hohe Bildung der waldeckischen Fürstin stellen auch schriftliche Zeugnisse heraus. Der Göttinger Professor Johann Friedrich Blumenbach schrieb 1777 in einem Reisebericht über die verwitwete Fürstin und ihren Sohn, Fürst Friedrich: „Beide haben vortreffliche Kenntnisse, ausgesuchte Bibliothek, lesen sehr viel. Er hat zumal in historischen Fächern und Sie in Naturgesch[ichte] wahre Gelehrsamkeit."[40]

Aus der gesamten Inszenierung des Porträts geht somit hervor, daß sich Fürstin Christiane als Herrscherin verstand und sich ihrem Umfeld als solche präsentierte. Diese Bildaussage wird noch anschaulicher, wenn man das im Arolser Schloß hängende Gemälde mit dem ein Jahr später ebenfalls von Johann Heinrich Tischbein d. Ä. gemalten Bildnis der waldeckischen Fürstin in Schloß Wilhelmsthal[41] vergleicht (Abb. 2).

Dieses ist dem Arolser Porträt sehr ähnlich – Fürstin Christiane sitzt ebenfalls in einem prächtigen Kleid, diesmal blaßblau, mit einem Buch in der Hand an einem rotlackierten Schreibpult. Bei genauerem Vergleich unterscheiden sich die beiden Gemälde jedoch in wesentlichen Punkten. Das Wilhelmsthaler Bildnis ist nicht nur deutlich kleiner,[42] es enthält auch weniger Herrschaftsattribute. Besonders auffällig ist, daß Christiane von Waldeck hier kein Fürstenmantel beigegeben ist. Außerdem ist die Rückenlehne des Sessels nicht so reich verziert und die Füße der Fürstin und der repräsentative Parkettfußboden sind, anders als auf dem Bildnis im Arolser Schloß, nicht zu sehen, wodurch die Distanz zwischen der Abgebildeten und dem Publikum verringert wird. Distanz zu den Betrachtenden ist jedoch ein Charakteristikum fürstlicher Bildnisse – je größer sie ist, desto höher ist der repräsentative Stellenwert des Porträts.[43] Aus dem Arolser Ganzfigurenbildnis ist in Wilhelmsthal ein weniger repräsentatives Kniestück geworden. Fürstin Christiane ist zwar

---

Georg Kauffmann/Blake Lee Spahr/Conrad Wiedemann, Hamburg 1981, Bd. 3, 633–635, hier 633.

[40] *Birgit Kümmel,* Johann Friedrich Blumenbach – Reise ins Waldeckische vom 1. bis 14. Oktober 1777. Ein unveröffentlichter Reisebericht, in: Geschichtsblätter für Waldeck und Pyrmont 84 (1996), 169–186, hier 177.

[41] Zu Schloß Wilhelmstal: *F. Bleibaum,* Bau- und Kunstdenkmäler, Wilhelmstal (Anm. 29); *Walter Kramm,* Kassel Wilhelmshöhe Wilhelmstal, München, Berlin 1951; *Wolfgang Einsingbach/Franz Xaver Portenlänger,* Calden. Schloß und Garten Wilhelmsthal. Amtlicher Führer, Bad Homburg vor der Höhe 1980; *Dehio-Gall,* Handbuch der deutschen Kunstdenkmäler: Hessen, bearb. v. *Magnus Backus,* 2. bearb. Aufl. Darmstadt 1982, 129–131.

[42] In der Höhe ist es im Vergleich mit dem Bildnis in Arolsen um 68 cm kleiner, in der Breite 8,2 cm schmaler.

[43] *Barbara Grotkamp,* Die Bildnisse Carl Theodors und Elisabeth Augustes, in: Carl Theodor und Elisabeth Auguste. Höfische Kunst und Kultur in der Kurpfalz [Ausstellungskatalog], hrsg. v. Jörn Bahns, Heidelberg 1979, 45–54, hier 47.

Abb. 2. J. H. Tischbein d. Ä., Fürstin Christiane von Waldeck (1757), Schloß Wilhelmstal (Verwaltung der staatlichen Schlösser und Gärten Hessen, Bad Homburg vor der Höhe)

auch auf dem Wilhelmsthaler Bildnis mit einem Buch dargestellt, sie hält es jedoch nicht in der rechten, sondern in der linken Hand, wodurch in dem geöffneten Buch Musiknoten zu erkennen sind. Die symbolische Aussagekraft des Buches wird hier also im Vergleich mit dem Porträt in Schloß Arolsen, wo der Buchinhalt nicht zu sehen ist, d.h. weitreichendere Interpretationsmöglichkeiten in bezug auf die Fähigkeiten und Kenntnisse der Fürstin möglich sind, eingeschränkt.[44]

[44] Es gibt Hinweise darauf, daß die junge Fürstin gerne sang und daß sie später als Witwe Konzerte veranstaltete. *Diether Rouvel,* Zur Geschichte der Musik am fürstlich waldeckschen Hofe zu Arolsen, Regensburg 1962, 101 u. 185. Zum Auf und Ab der Arolser Hofmusik in der Regierungszeit ihres Ehemannes siehe: ebd., 59–142; *Friedhelm Brusniak,* Grundzüge einer Musikgeschichte Waldecks, in: Augsburger Jahrbuch für Musikwissenschaft 2 (1985), 27–90, hier 68–72.

Die unter dem Blickwinkel der Herrschaftsdarstellung unterschiedlichen Bildaussagen der beiden ansonsten ähnlichen Porträts der waldekkischen Fürstin hängen mit dem jeweiligen Kontext zusammen, für den die Bildnisse entstanden sind. So sollte das Bildnis der Fürstin in Wilhelmsthal nicht in erster Linie der waldeckischen Repräsentation, sondern eher der des Kasseler Landgrafen Wilhelm VIII. (1682–1760) dienen, in dessen Gemäldegalerie es hing. Wilhelm VIII. bezog sich höchstwahrscheinlich auf dieses Bildnis, als er in einem Schreiben vom 1. Februar 1757 dem Waldecker Fürsten Carl August Friedrich für den Gefallen dankte, den dessen Ehefrau ihm durch die Überlassung ihres Porträts erwiesen habe, und versicherte, daß es einen der ersten Plätze unter seinen anderen Gemälden einnehmen werde.[45]

Das Fehlen wesentlicher Herrschaftsattribute, insbesondere des Hermelins, in diesem Bildnis kann nicht allein durch die Größenanpassung an andere Gemälde in der Galerie erklärt werden – dafür hätte die Gesamtkonzeption des Arolser Bildnisses verkleinert werden können. Eine Veränderung fand statt, weil das Porträt in Wilhelmsthal eine andere Funktion als in Arolsen hatte. Im Vordergrund stand nicht die Demonstration der waldeckischen Herrschaft, sondern der Wunsch des Kasseler Landgrafen nach „schönen Gesichtern". Bereits bei der Ernennung Johann Heinrich Tischbeins d. Ä. zum Kasseler Hofmaler 1753 hatte Landgraf Wilhelm VIII. festgehalten, daß er von dem Maler „jährl. etliche porträts von schönen Gesichtern" erwarte, um „nach und nach ein Cabinet darvon zu formiren".[46] Das Gesamtkunstwerk einer Galerie war in erster Linie ein Mittel zur Repräsentation desjenigen, der sie besaß, nicht derjenigen, die dargestellt waren, da sich das einzelne Gemälde in ein übergeordnetes Konzept einfügen bzw. sich diesem unterordnen mußte.[47]

II. Das „Fürstlich Familien-Stück"

Auf dem 1757 von Johann Heinrich Tischbein d. Ä. geschaffenen Familienbildnis (Abb. 3) erscheint die Fürstin im Kontext der waldeckischen Fürstenfamilie. Das „Fürstlich Familien-Stück" hing in Schloß Arolsen im Vorzimmer des westlichen Appartements des Erdgeschosses,[48] welches

---

[45] StaM 4 f Waldeck 359: Arbeiten des Malers Tischbein für den Fürsten Karl von Waldeck 1757–60.

[46] StaM 4a 84,10: Korrespondenz mit dem Baron von Haeckel 1740–1760, Bd. 6 (1753), Bl. 58. Zu Schönheitsgalerien: *Brita von Götz-Mohr*, Die Schönheitsgalerie, in: Darmstadt in der Zeit des Barock und Rokoko, Ausstellungskatalog Darmstadt 1980, 47–51.

[47] *H. C. Ehalt*, Ausdrucksformen (Anm. 8), 112.

[48] StaM 125.3494: Inventare (Anm. 34), darin: Inventar von 1759, No. 22.

für Gäste gedacht war.[49] Hier konnte es von wartenden Besuchern der jeweiligen Bewohner des Appartements betrachtet werden. Ebenso hielten sich Bediente des Hofes oder der Gäste dort auf.[50] Da es von diesem Vorzimmer auch einen Zugang zum großen Saal des Schlosses gab, hing das Gemälde in einem Durchgangszimmer und war so innerhalb des Hofes für ein großes Publikum zugänglich.

Die Maße des Bildes zeigen bereits seinen repräsentativen Charakter – mit mehr als drei mal vier Metern ist es das größte bekannte Gemälde von Angehörigen des Waldecker Fürstenhauses aus dem 18. Jahrhundert. Die Darstellung der waldeckischen Familie ist in eine Begrüßungsszene eingebunden: Der als Feldherr aus dem Krieg zurückkehrende waldeckische Fürst wird von Fürstin Christiane und den sieben Kindern auf einer Terrasse vor dem Marstall des Arolser Schlosses empfangen.

Die gemeinsame Abbildung von Fürstin und Fürst auf einem Gemälde wirft die Frage nach ihrem Verhältnis in der Herrschaftsdarstellung auf.[51] Das Paar steht sich im Zentrum des Gemäldes auf der Terrasse gegenüber. Fürst Carl August Friedrich ist auf der vorrangigen Bildseite plaziert, d.h. von den Betrachtern aus gesehen links, heraldisch rechts. Die Arme ausgebreitet, sein rechtes Bein nach vorne gestellt, schaut er an seiner Familie vorbei auf ein unsichtbares Publikum hinter dem rechten Bildrand. Er trägt einen weißen Rock mit rotem und goldenem Besatz an den Ärmelaufschlägen und am Schoß, darüber einen Küraß mit goldenen Beschlägen und eine goldene Leibschärpe. Der bayerische Hubertusorden hängt an einem breiten roten Band auf seiner rechten Hüfte.[52] Der Fürst präsentiert sich, ebenso wie Fürstin Christiane auf dem oben beschriebenen Einzelporträt in Schloß Arolsen (Abb. 1), in den Herrschaftsfarben Weiß, Rot und Gold. Bei der gemeinsamen Darstellung des Paares stehen diese offensichtlich ihm zu.

---

[49] Siehe die Skizze von *Birgit Kümmel/Sigrid Puntigam,* in: Indessen will es glänzen (Anm. 2), 402, Komplex ‚c' (über Eck).

[50] Art. ‚Vorgemach', in: *J. H. Zedler,* Universal-Lexikon (Anm. 7), Bd. 50, Halle/Leipzig 1746, 805.

[51] Das Familienbildnis erscheint für diese Fragestellung aufgrund der szenischen Darstellung und der Einbettung des Fürstenpaares in den familiären Kontext ergiebiger als die Pendantbildnisse von Johann Georg Ziesenis von 1748. Zu diesen siehe *K. Schrader,* Ziesenis (Anm. 21), 53 f., 164/52, 165/53, Abb. 56, 57; *dies.* zu Kat. Nr. 104 u. 105, in: Indessen will es glänzen (Anm. 2), 243–245. Daß das Porträt der Fürstin bei diesen Pendantbildnissen offensichtlich für die höher bewertete, d.h. heraldisch rechte, Seite vorgesehen war, verweist auf ihre höhere Herkunft aus einer herzoglichen Familie.

[52] *Petra Tiegel* zu Kat. Nr. 91, in: Indessen will es glänzen (Anm. 2), 231; Art. ‚St. Huberts- oder Huberti-Orden', in: *J. H. Zedler,* Universal-Lexikon (Anm. 7), Bd. 13, Halle/Leipzig 1739, 1049–1050.

Abb. 3. J. H. Tischbein d. Ä., Die Waldecker Fürstenfamilie (1757), Schloß Arolsen (Bildarchiv Marburg)

Die Fürstin trägt ein hochmodisches hellblaues Kleid. Sie hat wie der Fürst das rechte Bein nach vorne gesetzt und breitet ihren linken Arm aus. Den rechten Arm hat sie eng an den Körper gelegt, wobei sie mit der Hand den Rock ihres Kleides leicht anhebt. Durch diese Haltung nimmt sie an ihrer rechten, d.h. heraldisch höher bewerteten Seite, weniger Raum im Bild ein als der Fürst, der seinen rechten Arm ausgebreitet hat.

Der Unterschied bezüglich des von Fürst und Fürstin beanspruchten Raumes setzt sich in der formalen Bildgestaltung fort: Während Fürst Carl August Friedrich ein ganzes Bildviertel auf der linken Bildhälfte einnimmt, teilt sich die Fürstin ihr Bildviertel auf der rechten Bildhälfte mit zwei Kindern. Zudem ist sie, anders als der Fürst, nicht vollständig zu sehen, da ein Teil ihres Rockes von dem vor ihr stehenden jüngsten Prinzen Ludwig verdeckt wird. Bis auf den verstorbenen ältesten Sohn Carl Ludwig Christian[53] haben sich alle Kinder in ihrer Körperhaltung dem Fürsten bzw. dem fürstlichen Paar zugewandt. Während der kleine Prinz Ludwig zu seinem Vater aufblickt und Prinz Christian vom rechten Bildrand auf das Fürstenpaar schaut, sehen die übrigen Kinder, mit Ausnahme des verstorbenen Sohnes, die Betrachtenden an.

Obwohl der Fürst zunächst als zentrale Figur des Bildes erscheint, steht er formal nicht im Bildzentrum, sondern links von der Mittelachse. Die Fürstin ist entsprechend rechts von dieser plaziert, so daß das Bild in zwei Hälften geteilt werden kann, die jeweils dem Fürsten bzw. der Fürstin zugeordnet sind. Während die rechte Bildhälfte, auf der sich die Fürstin befindet, größtenteils von dem Gebäude hinterfangen ist, wird auf der linken Bildhälfte am Bildrand der Blick auf eine baumbestandene Allee freigegeben. Hier deutet sich die in Paarbildnissen häufige Nebeneinanderstellung von Innen- und Außenraum als jeweiliger Hintergrund für Frauen und Männer an. Allerdings ist Fürstin Christiane aus dem Gebäude herausgetreten und bewegt sich davon weg.

Dicht hinter ihr sind auf der Mittelachse der rechten Bildhälfte zwei Säulen zu sehen, die Macht und Hoheit ausdrücken und schon in der römischen Kaiserzeit als Staatssymbole galten.[54] Sie gehörten als Hoheitszeichen wie die Vorhangdraperie zum Bildprogramm des barocken Herrscherporträts.[55] Spiegelbildlich zu den der Fürstin zugeordneten Säulen

---

[53] Er starb kurz bevor das Familienbildnis gemalt wurde am Fleckfieber. StaM 118.1741: Notifikation des am 24.11.1756 erfolgten Todes des Prinzen Carl Ludwig Christian von Waldeck nebst Antwortschreiben 1756.

[54] Art. ‚Säule', in: Wörterbuch der Symbolik, hrsg. v. *Manfred Lurker*, 4. durchges. u. erw. Aufl. Stuttgart 1988, 621.

[55] Siehe z.B. das Porträt von Fürstin Louise von Waldeck, Christianes Tante und Schwiegermutter, in: Indessen will es glänzen (Anm. 2), Kat. Nr. 103, Tafel 11. Die Säulen schaffen ebenso wie die Vorhangdraperie Raum und Bühne im Bild.

steht in der Mitte der linken Bildhälfte hinter dem Fürsten auf dem oberen Treppenpfosten eine Vase mit einem Löwenkopf, der die Stärke des waldeckischen Landesherrn versinnbildlicht. Der dem Fürsten zugeordnete Jagdhund ist ebenfalls als Herrschaftssymbol zu sehen.[56]

Vor allem über die fürstlichen Eheleute, die sich einander zuwenden, werden die beiden Bildhälften verbunden. Zusammen mit zwei Kindern, Caroline und Ludwig, nehmen sie das Zentrum des Bildes ein. Zusätzlich wird die Aufmerksamkeit durch Prinz Georg auf das Fürstenpaar gelenkt – er sieht die Betrachtenden an und zeigt dabei mit der linken Hand auf seine Eltern. Eine weitere Verbindung stellt die sich entsprechende Stellung der Füße von Fürst Carl August Friedrich und dem neuen Erbprinzen Friedrich[57] her. In der Mitte dieser ‚Klammer', zwischen dem gegenwärtigen und dem zukünftigen Regenten, steht Fürstin Christiane. Dabei betonen ihre Größe sowie die Nähe und Zuwendung zum Fürsten ihre Gleichrangigkeit mit diesem. Dem Fürsten wird zwar durch die Gestaltung des Bildes in einigen Punkten ein Vorzug eingeräumt, dennoch finden sich wichtige Herrschaftssymbole, z.B. die Säulen, auf der Bildhälfte der Fürstin.

III. Herrschaftstätigkeiten

Ausdrücklich verweisen die Herrschaftstätigkeiten, die aus dem Familienbildnis wie aus dem Einzelporträt in Schloß Arolsen in der Zusammenschau mit schriftlichen Zeugnissen zu erschließen sind, auf die Herrschaftsposition der Fürstin. Die dargestellten Beiträge zur Landesherrschaft reichen von der Sicherung der Herrschaftsnachfolge durch Nachkommen über die Vertretung des Regenten in seiner Abwesenheit bis zur Beteiligung an den repräsentativen Bauvorhaben des Fürstenhauses und der ebenfalls repräsentativen Betätigung als Sammlerin und Gelehrte.

Sicherung der Herrschaftsnachfolge durch Nachkommen

Zu den auf dem Arolser Familienbildnis dargestellten Herrschaftsbeiträgen der Fürstin Christiane gehörte ihre Aufgabe, durch das Gebären von Nachkommen die Herrschaftsnachfolge zu sichern. Es fällt auf, daß

[56] Die bildlichen Darstellungen von Jagdszenen dienten der landesherrlichen Repräsentation. *Hubertus Habel,* Jagd in Waldeck im 18. Jahrhundert, in: Indessen will es glänzen (Anm. 2), 80–94, hier 88.

[57] Nach dem Tod des Erbprinzen Carl Ludwig Christian 1756 wurde der zweitälteste Sohn, Friedrich Carl August, der mit einem roten Anzug bekleidet rechts vorne im Bild steht, der neue Anwärter auf die Herrschaftsnachfolge.

alle sieben Kinder des Paares auf der rechten Bildhälfte bei der Fürstin plaziert sind, auf der Seite des Fürsten dagegen kein einziges. Darüber hinaus ist durch die Kinder im Vordergrund und die Säulenarchitektur im Mittelgrund die rechte Bildhälfte insgesamt belebter und farbenprächtiger gestaltet als die linke. Den Kindern des Fürstenpaares kommt in dem Familienbildnis ein großes ‚Gewicht' zu. Wäre nicht der Hofbeamte am linken Bildrand, würde das Bild nach rechts ‚kippen'. Diese Anordnung der Kinder bei der Fürstin unterscheidet das Gemälde von älteren Familienbildnissen, in denen häufig die Söhne dem Vater und die Töchter der Mutter zugeordnet waren.[58] Die Tatsache, daß hier alle Kinder, d.h. Töchter *und* Söhne, einschließlich des verstorbenen und des derzeitigen Erbprinzen, auf der Bildhälfte der Fürstin gruppiert sind, betont genauso wie der Umstand, daß die Fürstin sich auf der Mittelachse der drei rechten die gesamte Familie umfassenden Bildviertel befindet, ihren Beitrag zum Fortbestand des Fürstenhauses.[59] Diese Aufgabe konnte nur eine rechtmäßige, zum Herrschaftspaar gehörende Ehefrau erfüllen, da die von einem Fürsten außerhalb der Ehe gezeugten Kinder dynastisch nicht erbberechtigt waren.[60] Fürstin Christiane von Waldeck brachte in den ersten elf Jahren ihrer Ehe sieben Kinder – fünf Söhne und zwei Töchter – zur Welt, welche bis auf den ältesten Sohn, der mit 14 Jahren starb, alle das Erwachsenenalter erreichten.[61]

Vertretung des Regenten in seiner Abwesenheit

Aus der Inszenierung des Familienbildnisses ist als weitere Herrschaftstätigkeit der Fürstin ihre Position als Stellvertreterin des Fürsten während dessen Abwesenheit herauszulesen. Dies wird durch den hinter ihr stehenden leeren dunkelblauen Armsessel angedeutet, der an einen Thronsessel erinnert, obwohl er nicht wie auf anderen Gemälden durch

---

[58] Siehe z.B. *Hanna Kronberger-Frentzen,* Das deutsche Familienbildnis, Leipzig 1940, Abb. 10–12.

[59] Es finden sich auch Einzelbildnisse von Herrscherinnen mit ihren Kindern: Ein Gemälde der Königin Charlotte von England von Francis Cotes (1767) zeigt diese vor einer Säule und Vorhangdraperie mit einem Baby auf dem Schoß. Auf einem Gemälde von John Zoffany (1766/67) ist sie mit zwei Söhnen im Kleinkindalter dargestellt. *R. Schoch,* Herrscherbild (Anm. 38), Abb. 21 u. 22.

[60] Fürst Carl August Friedrich hatte offenbar einen nichtehelichen Sohn, siehe StaM 121.9242: Klage des Leutnants Carl von Rheins zu Kassel gegen das Haus Waldeck wegen seiner Alimentation als natürlicher Sohn des Fürsten Carl, einer Lehnsexpektanz und anderer Forderungen 1790–1794.

[61] Carl Ludwig Christian (1742–1756), Friedrich Carl August (1743–1812), Christian August (1744–1798), Georg (1747–1813), Caroline Louise (1748–1782), Louise (1751–1816), Ludwig (1752–1793). Vgl. *J. C. C. Hoffmeister,* Historisch-genealogisches Handbuch (Anm. 32), 75–77.

Krone oder Wappen eindeutig als solcher gekennzeichnet ist.[62] Er befindet sich jedoch an zentraler Stelle in der Mitte der rechten Bildhälfte[63] auf einer Achse mit dem Hoheitszeichen der Doppelsäulen und steht in Bezug zu mehreren Mitgliedern der fürstlichen Familie. Vor seiner Rükkenlehne bilden die linke Hand der Fürstin und die des Prinzen Georg, der sich zudem noch mit seinem rechten Arm auf eine der Armlehnen stützt, eine schräge Linie. Der verstorbene Erbprinz Carl Ludwig Christian hat seine rechte Hand direkt vor den Säulen auf die höchste Stelle der von vergoldeten Leisten eingefaßten Rückenlehne gelegt.

Die auf dem Bild dargestellte Begrüßungsszene läßt sich wie folgt interpretieren: Fürstin Christiane hatte während der Abwesenheit des Fürsten dessen ‚Platz' als Regent inne. Bei seiner Rückkehr fordert sie ihn auf, diesen wieder einzunehmen, indem sie mit der Hand auf den Thronsessel deutet.[64] Dieser steht hier symbolisch für die Regentschaft.[65]

Selbst wenn die Geste in erster Linie als Ehrung des heimkehrenden Fürsten gedacht war, enthüllt sie doch etwas über die Aufgaben der Fürstin, die für die Zeitgenossen selbstverständlich waren. Die Vertretungsaufgabe hochadliger Ehefrauen wird in zeitgenössischen Lexika und Zeremoniellbüchern thematisiert: „Finden sich grosse Herren genöthiget ihrer Angelegenheit wegen entweder auf eine kürtzere oder längere Zeit ihr Land zu verlassen, so tragen sie inzwischen die Regierung entweder ihren Räthen und Ministern, oder ihren ältesten Printzen, oder auch ihren Gemahlinnen auf."[66]

---

[62] Vgl. z. B. das Bildnis von Ludwig XIV., gemalt 1701 von Hyacinthe Rigaud, in *R. Schoch*, Herrscherbild (Anm. 38), Abb. 1, sowie die Gemälde von Ludwig XV., Abb. 2 u. 5, oder das Familienbild Maria Theresias von Martin van Meytens, in *H. Kronberger-Frentzen*, Familienbildnis (Anm. 58), Abb. 27. Auf diesen Gemälden handelt es sich allerdings um Thronsessel von in der Rangfolge weit über den Fürsten von Waldeck stehenden Personen.

[63] Dem Sessel kommt gleichzeitig in der Bildkomposition eine wichtige Bedeutung als Bindeglied zwischen den beiden getrennten Personengruppen der rechten Bildhälfte zu: zur Mitte hin die Fürstin mit der ältesten Tochter Caroline und dem jüngsten Sohn Ludwig, am Bildrand die übrigen fünf Kinder.

[64] Dieser Interpretation könnte man entgegenhalten, daß die Handbewegung der Fürstin nicht ganz eindeutig ist: Es wäre möglich, daß sie statt auf den Thronsessel auf ihre Kinder zeigt. Der Hinweis auf die Nachkommen würde sich aber nicht wie die Aufforderung, Platz zu nehmen, bildimmanent an den Fürsten, sondern vielmehr nach außen an die Betrachter des Gemäldes richten. In diesem Fall würde man erwarten, daß die Fürstin diese und nicht den Fürsten ansieht.

[65] Über die besondere Bedeutung eines dem Herrscher vorbehaltenen Stuhls geben die Zeremoniellbücher Auskunft, z. B. *J. C. Lünig*, Theatrum ceremoniale (Anm. 6), 386.

[66] Art. ‚Regierung', in: *J. H. Zedler*, Universal-Lexikon (Anm. 7), Bd. 30, Halle/Leipzig 1741, Sp. 1793–1817, hier 1804 f. Hier werden überdies „Hochfürstliche Weibs-Personen" erwähnt, die zu „Gouvernantinnen", d.h. Statthalterinnen, in

Fürst Carl August Friedrich war aufgrund seiner Feldherrntätigkeit häufig außer Landes.[67] In diesen Zeiten war nach der Eheschließung Fürstin Christiane die höchste Autorität im Fürstentum Waldeck. In der landesgeschichtlichen Literatur wird der Ausbau des früheren Geheimratkollegiums zu einer ständigen Vertretungsbehörde während der Abwesenheit des Fürsten Carl August Friedrich nur als Notlösung gesehen, da man in der Regierungszeit seines Vaters, Friedrich Anton Ulrich, dazu übergegangen sei, die größeren Entscheidungen doch dem Landesherrn vorzubehalten. Vor diesem Hintergrund wird der wachsende Beitrag der Fürstin Christiane zu den Regierungsangelegenheiten angeführt.[68] Wegen der Machtansprüche der Stände war es wichtig, daß ein Mitglied der Herrscherfamilie, in diesem Fall die regierende Fürstin, vor Ort war, um die Interessen des Hauses zu wahren.[69]

Darüber hinaus könnte der oben beschriebene Standort der Fürstin im Familienbildnis zwischen dem regierenden Fürsten und dem noch minderjährigen Erbprinzen auf die mögliche Notwendigkeit einer Vormundschaftsregierung anspielen, d.h. auf eine Situation, in der Fürstin Christiane in der Regierungsnachfolge zwischen ihrem Ehemann und ihrem Sohn stehen würde – wie es sechs Jahre später tatsächlich geschah.

Daß hochadlige Frauen regierten, hatte Fürstin Christiane bereits als Kind in ihrer Herkunftsfamilie erfahren. Als ihr Vater Christian III. 1735 starb, übernahm ihre Mutter Herzogin Caroline die vormundschaftliche Regentschaft.[70] Die zehnjährige Christiane befand sich zu dieser Zeit in ihrer ‚Ausbildung', die sie auf ihre zukünftige Aufgabe als Ehefrau eines Regenten vorbereiten sollte. Der Staatstheoretiker und Verwaltungsfachmann Veit Ludwig von Seckendorff (1626–1692) empfahl in seinem auch

---

entfernter liegenden Ländern ernannt wurden, in denen der König nicht persönlich anwesend sein konnte.

[67] Zu den Kriegsdiensten Carl August Friedrichs vor und während der Ehe siehe *J. C. C. Hoffmeister*, Historisch-genealogisches Handbuch (Anm. 32), 74; *C. Cramer*, Territoriale Entwicklung (Anm. 9), 241; *G. Menk*, Grafschaft (Anm. 13), 19. Zur Bedeutung und Tradition von Reichsdiensten für die Grafen und Fürsten von Waldeck siehe *G. Menk*, Grundzüge (Anm. 9), 262–264.

[68] *C. Cramer*, Territoriale Entwicklung (Anm. 9), 242.

[69] *H. Wunder u.a.*, Konfession, Religiosität und politisches Handeln (Anm. 4), 80.

[70] Art. ‚Zweybrücken, Herzogthum', in: *J. H. Zedler*, Universal-Lexikon (Anm. 7), Bd. 64, Halle/Leipzig 1750, 1210–1253, hier 1212; zu den Regierungshandlungen der Herzogin s. ebd., 1218. Christianes Mutter gab vermutlich zu Beginn ihrer vormundschaftlichen Regentschaft ein Bildnis in Auftrag, auf welchem ihr als Herrschaftsattribut eine Herzogskrone beigegeben ist. *Wolfgang Medding*, Unbekannte Pfälzische Fürstenbildnisse der Barockzeit, in: Das barocke Zweibrücken und seine Meister, hrsg. v. Julius Dahl/Karl Lohmeyer, 2. erw. Aufl. Waldfischbach 1957, 383–400, hier 386 f.

noch im 18. Jahrhundert aufgelegten „Teutschen Fürstenstaat“ (1656) eine gute Ausbildung nicht nur für die „jungen herrn“, sondern auch für die „fürstlichen Princeßinen“, da „eine fürstl. und gräffliche weibl. person, wie anderswo gedacht, in vormundschafft ihrer kinder zu einer landes=regierung gelangen kan, oder auch gewissen ämtern und herrschafften, die ihnen zum leib-geding eingeräumet werden, vorstehen muß“.[71] Diese Empfehlung Seckendorffs wurde allerdings nicht immer befolgt, glaubt man den Klagen vormundschaftlicher Regentinnen des 18. Jahrhunderts über ihre mangelnde Ausbildung.[72] Die heranwachsende Christiane erhielt jedoch durch das Vorbild ihrer fünf Jahre (1735–1740) regierenden Mutter ein Identifikationsangebot, welches ihr über die übliche Ausbildung hinaus zusätzliche Fähigkeiten und Kenntnisse vermitteln konnte. Bald nach dem Regierungsantritt ihres ältesten Bruders Christian IV. von Pfalz-Zweibrücken (1722–1775) heiratete sie 1741 den waldeckischen Fürsten. Möglichkeiten zur ‚Weiterbildung‘ für ihre Aufgaben als Statthalterin des Fürsten sowie für die spätere vormundschaftliche Regentschaft könnte Fürstin Christiane in der Arolser Hofbibliothek oder in der von ihr selbst angelegten Bibliothek gefunden haben.[73] Für letztere sind in dem nach ihrem Tod erschienenen Versteigerungsverzeichnis eine Reihe von politischen und staatsrechtlichen Schriften aufgeführt.[74] Fürst Carl August Friedrich hatte jedenfalls in

---

[71] *Veit Ludwig von Seckendorff,* Deutscher Fürstenstaat. Samt des Autors Zugabe sonderbarer und wichtiger Materien, Verbessert, mit Anmerkungen, Summarien und Register versehen von Andreas Simson von Biechling, Neudruck der Ausgabe Jena 1737, Aalen 1972, 2. Teil, Kap. 7, 173.

[72] *Heide Wunder,* „Er ist die Sonn‘, sie ist der Mond“. Frauen in der Frühen Neuzeit, München 1992, 207.

[73] Zu den beiden Bibliotheken: *Hartmut Broszinski,* Bausteine zu einer Arolser Bibliotheksgeschichte, in: Indessen will es glänzen (Anm. 2), 112–128.

[74] Der Beginn der Sammeltätigkeit Fürstin Christianes wird um die Mitte des 18. Jahrhunderts datiert. *B. Kümmel,* Kunst- und Naturalienkabinett (Anm. 2), 130. 1788 umfaßte ihre Bibliothek nach einer Schätzung von Wilhelm von Humboldt bereits etwa 6000 Bände. *H. Broszinski,* Arolser Bibliotheksgeschichte (Anm. 73), 115. Das Versteigerungsverzeichnis von 1819 enthält z.B. folgende Werke, die vor oder während ihrer Zeit als mit- bzw. vormundschaftlich regierende Fürstin (1741–1766) erschienen sind, wobei der Zeitpunkt der Anschaffung offen bleibt: Nr. 1134: Moser, F. E., Kleine Schriften zur Erläut. des Staats- und Völker-Rechts, wie auch des Hof- und Canzley-Ceremoniels, 12 Bde. Frankfurt 1751–65; Nr. 1755: Locke, John, Two treatises of government etc., 5. Ed. London 1728; Nr. 1854: Hoheburg, C., Christl. Fürstl. Jugend-Spiegel: allen Jungen Regenten ec. 12. Frankfurt 1645; Nr. 1880: Schreber, D. D. G., Sammlung verschiedener Schriften, welche in die öcon. Polizey- und Cameral- auch andere Wissenschaften einschlagen, 16 Thle in 8 Bde., Halle 1755; Nr. 2546: Moser, F. C. v., Teutsches Hof-Recht, 2 Bde. 4. Fkf. Knoch-Eßlingen 1761; Nr. 3218: Aßmuth, J. D. Abhandlungen von den Pflichten der Regenten, 3 Bde., Lemgo 1751–53. Siehe StaM 121.3186: Versteigerung der Bücher, Gemälde und Kupferstiche des Nachlasses der Fürstin Christiane 1818–

seiner Vormundschaftsverordnung aufgrund der „vorzuglichen[!] ganz ausnehmenden Eigenschaften“ seiner Gemahlin keine Bedenken, ihr für den Fall seines Todes die vormundschaftliche Regentschaft anzuvertrauen.[75]

Bautätigkeit

Auf dem Familienbildnis (Abb. 3) zeigt sich das Waldecker Fürstenpaar vor dem Marstall des Arolser Schlosses, der 1749–1755, d.h. kurz vor der Entstehung des Gemäldes, unter seiner Regentschaft errichtet worden war.[76] Abgesehen von Terrasse und Säulenarchitektur ist er im Hintergrund wirklichkeitsnah abgebildet. Wie ein Entwurf des Baumeisters Franz Friedrich Rothweil aus dem Jahr 1743 zeigt,[77] wurde bald nach der Heirat des waldeckischen Fürstenpaares die Erweiterung des Schlosses durch zwei halbrunde Bauten geplant – zur Ausführung kam jedoch nur der auf dem Familienbildnis dargestellte westliche Bau. Anschließend wurde das mit dem Marstall verbundene Regierungshaus errichtet (1755–1761),[78] welches sich zur Entstehungszeit des Bildes noch im Bau befand. An seiner Stelle sieht man auf dem Familienbildnis am rechten Bildrand das nicht der Wirklichkeit entsprechende Portal mit den Säulen.[79] Regierungsgebäude und Marstall lagen außerhalb des Schloßhofes und bildeten somit den Übergang zu der angrenzenden Stadt Arolsen.[80]

Da wegen der finanziellen Situation Waldecks nur wenig gebaut werden konnte,[81] war es um so wichtiger, die auf Außenwirkung be-

---

1820, darin: Verzeichniß der Bücher, Gemälde und Kupferstiche, welche aus dem Nachlasse der wail. Frau Fürstin Christiane zu Waldeck geb. Pfalzgräfin bei Rhein ec.ec.ec. den 1ten May 1820 und folgende Tage öffentlich versteigert werden sollen. Arolsen 1819.

[75] StaM 121.3436: Vormundschafts-Verordnung des Fürsten Carl im Falle seines Todes 1763.

[76] *U. Schütte*, ‚Fürsten-Pracht‘ (Anm. 15), 34; *M. Jedicke*, Edelhof (Anm. 14), 27.

[77] *Ulrich Schütte* zu Kat. Nr. 15, in: Indessen will es glänzen (Anm. 2), 187 (m. Abb.). Überlegungen zu einer Bebauung des Schloßvorplatzes stellte sein Vater Julius Ludwig Rothweil wahrscheinlich schon früher an. *Ders.* zu Kat. Nr. 14, in: ebd., 186.

[78] *U. Schütte*, ‚Fürsten-Pracht‘ (Anm. 15), 34; *M. Jedicke*, Edelhof (Anm. 14), 26.

[79] Vgl. eine Zeichnung des Schloßvorplatzes aus dem 19. Jahrhundert: Kat. Nr. 5, in: Indessen will es glänzen (Anm. 2), 183.

[80] Siehe *U. Schütte*, ‚Fürsten-Pracht‘ (Anm. 15), 38 u. den Grundriß von Arolsen, um 1742, bei *S. Puntigam*, Planstadt und Realstadt (Anm. 9), 59 (Abb. 12).

[81] Fürst Carl August Friedrich hatte zu Beginn seiner Regierungszeit 1730 das Jagdschloß Carlsruh bei Sudeck bauen lassen, das später verfiel und 1790 wieder abgerissen wurde. *B. Kümmel*, Blumenbach (Anm. 40), 186, Anm. 87.

dachte Bautätigkeit über das Medium der repräsentativen Gemälde zur Geltung kommen zu lassen.

Aufgrund der noch erhaltenen Entwürfe des Baumeisters Franz Friedrich Rothweil für das ‚Neue Schloß', den Witwensitz der Fürstin Christiane in Arolsen, wird sie als kundige Bauherrin eingeschätzt. Sie hatte sich bei ihrem Bruder Christian IV. von Pfalz-Zweibrücken über den Bautyp des ‚Hôtel' informiert und brachte neue Ideen der französischen Architektur und Gartengestaltung in die Arolser Residenz.[82] Es ist daher anzunehmen, daß sie sich schon während ihrer Ehe an den Bauprojekten des Waldecker Fürstenhauses für das Arolser Schloß beteiligte.

Sammlerin und Gelehrte

Ähnlich repräsentativ wie die Bautätigkeit war die zur herrschaftlichen Förderung von Kunst und Wissenschaften gehörende Anlage von Bibliotheken und Sammlungen aller Art.[83] Auf die Betätigung der Fürstin Christiane in diesem Bereich verweisen die auf dem Einzelporträt in Schloß Arolsen (Abb. 1) abgebildeten Bücher. Fürstin Christiane hatte während ihrer Ehe mit der Anlage eines Naturalienkabinettes, einer Gemäldesammlung und einer gut ausgestatteten Bibliothek begonnen.[84] Nach ihrem Tod wurden 3568 Titel bzw. über 10000 Bände wegen der hohen Verschuldung des Hofes versteigert.[85] Aus der Versteigerungsliste ist ersichtlich, daß Fürstin Christiane unter anderem englisch- und französischsprachige Titel besaß und vielfältige Interessen hatte: In ihrer Bibliothek befanden sich Bücher zu Geschichte, Philosophie, Staatsrecht, Politik, Geographie, Malerei, Musik, Architektur, Naturkunde, Biologie, Medizin und Astronomie. Außerdem werden Belletristik, Wörterbücher und Lexika, Reisebeschreibungen, Chroniken, genealogische Werke und Memoiren, antike Autoren sowie Erziehungsbücher genannt. Ein umfangreicher Schwerpunkt lag im Bereich der Religion.[86]

Die auch außerhalb des Territoriums bekannten Sammlungen der Fürstin – sie wurden in mehreren Reisebeschreibungen der 1770er und

---

[82] *Richard Hüttel* zu Kat. Nr. 58, in: Indessen will es glänzen (Anm. 2), 208 f. (m. Abb.). Das Neue Schloß ist 1971 fast vollständig abgebrannt. An seiner Stelle steht heute ein Hotel. *M. Jedicke,* Edelhof (Anm. 14), 30 f.

[83] *Aloys Winterling,* „Hof". Versuch einer idealtypischen Bestimmung anhand der mittelalterlichen und frühneuzeitlichen Geschichte, in: Mitteilungen der Residenzen-Kommission der Akademie der Wissenschaften zu Göttingen 5/1 (1995), 16–21, hier 20; *R. A. Müller,* Fürstenhof (Anm. 8), 47–49.

[84] *B. Kümmel,* Kunst- und Naturalienkabinett (Anm. 2), 130.

[85] *H. Broszinski,* Arolser Bibliotheksgeschichte (Anm. 73), 115.

[86] StaM 121.3186: Versteigerung (Anm. 74).

1780er Jahre erwähnt[87] – waren ein wesentlicher Bestandteil der Selbstdarstellung des Hauses Waldeck und gingen somit über das persönliche Interesse der Fürstin hinaus. Gerade kleinere Höfe waren häufig ‚Musenhöfe'.[88] In der waldeckischen Residenz gab es in den 1750er Jahren, als das Arolser Porträt gemalt wurde, außer den noch am Anfang stehenden Sammlungen und der Bibliothek der Fürstin Christiane eine ältere Hofbibliothek[89] sowie eine Münzsammlung und eine Gewehrkammer.[90]

Es ist anzunehmen, daß Fürstin Christiane das Bewußtsein für die repräsentative Bedeutung von Sammlungen und ihr persönliches Interesse daran vom Hof ihrer Eltern in Pfalz-Birkenfeld mitbrachte, wo eine Kunst- und Wunderkammer existierte.[91] Ihre Mutter, Herzogin Caroline von Pfalz-Zweibrücken, und ihre Schwester, Landgräfin Caroline von Hessen-Darmstadt (1721–1774), bauten ebenfalls umfangreiche Bibliotheken auf.[92]

* * *

Ausgangspunkt der Bildanalysen war die Frage nach dem herrschaftlichen Selbstverständnis der Fürstin Christiane. In den ausgewählten Porträts spiegelt es sich auf unterschiedliche Weise wider: Während sich Christiane von Waldeck auf dem Einzelporträt im Arolser Schloß mit zahlreichen Herrschaftszeichen als regierende Fürstin präsentiert, läßt

---

87 *B. Kümmel,* Blumenbach (Anm. 40), 177, 180; *B. Kümmel,* Kunst- und Naturalienkabinett (Anm. 2), 132; *H. Broszinski,* Arolser Bibliotheksgeschichte (Anm. 73), 115.

88 *R. A. Müller,* Fürstenhof (Anm. 8), 43. Diese Form der Selbstdarstellung wurde bislang eher für die großen Höfe erforscht. Siehe z.B. mehrere Beiträge in *A. Buck u.a.,* Europäische Hofkultur (Anm. 39), Bd. 2 u. 3.

89 *H. Broszinski,* Arolser Bibliotheksgeschichte (Anm. 73); *R. A. Müller,* Fürstenhof (Anm. 8), 49.

90 *B. Kümmel,* Kunst- und Naturalienkabinett (Anm. 2), 130. Die Antikensammlung und die Daktyliothek wurden von den Söhnen der Fürstin Christiane erst in den 1760er und 1770er Jahren angelegt. Siehe *Doris Bielefeld,* Zur Antikensammlung des Prinzen Christian August von Waldeck, in: Indessen will es glänzen (Anm. 2), 137–142; *Simone Michel,* Die Arolser Daktyliothek, in: ebd., 143–154; *Freiherr von H. Hadeln,* Die Fürstlichen Sammlungen im Residenzschlosse zu Arolsen, in: Geschichtsblätter für Waldeck und Pyrmont 1 (1901), 115–122.

91 *B. Kümmel,* Fürstin Christiane, Liebhaberin der Naturgeschichte (Anm. 2), 80.

92 *Hermann Bräuning-Oktavio,* Zwei Privatbibliotheken des 18. Jahrhunderts. I. Die Bibliothek der Herzogin Caroline von Pfalz-Zweibrücken-Birkenfeld, Mutter der ‚Großen Landgräfin' (gest. 1774), in: Archiv für Geschichte des Buchwesens 10 (1970), 685–776, bes. ab 702; *ders.*: Die Bibliothek der großen Landgräfin Caroline von Hessen, in: Archiv für Geschichte des Buchwesens 6 (1966), 681–876, bes. ab 709. Beide Bibliotheken enthielten jedoch weitaus weniger Titel als die der Fürstin Christiane: für ihre Mutter sind im Katalog ca. 1600 Titel verzeichnet, für ihre Schwester rund 2600.

sich ihre Stellung auf dem Familienbildnis an ihrer Einbindung in die Fürstenfamilie und das zugehörige Umfeld, die Arolser Residenz, ablesen. Darüber hinaus wird ihre Herrschaftsposition durch die Wiedergabe einiger ihrer Aufgaben und Tätigkeiten als regierende Fürstin – ihre Rolle als Vertreterin des Fürsten und als Mutter legitimer Nachkommen sowie ihre Beteiligung an der Bautätigkeit des Fürstenhauses und dem Aufbau repräsentativer Sammlungen – in der Inszenierung beider Gemälde unterstrichen.

Gerade weil die Bildnisse nur eine Auswahl der tatsächlichen Herrschaftstätigkeiten der Fürstin wiedergeben,[93] können sie Auskunft über die individuelle Selbststilisierung und das damit verbundene Selbstverständnis der Porträtierten im Hinblick auf ihren Anteil an der Landesherrschaft geben. Hierbei lassen sich zwei Ebenen des Herrschaftsverständnisses unterscheiden: eine an allgemeinen zeitgenössischen Anschauungen orientierte und eine stärker individuell begründete.

Die in dem Familienbildnis dargestellte Beteiligung an der Herrschaftssicherung durch das Gebären von Nachkommen betraf alle hochadligen Ehefrauen der Frühen Neuzeit. Hier offenbart sich ebenso wie in der Beigabe von symbolischen Herrschaftsattributen wie Säulen oder Vorhangdraperie als zeitgenössische Stilmittel die Orientierung an allgemeinen Herrschaftsvorstellungen. Dies trifft auch für die Einbindung der Fürstin in das Herrschaftspaar zu: Sie beruhte nicht etwa auf dem individuellen Selbstverständnis der Fürstin oder des Fürsten, sondern war standesspezifisch begründet. Das Herrschaftspaar galt in weltlichen Territorien als für die Landesherrschaft vorgesehene Konstellation. Dieser Gedanke scheint im Kontext der Repräsentation auch an anderen Stellen durch. So kann z.B. die ursprüngliche Aufhängung des Arolser Porträts der Fürstin im Schlafzimmer des Fürsten Carl August Friedrich als Vervollständigung des Herrschaftspaares verstanden werden. Das fürstliche Schlafgemach war nicht etwa ein privater Raum im heutigen Sinn, es hatte als Ort der ehelichen Vereinigung der Vertreter zweier Dynastien eine hohe symbolische Bedeutung.[94] Eine ähnliche Situation unter umgekehrten Vorzeichen ist für das Appartement der Fürstin Christiane überliefert. Dort hing ein „Portrait von Ihro Durchl[auch]t dem Fürsten zu Pferd [...]“ im Vorzimmer.[95] Des weiteren wird die Bedeutung des Herr-

---

[93] Fürstin Christiane kümmerte sich z.B. auch um wirtschaftliche Angelegenheiten in Waldeck: Laut *C. Cramer,* Territoriale Entwicklung (Anm. 9), 242, ließ sie noch zu Lebzeiten ihres Ehemannes pfälzische Leineweber anwerben und neue Manufakturen anlegen, um das Textilgewerbe zu fördern.

[94] *Jörg Jochen Berns,* „Dies Bildnis ist bezaubernd schön“. Magie und Realistik höfischer Porträtkunst in der Frühen Neuzeit, in: Kultur zwischen Bürgertum und Volk, hrsg. v. Jutta Held, Berlin 1983, 44–65, hier 53 f.

schaftspaares dadurch hervorgehoben, daß fast alle der überlieferten Bildnisse von Fürst Carl August Friedrich und Fürstin Christiane aus der Zeit ihrer Ehe stammen.[96]

Neben dem geschilderten, an allgemeinen zeitgenössischen Vorstellungen ausgerichteten Herrschaftsverständnis, kommen in den Gemälden das persönliche herrschaftliche Selbstverständnis und die Interessen der waldeckischen Fürstin zum Ausdruck. So stand die Möglichkeit, als Stellvertreterin des abwesenden Landesherrn zu wirken, zwar allen hochadligen Ehefrauen mehr oder weniger offen, inwieweit und wie sie diese ausfüllten bzw. sich damit identifizierten, war jedoch von ihrer jeweiligen Persönlichkeit und ihrem Selbstverständnis abhängig. Ein wichtiger Faktor sind hier offensichtlich die lebensgeschichtlichen Erfahrungen, die in die Ehe mit eingebracht wurden – bei Fürstin Christiane z.B. das Erleben ihrer Mutter als vormundschaftlich regierende Herzogin. Entsprechend verweisen die Bemühungen der Fürstin um den Aufbau repräsentativer Sammlungen am Arolser Hof, versinnbildlicht durch die beigegebenen Bücher auf dem Porträt in Schloß Arolsen, die gleichzeitig auch allgemeine Herrschaftssymbole waren, auf die Herkunftsfamilie und die dort gemachten Erfahrungen. In ihrem Elternhaus wurden offenbar bestimmte Interessen angeregt, die der Begabung Christianes entsprachen und die sie nach ihrer Eheschließung weiterpflegte.

Die fürstlichen Bildnisse haben sich als Kompositionen mit komplexen Aussagen erwiesen. Da ihre Überlieferung von den Auftraggebern und -geberinnen intendiert war, eignen sie sich besonders für die Analyse des persönlichen und herrschaftlichen Selbstverständnisses. Ihre Anschaulichkeit erschließt sich aus heutiger Perspektive allerdings nicht unmittelbar. Im Ineinandergreifen der Analyse von Bild- und Schriftzeugnissen kann die Nutzung von Bildnissen für eine geschichtswissenschaftliche Fragestellung jedoch äußerst gewinnbringend sein.[97] Aus den Bildnissen der Fürstin Christiane von Waldeck ließen sich neue Facetten des fürstlichen Herrschafts- und Repräsentationsverständnisses im 18. Jahrhundert erschließen.

---

[95] StaM 125.3494: Inventare (Anm. 34), darin: Inventar von 1759, No. 60. Gemeint ist wahrscheinlich das 1753 von Martin van Meytens und August Querfurt gemalte Reiterbildnis des Fürsten Carl August Friedrich.

[96] Von dem ledigen Fürsten sind mir nur zwei Bildnisse bekannt. *G. Ganssauge u.a.*, Bau- und Kunstdenkmäler, Kreis der Eder (Anm. 21), 155.

[97] Überlegungen zur Bearbeitung von Bildern aus geschichtswissenschaftlicher Perspektive finden sich bei *Rainer Wohlfeil*, Methodische Reflexionen zur Historischen Bildkunde, in: Historische Bildkunde. Probleme-Wege-Beispiele, hrsg. v. Brigitte Tolkemitt/Rainer Wohlfeil (ZHF, Beiheft 12), Berlin 1991, 17–35; *ders.*: Das Bild als Geschichtsquelle, in: Historische Zeitschrift 243 (1986), 91–100.

Dynastische Herrschaftssicherung im dynastiefreien Raum?

Katholischer Reichsadel im Umkreis der südwestdeutschen Bistümer während der Frühen Neuzeit[1]

Von Sylvia Schraut

Der Titel dieses Beitrags vereint scheinbar Widersprüchliches und fordert daher definitorische Klarstellungen. Zur Diskussion gestellt werden die Strategien zur intergenerationellen Herrschaftssicherung, welche die katholische Reichsritterschaft Süddeutschlands im 17. und 18. Jahrhundert ergriff. Es handelt sich beim niederen ritterschaftlichen katholischen Reichsadel um diejenige exklusive Gruppierung, die in den südwestdeutschen Domstiftern maßgeblich die Kapitel besetzte und aus deren Mitte die meisten Bischöfe von Bamberg und Würzburg, aber auch von Konstanz, Mainz, Speyer, Worms und Trier entstammten. Das Amt des Fürstbischofs war jedoch im strengen Sinn nicht innerhalb einer Familie vererbbar, denn es handelte sich um ein Wahlamt, und überdies schloß der Verzicht auf legitime Nachkommen eine direkte dynastische Herrschaftsvererbung ohnehin aus. Auch die Zugehörigkeit der Ritterschaft zum niederen Adel läßt es fraglich erscheinen, ob hier überhaupt von dynastischem Handeln gesprochen werden kann.

Die Bezeichnung ‚Dynastie' hat im demokratischen Deutschland, in einem System, das gemeinhin ohne politische Herrscher „aus einem und demselben Geschlecht"[2] auskommt, Konjunktur. Publikationstitel wie „Ford, eine amerikanische Dynastie"[3] oder „Die Rothschild Dynastie: eine Geschichte von Ruhm und Macht"[4] sind heute an der Tagesordnung und verwischen die eigentliche Bedeutung des Terminus ‚Dynastie'. In

---

[1] In diesem Beitrag werden Teilergebnisse des von der Stiftung Volkswagenwerk geförderten und von Wolfgang von Hippel geleiteten Projekts über „Familie – Stand – Adelsherrschaft – Reich – Religion [...] Das Haus Schönborn" präsentiert. Der Stiftung sei auch an dieser Stelle für die Förderung gedankt. Als Quellengrundlage dient vor allem das umfangreiche Korrespondenzarchiv des Hauses Schönborn, das im Staatsarchiv Würzburg eingesehen werden kann.

[2] Artikel „Dynast", in: Brockhaus' Conversations-Lexikon, 13. Aufl. Leipzig 1883, 690.

[3] *Robert Lacey,* Ford, eine amerikanische Dynastie, Düsseldorf 1987.

Mode kam der Begriff offenbar erst im Wilhelminischen Kaiserreich, als die deutsche Wahlmonarchie endgültig von einer Erbmonarchie abgelöst worden war und man mit Dynastie ein Herrscherhaus oder eine fürstlich hochadelige Familie zu bezeichnen begann, „in der sich in einem monarchischen Staat im Gegensatz zur Wahlmonarchie die Krone vererbt oder von der dieser Anspruch rechtlich zumindest erhoben werden kann".[5] Streng genommen, dürfte von dynastischem Handeln bezogen auf die Reichsritterschaft daher nicht die Rede sein, denn bei deren Herrschaftssicherungsstrategien handelte es sich um die Bemühungen einer niedrigadeligen Gruppe, ein Wahlamt in der Familie erblich zu machen. Es ging dabei jedoch um ein Fürstenamt, das den Träger durch Wahl quasi zum Hochadeligen bzw. dem Hochadel Ebenbürtigen machte. Legt man zeitgenössische einschlägige Begrifflichkeiten zugrunde, dann verwischen sich die Unterschiede zwischen hochadeligen und niedrigadeligen Strategien zur Herrschaftssicherung und familiären Ämtererbfolge ohnehin. Im Zentrum der Bemühungen beider Gruppierungen um die Wahlämter stand der Erwerb von Wahlstimmen. ‚Gute Freunde' zur Unterstützung bei der Wahl sammelten niederer wie hoher Adel um sich, wenn es um die ‚Vererbung' von Wahlämtern ging. Und noch in den Lexika des 18. und frühen 19. Jahrhunderts war ‚Dynastie' offenbar im späteren Bedeutungssinn ungebräuchlich.[6] Auch daß fürstliche Ämter häufig nicht im strengen Sinn ererbt werden konnten, war im frühneuzeitlichen katholischen Reich alltäglich und betraf, von den wenigen katholischen großen Reichsterritorien abgesehen, vom Fürstabt über den Fürstbischof bis zum deutschen König und Kaiser die Mehrheit der katholischen Fürstentitel. Versuche, das einmal erworbene Wahlamt an direkte Nachkommen oder zumindest in der Familie weiterzugeben, waren dennoch in Wahlfürsten-

---

[4] *Derek Wilson,* Die Rothschild Dynastie: eine Geschichte von Ruhm und Macht, Wien 1989.

[5] Artikel „Dynastie", in: Brockhaus Lexikon, 19. Aufl. Mannheim 1997, 59.

[6] Zedler definierte ‚Dynastia' als Regierung, bezeichnete ‚Dynasta' als einen König und brachte den Begriff in Zusammenhang mit Oligarchie als „verderbten" Zustand der Aristokratie, „da die vornehmsten, welche die höchste Gewalt haben, nicht nach der Richtschnur dero Gesetze, sondern ihren Eigennutzen die Regierung einnahmen." Artikel „Dynastia", in: Großes vollständiges Universal-Lexicon Aller Wissenschaften und Künste [...], hrsg. v. *Johann Heinrich Zedler,* Bd. 7, Halle 1734, 1685 f. Eingang fand insb. im frühen 19. Jahrhundert ‚Dynast' als eine von der zeitgenössischen Geschichtsschreibung benutzte Bezeichnung für die mittelalterlichen Adeligen, welche die unmittelbare Freiheit unter dem Reiche für sich und ihre Besitzungen, sowie die Reichsstandschaft behauptet, aber nicht gleich den Fürsten und andern erblichen Grafschaftsinhabern die Landeshoheit, d.h. alle Regierungsrechte an des Kaisers Statt innerhalb eines geschlossenen Territoriums, erlangt hatten. Vgl. beispielsweise den Artikel „Dynast", in: Allgemeine Enzyklopädie der Wissenschaften, hrsg. v. *J. S. Ersch/J. G. Gruber,* Leipzig 1836, Bd. 28, 460–463.

tümern an der Tagesordnung; sie erforderten im Umkreis reichskirchlicher Karrieren freilich angesichts des Fehlens direkter legitimer Nachkommen und der Notwendigkeit, Wahlen zu gewinnen, weitaus komplexere Strategien, als dies für Dynastien im heutigen Sprachgebrauch notwendig war.

Mit der Säkularisierung wurde der weltlichen Herrschaft der katholischen Reichskirche ein Ende gesetzt, und schon zuvor war die Verbindung von kirchlicher und weltlicher Macht in das Kreuzfeuer aufklärerischer Kritik geraten. Dies mag erklären, warum dynastische Herrschaftssicherung innerhalb der reichskirchlichen Territorien nach wie vor relativ wenig Aufmerksamkeit erregt. Wenn es um einschlägige Fragestellungen geht, stehen meistens weltliche Herrscherfamilien im Vordergrund.[7] Gemeinhin wird die Bedeutung katholischer reichskirchlicher Territorien im frühneuzeitlichen Reich aus den Augen verloren oder ihre Erforschung den Kirchenhistorikern überlassen.[8] Dabei lebten am Ende des Alten Reichs in den Reichsabteien und in den 24 bzw. 26 Reichsbistümern[9], in denen der Bischof neben der Stellung des geistlichen Oberhirten die eines regierenden Landesherrn und Reichsfürsten einnahm, auf einem Gebiet von ca. 100.000 qkm über drei Millionen Einwohner, d.h. etwa ein Achtel der Reichsbevölkerung.[10] Neben den drei Kurbischöfen von Köln, Mainz und Trier, die insbesondere in Zeiten bevorstehender Königs- und Kaiserwahlen reichspolitisch an Bedeutung gewannen, saßen die Fürstbischöfe auf der geistlichen Fürstenbank des Reichstags, manche von ihnen besaßen das ausschreibende Amt im Reichskreis, zu dem das Bistum gehörte, und insbesondere der Mainzer Erzbischof als Chef der Reichskanzlei nahm auf die Politik des Reiches großen Ein-

---

[7] Vgl. als Ausnahme: *Rudolf Rheinhardt,* Zur Reichskirchenpolitik der Pfalz-Neuburger Dynastie, in: Historisches Jahrbuch 84 (1964), 118–128; *ders.*: Die hochadeligen Dynastien in der Reichskirche des 17. und 18. Jahrhunderts, in: Römische Quartalschrift 83 (1988), 213–235.

[8] So *Stephan Kremer,* Herkunft und Werdegang geistlicher Führungsschichten in den Reichsbistümern zwischen Westfälischem Frieden und Säkularisation, Freiburg 1992, in seinem Forschungsüberblick. Beispielsweise in dem von *Heinz Duchhardt* für die Enzyklopädie Deutscher Geschichte verfaßten Band über „Altes Reich und europäische Staatenwelt 1648–1806“, München 1990, werden die kirchlichen Territorien im Abschnitt über das Dritte Deutschland zwischen Wien, Berlin, Versailles und Petersburg gänzlich ausgelassen. Vgl. 87–90.

[9] Es handelt sich seit 1648 um die Reichsbistümer Augsburg, Bamberg, Basel, Brixen, Chur, Eichstätt, Freising, Hildesheim, Köln, Konstanz, Lüttich, Mainz, Münster, Osnabrück, Paderborn, Passau, Regensburg, Salzburg, Speyer, Straßburg, Trient, Trier, Worms und Würzburg. Die Reichsklöster Fulda und Korvey wurden 1752 bzw. 1794 in Reichsbistümer umgewandelt.

[10] Vgl. *Egon Johannes Greipl,* Zur weltlichen Herrschaft der Fürstbischöfe in der Zeit vom Westfälischen Frieden bis zur Säkularisation, in: Römische Quartalschrift 83 (1988), 252–264.

fluß.[11] Etliche gewichtige Bündnisse mit europäischen souveränen Mächten, eingegangen zur Verteidigung der eigenen Territorien im Kriegsfall, dokumentieren die Bereitschaft der Bischöfe, als souveräne Herrscher große Reichspolitik zu betreiben, eine Rolle, die ihnen freilich in der zweiten Hälfte des 18. Jahrhunderts angesichts der erstarkenden Bedeutung der großen Territorien und des österreichisch-preußischen Dualismus zunehmend abgesprochen wurde.

Soweit einige knappe Bemerkungen zur weltlichen Bedeutung der Fürstbischöfe im Alten Reich. Zu klären bleibt der Zugang zum Amt des Bischofs. Mehr denn je war die deutsche Reichskirche nach dem Westfälischen Frieden Adelskirche. Die zwischen 1648 und dem Ende des Alten Reichs amtierenden Reichsbischöfe (181 Personen) entstammten zu 99% dem Adel.[12] Ihr Amt verdankten sie den jeweiligen Domkapiteln der Bistümer, einem in aller Regel adelig besetzten Gremium, das an den Einnahmen wie an der Verwaltung des Bistums beteiligt war und dem vor allem seit Mitte des 15. Jahrhunderts das alleinige Bischofswahlrecht zustand.[13] Gemeinhin wählte das Kapitel den Bischof „ex gremio", also aus den eigenen Reihen. Bedingt durch ihr Wahlprivileg und in Abhängigkeit von ihrer Zusammensetzung erwiesen sich die Domkapitel daher als entscheidend für die ständische Herkunft des Bischofs; auf die reichsritterschaftlich dominierten Kapitel bezogen, heißt das, sie wählten sich im allgemeinen einen Reichsritter zum Bischof.

Ein Sitz im Domkapitel war für die gesamte Herkunftsfamilie des Domherrn höchst folgenreich; er versprach nicht nur reiche Einnahmen, sondern auch Einfluß, der für die Familie genutzt werden konnte, materielle Belohnung bei der Wahl des ‚richtigen' Bischofs und schließlich sogar die Möglichkeit, einen Bischof und Landesfürsten zu den engen Verwandten zu rechnen. „Wenn man dazu zählt, daß ein Bischof seine eigene Familie durch Verleihung heimgefallener Lehen, Übertragungen stiftischer Erbämter, Ernennungen zu einträglichen Hofämtern und Amtsmannschaften in jeder Weise bevorzugen konnte, dann ist der Wert für eine Familie, einen zum Bischof gewordenen Domherrn besessen zu haben, nicht hoch genug zu veranschlagen."[14] Das Vermögen des Hauses

---

[11] Zur Organisation der Reichskirche vgl. *Hans Erich Feine*, Die Besetzung der Reichsbistümer vom Westfälischen Frieden bis zur Säkularisation 1648–1803, Stuttgart 1921.

[12] Vgl. zur ständischen Herkunft der Reichsbischöfe: *S. Kremer*, Geistliche Führungsschichten (Anm. 8).

[13] Als reichsrechtliche Grundlage für die Besetzung der deutschen Reichsbistümer galt bis zum Ende des Alten Reiches das Wiener Konkordat von 1448.

[14] *Helmut Hartmann*, Der Stiftsadel an den alten Domkapiteln zu Mainz, Trier, Bamberg und Würzburg, in: Mainzer Zeitschrift 73/4 (1978/79), 99–138, hier 102.

Schönborn beispielsweise vermehrte sich zwischen 1640 und 1670, in den Jahrzehnten, in denen erstmals ein Schönborn den Bischofsstuhl von Mainz innehatte, von 60.000 auf etwa 250.000 Gulden, bis zum Tod des zweiten Schönbornbischofs 1729 verfünffachte sich der Familienbesitz noch einmal.[15] Ein Kapitelsitz war entsprechend begehrt und Ziel der Bemühungen derjenigen Familien, die den regional unterschiedlichen Eintrittsvorschriften genügen konnten.

Die hier in erster Linie interessierenden, von der Reichsritterschaft beherrschten Domstifter von Bamberg, Eichstätt, Mainz, Speyer, Trier, Worms und Würzburg setzten neben einem Studium den Nachweis einer geschlossenen Reihe stiftsfähiger ritterlicher Vorfahren in den vorausgegangenen zwei bis drei Generationen in männlicher *und* weiblicher Verwandtschaftslinie voraus.[16] Waren die Eintrittsbedingungen erfüllt, so bedurfte es zusätzlich beim Freiwerden einer Domherrenstelle der Nomination durch den Papst[17] oder durch das gerade zuständige Kapitelmitglied.[18] Insgesamt also waren langfristig ausgerichtete sowohl familiäre wie diplomatische Bemühungen notwendig, um die begehrten Kapitelsitze für Familienmitglieder zu erwerben. Möglichst viele Kapitulare zu den ‚guten Freunden' der eigenen Familie zählen zu können, erhöhte in der Folge schließlich auch die Chancen auf einen Bischofsstuhl.

Rund 670 bis 680 Familien konkurrierten in den letzten 200 Jahren des Alten Reiches um die 740 bis 780 Kapitelsitze der Reichsbistümer. Peter Hersche verzeichnet in seiner quantifizierenden Untersuchung der Kapitelbesetzungen zwischen 1601 und 1803 in den Kapiteln 5725 Aufschwörungen; sie betrafen angesichts der Möglichkeit, Dompräbenden zu kumulieren, 3675 Personen.[19] Von den Aufschwörungen entfielen knapp 2100 auf Reichsritter aus ca. 260 Familien. Rund 50 Rittergeschlechter waren besonders erfolgreich. Es gelang ihnen, jeweils mehr als 15 Kapi-

---

[15] *Alfred Schröcker*, Besitz und Politik des Hauses Schönborn vom 14. bis zum 18. Jahrhundert, in: Mitteilungen des österreichischen Staatsarchivs 26 (1973), 212–234.

[16] In den genannten Kapiteln variierte der Anteil der reichsritterlichen Domherren in den letzten zwei Jahrhunderten des alten Reiches zwischen 56 % und 96 %. Domkapitel mit einem Anteil von Reichsrittern zwischen 40 % und 50 % gab es in Augsburg, Basel und Konstanz. Vgl. *Peter Hersche*, Die deutschen Domkapitel im 17. und 18. Jahrhundert, 3 Bde., Bern 1984, hier Bd. 3, 174 f.

[17] In geraden Kalendermonaten, nur in Mainz war dieses Recht auf den Bischof übertragen.

[18] In ungeraden Monaten besaß das Domkapitel das Recht, die Nachrücker selbst zu bestimmen. Jeder Kapitular war in einer bestimmten Reihenfolge für die Nomination neuer Mitglieder zuständig.

[19] Berechnet nach *P. Hersche*, Domkapitel (Anm. 16), Bd. 3: Personallisten, 207 ff.

telsitze für Familienmitglieder (nur Mannesstamm berücksichtigt) zu erwerben oder bei einer Zahl von Kapitularen, die zwischen 10 und 14 schwankte, mindestens einen Bischof zu stellen.

Fragt man nach den Ergebnissen dynastischer Bemühungen um die Besetzung von Bistumspfründen seitens der katholischen Reichsritterschaft, so sind die Erfolge augenscheinlich. Zahlreiche ritterschaftliche Familien waren in der Lage, Familienmitgliedern über zwei Jahrhunderte hinweg kontinuierlich Eingang in die Domstifter zu verschaffen. Insbesondere die reichsritterschaftliche Elite der oberen 50 Familien gelang es, nicht nur im 17. und 18. Jahrhundert fortwährend genügend männliche Familienmitglieder für Stiftskarrieren freizustellen, sondern auch kontinuierlich ihnen eine Reihe hoher Ämter zu beschaffen. Jede fünfte Aufschwörung in den Domkapiteln entfiel auf die Mitglieder dieses erlauchten Zirkels, und rund ein Viertel der höheren Kapitelämter wurden von ihnen eingenommen.[20] Aus ihrem Kreis stammten beispielsweise mit 44 Bischöfen von Bamberg, Mainz, Worms und Würzburg rund 85% des dortigen zwischen 1648 und 1803 regierenden Episkopats. Den Reigen der erfolgreichen Ritterfamilien führte das rheinische Haus von Eltz an, mit 31 für die Kapitel freigestellten Personen, 21 Kapitularen, 30 Kapitelsitzen und zahlreichen höheren Ämtern innerhalb der Bistumshierarchie.[21] Das ebenfalls rheinische Geschlecht Waldbott von Bassenheim stellte 29 Angehörige zumindest zeitweise für die Kirchenlaufbahn frei und erwarb für 22 Personen 32 Kapitelsitze und 9 höhere Dignitäten in den Stiftern. Zwischen 20 und 30 Kapitelsitze vereinigten die Häuser Dalberg, Frankenstein, Frenz, Freyberg, Guttenberg, Kesselstadt, Metternich, Schenk von Castell, Schönborn, Sickingen, Speth von Zwiefaltern, Stadion, Ulm und Walderdorff. Die meisten der genannten Ritterfamilien brachten es selbstredend zu mehreren Bischofswürden, den Vogel schoß das Geschlecht Schönborn mit 12 Bischofsstühlen ab, die das Haus innerhalb von drei aufeinanderfolgenden Generationen erwarb.

Über zwei Jahrhunderte hinweg die Stiftsfähigkeit der Familie und die Präsenz in den Domstiftern zu erhalten, allein diese dynastische Leistung spricht für ein höchst effizientes System von Familien- *und* Karriereplanung. Diese Erfolge werden in der Literatur meines Erachtens oft zu gering gewertet, meist wird der Blick zu sehr auf die dynastische Vererbung im gleichen Bistum und auf die direkte Erbfolge innerhalb zweier Generationen, noch dazu im Mannesstamm gerichtet. Doch die Strategien der Reichsritterschaft beschränkten sich nicht auf *ein* Bistum,

---

[20] Berechnet nach *P. Hersche* (ebd.) und *H. Hartmann,* Stiftsadel (Anm. 14), 131.

[21] Berechnet nach *P. Hersche,* Domkapitel (Anm. 16), danach auch die folgenden Zahlenangaben.

sie bezogen sich planerisch keineswegs nur auf die nächstfolgende Generation und berücksichtigten überdies nicht nur die Nachkommen in der männlichen Linie. Zu groß war das Risiko, daß in einer Generation nicht genügend förderungsfähige Neffen das Erwachsenenalter erreichten. War dies der Fall, dann mußte über die Unterstützung der verheirateten Nichten und ihrer Familien erreicht werden, daß die Generation der Großneffen im männlichen Stamm erneut in den Stiftern zum Zuge kommen konnte. Eine Überprüfung der intergenerationellen Vererbung von Bistumspfründen in männlicher und weiblicher Verwandtschaftslinie würde eine weitaus höhere Ämtervererbungsrate erbringen, als dies die leicht ablesbare männliche Linie bereits verdeutlicht. Es läßt sich beispielsweise für das Haus Schönborn aufzeigen, daß nach drei Bischofsgenerationen beim Ausfall der Schönbornneffen in der vierten Generation die Schwestersöhne die Nachfolge in den Bistümern antraten. Die Zahl der erworbenen Bistümer erhöhte sich damit insgesamt auf 17 in vier Generationen.[22]

Welche Merkmale charakterisieren die Bemühungen um Herrschaftsvererbung im Umfeld der reichsritterschaftlich beherrschten Reichsbistümer und welche Rollen übernahmen in ihnen Männer und Frauen? Es handelte sich insgesamt um ein System dynastischer Herrschaftssicherung, das nicht in erster Linie auf den Erhalt des familiären Territorialbesitzes ausgerichtet war. Im Zentrum standen vielmehr Strategien zum Erwerb von Rängen und Funktionen. Es waren Ämter, die weit über dem positioniert waren, was dem familiären Rittergut an Status und Einkommen entsprochen hätte und die nur von Männern besetzt werden konnten. Dynastische Herrschaftssicherung bedeutete somit Planung von *Aufstiegskarrieren* einzelner männlicher Familienmitglieder *und* deren Nutzbarmachung für die Gesamtfamilie. Charakteristisch und folgenreich ist die Ausrichtung des Systems auf katholische Kirchenämter, die korporative Organisation der Herrschaft in den Bistümern und die Einbeziehung des gesamten Familienverbandes in männlicher und weiblicher Linie in das strategische Konzept. Ausgeklügelte familienplanerische Maßnahmen, die vom Einzelnen disziplinierte Einordnung und Leistungsbereitschaft im Interesse der Familie verlangten, und die Konkurrenz von patriarchalisch geprägter Familienhierarchie mit gesellschaftlich verorteter Ämterhierarchie bei der Besetzung innerfamiliärer Macht- und Entscheidungspositionen sind weitere typische Merkmale.[23]

---

22 Den ehelichen Verbindungen der Schwestern der Schönbornbischöfe entstammten die Bischöfe Limpurg-Styrum, Ostein und Seinsheim

23 Die ‚Ausläufer‘ dieses Systems am Ende des 18. und nach Verlust der Kirchenämter im 19. Jahrhundert veranschaulicht *Heinz Reif*, Westfälischer Adel 1770–1860. Vom Herrschaftsstand zur regionalen Elite, Göttingen 1979.

Zweifellos konstituierend für das System war seine Ausrichtung an der katholischen Reichskirche. Im Mittelpunkt der strategischen Bemühungen standen Kirchenlaufbahnen, die sich mit weltlicher Herrschaft verknüpften. Die ihnen zugrunde liegenden Territorien waren von der Kontinuität der Verfassung des Alten Reichs und dem Erhalt der reichskirchlichen Territorien extrem abhängig. Zu betonen ist überdies, daß es sich um Territorien handelte, die in ihren Grenzen gemeinhin nicht über dynastisch legitimiertes oder sonstiges Kriegsgeschehen erweiterbar waren und deren Nutzen in Friedenszeiten am größten war. Angesichts der Tatsache, daß sie nicht direkt vererbbar waren, unterblieben auf das enge Territorium bezogene expansive zukunftsorientierte strategische Überlegungen. Beispielsweise jetzt um zukünftiger Territorialgewinne willen einen Krieg zu führen, solcher Kalkül lag den kirchlichen Wahlfürsten gänzlich fern. Auch die Gebundenheit an das jeweilige fürstbischöfliche Territorium blieb relativ gering. Jederzeit war das erworbene Bistumsamt durch ein besseres in einem anderen Bistum ersetzbar. Es bedurfte der friedlichen Entwicklung des kirchlichen Gebiets, damit es nutzbringend für sich selbst und die Familie zu verwerten war, aber es bedurfte nicht speziell eines bestimmten Territoriums; das erworbene mochte in der nächsten Generation durch andere Territorien gleicher Art ersetzt werden. Aus diesen Überlegungen lassen sich viele der politischen Positionen ableiten, die die Amtsträger der Reichskirche in den letzten zwei Jahrhunderten des Alten Reichs einnahmen. Nicht die Normen und Werte des adeligen Gutsbesitzers oder Territorialherrn charakterisieren fürstbischöfliches Denken und Handeln, sondern das Wertesystem des Amtsträgers innerhalb der katholischen Kirchenhierarchie und der Reichsverfassung. Es war katholisch, christlich abendländisch, reichisch und schließlich reichsritterlich geprägt und damit traditionsverbunden, expansiv nicht in territorialen Fragen, sondern nur in religiös gegenreformatorischem Sinn, und tief vom Bewußtsein geprägt, daß nur die Absicherung der gesamten eigenen Adelsgruppierung die eigene Position stabilisieren konnte. Dieses Wertesystem stand im Laufe des 18. Jahrhunderts zunehmend konträr zum sich entfaltenden Bezugssystem des Territorialstaats; es war jedoch mit dem Gedankengebäude der Aufklärung durchaus vereinbar, denn nur das Gemenge aus ständisch privilegierter Herkunft und individuellem strategischen Vermögen wie individueller Leistung befähigte dazu, die Ämter zu erwerben, die in dynastisch geführten weltlichen Territorien ererbt wurden. Besonders festzuhalten bleibt: auf der Grundlage geburtsständischer Privilegien wurde der eigene Status nicht von adeligem Besitztum hergeleitet, sondern von Ämtern und Funktionen. Damit vermischten sich ständisches Bewußtsein und amtsbezogene Leistungsbereitschaft zu einem wesentlichen Merkmal eines an Ämterkarrieren ausgerichteten dynastischen Herrschaftssicherungssystems.

Den zweiten Eckpfeiler des Systems stellte seine Ausrichtung an der korporativ geprägten Organisation der Domkapitel dar. Es bedurfte zur Förderung der Kirchenkarrieren einzelner Familienmitglieder durch die Herkunftsfamilie umfangreicher Vernetzung mit den Domherren und deren Familien in den Domkapiteln des eigenen regionalen Interessengebiets. Insgesamt war das stiftische Herrschaftssystem auf Interessenausgleich ausgerichtet. Wechselseitige Hilfe und Gegenleistung prägten das Miteinander in Bistumsorganisation, diplomatischen Diensten und geselligem Leben. Einflußreiche Amtsträger im Umkreis der Domstifter bemühten sich tunlichst, neben der eigenen Familie auch genügend ‚Freunde' unter den anderen Domherren zu fördern und Verpflichtungsnetze mit gegenseitiger Verbindlichkeit zu stiften, die im Bedarfsfall zu aktivieren waren. Sollten solche Verpflichtungsnetze nicht beständig durch aktuell neu entstehende Interessenkonstellationen und Konkurrenzen überlagert werden, bedurften sie der ‚überzeitlichen' Absicherung. Hierin liegt die eigentliche Bedeutung der von der Reichsritterschaft intensiv geförderten Verwandtschaftsnetze. Sie zu pflegen, war insbesondere das Aufgabenfeld der Frauen. Während ein Großteil der Männer angesichts der geplanten Ämterkarrieren unverheiratet bleiben mußte, versprachen möglichst viele eheliche Verbindungen der Töchter ‚fortune' für die Familie, und sie waren Thema umfangreicher ‚Projekte' und innerfamiliärer Diskussionen. Jede Heirat in die Familie eines Domherrn versprach bei anstehenden Wahlen Startvorteile. Insbesondere solche Ehen zu begünstigen, die nicht zu Konkurrenzsituationen führten, sondern die Karrierewege anderer Familien für die eigene nutzbar machten, gehörte zu den höheren mit genealogischem know how angereicherten strategischen Fertigkeiten. Jede über die Ehen der Töchter gestiftete verwandtschaftliche Verbindung mit den amtierenden oder zukünftigen Bischöfen garantierte die Förderung der Söhne des eigenen Familienverbands. Bei einem Großteil der reichsritterschaftlichen Bischöfe läßt sich daher nachweisen, daß sie für die Heirat einer Nichte mit der Familie des designierten Nachfolgers sorgten, bzw. durch die Einheirat einer Schwester in die Familie des Vorgängers die eigenen Wahlchancen begünstigten. Nur wenn sich keine passenden Partien boten, oder im individuellen Einzelfall begründete Ursachen einer Heirat entgegenstanden, scheint man den Eintritt in ein Kloster für Töchter in Erwägung gezogen zu haben. Zumindest im Hause Schönborn rangierte der Stellenwert geeigneter Heiratsprojekte weit vor etwaigen Kirchenkarrieren der weiblichen Mitglieder des Familienverbands.[24] Dynastische Herrschaftssicherung im

[24] Während der letzten zwei Jahrhunderte des alten Reiches traten lediglich zwei Töchter in ein Kloster ein. Bei einer der beiden läßt überdies die Quellenlage keine eindeutige Aussage zu, ob sie wirklich Nonne wurde oder sich nur häufig im Ursulinenkloster zu Kitzingen aufhielt. In anderen vergleichbaren Familien traten

fürstbischöflichen Kreis verlief somit, wenn nicht der Neffe als Nachfolger durchgesetzt werden konnte, häufig über Nichten- oder Schwesternehen. Die Schwester des Würzburger Bischofs und Mainzer Erzbischofs Johann Philipp von Schönborn beispielsweise war mit dem Bruder eines Vorgängers auf dem Mainzer Bischofsstuhl verheiratet, eine Nichte Johann Philipps mit dem Bruder seines Nachfolgers in Mainz, eine weitere Nichte wurde mit einem Neffen des vorausgegangenen Bischofs von Würzburg verehelicht.

Die beschriebene Aufgabenteilung zwischen Männern und Frauen im reichsritterschaftlichen Herrschaftssicherungssystem schlug sich in familienplanerischen Konzepten nieder, die sich von dem üblicherweise als charakteristisch für den Adel geltenden beträchtlich unterschieden. Das für den weltlichen Territorialstaat oder adeligen Gutsbesitzer kennzeichnende einfache dynastische Modell – ein Sohn als Nachfolger, ein Sohn als ‚Reserve', möglichst wenig weitere Söhne und Töchter, da sie als männliche Objekte von Ausstattungspfründen Geld kosteten, als weibliche Objekte von Heiratsstrategien teure Aussteuern und mitunter problematische Erbanspruchssituationen beim Ausfall der Söhne schufen – dieses Modell ist auf die Reichsritterschaft nicht anwendbar. Die idealtypische erfolgreiche Reichsritterfamilie brauchte einen Sohn, der die Familie fortsetzte und somit als Träger der Lehen intergenerationelle Kontinuität garantierte, des weiteren mindestens einen Sohn, der für Kirchenkarrieren zur Verfügung stand. Erfolgversprechender war es, mehrere Söhne in kirchliche Laufbahnen einbringen zu können, denn deren Chancen im Interesse der Familie in kirchlichen, militärischen und diplomatischen Ämtern zu wirken, erhöhte sich mit ihrer Anzahl. Auch die Zahl der Töchter sollte möglichst hoch sein; je mehr Töchter das heiratsfähige Alter erreichten, desto mehr Möglichkeiten bestanden, die verwandtschaftliche Verbindung zu den bischofsfähigen Familien des eigenen Adelsverbands zu stärken. Damit die erwünschte verwandtschaftliche Vernetzung nicht zu teuer wurde, beschloß die Reichsritterschaft schon früh, die Aussteuer der Töchter im eigenen Kreis insgesamt so zu beschränken, daß es finanziell günstiger war Töchter zu verheiraten, als sie ledig in der Familie zu ernähren.[25] Der in allen Reichsritterfamilien übliche Erbverzicht der Töchter auf das Familienvermögen rundete das ganze System ab. Wie günstig sich eine große Zahl von Söhnen und Töchtern auf den Aufstieg der Familie auswirken konnte, belegt das

mitunter mehr Töchter in ein Kloster ein, doch scheint ihre Zahl im Verlaufe des 17./18. Jahrhunderts eher ab- als zugenommen zu haben.

[25] Üblich war eine Mitgift von 3000 Gulden; die Schönborns gaben 4000 Gulden, aber jährlich 500 als Appanage an unverheiratete weibliche Familienmitglieder.

Haus Schönborn anschaulich. Den beiden Mainzer Erzbischöfen aus diesem Geschlecht standen jeweils zwölf bzw. vierzehn Schönborn-Neffen und -Nichten für entsprechende Strategien zur Verfügung, beide planten die Nachkommenschaft der verheirateten Brüder und wenn möglich auch der Schwestern höchst erfolgreich in ihr System dynastischer Herrschaftssicherung mit ein. Unter der Regierung Johann Philipps von Schönborn intensivierte das Haus Schönborn über sieben Töchterehen im Umkreis der Domstifter das verwandtschaftliche reichsritterschaftliche Netzwerk, unter der Ägide seines Neffen, Lothar Franz von Schönborn, brachten es vier der fünf für Kirchenkarrieren vorgesehenen Neffen zu Bischofswürden.

Es waren also häufig die kirchlichen Würdenträger, die die innerfamiliären Fäden zogen, und nicht die Vorstände des Gesamthauses oder einzelner Familienzweige. Innerfamiliäre Macht und Entscheidungsbefugnis übernahmen gemeinhin die Familienmitglieder, die den gesellschaftlich höchsten Rang besetzten. Im beschriebenen System waren dies die kirchlichen Amtsinhaber und insbesondere die Bischöfe. An ihrem Wertesystem und am Erwerb von kirchlichen Positionen richtete sich daher meist das gesamte familienplanerische Konzept aus. Folgerichtig führten die erstgeborenen Söhne in der Regel nicht die Familie fort, sondern traten in Kirchenkarrieren ein. Folgerichtig gerieten aber auch patriarchale Familienstrukturen, die ins Zentrum den Besitzer des adeligen Gutes, den Lehensträger und pater familias setzten, in Konkurrenz zu der erworbenen Stellung, zu potestas und auctoritas des ledigen Amtsträgers. Daß er keine eigenen legitimen Kinder haben durfte, mag seine enge Bindung an die Herkunftsfamilie miterklären. Sein Verzicht auf anerkannte Nachkommen bot andererseits die Gewähr, daß sich der Nutzen der Einzelkarriere in Gewinn für das gesamte Geschlecht umwandeln ließ. Da der gewählte Reichsfürst sein Amt nicht zuletzt dem Einsatz der ganzen Familie für seine Karriere dankte, sollte er seine erworbene Macht für die eigene Herkunftsfamilie dienstbar machen. Dies mag erklären, warum sich die einzelnen Familienmitglieder gemeinhin willig in die Plazierungskonzepte der kirchlichen Würdenträger einbinden ließen, daß das Gesamthaus die häufig extrem teuren Ausbildungen der Hoffnungsträger finanzierte und schließlich bei erfolgreichem Abschluß der Karriere dem familiären Einfluß der Bischöfe üblicherweise keinen ernsthaften Widerstand entgegensetzte. Verwandtschaft wurde aus der Perspektive der ‚Onkels' definiert. Entsprechend stand nicht die adelige Kernfamilie im Mittelpunkt familiärer Konzepte zur Herrschaftssicherung, sondern der erweiterte Familienverband: letztlich entschieden Sympathie, Einsatzfähigkeit und Gehorsam der Verwandten über das Ausmaß des Nepotismus, nicht verwandtschaftliche Nähe per se. Im Interesse der Onkels orientierte sich Erziehung und Förderung der Neffen und Nichten nicht am Konzept adeligen Hof- oder Landlebens, sondern an den Erfordernissen der stiftischen Karriereplanung. Daß die einflußreichen Onkels selbst unverheiratet waren und ihr Umgang mit den weiblichen Verwandten deutlich von der kirchlich/katholischen Sichtweise des weiblichen Geschlechts geprägt war, scheint dazu beigetragen zu haben, gerade die Handlungsspielräume der Frauen sehr zu begrenzen. Insbesondere der engherzige, von beispiellosem Geiz geprägte Umgang mit den ‚nutzlosen' Witwen des Hauses legt diese Interpretation nahe.[26]

Die Ausrichtung der dynastischen Konzepte zur Herrschaftssicherung an (männlichen) Ämterkarrieren und (weiblichen) Verwandtschaftsnetzen prägte sich im übrigen tief in Erziehungskonzepte und Bildungsgänge ein. Gläubigkeit und eine hohe Wertigkeit von Bildung, Fleiß und Disziplin waren für die Ausbildung der Söhne und Neffen charakteristisch; die im Hause Schönborn gepflegte Erziehung der männlichen Hoffnungsträger liefert hierfür anschauliche Beispiele. „Wenn man will die Weisheit erlangen,"[27] so ein Lateintext, der dem 9jährigen Franz Lothar von Schönborn 1728 zum Übersetzen vorgelegt wurde, dann „muß man eine große Andacht gegen Gott haben, welcher ist der Urheber alles Guten. Man muß wissen, daß der Anfang der Weisheit [...] wie sehende Menschen gelangen zu der Vollkommenheit und Wissenschaft durch die Frömmigkeit, und nicht durch die Sünd und Faulheit" gelegt werde. „Salomon, welcher war ein Sohn des königlichen Propheten David, erhielt von Gott in seinen jungen Jahren die Wissenschaft, welche er auserwählt hatte unter den Gaben des heiligen Geistes. Er wußte, daß die Wissenschaft desto notwendiger sei einem jungen Prinzen, das ohne dieselbe er nicht könnte regieren das Königreich, welches ihm sein Vater gelassen hatte."

Der Bildungserwerb hatte, von Haushofmeistern überwacht, nach strengem Reglement innerhalb eines voll verplanten Tagesablaufs zu erfolgen. Selbständigkeit war nur beim inhaltlichen Durchdringen des Lehrstoffs erwünscht: „Die sollicität kommt auf selbst Nachsuch und Studien an, und nicht auf Papageien Art nachzuschwätzen",[28] familiäre Kontrolle sorgte freilich dafür, daß es am nötigen Eifer nicht fehlte. Die Erkenntnis, daß ständische Privilegien die individuelle Leistungsbereit-

---

[26] In den Korrespondenzen des Hauses Schönborn stellt die möglichst geringe Witwenversorgung und der Ärger der kirchlichen Würdenträger über die ‚Uneinsichtigkeit' der betroffenen Schwägerinnen und Mütter ein in regelmäßiger Wiederkehr auftauchendes Thema dar.

[27] Staatsarchiv Würzburg, Schönborn Korrespondenzarchiv, Bestand: Friedrich Karl Nr. 44b; hieraus auch die folgenden Zitate.

[28] Staatsarchiv Würzburg, Schönborn Korrespondenzarchiv, Bestand Hugo Damian Nr. 319.

schaft nicht zu ersetzen vermochten, rangierte als oberstes Prinzip über allem und verweist (jenseits der aus der Entwicklung des 19. Jahrhunderts heraus postulierten spezifisch protestantischen Leistungsethik) auf ein an Aufstiegskarrieren ausgerichtetes katholisches Bildungskonzept. In der familieneigenen Werteskala galt ein „gelehrter Bauer dreimal mehr als ein ungezogener und unstudierter Ritter".[29] Erreichten die Söhne der katholischen Reichsritterschaft nach heutigem Verständnis das Gymnasialalter, dann trat zur Ausbildung im Haus der Familie die katholische Eliteausbildung in einem Jesuitengymnasium hinzu. Meist wurde diese Ausbildungsphase mit ersten Aufenthalten in den Domstiftern verbunden. Mit ihrer großen Betonung klassischer, humanistisch und gegenreformatorisch überformter Bildungsinhalte, ihrer hohen Gewichtung von Disziplin, Leistung, sprachlicher Logik und Rhetorik war sie durchaus in der Lage, die stiftsfähige Reichsritterschaft mit dem nötigen Rüstzeug für die zukünftigen kirchenpolitischen und reichspolitischen Karrieren zu versehen. So weit die Informationen reichen, nahmen die adeligen Zöglinge, so auch die Schönbornsöhne, in den Jesuitenschulen am allgemeinen Unterricht teil, und sie waren den üblichen jesuitischen Leistungsansprüchen unterworfen. Den höfischen Bedürfnissen des zumindest im 17. Jahrhundert an der französischen, später an der österreichischen Hofkultur orientierten Reichsadels entsprechend wurde der Unterricht von zusätzlich engagierten Sprach- und Tanzlehrern ergänzt. Wichtig jedoch scheint vor allem zu sein, daß hier keine Trennung zwischen adeliger und nichtadeliger Bildung stattfand. Adeliger Bildungserwerb mußte sich an bürgerlichem aufstiegsorientierten Bildungsbemühen messen lassen. Den Abschluß der Ausbildung bildeten schließlich die obligatorischen Studienaufenthalte im Ausland. Hier handelte es sich nicht um die im Adel üblichen Kavaliersreisen, sondern um Aufenthalte zur Vervollkommnung der Ausbildung. Studiensemester beispielsweise im Collegium Germanicum in Rom, in Siena, Paris oder Leyden lassen sich für viele spätere Kapitelmitglieder und alle Schönbornsöhne nachweisen. Häufig dauerte diese Phase der Ausbildungsabrundung mehrere Jahre. Am Ende des Erziehungsgangs sollte schließlich ein Tugend- und Kenntniskanon stehen, wie er in der Leichenrede für Friedrich Karl von Schönborn 1746 entworfen wurde, ein idealtypischer Tugendkatalog, der für die geplanten Karrieren im katholischen Reich prädestinierte: „Seine angebohrne Geschicklichkeit, fürtreffliche Talenten, der lebhaffte Geist, die auf verschiedenen Academien, und nebst der hiesigen, auch anderen Universitäten, in Erlernung deren Wissenschafften bezeigte Fertigkeit, sammt der zu Rom in dem Collegio Germanico, jener

[29] Staatsarchiv Würzburg, Schönborn Korrespondenzarchiv, Bestand Rudolf Franz Erwein Nr. 256

so fruchtbaren Mutter Teutscher Bischöfflichen Insulen, gründlich eingenommene Gottes-Gelehrtheit hatten Ihn zu großen Dingen und Vertretung Geistl. und Weltlichen höchsten Ehren-Ämtern befähiget; und die vielfältige in Durchreisung deren meisten Europäischen Höfen eingesehene Sitten so vieler Völckern, erlernte Sprachen so vieler Nationen, bemerkte Maximen und Regierungs-Arten so vieler Staaten, samt der daraus so geflissentlich und embsig erworbenen Erfahrenheit hatten Ihn bald zu solcher Vollkommenheit gebracht, daß man in jüngeren Jahren schon ersehen konte, was Salomon in seinen Tagen für ein Welt-Wunder erachtete, Viam Viri in Adolescentia, Prov. 30.v.19. Einen gestandenen klugen Mann in seiner Jugend."[30]

Anders als die der Söhne mußte die Töchterziehung sich nicht an Ämterkarrieren, wohl aber an den Erfordernissen der strategischen Konzepte des Hauses orientieren. Ein katholisches Weltbild, Bereitschaft zur Unterordnung unter die Familieninteressen, aber auch ein weitreichender weltlicher und höfischer Bildungsstandard waren notwendig, wenn die weiblichen Familienmitglieder die ihnen zugedachten Rolle als Vermittlerinnen zwischen den Interessen der Herkunfts- und der erheirateten Familie möglichst gut ausfüllen sollten. Sie mußten zudem in der Lage sein, zeitweise den Familienhaushalten allein vorzustehen angesichts der Ämtererfordernisse auch der verheirateten männlichen Familienmitglieder. Daß sie darüber hinaus an den Höfen der bischöflichen Onkel bei Bedarf die Rolle der fehlenden weiblichen Gastgeberin zu übernehmen hatten, sei nur am Rande vermerkt. Die Grundausbildung erhielten die Töchter der Reichsritterschaft, wie wohl häufig beim Adel üblich, zusammen mit den Brüdern durch die Haushofmeister. Die weitere Ausbildung zumindest der Töchter der ‚oberen' 50 Ritterfamilien oblag in der Regel den Ursulinen. Belegt ist seit den 1670er Jahren die Erziehung vieler Mädchen dieses Kreises im Ursulinenkloster im fränkischen Kitzingen oder im Ursulinenpensionat zu Metz, dem exklusiven Treffpunkt der Töchter des katholischen Reichsadels. Die Mädchen wurden meist mit 10 bis 12 Jahren für zwei bis drei Jahre dem renommierten Ursulineninstitut in Metz übergeben und damit einer Niederlassung der katholischen Bildungsinstanz anvertraut, die zeitgenössisch die bestmögliche Mädchenbildung vermittelte.[31] Zum Lehrplan der Ursulinischen Mädchenpensionate gehörte ein weitreichender weltlicher und höfischer Fächerkanon. Die Ursulinen orientierten sich in ihren didakti-

[30] Staatsarchiv Würzburg, Schönborn Korrespondenzarchiv, Bestand: Rudolf Franz Erwein Nr. 312.

[31] Vgl. zu den Ursulinen: *Anne Conrad,* Zwischen Kloster und Welt: Ursulinen und Jesuitinnen in der katholischen Reformbewegung des 16./17. Jahrhunderts, Mainz 1991.

schen Methoden, in Leistungsanreizen und Belohnungssystem, in Ämter- und Pflichtenvergabe deutlich an den Jesuitenschulen, so daß der ursulinische Leistungsethos dem jesuitischen vermutlich nicht nachstand. Wichtiger noch als der weltliche bzw. höfische Unterricht dürfte jedoch die religiöse Erziehung im erweiterten Sinn gewesen sein. Der tägliche Besuch der Messe, das Erlernen der gängigen katholischen Glaubensgrundsätze wie das Einüben eines christlichen Tagesablaufs waren selbstverständlich. Kennzeichnend für den über profane Wissensvermittlung weit hinausreichenden religiösen Erziehungsplan war darüber hinaus ein Disziplinierungssystem, das mit dem Aufwachen einsetzte und in die nächtlichen Träume hineinreichen konnte. Den Mädchen war in den Pensionaten außerhalb des eigentlichen Unterrichts eine Nonne zugesellt, die mit ihnen aß, spielte und lernte. Sie begleitete die Zöglinge in die Andachten, betrieb mit ihnen die im Ursulinischen Erziehungsprogramm hoch gewichtete Gewissenserforschung und schlief mitunter im gleichen Zimmer. Legt man verschiedentlich überlieferte Tagespläne zugrunde, dann begann der gemeinsame Tag um 6 Uhr morgens und endete um 20.30 Uhr. Bei den Mahlzeiten wurde geistliche Lektüre vorgelesen, insgesamt zweieinhalb Stunden ‚Rekreation' unterbrachen den exakt geregelten Ablauf von Unterricht, Gebeten und Übungen, bevor um 20.00 Uhr „Nachtgebet, Gewissenserforschung, Stillschweigen bis zum Morgengebet, Lichtlöschen und Ruhe" den Tag beendeten.[32] Vergleicht man den Bildungsweg der Töchter der katholischen Reichsritterschaft mit der Töchtererziehung des mehr am weltlichen höfischen Leben orientierten zeitgenössischen Adels,[33] so läßt sich für die Klostererziehung höhere inhaltliche Qualität in Anspruch nehmen, aber auch ein eher antihöfisch ausgerichtetes katholisches Leistung und Disziplin bejahendes Bezugssystem, in dem sich Mädchen- und Jungenbildung einander annäherten.

Kennzeichnend für das gesamte dynastische Herrschaftssicherungssystem ist gerade in Disziplin und Leistungsbereitschaft seine überzeitliche Ausrichtung. Von den Familienmitgliedern wurde kontinuierlicher indi-

---

[32] Nach *Hermann Albisser*, Die Ursulinen zu Luzern, Diss. Genf 1937, 225, in Anlehnung an die „Tag- und Schulordnung für die Kostjugend des Ursulinenklosters in Landshut", Landshut 1753.

[33] Der als Kritiker der ursulinischen Klosterschulen auftretende Reformer der französischen hofnahen Mädchenbildung in Frankreich, Fénelon, und die zweite Ehefrau Ludwigs XIV. entwickelten ein Erziehungskonzept für die höfische Reformschule St. Cyr, das Charakterbildung, Konversation und Tanz anscheinend wesentlich höher bewertete als Wissensvermittlung, wobei den Ursulinen auch für diesen Bereich die Kompetenz abgesprochen wurde. Vgl. *J. Wychgram*, Das weibliche Unterrichtswesen in Frankreich, Leipzig 1886, 14 ff. Für deutsche adelige Mädchenbildung im protestantischen Raum und außerhalb der Klöster kann man wohl davon ausgehen, daß sie im wesentlichen durch Privatlehrer geleistet wurde und eine beträchtliche Variationsbreite und große Niveauunterschiede aufwies.

vidueller Einsatz, vom Gesamthaus die Mobilisierung der materiellen Reserven für den Erwerb von Positionen und die Pflege des Verwandtschaftsnetzes gefordert, ohne daß im Einzelfall der Nutzen der getroffenen Maßnahmen abzusehen war. ‚Gute Freunde' zu unterstützen, mochte in der Gegenwart keinerlei Folgen haben, sondern sich erst in der Zukunft auszahlen; in die Ausbildung der gesamten Nachkommenschaft zu investieren war wichtig, da man nicht wissen konnte, welches Kind auf welcher Position am erfolgreichsten werden würde. Auch die Pflege der Verwandtschaftsnetze unterlag unzähligen nicht kalkulierbaren Variablen: Krankheit, Kinderlosigkeit und Tod beispielsweise konnten folgenreiche Schicksalsschläge darstellen, die sich letztlich planerischen Bemühungen entzogen. Im Prinzip versprach das System denjenigen am meisten Erfolg, die alle Ressourcen zur Stärkung der Familie einsetzten, jenseits der Frage, wann die Belohnung dafür zu erwarten war. Neben den Systemen gegenseitiger Hilfe kam gerade in der Langzeitperspektive den Verwandtschaftsnetzen und damit den Frauen eine gewichtige Rolle zu. Gestiftete Verwandtschaft lieferte „beständige Freundschaft", so die zeitgenössische Formulierung in den Eheverträgen.[34] Männlich besetzte Leistungsbereitschaft und weiblich besetztes intelligentes ‚Managing' verwandtschaftlich gefestigter Unterstützung aber auch von Interessenausgleich verbanden sich so zu einem auf lange Zeitlinien ausgerichteten Gesamtkonzept, zu einer Strategie, die Ämterkarrieren im reichskirchlichen Kontext ausschließlich Männern vorbehielt, sich dennoch aber der begrenzten weiblichen Handlungsspielräume und Ressourcen bestens bediente.

---

[34] Vgl. als Beispiel den Vertrag zwischen Anselm Franz Friedrich von Ingelheim mit Melchior Friedrich von Schönborn 1679 über die Bischofswahl in Mainz und eine geplante Heiratsallianz für die zum Zeitpunkt des Vertrages zehnjährige Tochter Melchiors; Schönborn Korrespondenzarchiv, Bestand Johann Philipp 3292.

Dynastisches Handeln von Frauen in der Frühen Neuzeit

Von Ute Küppers-Braun

Korporative Genossenschaften von Frauen, z. B. die Reichsklöster im süddeutschen Raum oder die freiweltlichen Damenstifte in Nordwestdeutschland, waren bisher selten Gegenstand sozialgeschichtlicher Forschung. In der Regel betrachtete man sie allenfalls unter kirchenhistorischen Fragestellungen. Im folgenden soll gezeigt werden, daß diese Institutionen ebenso wie die Domstifte der Männer der Herrschaftssicherung[1] (hoch)adliger Familien dienten, denn das Aufgabenfeld von Frauen war keineswegs nur auf den Ausbau der Verwandtschaftsnetze mittels erfolgversprechender Heiraten beschränkt.

Zunächst ist jedoch grundsätzlich zu klären, was in der Frühen Neuzeit unter ‚Dynastie' bzw. ‚dynastischem Handeln' verstanden wurde. Der Blick in ältere Nachschlagewerke zeigt, daß die moderne Definition des Begriffs, nämlich Herrschaftssicherung durch Erblichkeit innerhalb einer Familie, zu eng gefaßt ist und leicht in die Irre führen kann.

I. Definitionsprobleme

In Zedlers ‚Universal-Lexikon' findet sich zu dem Stichwort ‚Dynast(ie)' nur eine sehr knappe, künstlich anmutende Definition: „Dynastia heist bey denen Alten eine Regierung und Dynasta ein König. Bei denen Politicis heist es so viel als eine Oligarchia, welches ein verderbter Zustand der Aristocratie ist, da die vornehmsten, welche die höchste Gewalt haben, nicht nach der Richtschnur derer Gesetze, sondern ihren [!] Eigennutzen die Regierung einrichten."[2] Nach der Definition von Karl Friedrich D. Dieck[3] in der ‚Allgemeinen Encyklopädie' schließt sich „die Bedeutung des Ausdrucks" [Dynast] zunächst an den „Besitz einer Herrschergewalt" an, unabhängig davon, ob diese durch

---

[1] Vgl. den Aufsatz von *Sylvia Schraut* in diesem Band.

[2] *Johann Heinrich Zedler,* Grosses vollständiges Universal-Lexikon, Bd. 7, Halle/Leipzig 1734, Neudruck Graz 1961, 1685 f.

[3] Vgl. Allgemeine deutsche Biographie, Bd. 5, Neudruck d. Ausg. 1877, Berlin 1969, 117 f.

Wahl oder Erbfolge erlangt wurde.[4] Weiter wird ausgeführt: „In einem engern Sinne wird jedoch von den Classikern nicht jeder Herr eines Landes Dynastes genannt, sondern nur derjenige, welcher nicht bedeutend genug ist, um mit dem Titel eines Königs belegt werden zu können." Nach Dieck bildeten seit dem 12. Jahrhundert vornehmlich die Grafen „den Dynastenstand oder den Stand der alten Freiherren".[5]

Ähnlich argumentiert Karl Friedrich Eichhorn in seiner ‚Deutschen Staats- und Rechtsgeschichte'. Er versteht unter „Dynasten oder liberi domini", bezogen auf das 11.–15. Jahrhundert, „die Ahnherren von beinahe allen den Häusern, die späterhin wieder als gräfliche erscheinen"[6] und erläutert diese Ansicht folgendermaßen: „Der Grund, warum die Dynastenfamilien seitdem den gräflichen Titel wieder annahmen, lag in der Nothwendigkeit, sich von dem niederen Adel durch einen andern Titel zu unterscheiden, seitdem dieser das Prädicat des Adels gleichfalls erhielt, das sonst nur dem hohen Adel eigen gewesen war."[7] Auch hier wird primär auf die Herrschaftsfunktion – nicht auf Erblichkeit – abgehoben, so daß alle diejenigen, die ihr obrigkeitliches Amt durch Wahl erhielten,[8] keineswegs im „dynastiefreien Raum" agierten,[9] sondern ebenso wie Regenten aufgrund legitimer Erbfolge mit in den Blick zu nehmen sind. Auf der Basis dieser Definition erweitert sich die Reihe der ‚Dynasten' bzw. von dynastischem Handeln erheblich: dynastisches Handeln meint demnach nicht nur Absicherung der Erbfolge, sondern allgemeiner Handeln im Sinne herrschaftlicher Machtfülle.

Im folgenden soll das dynastische Handeln von Frauen im Hinblick auf beide Definitionen näher beleuchtet werden. Im ersten Teil gilt es zu zeigen, daß auch Frauen kraft ihres Wahl-Amtes Herrschaft ausüben konnten und somit – im vormodernen Sinne – durchaus dynastisch handeln konnten; im zweiten Teil soll ihre Rolle im Rahmen der Familienstrategien zur Sicherung der Erbfolge am Beispiel katholischer Hochadelsstifte dargestellt werden.

---

[4] *J. S. Ersch/J. G. Gruber* (Hrsg.), Allgemeine Encyklopaedie der Wissenschaften und Künste, Erste Sektion, 28. Teil, Leipzig 1836, 460–463.

[5] Ebd., 462.

[6] *Karl Friedrich Eichhorn,* Deutsche Staats- und Rechtsgeschichte, 4 Teile, Göttingen 1821–23, hier Teil 2, 78.

[7] Ebd., 81.

[8] Vgl. auch *Wolfgang Reinhard,* Bemerkungen zu „Dynastie" und „Staat" im Papsttum, in: Der dynastische Fürstenstaat. Zur Bedeutung von Sukzessionsordnungen für die Entstehung des frühmodernen Staates, hrsg. v. Johannes Kunisch (Historische Forschungen, 21), Berlin 1982, 157–161. Reinhard hebt allerdings auch die „Familiensukzession" besonders hervor.

[9] *S. Schraut* (Anm. 1), 205.

II. Frauen als eigenständige Dynasten kraft ihres Amtes

Wenn Schraut konstatiert, daß man „die Bedeutung katholischer reichskirchlicher Territorien im frühneuzeitlichen Reich gerne aus den Augen verloren oder ihre Erforschung den Kirchenhistorikern überlassen“ habe,[10] so ist dem uneingeschränkt zuzustimmen. Seit dem 19. Jahrhundert hat man im Zuge der Nationalstaatsideologie diese teilweise sehr kleinen Territorien ignoriert,[11] obwohl sich noch gegen Ende des 18. Jahrhunderts eine Reihe von Autoren[12] für ihre Beibehaltung eingesetzt und ihre Vorzüge betont hatte mit der Begründung: „Auf diesen (den geistlichen) Fürstenthronen, saß seit Jahrhunderten kein Blödsinniger,[13] kein Schwärmer, kein Despot [...].“[14]

Was Schraut – bezogen auf Territorien, die von Männern regiert wurden – festgestellt hat, trifft noch weit stärker für die von Frauen regierten Gebiete zu, obwohl bereits kein geringerer als Johann Jacob Moser auf die politischen Handlungsspielräume von Frauen in der Frühen Neuzeit hingewiesen hat: „So vil ich habe in Erfahrung bringen können, hat kein einiger Reichs-Prälat ein Gebiet, darinn sich formliche Land-Stände befinden. [...] Die weibliche Abtey Essen hingegen hat [...] Land-Stände und Land-Tage“.[15] „Etwas ganz sonderbares aber ist, daß in dem Fürstl. Stifft Essen die erste Claß derer Land-Stände aus lauter Frauenzimmer bestehet.“[16]

Die Frauenzimmer, von denen hier die Rede ist und die den ersten Landstand bildeten, sind die Essener Stiftsdamen, Frauen des hohen Adels, die vor den bürgerlichen Kanonikern als zweitem und dem landsässigen Adel als drittem Landstand rangierten. Die Landeshoheit innerhalb des Fürstentums Essen wurde von der Fürstin-Äbtissin ausge-

---

[10] Ebd., 207.

[11] Für Männerstifte hat man dies seit langem erkannt. Doch während die Geschichte der Domkapitel so gut erforscht ist, daß Peter Hersche bereits 1984 eine vergleichende sozialgeschichtliche Studie über 24 Kanonikerstifte in der Frühen Neuzeit vorlegen konnte, weiß man über Frauenstifte für diese Epoche bisher immer noch sehr wenig. Vgl. *Peter Hersche,* Die deutschen Domkapitel im 17. und 18. Jahrhundert, 3 Bde., Bern 1984.

[12] Vgl. z.B. *Christian Ernst Weisse,* Ueber die Sekularisation Deutscher geistlicher Reichsländer in Rücksicht auf Geschichte und Staatsrecht, Leipzig 1798, 5.

[13] Vgl. dazu *H. C. Erik Midelfort,* Verrückte Hoheit. Wahn und Kummer in deutschen Herrscherhäusern, Stuttgart 1996.

[14] *[Anonym]*: Ueber die geistlichen Staaten in Deutschland und die vorgebliche Nothwendigkeit ihrer Sekularisation, Deutschland [sic!] 1798, zit. n. *Ch. E. Weisse,* Sekularisation (Anm. 12), 5.

[15] *Johann Jacob Moser,* Neues teutsches Staatsrecht, Neudruck d. Ausg. 1766–1782, Osnabrück 1967, Bd. 13,1, 393.

[16] Ebd., 477.

übt, die von dem gräflichen Damenkapitel und dem Kanonikerkapitel gewählt und von Papst und Kaiser bestätigt wurde. Im Falle der Vakanz fiel die Regierungsgewalt beiden Kapiteln, den Stiftsdamen und den Kanonikern, zu. Die Fürstin-Äbtissin hatte eine quasi-episkopale Gewalt inne und war in der kirchlichen und weltlichen Hierarchie den Bischöfen, deren „dynastische Herrschaftssicherung im dynastiefreien Raum" Südwestdeutschlands Schraut beschrieben hat, zur Seite zu stellen. Ähnliches gilt für die Fürstäbtissinnen der freiweltlichen Damenstifte in Thorn in der Nähe von Maastricht, in Elten am Niederrhein und in Buchau am Federsee in Schwaben, wo nur hochadelige katholische Frauen aufgenommen wurden, aber auch für die protestantischen Damenstifte in Gandersheim, Quedlinburg und Herford, deren Vorsteherinnen ‚Wahl-Fürstinnen' mit Sitz und Stimme auf den Reichstagen waren.

Doch nicht nur Frauen des hohen, reichsfreien Adels konnten Herrschaft über Land und Leute ausüben. Wie sich an Beispielen süddeutscher Reichsklöster belegen läßt, war es sogar für Frauen aus dem niederen Adel – selbst aus dem Bürgertum – möglich, in den Dynastenstand aufzusteigen.[17] Als Vorsteherinnen[18] reichsunmittelbarer Klöster bzw. Stifte hatten diese Frauen Sitz und Stimme auf der schwäbischen bzw. rheinischen Prälatenbank innerhalb des Reichsfürstenrates.[19] Die folgende Tabelle gibt zunächst einen Überblick, über die Reichsstandschaft von Frauen kraft ihres Amtes:[20]

[17] Vgl. *Otto Beck*: Die Reichsabtei Heggbach. Kloster, Konvent, Ordensleben. Ein Beitrag zur Geschichte der Zisterzienserinnen, Sigmaringen 1980, 351–353.

[18] Vgl. dazu auch: *Heide Wunder,* Herrschaft und öffentliches Handeln von Frauen in der Gesellschaft der Frühen Neuzeit, in: Frauen in der Geschichte des Rechts. Von der Frühen Neuzeit bis zur Gegenwart, hrsg. v. Ute Gerhard, München 1997, 27–54, bes. 43–45.

[19] Eine Einladung an die Äbtissin von Buchau zum Reichstag nach Augsburg 1547 findet sich als Faksimile in *Rosemarie Aulinger,* Das Bild des Reichstages im 16. Jahrhundert. Beiträge zu einer typologischen Analyse schriftlicher und bildlicher Quellen (Schriftenreihe d. Hist. Komm. bei d. Bayerischen Akademie d. Wiss., 18), Göttingen 1980, Abb. 35.

[20] Vgl. Übersicht über die Reichsstände. Bearb. v. *G. Oestreich/E. Holzer,* in: Gebhardt. Handbuch der deutschen Geschichte, hrsg. v. Herbert Grundmann, 6. neu bearb. Aufl., Bd. 2, Stuttgart 1970, 769–784; *Gerhard Köbler,* Historisches Lexikon der deutschen Länder. Die deutschen Territorien vom Mittelalter bis zur Gegenwart, 2. verb. Aufl., München 1989, Xff. u. jew. Stichwort.

Äbtissinnen mit Sitz und Stimme auf dem Reichstag

Reichsfürstenrat, Schwäbische Prälatenbank	Reichsfürstenrat, Rheinische Prälatenbank
Äbtissin von Heggbach	Äbtissin von Essen
Äbtissin von Gutenzell	Äbtissin von Buchau
Äbtissin von Rottenmünster	Äbtissin von Quedlinburg
Äbtissin von Baindt	Äbtissin von Herford
Äbtissin von Andlau	Äbtissin von Gernrode
Äbtissin von Lindau	Äbtissin von Niedermünster in Regensburg
Äbtissin von Söflingen (1775)	Äbtissin von Obermünster in Regensburg
Äbtissin von St. Jörgen zu Isny (1782)	Äbtissin von Burtscheid
	Äbtissin von Gandersheim
	Äbtissin von Thorn

Im Gegensatz zu ihren männlichen Standesgenossen erschienen sie nicht persönlich, sondern entsandten ihre „Bottschaften"; genaueren Aufschluß über die Vertretung dieser Frauen auf den Reichstagen bieten die Subskriptionslisten der Reichsabschiede.[21] Die Auflistung in der folgenden Tabelle (S. 226) belegt deutlich das wachsende Interesse am politischen Geschehen innerhalb des Reiches.

Man darf vermuten, daß das in den 20er Jahren des 16. Jahrhunderts langsam einsetzende Interesse an Reichshandlungen mit der Veranschlagung in der Reichsmatrikel von 1521 in Zusammenhang steht, wodurch die Klöster und Stifte finanziell erheblich belastet wurden.[22] Für die Zeit nach 1654, in der der ‚Immerwährende Reichstag' tagte, lassen sich

[21] Vgl. Neue und vollständigere Sammlung der Reichs-Abschiede [...], Neudruck der Ausgabe 1747, Osnabrück 1967, Teil 2, 101, 330 f., 364, 418, 442 f., 469, 493, 516, 522, 548, 629 f.; Teil 3, 41, 151, 178, 242, 262, 312, 376, 415, 447 f., 468, 517 f., 529, 570, 684. Abkürzungen: Bu = Buchau; Nm = Niedermünster (Regensburg); Om = Obermünster (Regensburg); Es = Essen; Rm = Rottenmünster; Ge = Gernrode; Li = Lindau; Qu = Quedlinburg; Hf = Herford; Ga = Gandersheim; An = Andlau; Hg = Heggbach; Gz = Gutenzell; Ba = Baindt; Bu = Burtscheid. Auf den vorausgegangenen Reichstagen waren sie nicht vertreten.

	Bu	Nm	Om	Es	Rm	Ge	Li	Qu	Hf	Ga	An	Hg	Gz	Ba	Bu
1526		×	×	×	×										
1527				×											
1530		×	×	×		×	×								
1532			×		×										
1535				×											
1541					×		×								
1542	×	×	×	×	×	×		×							
1543	×														
1544				×		×		×							
1545	×	×	×	×			×								
1548	×	×	×	×		×		×	×						
1551	×	×	×	×				×							
1555			×			×		×	×						
1557		×	×												
1559	×					×		×							
1566	×	×	×		×	×	×	×							
1567	×	×	×												
1570	×			×	×			×							
1576		×	×		×	×		×		×	×	×	×	×	
1582	×	×	×	×	×	×		×		×	×	×	×		
1594	×	×	×	×	×	×	×	×		×	×	×	×	×	
1598	×	×	×			×		×		×	×	×	×	×	
1603	×	×	×		×	×		×		×	×	×	×	×	
1613	×	×	×	×	×	×	×	×			×	×	×	×	
1641	×	×	×	×	×		×					×	×	×	
1654	×	×	×	×	×	×	×	×	×	×	×	×	×	×	×

[22] 1495 wurden im Anschlag auf dem Reichstag zu Worms nur die Äbtissinnen von Herford, Essen, Quedlinburg, Nieder- und Obermünster in Regensburg aufgeführt, vgl. Neue Sammlung Reichstagsabschiede (Anm. 21), Teil 2, 20–24. 1507 sind im Reichsanschlag zu dem Römerzug folgende Äbtissinnen verzeichnet: Quedlinburg (mit der Stadt), Essen (mit der Stadt), Herford (mit der Stadt), Nieder- und Obermünster (Regenburg), Kaufungen, Lindau, Gernrode, Buchau, Rottenmünster, ebd., 107.

Österreichischer Reichskreis	—
Burgundischer Reichskreis	—
Kurrheinischer Reichskreis	—
Fränkischer Reichskreis	—
Bayerischer Reichskreis	Niedermünster (Regensburg) Obermünster (Regensburg)
Schwäbischer Reichskreis	Lindau Buchau Heggbach Gutenzell Rottenmünster Baindt
Oberrheinischer Reichskreis	Kaufungen
Niederrhein.-Westfälischer Reichskreis	Essen Thorn Herford
Obersächsischer Reichskreis	Quedlinburg Gernrode
Niedersächsischer Reichskreis	—

angesichts des derzeitigen Forschungsstandes[23] keine allgemeingültigen Aussagen über die Teilnahme der Äbtissinnen machen.[24] Doch es bleibt

[23] Sofern überhaupt Monographien für diese Reichsklöster bzw. -stifte vorliegen, berücksichtigen sie vorwiegend mittelalterliche und kirchliche Aspekte; politische Fragestellungen werden in der Regel nicht bzw. nur am Rande erwähnt. Vgl. z.B. *O. Beck,* Heggbach (Anm. 17), 297 f.; *Heinz Wolfgang Schlaich,* Das Ende der Regensburger Reichsstifte St. Emmeram, Ober- und Niedermünster. Ein Beitrag zur Geschichte der Säkularisation und der Neugestaltung des bayerischen Staates, in: Verhandlungen des Historischen Vereins für Oberpfalz und Regensburg 97 (1956), 163–376, bes. 186–188; *Thomas Wurzel,* Die Reichsabtei Burtscheid von der Gründung bis zur frühen Neuzeit (Veröff. des Stadtarchivs Aachen, 4), Aachen 1984; *Bernhard Theil* (Bearb.), Das (freiweltliche) Damenstift Buchau am Federsee (Germania Sacra N. F. 32: Das Bistum Konstanz, 4), Berlin/New York 1994, 71–77. Zu den Streitigkeiten um die reichsrechtliche Stellung Quedlinburgs vgl. *Dietmar Willoweit,* Rechtsgrundlagen der Territorialgewalt. Landesobrigkeit, Herrschaftsrechte und Territorium in der Rechtswissenschaft der Neuzeit, Köln/Wien 1975, XXXIII.

[24] Für Gandersheim vgl. *Hans Goetting* (Bearb.), Das reichsunmittelbare Kanonissenstift Gandersheim (Germania Sacra N. F. 7: Das Bistum Hildesheim, 1), Berlin/New York 1973, 223–231.

festzuhalten, daß – bezogen auf das Jahr 1792 – die Kuriatstimme der Rheinischen Prälaten (insgesamt 19) von 10 Frauen bestimmt wurde: rein rechnerisch lag die Mehrheit in ihrer Hand. In den Reichskreisen waren die meisten der genannten Reichsklöster[25] bzw. -stifte ebenfalls vertreten (Übersicht S. 227).

Wie weit diese (Fürstinnen-)Äbtissinnen auf die Reichsstandschaft Wert legten, ist schwer zu beurteilen. So hatte z.B. das Klarissenkloster Söflingen im 16. und 17. Jahrhundert auf die Reichsstandschaft verzichtet. Erst als in den 70er Jahren des 18. Jahrhunderts die Konflikte mit der protestantischen Stadt Ulm unerträglich geworden waren, strengte Äbtissin Johanna Miller beim Reichskammergericht in Wetzlar und beim Reichshofrat in Wien Prozesse an, die mit einem Vergleich endeten; die konsequente Fortsetzung war der Antrag auf Aufnahme in das Prälatenkollegium des Reichsfürstenrates, der am 3. Januar 1775 angenommen wurde. Wenige Monate später übernahm Söflingen auch die hohe Gerichtsbarkeit – zwei Todesurteile aus dem Jahre 1777 sind bekannt –, wodurch die letzte Abhängigkeit von der Stadt Ulm entfiel.[26].

Ähnliches zeichnet sich für Rottenmünster ab: Die Tatsache, daß man lange auf die Ausübung der hohen Gerichtsbarkeit verzichtet hatte, erschwerte bereits die Behauptung der Landesherrschaft. Daß diese der Äbtissin des Klosters aber zweifelsfrei zustand, ist durch Erbhuldigungen, durch Erlaß von Landesverordnungen etc. und durch Appellationen der Untertanen von den örtlichen Gerichten an die Äbtissin als ihre Landesherrin zu belegen.[27]

Die Äbtissinnen von Heggbach, Gutenzell, Baindt und Rottenmünster drohten 1714 einerseits, das Reichsprälatenkollegium zu verlassen, „da ihnen dort außer dem *Beneficium contribuendi* beinahe nichts zugestanden würde".[28] Andererseits vertrat die Heggbacher Äbtissin Maria Caecilia II. Constantina Schmid sechs Jahre später die Ansicht, bei Verlust der Reichsstandschaft „des Größten, so wir im Zeitlichen besitzen" entbeh-

---

[25] Zu Größe und Einwohnerzahlen der Reichsklöster innerhalb des Schwäbischen Reichskreises vgl. *Peter Christoph Storm,* Der Schwäbische Kreis als Feldherr. Untersuchungen zur Wehrverfassung des Schwäbischen Reichskreises in der Zeit von 1648 bis 1732 (Schriften zur Verfassungsgeschichte, 21), Berlin 1974, 51.

[26] Vgl. *Karl Suso Frank OFM,* Das Klarissenkloster Söflingen. Ein Beitrag zur franziskanischen Ordensgeschichte Süddeutschlands und zur Ulmer Kirchengeschichte, Ulm 1980, 120–124.

[27] Vgl. *Margareta Reichenmiller,* Das ehemalige Reichsstift und Zisterziensernonnenkloster Rottenmünster. Studien zur Grundherrschaft, Gerichts- und Landesherrschaft (Veröff. d. Komm. f. geschichtl. Landeskunde in Baden-Württemberg, Reihe B: Forschungen, 28), Stuttgart 1964, 70–79.

[28] *O. Beck,* Heggbach (Anm. 17), 274.

ren zu müssen.[29] Auch in Baindt scheint man sich des Wertes der reichsrechtlichen Privilegien durchaus bewußt gewesen zu sein, denn 1740 verfaßte Johann Jacob Moser – als Auftragsarbeit (?) – das „Staatsrecht der Reichs-Abbtey Baindt".[30]

Der politische Handlungsspielraum dieser Herrscherinnen bzw. ihr Einfluß war angesichts ihrer ‚Mini-Territorien' zwar unbedeutend, doch die benachbarten Reichsstände und Kirchenoberen hatten mit ihnen zu rechnen: Immerhin zogen die Äbtissin von Heggbach und die Äbtissin von Gutenzell, Maria Franziska von Gall, auf Anraten der Juristen der Universität Altdorf ihren „Vaterabt" in Salem vor das Reichskammergericht, als er in den 40er Jahren des 18. Jahrhunderts versuchte, ihnen die Ausübung ihrer Herrschaftsrechte streitig zu machen.[31]

Andererseits wußte man später die politische Funktion dieser Frauen durchaus zu schätzen und zu nutzen. Als Anselm II., Abt von Salem, 1768 das Amt des Direktors im Schwäbischen Kreis anstrebte, erwirkte er für die Äbtissinnen der Zisterzienserinnenklöster in Citeaux Dispens von der strengen Klausur, denn der Usus der Wahl sah die persönliche Teilnahme der Prälaten vor. Folgt man der Darstellung von Armgard von Reden-Dohna, so war das Kollegium nicht wenig verwundert, als die Äbtissinnen von Heggbach, Gutenzell, Rottenmünster und Baindt in eigener Person erschienen, um der „nie dagewesenen Wahlkampagne" des Abts die Krone aufzusetzen.[32]

Um Rangfragen kam es regelmäßig zwischen Buchau und Salem zu Streitigkeiten, die aber immer zugunsten des freiweltlichen Damenstifts ausgingen. Bereits 1699 richtete die dortige Äbtissin, Maria Theresia von Montfort, in einer derartigen Angelegenheit eine Denkschrift an die Mitglieder des Schwäbischen Reichskreises.[33] Eine ihrer Vorgängerinnen, Katharina von Spaur, Pflaum und Vallier, die von 1610 bis 1650 amtierte,

---

[29] Ebd., 79.

[30] Vgl. *J. J. Moser,* Staatsrecht (Anm. 15), Allgemeines Register über das Moserische alte und neue Staats-Recht [...], Stichwort „Baindt".

[31] *O. Beck,* Heggbach (Anm. 17), 271 ff., 84 ff.; vgl. *Maren Kuhn-Rehfus* (Bearb.), Das Zisterzienserinnenkloster Wald (Germania Sacra 30: Das Bistum Konstanz, 3), Berlin/New York 1992, 246 ff.; *Armgard von Reden-Dohna,* Zwischen Österreichischen Vorlanden und Reich: die Schwäbischen Reichsprälaten, in: Vorderösterreich in der frühen Neuzeit, hrsg. v. Hans Maier/Volker Press, Sigmaringen 1989, 75–91, bes. 89 f.; *Armgard von Reden-Dohna,* Reichsstandschaft und Klosterherrschaft. Die schwäbischen Reichsprälaten im Zeitalter des Barock, Wiesbaden 1982, 33.

[32] Vgl. *Armgard von Reden-Dohna,* Zisterzienser als Reichsstände, in: Die Zisterzienser. Ordensleben zwischen Ideal und Wirklichkeit, Ausstellungskatalog Köln 1981, 285–288.

[33] Vgl. *B. Theil,* Buchau am Federsee (Anm. 23), 73 f.

reiste gar selbst nach Wien, um dem Kaiser ihre Klagen über die Plünderungen der kaiserlichen Heere vorzutragen und unterbreitete 1628 sogar einen Plan zur Beseitigung Wallensteins.[34] Sie war zweifellos die politisch aktivste Äbtissin Buchaus, die wiederholt auf den Kaiser und seine Politik während des Dreißigjährigen Krieges einzuwirken versuchte.[35] Ähnliches gilt von ihrer Schwester, Maria Clara von Spaur, Pflaum und Vallier, die Fürstin-Äbtissin in Essen (1614–1644) sowie Äbtissin der niederadligen Stifte Nottuln (1614–1644) und Metelen (1621–1644) in Westfalen war. Doch diese Frauen, die ihre Herrschaftsfülle eigenständig nutzten, waren eher Ausnahmen. Dennoch bleibt festzuhalten: Frauen hatten im Rahmen der Reichskirche durchaus die Möglichkeit in begrenztem Rahmen aktiv am politischen Leben teilzunehmen und damit dynastisch handelnd im vormodernen Sinne tätig zu sein. Aber welche Rolle kam ihnen für die ‚dynastische' Herrschaftssicherung im modernen Sinne zu?

III. Dynastische Herrschaftssicherung des hohen Adels am Beispiel freiweltlicher Damenstifte

Folgt man den Ansichten der Liselotte von der Pfalz, so kam es im ausgehenden 17. und beginnenden 18. Jahrhundert zu gravierenden Umbrüchen innerhalb der Gesellschaft des hohen Adels. Ihrer Halbschwester, der Raugräfin Luise, schrieb sie im März 1699: „Die mesalliancen choquiren mich immer. Es ist schadt vor daß wittgensteinsche hauß, daß sie sich so mißheürahten; den sie seindt doch gar gutte alte graffen. [...] Es were schadt, wen dieße mode in Teütschlandt auffkommen solte; den daß haben die teütschen heüßer über andere nationen, daß daß geblütt nopler undt purer ist."[36] Im Mai kam sie noch einmal auf dieses Thema zurück: „Es verdriest mich recht, wen ich höre, daß die mißheürahten in Teütschlandt einreißen, insonderheit wen es in so vornehme heüßer einreist wie die graffen von Wittgenstein. [...] Unßer teütsche gräffen undt graffinen thun gar dolle heürahten, wie ich sehe." [37]

Die Äußerung kann sich nur auf Karl Friedrich Graf von Sayn-Wittgenstein beziehen, der 1698 die Regentschaft übernahm und sich damals

---

[34] Vgl. *M. Mayr-Adlwang*, Ein Vorschlag zur Ermordung Wallensteins vom Jahre 1628, in: Mitteilungen des Instituts für Österreichische Geschichtsforschung, Ergänzungsband 5 (1896), 164–172, Edition des Briefes 170 ff.

[35] Vgl. *B. Theil*, Buchau am Federsee (Anm. 23), 234 ff.

[36] *Wilhelm Ludwig Holland* (Hrsg.), Briefe der Herzogin Elisabeth Charlotte von Orléans aus den Jahren 1676 bis 1706 (Bibliothek des Litterarischen Vereins in Stuttgart, 88), Stuttgart 1867, 128, Nr. 75 (1699 März 20).

[37] Ebd., 142, Nr. 82 (1699 Mai 19).

mit Maria Wilhelmine von Schomberg, Tochter Graf Friedrichs von Schomberg und der Catharina Ernestine von Bucholtz, vermählte und damit im Sinne des alten Reichsadels eine nicht standesgemäße Ehe einging.[38] Für die beiden Kinder, die aus dieser Ehe 1708 und 1716 hervorgingen, waren die negativen erbrechtlichen Konsequenzen wohl schnell absehbar. Moser erwähnt dazu zwei Reichshofrats-Conclusa aus den Jahren 1716 und 1718. Das erste Conclusum lautete: „Es seye mit der gebetenen Legitimation zu willfahren, jedoch daß im Namen und Wappen, der Consequenz halber, vom Väterlichen Stamm abstrahiert werde."[39] Der Versuch, dieses Urteil noch zu ändern, blieb erfolglos. Sohn und Tochter heirateten unter dem Stand des Vaters, so daß das Haus Sayn-Wittgenstein in dieser Linie erlosch.

Unter Mißheirat verstand Liselotte im Gegensatz zu den meisten Juristen[40] der Zeit keineswegs nur Ehen mit bürgerlichen Frauen, sondern durchaus auch solche mit Frauen aus dem niederen Adel. Die zweite Ehe (1701) des Kurfürsten von der Pfalz, Karls III. Philipp, mit Teresa Prinzessin Lubomirski kritisierte sie: „Dieses pfaltzgraffen zweyter heürath steht mir nicht ahn; den es seindt nur princessinen in idéen in Poln. in der that aber nur gutte edelleüte; finde also, daß der pfaltzgraff sich mesallirt."[41] Auch die schließlich doch zustande gekommene Ehe des späteren Königs in Preußen, Friedrich Wilhelms I., mit Sophia Dorothea Prinzessin von Hannover, Herzogin zu Braunschweig und Lüneburg, mißfiel ihr: „Ich glaube nicht, unter unß gerett, daß der könig in Preussen zugeben wirdt, daß die Printzes den chronprintz bekompt; den so groß auch I. L. meritten ist, so schlegt seindt die angen [Ahnen] der mutter seydt, und der könig in Preussen ist hochmütig, wirdt seinen sohn nicht mißheürathen wollen. Ich heiß mißheürath, seine angen nicht zu machen

[38] Vgl. Europäische Stammtafeln. Stammtafeln zur Geschichte der europäischen Staaten, begründet v. Wilhelm Karl Prinz zu Isenburg, fortgeführt v. Frank Baron Freytag von Loringhoven, 5 Bde., Marburg 1953 ff., hier Bd. IV, Taf. 5.

[39] *J. J. Moser,* Staatsrecht (Anm. 15), Bd. 12,2,2, 880 f.

[40] Ausführlich dazu: *Ute Küppers-Braun,* Frauen des hohen Adels im kaiserlich-freiweltlichen Damenstift Essen (1605–1803). Eine verfassungs- und sozialgeschichtliche Studie. Zugleich ein Beitrag zur Geschichte der Stifte Thorn, Elten, Vreden und St. Ursula in Köln, Münster 1997, 277 ff.

[41] *W. L. Holland,* Briefe (Anm. 36), 240, Nr. 140 (1701 Okt. 12); vgl. 228 f., Nr. 132: „Die mißheüraht verdrießen mich immer, ist unßern Teütschen recht schimpfflich; den sie hatten daß über andere nationen, ihre heüßer pur zu behalten, undt, gott verzeye mirs, ich glaube, ich vergebe einer damen er 10 galants, alß einen mißheürath." (1701 Mai 15).

[42] *W. L. Holland,* Briefe (Anm. 36), 435, Nr. 288 (1706 Jan. 14); vgl auch 455, Nr. 306: „Mein gott, wo kompt dießes printzen hochmuht her? Mag nur ahn seine mutter gedencken, wie auch ahn seine großmutter von mutter seytten, so wirdt er ursach genung zur demut finden." (1706 Apr. 11).

können."[42] Die Mutter der Braut war die später unter dem Namen „Prinzessin von Ahlden" berühmt-berüchtigt gewordene Sophia Dorothea von Braunschweig-Calenberg, deren Ehe wegen ihres Liebesverhältnisses mit dem Grafen von Königsmarck geschieden wurde. Doch Liselotte begründet ihre Ansicht von der Mißheirat nicht mit dieser Affäre, sondern sieht sie in den Ahnen der Braut, denn ihre Großmutter mütterlicherseits, Eleonore Desmier d'Olbreuse, entstammte dem französischen Bürgertum.[43]

Hinter Liselottes Formulierung, „seine angen nicht machen zu können," verbirgt sich die Frage nach der Stiftsmäßigkeit bzw. Stiftsfähigkeit.[44] Die Aufnahme in ein Stift war davon abhängig, ob der- oder diejenige in der Lage war, den in der jeweiligen Einrichtung verlangten Nachweis der ‚richtigen' Ahnen zu erbringen. Während Könige und einflußreiche alte Reichsfürsten es sich leisten konnten, bei ihren Heiratsverbindungen eher auf politische und wirtschaftliche Interessen zu achten, mußten die kleineren Fürsten und Reichsgrafen in dieser Hinsicht die standesgemäßen Gepflogenheiten berücksichtigen, um sich bzw. ihr Haus vor Mißheirat zu schützen und die Herrschaftsansprüche der Nachkommen nicht zu gefährden.[45] Denn im Selbstverständnis des alten Reichsadels konnte nur eine ebenbürtige, edel und frei geborene Frau den hochadeligen Stand der Eltern an die Kinder weitergeben und ihre vermögens- und standesrechtlichen Privilegien sicherstellen. Unebenbürtigkeit, sprich Mißheirat, hatte beim hohen Adel – wie das Beispiel der Grafen von Sayn-Wittgenstein zeigt – gravierende Folgen. Eine unebenbürtige Frau trat nicht in den bevorrechtigten Stand des Mannes ein, und auch ihre Kinder erwarben nicht den Stand des höhergeborenen Vaters. Kinder aus diesen unebenbürtigen Ehen waren in der Regel nicht erbfolgeberechtigt, und die kaiserlichen Standeserhöhungen wurden so lange wie möglich ignoriert.[46] Auch Liselotte von der Pfalz hielt nicht viel von solchen Standeserhöhungen; im Juli 1695 schrieb sie an ihre Stiefschwester: „Ich finde, daß die graffen lobenswerth sein, so ihr fürstenbrieff verachten; dadurch werden sie in meinem sin mehr, ahlß neue fürsten, undt sein estimabler."[47] Oder: „Noch eine sach, die mir nicht gefelt, ist, wen die uhralten graffen sich zu fürsten laßen machen; daß

---

[43] Vgl. auch die verächtlichen Äußerungen über sie in *Robert Geerds* (Hrsg.), Die Mutter der Könige von Preußen und England. Memoiren und Briefe der Kurfürstin Sophie von Hannover, Ebenhausen-München/Leipzig o. J. [1913], 98 ff., 114 ff., 124 ff., 133 f.

[44] Vgl. dazu *U. Küppers-Braun,* Damenstift Essen (Anm. 40), 285 ff.

[45] Vgl. ebd., 287 ff.

[46] Vgl. ebd., 294 f.

[47] *W. L. Holland* (Anm. 36), 38, Nr. 22 (1695 Juli 17).

[48] Ebd., 142, Nr. 82 (1699 Mai 19).

ärgert mich auch."[48] Diese Ansicht wurde wohl von den meisten Angehörigen des alten Reichsadels geteilt, v.a. wenn Häuser des ursprünglich niederen Adels (z.B. Dietrichstein, Liechtenstein, Schönborn usw.) gefürstet worden waren. Sie konnten zwar ihren Fürstenbrief vorweisen, nicht aber die standesgemäßen Ahnen.

Der von Liselotte angesprochene Zusammenhang zwischen Stiftsmäßigkeit („seine angen [..] machen zu können") und Konnubium ist im Hinblick auf den niederen Adel bereits von Juristen des 18. Jahrhunderts gesehen worden, wenngleich Johann Jacob Moser dies leugnen wollte.[49] Doch der alte Reichsadel hielt daran fest und die zahlreichen Fideikommisse, Testamente und Hausgesetze, die stiftsmäßige Heirat des Erbfolgers fordern, sind nicht mit einem Federstrich wegzuwischen.[50] So verlangte z.B. die Essener Fürstin-Äbtissin Anna Salome von Salm-Reifferscheidt 1688 in ihrem Testament, daß der zukünftige regierende Graf des Hauses Salm-Reifferscheidt-Dyck nur dann ihr Universalerbe sein solle, wenn er eine Frau heirate, die sich zweifelsfrei für die Reichsstifte qualifizieren könne.[51] Ein Fideikommiß des fürstlichen Hauses Schwarzenberg aus dem Jahre 1703 bestimmte, daß die Nachkommen nur solche Frauen heiraten dürften, „als welche mit denen [Ahnen]-Proben bei denen vornehmsten freien Reichsstiftern, als Essen, Thorn und Köllen [St. Ursula] passieren können." Die Beispiele belegen, daß Stiftsmäßigkeit in Bezug auf die Reichsstifte als Voraussetzung des Konnubiums innerhalb des alten katholischen Reichsgrafenstandes angesehen wurde; sie ließen sich mühelos durch weitere ergänzen.

Unter diesem Aspekt erweisen sich die freiweltlichen Damenstifte nicht nur als Versorgungsanstalten für unverheiratete Töchter des Adels, sondern auch als Kontrollinstanzen für die Ebenbürtigkeit der Heiratskandidatinnen. In Essen z.B. waren in der Zeit von 1603–1803 etwa 30

[49] „Dann die Canonicate anbelangend, so liesse es sich etwa hören, wann dißfalls die Statuta oder das Herkommen derer Teutschen Stiffter gleich wären: So aber werden in Einem Stifft 4. Ahnen erfordert, anderwärts 8. anderswo 16. oder gar 32. an einigen Orten müssen alle Ahnen aus unmittelbaren Familien seyn, an andern aus einem gewissen District Landes, u.s.w. und also kan einer in einem Stifft Stifftsmäßig seyn, und im andern ist ers nicht [...]; und sihet man die sache nach der Moral an, was sollen die Ahnen?" *J. J. Moser*, Staatsrecht (Anm. 15), Bd. 12,2,1, 126–128.

[50] Für den niederen Adel vgl. z.B.: Fragmente über das salische und ripuarische Successions-System im Ritterstande, besonders am Niederrhein, in: Jahrbücher für die Preußische Gesetzgebung, Rechtswissenschaft und Rechtsverwaltung 47 (1836), 97–276; *Christophe Duhamelle,* Der verliebte Domherr. Ein Familienkonflikt in der rheinischen Reichsritterschaft am Ende des 18. Jahrhunderts, in: Historische Anthropologie 5 (1997), 404–416, bes. 410.

[51] Belege auch zum folgenden in *U. Küppers-Braun,* Damenstift Essen (Anm. 40), 287 ff.

fürstliche und gräfliche Häuser des katholischen Reichsadels durch 100 Mädchen und Frauen vertreten; doch weitaus mehr hatten sich um Aufnahme bemüht. Etwa die Hälfte von diesen Stiftsdamen verließ das Stift nach wenigen Jahren wieder, um zu heiraten. Zwei Drittel der Häuser, die in Essen präbendiert waren, brachten ihre Söhne in die Domstifte nach Köln und Straßburg.[52] Erste Bitten des Kaisers, die nach dessen Regierungsantritt von allen geistlichen Einrichtungen des Reiches erfüllt werden mußten, waren weder für Damenpfründen in Essen noch für Pfründen der Domgrafen in Köln und Straßburg zulässig. Auch in Thorn und Vreden galten sie nicht für gräfliche Präbenden. Kaiserliche Preces und päpstliche Provisionen wurden nur für Kanoniker akzeptiert. Die kaiserlich-freiweltlichen Damenstifte in Essen, Thorn, Vreden, Elten und St. Ursula erweisen sich somit als Parallelinstanzen zu den Domstiften in Köln und Straßburg, von denen seit langem bekannt ist, daß sie im Gegensatz zu allen anderen Domstiften im Reich nur Söhne des katholischen hohen Adels aufnahmen. Köln und Straßburg sind daher keine Kuriosität in der deutschen Stiftslandschaft, sondern bilden gemeinsam mit diesen hochadligen Damenstiften die Gruppe der Stifte des katholischen Reichsgrafenstandes, dessen Selbstverständnis sich in Kontinuität und Wandel an diesen genossenschaftlichen Institutionen, v. a. an den Aufnahmebedingungen, ablesen läßt.

Es wurden nur Bewerber und Bewerberinnen aufgenommen, die väterlicher- und mütterlicherseits über mehrere Generationen eine Abstammung von gräflichen oder fürstlichen Vorfahren nachweisen konnten. (Stifte des niederen Adels verlangten eine völlig andere Adelsqualität, nämlich Abstammung *de militari ex utroque parente*.)[53] Dieser Nachweis geschah etwa seit Mitte des 17. Jahrhunderts mittels prächtig gestalteter Wappentafeln, die von zwei Fürsten und zwei Reichsgrafen, die sich ebenfalls in den Reichsstiften qualifiziert haben mußten, bestätigt worden waren. Erst wenn die Stiftsdamen bzw. die Domherren, die gewissermaßen als genossenschaftliches Kontrollorgan fungierten, indem sie die Probation mit älteren ihnen vorliegenden verglichen, keine Einwände erhoben, konnte der- oder diejenige von der vakanten Präbende Besitz ergreifen. Daß die Aufnahmepraxis dieser Institutionen keineswegs eine bloße Formalität war, sondern genauestens beobachtet wurde, läßt wiederum eine Äußerung Liselottes von der Pfalz vermuten. Über die Wahl Clemens August's von Bayern zum Erzbischof von Köln

---

[52] Hersche konnte nachweisen, daß keineswegs die jüngeren, sondern gerade die älteren Söhne bevorzugt in die Domstifte geschickt wurden. Vgl. *P. Hersche*, Domkapitel (Anm. 11), Bd. 1, 197.

[53] *Sophie Mathilde Gräfin zu Dohna*, Die ständischen Verhältnisse am Domkapitel von Trier vom 16. bis zum 18. Jahrhundert, Trier 1960, 38.

schreibt sie: „Man muß des Churfürsten[54] von Bayern Sohn ganz ohne Proben zum Bischof von Cölln und Münster gemacht haben; denn man weiß ja gar wohl, daß der König Sobiesky nur ein polnischer Edelmann war, und seine Gemahlin des Darquins Tochter, so Capitaine des Suisses von Monsieur seel. war.“[55]

In Zweifelsfällen beriefen sich die Damenstifte auf die Domstifte in Köln und Straßburg, insbesondere nachdem es gegenreformatorischen Kräften zu Beginn des 17. Jahrhunderts zeitweise gelungen war, nicht standesgemäß qualifizierte, aber gut katholische Söhne und Töchter meist österreichischer Herkunft einzuschleusen, während z.B. in Essen die Töchter der reformierten Grafen von der Lippe oder der Grafen von Nassau „zu schimpf und unglimpf“ des ganzen Hauses abgewiesen worden waren.[56] Als die jesuitenfreundliche Essener Äbtissin Maria Clara von Spaur, Pflaum und Vallier 1629 den Ahnennachweis für Maria Sophia von Salm-Reifferscheidt zurückweisen wollte, bestand der Graf von Manderscheid darauf, es sei üblich, Probationen mit unbekannten Wappen dem Domkapitel in Köln zur Prüfung und Beratung vorzulegen. Neun Tage später wurde die Probation ohne Widerrede angenommen.

Daß die ständig erschwerten Aufnahmebedingungen der Reichsstifte keineswegs nur auf ökonomischen Überlegungen der Pfründeninhaber bzw. derer Familien beruhten, zeigt ein Konflikt um die Aufnahme ins Stift Essen, der sich über mehrere Jahre hinzog. 1663 bewarben sich Hartmann Fürst von Liechtenstein und seine Gattin, Sidonia Elisabeth von Salm-Reifferscheidt, eine Schwester der Essener Äbtissin, um Aufnahme ihrer beiden 19- und 20jährigen Töchter. Obwohl sich auch der Bischof von Münster, Christoph Bernard von Galen, wiederholt für sie einsetzte und der Vater Geldzahlungen zum Unterhalt anbot, verweigerten die Essener Stiftsdamen ihre Aufnahme, weil die Liechtensteiner nicht dem alten Reichsadel angehörten, sondern lediglich wegen ihrer Verdienste in Mähren durch den Kaiser 1608 in den Reichsfürstenstand erhoben worden waren.[57] Sie waren nicht standesgemäß.

---

[54] Maximilian II. Emanuel Kurfürst von Bayern (1662–1729) war in zweiter Ehe verheiratet mit der polnischen Prinzessin Teresa Kunegunda, Tochter von König Johann III. (Sobieski), vgl. Europäische Stammtafeln, Neue Folge, hrsg. v. Detlev Schwennicke, Bd. 1, Marburg 1978, Taf. 26.

[55] *Hans F. Helmolt* (Hrsg.), Elisabeth Charlottens Briefe an Karoline von Wales und Anton Ulrich von Braunschweig-Wolfenbüttel. Wortgetreuer Neudruck der 1789 durch Aug. Ferd. von Veltheim zu Braunschweig veröffentlichten Bruchstücke (Neuausgabe der „Anekdoten vom Französischen Hofe“ von Veltheim), Annaberg 1909, 56 f. (1718 Juli 29).

[56] Hauptstaatsarchiv Düsseldorf: Kleve-Mark, Akten 2883, fol. 7–9.

[57] Ausführlich dazu vgl. *U. Küppers-Braun*, Damenstift Essen (Anm. 40), 275 ff.

Ähnlich abweisend verhielt man sich in Thorn, Elten und Vreden gegenüber Frauen aus neugefürsteten Häusern, die nicht zum alten Reichsadel gerechnet werden konnten (z.B. Schönborn, Thurn und Taxis, von der Leyen).[58] Änderungen bzw. Lockerungen zeichnen sich erst seit der zweiten Hälfte des 18. Jahrhunderts ab, als die Reichsstifte sich der kaiserlichen Rechtsprechung, die in den Abweisungen standeserhöhter Frauen eine Mißachtung der Autorität des Kaisers sah, nicht mehr erwehren konnten.

Die Funktion der Reichsstifte im Sinne einer Kontrollinstanz für die Ebenbürtigkeit von Heiratskandidatinnen läßt sich auch am Aufnahmealter der Stiftsdamen ablesen. Das durchschnittliche Heiratsalter der Frauen aus katholischen Hochadelsfamilien lag bei 23 Jahren. Bei der Aufnahme in die Stifte waren 20% jünger als zehn Jahre und 55% 14–19 Jahre alt; d.h. 75% waren jünger als 20 Jahre, für 13% ließ sich keine Altersangabe ermitteln. Etwa die Hälfte der Stiftsdamen verließ das Stift wieder nach wenigen Jahren um zu heiraten.

Auf der Grundlage einer anderen Population ist das Ergebnis noch aufschlußreicher. Vergleicht man die Familienpolitik der katholischen gräflichen und fürstlichen Häuser im Hinblick auf alle Töchter, so zeichnet sich ein interessanter Trend ab: Von insgesamt 145 Mädchen lebten 115 wenigstens zeitweise in einem Stift; d.h. für 80% gehörte dieser Abschnitt zum normalen Lebensweg, vergleichbar der Kavalierstour der Brüder.[59] D.h. Reichsstifte für Frauen waren nicht nur Versorgungseinrichtungen, wo unverheiratete Töchter standesgemäß leben konnten, sondern auch Durchgangsstation für Töchter, die später heirateten. Frauen, die in diesen kaiserlich-freiweltlichen Damenstiften aufgenommen worden waren, hatten ihre geburtsmäßig einwandfreie Abstammung bewiesen, so daß für ihre Kinder keine erbrechtlichen Schwierigkeiten zu erwarten waren. Gerade in diesem Punkt ist eine wesentliche Funktion der Reichsstifte für die dynastische Herrschaftssicherung zu sehen.

Aber auch diejenigen, die zeitlebens im Stift blieben, trugen auf verschiedene Weise zur Absicherung der dynastischen Familieninteressen bei. Gemeinsam mit den Domherren hielten die Stiftsdamen die Fäden in der Hand, um vorteilhafte Verbindungen für ihr Haus herzustellen. Gleichzeitig waren sie Platzhalterinnen für nachfolgende Nichten und Großnichten, um bei Bedarf auf eine Pfründe zu verzichten und diese innerhalb der Familie bzw. des Verwandtschaftsnetzes weiterzugeben.

---

[58] Vgl. dazu *Ute Küppers-Braun,* Zur Sozialgeschichte katholischer Hochadelsstifte im Nordwesten des Alten Reiches im 17. und 18. Jahrhundert, in: Studien zum Kanonissenstift, hrsg. v. Irene Crusius (Veröffentlichungen des Max-Planck-Instituts für Geschichte, 167), Göttingen 2001, 349 ff.

[59] Belege dazu in *U. Küppers-Braun,* Damenstift Essen (Anm. 40), 268 ff.

Ebenso wie die Domstifte bildeten auch die kaiserlich freiweltlichen Damenstifte auf diese Weise eine optimale genossenschaftliche Organisationsform, um die sich widersprechenden Notwendigkeiten der gräflichen bzw. fürstlichen Häuser – auf der einen Seite reicher Kindersegen, auf der anderen Konzentration der ökonomischen Substanz – miteinander zu vereinbaren, und legten so die Basis für die Herrschaftssicherung der Dynastie.

Zum Schluß sei noch ein Hinweis auf die kaum überschaubare Zahl freiweltlicher Damenstifte für Frauen des niederen Adels erlaubt, die von der Forschung bisher allzu ‚stiefväterlich' behandelt wurden und daher oft nur regional bekannt sind. Differenzierte Untersuchungen über die Funktion dieser niederadligen Stifte für die ‚Herrschaftssicherung' der beteiligten Familien stehen noch aus. Es ist allerdings inzwischen deutlich geworden, daß diese Institutionen sich weniger an kirchlichen Hierarchien als an genossenschaftlich-adligen Voraussetzungen orientierten. Im süddeutschen Raum waren die adeligen Damenstifte „ein durchaus aktives Glied der Reichsritterschaft, eingeschworen auf deren Prinzipien und wohlbedacht auf die Wahrung reichsritterschaftlicher Rechte und des besonderen sozialen Ansehens."[60] Zu ähnlichen Ergebnissen kommt Maren Kuhn-Rehfus im Hinblick auf die oberschwäbischen Frauenzisterzen Wald, Rottenmünster, Heiligkreuztal, Heggbach, Baindt und Gutenzell.[61] Für den westfälischen Raum bestätigt die Untersuchung von Heinz Reif,[62] der allerdings auf diese Einrichtungen nur in ihrer Endphase eingeht, diesen Befund.[63] In Mecklenburg gab es sogar bis 1918/21 sog. Landesklöster in Dobbertin, Ribnitz und Malchow,[64] die 1572 an die Stände überwiesen worden waren.[65] Irene Crusius, lange Zeit verant-

---

[60] *Max Domarus,* Äbtissin Eva Theresia von Schönborn und das adelige Damenstift zur heiligen Anna in Würzburg, Würzburg 1964, X.

[61] Vgl. *Maren Kuhn-Rehfus,* Die soziale Zusammensetzung der Konvente in den oberschwäbischen Frauenzisterzen, in: Zeitschrift für württembergische Landesgeschichte 41 (1982), 7–31, bes. 28–30.

[62] *Heinz Reif,* Westfälischer Adel 1770–1860 (Kritische Studien zur Geschichtswissenschaft, 35), Göttingen 1979, 78 ff., 144 ff. Bereits ein Blick auf die Äbtissinnenlisten der westfälischen Stifte zeigt, daß immer die gleichen adligen Familien anzutreffen sind.

[63] Allein für Westfalen sind folgende freiweltlichen Damenstifte zu nennen, die bis zur Säkularisation Bestand hatten: Asbeck, Bocholt (2), Borghorst, Elsey, Flaesheim, Freckenhorst, Fröndenberg, Geseke, Gevelsberg, Herdecke, Herford (St. Marien), Herzebrock, Hohenholte, Keppel, Langenhorst, Leeden, Lemgo, Levern, Lippstadt, Metelen, Minden, Neuenheerse, Nottuln, Quernheim, Schildesche, Soest, Vreden, Wietmarschen. Vgl. *Karl Hengst* (Hrsg.), Westfälisches Klosterbuch. Lexikon der vor 1815 errichteten Stifte und Klöster von ihrer Gründung bis zur Aufhebung, 2 Bde., Münster 1992, 1994.

[64] Die weiträumige Klosteranlage ist fast vollständig erhalten. Die letzte Äbtissin des ehemaligen Klosters Malchow, das erst 1921 aufgehoben wurde, erlebte

wortlich für die Herausgabe der Reihe Germania Sacra, forderte bereits vor Jahren eine verstärkte Aufmerksamkeit für weltliche Kollegiatstifte „als Spiegel von Mentalitäten, politischen Veränderungen sowie von Herrschafts- und Sozialstrukturen".[66] Dies ist offensichtlich nur möglich, wenn die Geschichte der Frauenstifte – nicht nur für das Mittelalter, sondern besonders auch in der Frühen Neuzeit – mit einbezogen wird.

noch die Hitler-Diktatur und den sozialistischen DDR-Staat. Sie starb erst in den siebziger Jahren und viele ältere Malchower erinnern sich ihrer noch gern.

[65] Vgl. *Julius u. Moritz Wiggers,* Geschichte der drei Mecklenburgischen Landesklöster Dobbertin, Malchow und Ribnitz. Erste Hälfte: Von der Stiftung der drei Klöster bis zur Überweisung derselben an die Stände im Jahre 1572, Rostock 1848; *E. Viereck,* Die Rechtsverhältnisse der vier Mecklenburgischen Jungfrauenklöster nach ihrer geschichtlichen Entwicklung, Berlin 1875.

[66] *Irene Crusius,* Das weltliche Kollegiatstift als Schwerpunkt der Germania Sacra, in: Blätter für deutsche Landesgeschichte 120 (1984), 241–253, hier 253.

Christliche Lebenspraxis und Legitimation

Zur Bedeutung der Religiosität von niederadligen Frauen für die Konfessionalisierung des Weserraumes im 16. und 17. Jahrhundert

Von Anke Hufschmidt

Die Religiosität adliger Frauen wird in jüngerer Zeit vor allem im Hinblick auf ihre Auswirkungen auf das Herrschaftsverständnis der Frühen Neuzeit diskutiert. Am Beispiel des regierenden Adels in den mittleren und kleineren Territorien des Reiches ist überzeugend dargelegt worden, auf welche Weise Religion und Religiosität Frauen Legitimationen vermittelten, um ein öffentliches Amt zu übernehmen. Erste Fallstudien haben gezeigt, wie sie diese Aufgaben sowohl programmatisch als auch herrschaftspraktisch ausfüllten und dabei ein spezifisches Herrschaftsverständnis umsetzten.[1]

Hier soll dagegen aufgezeigt werden, auf welchen Wegen die als christliche Lebenspraxis und aktive Umsetzung religiöser Ideen verstandene Religiosität[2] adliger Frauen zur Konfessionalisierung des niederen Adels im Weserraum beitrug und welche Folgen konfessionell geprägtes Handeln von Frauen für die politische und gesellschaftliche Position ihres Standes hatte. Unter Konfessionalisierung ist in diesem Zusammenhang die Herausbildung und Durchsetzung eines bestimmten, konfessionell orientierten Verhaltens gemeint, ein Vorgang, der die Zeit von der Mitte des 16. bis zum Ende des 17. Jahrhunderts fundamental prägte.[3]

---

[1] *Heide Wunder/Helga Zöttlein/Barbara Hoffmann*, Konfession, Religiosität und politisches Handeln von Frauen vom ausgehenden 16. bis zum Beginn des 18. Jahrhunderts, in: Zeitsprünge. Forschungen zur Frühen Neuzeit 1/1 (1997), 75–98, hier 83. Helga Zöttlein, Kassel, bereitet eine Dissertation mit dem Arbeitstitel „Dynastie und Landesherrschaft. Politischer Wandel in der Grafschaft Waldeck zwischen 1680–1730“ vor, in der sie u. a. herrschaftliches Handeln von Frauen untersucht.

[2] *H. Wunder u. a.*, Konfession (Anm. 1), 77 u. 82.

[3] Als ersten Zugang zu Fragen der Konfessionalisierung s. *Heinrich Richard Schmidt*, Konfessionalisierung im 16. Jahrhundert (Enzyklopädie deutscher Geschichte, 12), München 1992; *Winfried Schulze*, Konfessionalisierung als Paradigma zur Erforschung des konfessionellen Zeitalters, in: Drei Konfessionen in einer Region. Beiträge zur Geschichte der Konfessionalisierung im Herzogtum

Dabei verspricht der gewählte Fokus aus drei Gründen besonders aufschlußreiche Ergebnisse. Zum einen existierte in der Region ein beachtliches, politisch bedingtes Nebeneinander der Konfessionen: Die katholischen Hochstifte Paderborn und Osnabrück sowie der Einflußbereich des Abtes von Corvey standen den im Laufe des 16. Jahrhunderts protestantisch gewordenen weltlichen Herrschaften, nämlich den braunschweigischen Fürstentümern sowie den Grafschaften Schaumburg und Lippe, gegenüber.[4] Um 1600 stellte der in allen genannten Territorien überwiegend protestantische Adel ein territorienübergreifendes Beziehungsgeflecht dar. Diese Strukturen veränderten sich mit der Rückkehr vieler Familien in den geistlichen Territorien zum Katholizismus in der zweiten Hälfte des 17. Jahrhunderts. Aus diesem Grund lassen sich im Weserraum konfessionelle Gemeinsamkeiten ebenso erfassen wie Abgrenzungsbemühungen zwischen den Konfessionen.

Zum anderen befand sich der Adel um 1600 in einer Umbruchsituation, in der seine traditionellen Herrschaftsrechte in Frage gestellt wurden. Aus dem Bestreben der Landesherren, den niederen Adel stärker in den Untertanenverband einzubinden, resultierte die Einschränkung der bisher auf den adligen Wohnsitzen und gegenüber den dienstpflichtigen Bauern ausgeübten Herrschaft.[5] Die Darstellung von Herrschaftsfunktionen und die konfessionell geprägte Legitimation von Herrschaftshandeln gewannen als Selbstbehauptungsstrategien des Standes gegenüber der Landesherrschaft, aber auch gegenüber den Städten eine zentrale Bedeutung.[6]

Berg vom 16. bis zum 18. Jahrhundert, hrsg. v. Burkhard Dietz/Stefan Ehrenpreis (Schriftenreihe des Vereins für Rheinische Kirchengeschichte, 136), Köln 1999, 15–30. Für die Region s. *Werner Freitag,* Konfessionelle Kulturen und innere Staatsbildung. Zur Konfessionalisierung in westfälischen Territorien, in: Westfälische Forschungen 42 (1992), 75–191.

[4] Die Beispiele stammen aus Familien, die in den Grafschaften Lippe und Schaumburg, in den Hochstiften Paderborn und Osnabrück sowie in den braunschweigischen Herzogtümern ansässig waren. Zum Weserraum und seiner politischen, wirtschaftlichen und sozialen Binnenstruktur s. *Brage Bei der Wieden,* Historische Beziehungen und ihre Ordnungen im Weserraum, in: Niedersächsisches Jahrbuch für Landesgeschichte 70 (1998), 1–33. Vgl. auch *Harm Klueting,* Reichsgrafen – Stiftsadel – Landadel. Adel und Adelsgruppen im niederrheinisch-westfälischen Raum im 17. und 18. Jahrhundert, in: Adel in der Frühneuzeit. Ein regionaler Vergleich, hrsg. v. Rudolf Endres, Köln/Wien 1991, 17–55, bes. 21–24.

[5] Vgl. etwa die entsprechenden Auseinandersetzungen in der Grafschaft Lippe. Nordrhein-Westfälisches Staatsarchiv Detmold (künftig StA Detmold), L 11 Tit. II Nr. 5.

[6] *Volker Press,* Führungsgruppen in der deutschen Gesellschaft im Übergang zur Neuzeit um 1500, in: Deutsche Führungsschichten in der Neuzeit. Eine Zwischenbilanz, hrsg. v. Hanns Hubert Hofmann/Günther Franz, Boppard 1980, 29–77, hier bes. 39 f.; *ders.,* Adel im Reich um 1600. Zur Einführung, in: Spezialfor-

Schließlich führte die Entscheidung für eine bestimmte Konfession und ihre konsequente Ausübung seitens des Adels in vielen Fällen zu einer Opposition gegenüber den Landesherren und ihrer Konfessionspolitik und gewann dadurch eine eminent politische Dimension.[7]

Der Stellenwert weiblicher Religiosität für die Konfessionalisierung ist bisher wenig beachtet worden.[8] Dabei betonten bereits die Zeitgenossen die Bedeutung von Frauen für die konfessionelle Haltung ihrer Familien. So hob der protestantische Theologe und Chronist des niedersächsischen Adels, Cyriacus Spangenberg (1528–1604), in seinem „AdelsSpiegel" im Jahr 1594 das aus seiner Sicht vorbildliche Verhalten adliger Frauen in den konfessionellen Auseinandersetzungen der Zeit hervor: „Etliche sich sonst mit sanfftmütigen bericht vnd Christlicher bekendtnis also verhalten/das sie ihre Menner vnnd Kinder/auch andere/von gefasten irrigen Opinionen wider zu rechte gebracht."[9]

Solche Hinweise auf die erfolgreiche Einflußnahme von Frauen auf ihre Ehemänner und Kinder lassen es angeraten erscheinen, ihr Handeln stärker als bisher als einen Faktor in die Analyse der frühneuzeitlichen Konfessionalisierung einzubeziehen.[10] Ich gehe davon aus, daß ihre Religiosität nicht unwesentlich die Position des Adels in der Ständegesell-

---

schung und „Gesamtgeschichte". Beispiele und Methoden zur Geschichte der frühen Neuzeit, hrsg. v. Grete Klingenstein/Heinrich Lutz, München 1982, 15–47, hier 25; *Karl Heinrich Kaufhold,* Städtische Bevölkerungs- und Sozialgeschichte in der frühen Neuzeit, in: Geschichte Niedersachsens, hrsg. v. Hans Patze, 3. Bd., Teil 1: Politik, Wirtschaft und Gesellschaft von der Reformation bis zum Beginn des 19. Jahrhunderts (Veröffentlichungen der Historischen Kommission für Niedersachsen und Bremen, 36), Hannover 1998, 733–840, hier 778 f.

[7] *Brage Bei der Wieden,* Zur Konfessionalisierung des landsässigen Adels zwischen Weser, Harz und Elbe, in: Archiv für Reformationsgeschichte 89 (1998), 310–319, hier 314 f.

[8] Bei der Wieden etwa bringt nur Beispiele von konfessionellem Handeln der männlichen Angehörigen der adligen Familien. *B. Bei der Wieden,* Zur Konfessionalisierung (Anm. 7). Vgl. dagegen aber *Christian Hoffmann,* Ritterschaftlicher Adel im geistlichen Fürstentum. Die Familie von Bar und das Hochstift Osnabrück: Landständewesen, Kirche und Fürstenhof als Komponente der adeligen Lebenswelt im Zeitalter der Reformation und Konfessionalisierung 1500–1651 (Osnabrücker Geschichtsquellen und Forschungen, 34), Osnabrück 1996, 186–191.

[9] Er führt eine Reihe Mansfelder Gräfinnen sowie andere adlige Frauen als „Streiterinnen für den Glauben" an. *Cyriacus Spangenberg,* AdelsSpiegel. Historischer Ausführlicher Bericht: Was Adel sey vnd heisse, woher er komme, wie mancherley er sey, Vnd was denselben ziere vnd erhalte [...]. 2 Bde., Schmalkalden 1591 u. 1594, hier Bd. 2, 421–423 v. Für die Forschung des 20. Jahrhunderts hat Albert Neukirch die „Glaubensstärke" adliger Frauen im Weserraum betont. *Albert Neukirch,* Niedersächsische Adelskultur der Renaissance (Veröffentlichungen der Historischen Kommission für Hannover, Oldenburg, Braunschweig, Schaumburg-Lippe und Bremen I, Renaissanceschlösser Niedersachsens Textbd., 2. H.), Hannover 1939, 228 f.

schaft und im frühmodernen Staat in der zweiten Hälfte des 16. und ersten Hälfte des 17. Jahrhunderts prägte.[11] Mit Eheverträgen liegen vorzügliche Quellen vor, mit denen sich die Handlungspotentiale von Frauen in konfessioneller Hinsicht bestimmen lassen. Die besondere Aktivität auf diesem Feld ist in erster Linie damit zu erklären, daß Frauen viel stärker als ihre Ehemänner auf die Religion angewiesen waren, wenn sie geistigen Interessen nachgehen wollten und sich offenbar häufig zu konsequenter Durchsetzung ihrer religiösen Grundsätze verpflichtet sahen.[12] Somit erschlossen sie sich über ihre Frömmigkeitspraxis Handlungsräume und individuelle Entfaltungsmöglichkeiten, während der zeitgenössische theologische Diskurs eher die Restriktionen hervorhob, denen Frauen aus kirchlicher Sicht zu unterwerfen waren.[13]

Die skizzierte Fragestellung legt eine Untersuchung in drei Schritten nahe. Zum einen ist die Bedeutung der Religiosität von Frauen für die konfessionelle Ausrichtung ihrer Familien zu erörtern, indem nach dem Anteil von Frauen an Entscheidungen für oder gegen einen Konfessions-

---

[10] S. dazu die grundlegenden Ausführungen bei *Anne Conrad,* Aufbruch der Laien – Aufbruch der Frauen. Überlegungen zu einer Geschlechtergeschichte der Reformation und der katholischen Reform, in: „In Christo ist weder man noch weyb". Frauen in der Zeit der Reformation und der katholischen Reform, hrsg. v. ders. (Katholisches Leben und Kirchenreform im Zeitalter der Glaubensspaltung, 59), Münster 1999, 7–22.

[11] Zu Frauen in den Familien des Weseradels s. *Anke Hufschmidt,* Adlige Frauen im Weserraum zwischen 1570 und 1700. Status – Rollen – Lebenspraxis (geschichtliche Arbeiten zur Westfälischen Landesforschung, Wirtschafts- und sozialgeschichtliche Gruppe, 15), Münster 2001.

[12] *Brage Bei der Wieden,* Außenwelt und Anschauungen Ludolf von Münchhausens (Niedersächsische Biographien, 5), Hannover 1993, 138. Zur Bewertung weiblicher Religiosität in der Frühen Neuzeit und im 19. Jahrhundert s. *Heide Wunder,* Von der ‚frumkeit' zur ‚Frömmigkeit'. Ein Beitrag zur Genese bürgerlicher Weiblichkeit (15.–17. Jahrhundert), in: Weiblichkeit in geschichtlicher Perspektive: Fallstudien und Reflexionen zu Grundproblemen der historischen Frauenforschung, hrsg. v. Ursula Becher/Jörn Rüsen, Frankfurt am Main 1988, 174–188, hier 178 f.

[13] *Heide Wunder,* Frauen in den Leichenpredigten des 16. und 17. Jahrhunderts, in: Leichenpredigten als Quelle historischer Wissenschaften, hrsg. v. Rudolf Lenz, Bd. 1, Köln/Wien 1975, 57–68, hier 67; *dies.,* Von der frumkeit zur Frömmigkeit (Anm. 12), 179; *dies.,* Konfession und Frauenfrömmigkeit im 16. und 17. Jahrhundert, in: Theologie zwischen Zeiten und Kontinenten. Festschrift für Elisabeth Gössmann, hrsg. v. Theodor Schieder/Helen Schüngel-Straumann, Freiburg 1993, 185–198; *B. Bei der Wieden,* Außenwelt und Anschauungen (Anm. 12), 138. Lardy betont für englische adlige Frauen im 17. Jahrhundert, daß diese auch deshalb so religiös gewesen seien, weil die Religion in einem gewissen Umfang die Monotonie des Ehe- und Familienlebens kompensieren konnte. *Michèle Lardy,* L'éducation des filles de la noblesse et de la gentry en Angleterre au XVIIe siècle (Publications universitaires Européennes, Serie III: Histoire et sciences auxiliares, 592), Berlin/Bern u. a. 1994, 147.

wechsel gefragt wird. Zum anderen gilt es, die im niederen Adel angestrebte christliche Lebenspraxis als Teil einer konfessionellen Kultur mit ihren Folgen für das Ansehen und die Anerkennung des Standes in der frühneuzeitlichen Ständegesellschaft zu untersuchen. Exemplarisch soll abschließend das außerordentlich gut belegte herrschaftliche Handeln einer adligen Witwe beleuchtet und dabei der enge Zusammenhang zwischen Religiosität und Herrschaftshandeln nachgewiesen werden.

I. Frauen und Konfessionswechsel

Viele der Adelsfamilien in den hier untersuchten Territorien des Weserraumes vollzogen in der zweiten Hälfte des 16. Jahrhunderts den Übertritt zum Protestantismus.[14] Da bis in das 17. Jahrhundert hinein noch vielfältige religiöse Mischformen die Glaubensausübung beeinflußten, ist das Bekenntnis zur Lehre Luthers vor allem daran zu erkennen, daß die betreffende Familie für Verstorbene den Druck von Leichenpredigten in Auftrag gab – eine Gewohnheit, die in katholischen Familien nicht existierte.[15] Seit längerem ist der Anteil von Frauen an der Hinwendung zum Protestantismus bekannt: Sie gaben immer wieder Impulse zu Konfessionswechseln, indem sie ihre Ehemänner von ihrem Glauben überzeugten[16] oder als Witwen die gemeinsamen Kinder entsprechend erzogen und damit die konfessionelle Ausrichtung der nächsten Generation bestimmten.[17] Die häufig durch Frauen eingeleitete religiöse Umorientierung hatte für die Familien weitreichende Folgen: Sie brachte

---

14 *Alois Schröer,* Die Reformation in Westfalen. Der Glaubenskampf einer Landschaft, 2 Bde., Münster 1980, hier Bd. 2, 160–162 u. 181–183.

15 *Ch. Hoffmann,* Ritterschaftlicher Adel (Anm. 8), 188 f. Zu Leichenpredigten s. vor allem die drei von Rudolf Lenz herausgegebenen Bände. *Rudolf Lenz* (Hrsg.), Leichenpredigten als Quelle historischer Wissenschaften, 3 Bde., Köln/Wien 1975, 1979 u. 1984. Als neuere Arbeit *Heike Talkenberger,* Konstruktion von Männerrollen in württembergischen Leichenpredigten des 16.–18. Jahrhunderts, in: Hausväter, Priester, Kastraten: zur Konstruktion von Männlichkeit in Spätmittelalter und früher Neuzeit, hrsg. v. Martin Dinges, Göttingen 1998, 29–74. Zu katholischen Leichenpredigten vgl. neuerdings aber *Birgit Boge/Ralph Bogener* (Hrsg.): Oratio Funebris. Die katholische Leichenpredigt in der Frühen Neuzeit. Zwölf Studien. Amsterdam 1999.

16 S. etwa zur lippischen Familie von Kerßenbrock *A. Neukirch,* Niedersächsische Adelskultur (Anm. 9), 231; *Herbert Stöwer,* Die Familie von Kerßenbrock. Mit besonderer Berücksichtigung der lippischen Linien, in: Lippische Mitteilungen 27 (1958), 162–185, hier 172 f.; *Heinz Schilling,* Konfessionskonflikt und Staatsbildung. Eine Fallstudie über das Verhältnis von religiösem und sozialem Wandel in der Frühneuzeit am Beispiel der Grafschaft Lippe (Quellen und Forschungen zur Reformationsgeschichte, 48), Gütersloh 1981, 206.

17 Vgl. etwa zur im Hochstift Osnabrück ansässigen Familie von dem Bussche *Ch. Hoffmann,* Ritterschaftlicher Adel (Anm. 8), 186–192.

diese mitunter nicht nur in Opposition zum Landesherrn, vor allem verloren die protestantischen Familien den Zugang zu den meisten kirchlichen Pfründen, die bis dahin für die Versorgung der Nachkommen offengestanden hatten.[18]

Anstöße zum Glaubenswechsel durch Frauen sind auf der Ebene der Landesherrschaft ebenfalls zu beobachten. Viele hochadlige Frauen setzten sich im Weserraum und in Westfalen als Ehefrauen altgläubiger Landesherren erfolgreich für die Einführung der Reformation ein. Bei der Frage nach dem Motiv für ihren reformatorischen Eifer ist eine besondere Anziehungskraft der Lehre Luthers für Frauen insgesamt konstatiert worden, da diesen in allen Ständen eine wichtige Position eingeräumt worden sei. Für Westfalen gilt allerdings darüber hinaus die Heiratspolitik Philipps von Hessen (1509–1567) als ein entscheidender Grund für die Durchsetzungskraft des protestantischen Bekenntnisses. Der Landgraf stiftete als oberster Lehnsherr zahlreiche Ehen zwischen westfälischen katholischen Landesherren und nichtwestfälischen, protestantischen Frauen. Aufgrund seines politischen Einflusses konnte sich kaum einer der Grafen der vorgeschlagenen Ehestiftung und später den Impulsen zum Konfessionswechsel, die von den Ehefrauen ausgingen, widersetzen.[19]

Während die Bedeutung von Frauen für die Einführung und Ausbreitung der Reformation bzw. später des Protestantismus bereits verschiedentlich nachgewiesen wurde, hat erst die neuere geschlechtergeschichtlich orientierte Erforschung der Gegenreformation und der katholischen Reform dazu beigetragen, den Stellenwert von Frauen als ‚Streiterinnen'

---

[18] *Ch. Hoffmann,* Ritterschaftlicher Adel (Anm. 8), 196 f.

[19] *Alois Schröer,* Die Kirche in Westfalen im Zeitalter der Erneuerung, 2 Bde., Münster 1986, 1987, Bd. 2; *ders.,* Der Anteil der Frau an der Reformation in Westfalen, in: Reformatio Ecclesiae. Beiträge zu kirchlichen Reformbemühungen von der Alten Kirche bis zur Neuzeit, hrsg. v. Remigius Bäumer, Paderborn/München/Wien 1980, 641–660, bsd. 643 f. u. 651 f. Vgl. auch *ders.,* Die Reformation in Westfalen (Anm. 14), Bd. 1, 490–492; *Heide Wunder,* „Er ist die Sonn', sie ist der Mond". Frauen in der Frühen Neuzeit, München 1992, 209, 214 u. 237–240; *Inge Mager,* Elisabeth von Brandenburg – Sidonie von Sachsen. Zwei Frauenschicksale im Kontext der Reformation von Calenberg-Göttingen, in: 450 Jahre Reformation im Calenberger Land, hrsg. v. evang.-luth. Kirchenkreis Laatzen-Pattensen, Laatzen 1992, 23–33; *dies.,* Die Rolle der Frauen in der Reformation, in: V.D.M.I.AE. Gottes Wort bleibt in Ewigkeit. 450 Jahre Reformation in Osnabrück, hrsg. v. Karl Georg Kaster/Gerd Steinwascher, Bramsche 1993, 143–154, hier 148 f.; *Claudia Ulbrich,* Frauen in der Reformation, in: Frauen Gestalten Geschichte. Im Spannungsfeld von Religion und Geschlecht, hrsg. v. Leonore Siegele-Wenschkewitz u. a., Hannover 1998, 71–86; *H[ermann] Heidkämper,* Die Geschichte der Reformation in der ehemaligen Grafschaft Schaumburg, in: Mitteilungen des Vereins für schaumburg-lippische Geschichte, Altertümer und Landeskunde 10 (1948), 18–42, hier 26; *B. Bei der Wieden,* Außenwelt und Anschauungen (Anm. 12), 137 f.

für den Katholizismus stärker wahrzunehmen.[20] Viele adlige Familien in den Hochstiften Paderborn und Osnabrück wandten sich im 17. Jahrhundert wieder dem alten Glauben zu, nachdem sie einige Jahrzehnte als Protestanten in konfessioneller Opposition zu ihrem Landesherrn gestanden hatten.[21] Dabei waren es häufig Frauen, von denen die Initiative zur Rückkehr zum katholischen Glauben ausging.[22] Den Ansatzpunkt bildete in einigen Fällen die Stiftung einer Ehe zwischen einer katholischen Adligen und einem adligen Angehörigen des lutherischen Bekenntnisses.[23] Auf diese Weise gelang es, immer wieder Konversionen zu bewirken. So ist davon auszugehen, daß die Heirat zwischen Anna von Fürstenberg (1577–1641), einer Tochter des angesehenen, katholischen Landdrosten Kaspar von Fürstenberg (1545–1618), mit Georg von Oeynhausen (erw. 1584–1641) dessen Rückkehr zum Katholizismus beförderte. Der Paderborner Adlige hatte in den konfessionellen Auseinandersetzungen zwischen der Paderborner Ritterschaft und dem Bischof 1602 bis 1608 noch auf der Seite der protestantischen Ritterschaft gestanden.[24]

Im Wissen um den Einfluß von Frauen in religiösen Fragen verzeichnete ein anläßlich der geplanten Rekatholisierung des Stiftes Osnabrück in den Jahren 1624 und 1625 verfaßter Visitationsbericht genaue Hin-

---

[20] *H. Wunder*, „Er ist die Sonn' [...]" (Anm. 19), 239 f.; *Anne Conrad*, Ehe, Semireligiosentum und Orden – Frauen als Adressatinnen und Aktivistinnen der Gegenreformation, in: Zeitsprünge 1 (1997), 529–545, hier 534 f.

[21] Im Jahr 1659 waren etwa viele Paderborner Familien noch evangelisch. Vgl. Gesuch um die freie Religionsausübung vom 24.3.1659. *Julius Graf von Oeynhausen*, Geschichte des Geschlechts von Oeynhausen, 4 Bde., Paderborn/Frankfurt am Main 1870–1890, Bd. 3, 57–60.

[22] Zur Rekatholisierung in der Region s. *Wilhelm Butterweck*, Die Geschichte der lippischen Landeskirche, Schötmar 1926, 162–172; *Karl Hengst*, Kirchliche Reformen im Fürstbistum Paderborn unter Dietrich von Fürstenberg (1585–1618). Ein Beitrag zur Geschichte der Gegenreformation und Katholischen Reform in Westfalen (Paderborner Theologische Studien, 2), München/Paderborn/Wien 1974; *A. Schröer*, Die Reformation (Anm. 14), hier Bd. 2; *ders.*, Die Kirche in Westfalen (Anm. 19), Bd. 2; *Heinz Reif*, Westfälischer Adel 1770–1860. Vom Herrschaftsstand zur regionalen Elite (Kritische Studien zur Geschichtswissenschaft, 35), Göttingen 1979, 22; *H. Schilling*, Konfessionskonflikt (Anm. 16), 208 f.; *W. Freitag*, Konfessionelle Kulturen (Anm. 2), bes. 92 f.; *Gertrud Angermann*, Volksleben im Nordosten Westfalens zu Beginn der Neuzeit. Eine wachsende Bevölkerung im Kräftefeld von Reformation und Renaissance, Obrigkeit und Wirtschaft (Minden, Herford, Ravensberg, Lippe) (Beiträge zur Volkskultur in Nordwestdeutschland, 89), Münster/New York 1995, 187–189; *Ch. Hoffmann*, Ritterschaftlicher Adel (Anm. 8), 273–331.

[23] *Hermann Rothert*, Das Glaubensbekenntnis der Osnabrücker Ritterschaft im Jahre 1625, in: Osnabrücker Mitteilungen 46 (1924), 142–150. Vgl. *Ch. Hoffmann*, Ritterschaftlicher Adel (Anm. 8), 283–286.

[24] *J. v. Oeynhausen*, Geschichte des Geschlechts von Oeynhausen (Anm. 21), Bd. 3, 339 f.

weise auf die Religion der Kinder beiderlei Geschlechts. Speziell das Glaubensbekenntnis der Töchter bildete einen wichtigen Anhaltspunkt, um die Chancen für die Wiedereinführung des katholischen Glaubens abzuschätzen. Vor allem die Jesuiten hofften, über Frauen Zugang zu den adligen Familien gewinnen zu können.[25] Friedrich Spee von Langenfeld (1591–1635) suchte bei seinem Aufenthalt im Hochstift Paderborn in den Jahren 1623 bis 1626 und 1630/31 gezielt Kontakt zu den Frauen des niederen Adels.[26] Besonders folgenreich war der unter jesuitischem Einfluß vollzogene Übertritt der Witwe des Joachim von Büren († 1610), Elisabeth von Loe († 1632), zum katholischen Glauben. Sie konvertierte drei Jahre nach dem Tod ihres Ehemannes gegen dessen ausdrücklichen, in seinem Testament formulierten Willen im Jahr 1613. Ihr Sohn Moritz, der im Jahr 1661 kinderlos verstarb, überließ seinen Herrschaftsbereich Anfang der 1620er Jahre endgültig den Jesuiten.[27]

Diese Beispiele legen die Frage nahe, ob Frauen bei Konfessionswechseln als ‚Spielball' familien- und kirchenstrategischer Überlegungen eingesetzt wurden oder ob ihr Handeln von einer eigenständigen Überzeugung geleitet wurde. Obwohl ersteres im Einzelfall nicht auszuschließen ist, belegen Beispiele der Religiosität und des konfessionell orientierten Agierens von Frauen, daß diese in der Regel durchaus überzeugt handelten und die ihnen offenen geistigen Freiräume nutzten.[28] Als zentrales Indiz für solche Handlungschancen können die konfessionellen Regelungen in den anläßlich der Eheschließung im Adel abgeschlossenen Eheverträge gelten, in denen die religiöse Praxis der Ehefrauen ausdrücklich geschützt wurde.[29] Regelungsbedarf bestand vor allem dann, wenn die zukünftigen Eheleute verschiedenen Konfessionen angehörten. Als Angehöriger der reformierten Kirche mußte beispielsweise der lippische

---

[25] Vgl. *A. Conrad,* Ehe (Anm. 20), 535.

[26] *Karl-Jürgen Miesen,* Friedrich Spee: Pater, Dichter, Hexen-Anwalt, Düsseldorf 1987, 110–124; Friedrich Spee-Gedächtnis. Dokumentation anläßlich des 350. Todesjahres, bearb. v. *Valentin Probst,* Trier 1988, 1; *Anton Arens,* Friedrich Spee. Ein dramatisches Leben, Trier 1991, 49 f.

[27] *A. Schröer,* Die Kirche in Westfalen (Anm. 19), Bd. 2, 128 f.

[28] Vgl. auch *A. Conrad,* Aufbruch der Laien (Anm. 10), 8.

[29] Zu Eheverträgen s. *Helmut Coing,* Europäisches Privatrecht, Bd. 1: Älteres Gemeines Recht (1500 bis 1800), München 1985, 241 f.; *Ruth Schmidt-Wiegand,* Hochzeit, Vertragsehe und Ehevertrag in Mitteleuropa, in: Die Braut. Geliebt, verkauft, getauscht, geraubt. Zur Rolle der Frau im Kulturvergleich, hrsg. v. Gisela Völger/Karin von Welch, Bd. 1, Köln 1985, 264–273, hier 267–269. Eine Aufstellung adliger Eheberedungen mit einigen grundsätzlichen Bemerkungen findet sich bei *Georg Adalbert von Mülverstedt,* Sammlung von Ehestiftungen und Leibgedingebriefen ritterschaftlicher Geschlechter der Provinz Sachsen, Magdeburg 1863; *Edgar F. Warnecke,* Eheberedungen als Lebensversicherung im Hause von dem Bussche-Hünnefeld u. a., in: Osnabrücker Mitteilungen 102 (1997), 187–194.

Landdrost Hans Adam von Hammerstein (1579–1653) im Jahr 1609 seiner Braut versichern, sie nicht in ihrer lutherischen Religionsausübung zu beeinflussen. Seiner zweiten Ehefrau sagte er ebenfalls zu, ihr und ihren Kindern aus erster Ehe als Lutheranern keine konfessionellen Auflagen zu machen.[30] Zu noch weitreichenderen Zugeständnissen war der Katholik Otto Hermann Spiegel zum Desenberg und Canstein (um 1629–1699) bereit. Er versprach 1661 nicht nur, seine zukünftige Frau in ihrer Religionsausübung nicht einzuschränken, sondern sie auch zum Gottesdienst in protestantische Kirchen zu begleiten. Im Fall ihres Todes verpflichtete er sich, gegebenenfalls die der Ehe entstammenden Kinder streng lutherisch zu erziehen, keine katholischen Ordensangehörigen in ihrer Nähe zu dulden und ihnen protestantische Vormünder zu geben, falls er ein zweites Mal heiratete. Den Hintergrund zu diesem Entgegenkommen gegenüber den Forderungen der Familie der Frau bildete die konfessionelle Entwicklung im Hochstift Paderborn.[31] Nach der erfolgreich durchgesetzten Gegenreformation und der Rückkehr der meisten dort ansässigen Adligen zum Katholizismus entwickelten sich konfessionelle Gegensätze zu den in den umliegenden Territorien beheimateten protestantischen Familien, mit welchen bis dahin traditionell Heiratsverbindungen bestanden hatten. Als die lutherische Familie Ledebur der Heirat ihrer Tochter mit dem Paderborner Katholiken Spiegel zustimmte, konnte sie ihre konfessionellen Auflagen vermutlich vor allem deshalb durchsetzen, weil sie mit dem stattlichen Brautschatz die Finanzen des zukünftigen Ehemannes sanierte.[32]

Solche Zugeständnisse gab es auch von Seiten einer protestantischen Familie gegenüber einem katholischen Geschlecht: Der lippische Adlige Johann Moritz von Donop (1642–1723) verpflichtete sich 1693 nicht nur, seine zukünftige Frau Christina Sophia Ursula von Haxthausen jederzeit

---

[30] *Emil Frhr. von Hammerstein,* Geschichte der Freiherrlichen von Hammersteinschen Familie, Göttingen 1856, 137 u. 141 f.

[31] *Rainer Decker,* Die Ritterschaft des Hochstifts Paderborn, Paderborn 1982, 28.

[32] Ehevertrag Otto Hermann Spiegel/Christina Hedwig Ledebur, 10.1.1651. Nordrhein-Westfälisches Staatsarchiv Münster, v. Spiegel-Desenberg (Dep.) Nr. 570. Auch in der Ehe zwischen Henrich Fritz von Zerssen (1661–1726) und Anna Maria von Drolshagen sollte die Konfession der Ehefrau besonders geschützt werden. Bei der Braut handelte es sich um die Erbtochter der Familie, die ein Gut in die Verbindung einbrachte. *Otto von Zerssen,* Die Familie von Zerssen. Adel und Patriziat in Schaumburg (Rintelner Studien, 8), Rinteln 1968, 128 f. Familie von Schilder konnte 1704 bei der Heirat der Lucie Anna Sophie von Schilder mit Carl Heinrich Casimir von Donop vermutlich ebenfalls aufgrund der hohen Summe, die die Braut einbrachte, durchsetzen, daß die Kinder katholisch erzogen wurden. Ehevertrag Carl Heinrich Casimir von Donop/Lucie Anna Sophie von Schilder, 8.3.1704. StA Detmold, L 114 von Donop, Nr. 832, 24.

zu einer katholischen Kirche zu fahren, solange das Paar an protestantischen Orten lebte. Vielmehr wollte er als „Trost" für die Familie der Braut dafür, daß die Tochter einen Protestanten heiratete, *alle* Kinder, unabhängig von deren Geschlecht, katholisch erziehen lassen.[33] Über die Hintergründe dieser Vereinbarung ist nichts bekannt, doch zählt sie wie das vorangegangene Beispiel zu den wenigen Ausnahmen, die bei der Auswertung von rund 200 Eheverträgen aus adligen Familien im Hinblick auf die religiöse Erziehung zukünftiger Kinder erkennbar wurden.[34] Anders als in diesen beiden Fällen sahen die Verträge in der Regel eine geschlechtsbezogene Übernahme der Konfession bei Nachkommen gemischtkonfessioneller Ehen vor, d.h. die Töchter sollten im Glauben der Mütter, die Söhne im Glauben der Väter erzogen werden.[35]

In allen auswertbaren Fällen sicherten die Eheverträge den Schutz der Konfession der Frau; in dieser Frage bestand einerseits offensichtlich Handlungsbedarf, gab es aber andererseits auch die Möglichkeit, religiöse Interessen – hier der Ehefrau und ihrer Familie – schriftlich zu artikulieren und für ihre Durchsetzung vorzusorgen.[36] In Anbetracht der konfessionellen Spannungen müssen die Zugeständnisse seitens der Fa-

---

[33] Ehevertrag Johann Moritz von Donop/Christina Sophia Ursula von Haxthausen, 13.4.1693. StA Detmold, L 82 Nr. 161, Bl. 33–39.

[34] Ein weiteres Beispiel konnte nachgewiesen werden: Ursula von Pasqualini (1627–1660) wurde 1650 ebenfalls das Recht zugesichert, katholisch bleiben zu dürfen und alle Kinder im katholischen Glauben zu erziehen. *J[ohann] Graf von Bocholtz-Asseburg,* Beiträge zur Geschichte der Ortschaften und Sitze des Corveyer Landes, in: Zeitschrift für vaterländische Geschichte und Alterthumskunde 54 (1896), 1–436, hier 276 f.

[35] Im Jahr 1682 wurde etwa festgelegt, daß die Söhne des Levin Moritz von Donop (1636–1695) in der reformierten Konfession des Vaters erzogen werden sollten, während die Töchter dem lutherischen Glaubensbekenntnis der Mutter folgen sollten. Allerdings wurde allen Kindern freigestellt, später selbst über ihre Konfessionszugehörigkeit zu entscheiden. Ehevertrag Levin Moritz von Donop/Maria Juliana von Bouwinghausen, 22.11.1682. StA Detmold, L 114 v. Donop Nr. 832. 1678 wurde festgelegt, daß Dorothea Margarethe von Schwicheldt ungehindert weiterhin der katholischen Religion angehören dürfe und Töchter ebenfalls katholisch werden sollten. Ehevertrag Hans Christoph von Kerßenbrock/Dorothea Margarethe von Schwicheldt, 24.3.1678. StA Detmold, L 114 v. Kerßenbrock Nr. 171. Das Ehepaar Christoph von Donop und Amalie Sophie von Atzenhoven einigte sich dagegen 1673 nur darauf, daß der älteste Sohn im reformierten Glauben, dem Bekenntnis seines Vaters, erzogen werden sollte. Über die Konfessionszugehörigkeit der anderen Kinder sollte später entschieden werden. Ehevertrag Christoph von Donop/Amalie Sophie von Atzenhoven, 8.2.1673. StA Detmold, L 52 D 1c.

[36] Diese Praxis existierte bis weit in das 17. Jahrhundert hinein. Vgl. *Heide Wunder,* Überlegungen zum Wandel der Geschlechterbeziehungen im 15. und 16. Jahrhundert aus sozialgeschichtlicher Sicht, in: Wandel der Geschlechterbeziehungen zu Beginn der Neuzeit, hrsg. v. ders./Christina Vanja, Frankfurt am Main 1993, 12–26, hier 24; *dies.,* „Er ist die Sonn' [...]" (Anm. 19), 240.

milie des Ehemannes als recht weitgehend eingeschätzt werden. Als Grund für dieses Entgegenkommen ist die auch in der zeitgenössischen „Hausväterliteratur" vertretene Auffassung anzusehen, eine Grenze des Gehorsams, den eine Ehefrau zu leisten hatte, sei erreicht, wenn der Ehemann etwas von ihr verlangte, das gegen ein göttliches Gebot gerichtet war.[37] Doch resultierte der Schutz adliger Frauen vor allem aus ihrer Herkunft aus einer angesehenen Familie, die sich auch nach der Eheschließung wirkungsvoll für sie einsetzen konnte. Das dichte Netz adliger Familienverbindungen ließ eine einseitige Verletzung solcher Vereinbarungen ohne Ansehensverlust für die Vertragsbrüchigen kaum zu. Die Regelungen boten damit die Grundlage für vielfach genutzte Handlungsräume und geistige Entfaltungsmöglichkeiten für Frauen, die die Einhaltung der Regelungen einforderten.[38]

Welche konkreten Handlungspotentiale sich aus den Eheverträgen ergaben, zeigen die Aktivitäten der Katholikin Ursula von Pasqualini (1627–1660). Sie nutzte die in ihrem Ehevertrag im Jahr 1650 gemachten Zusicherungen[39] hinsichtlich ihrer Religionsausübung, um in der Gemeinde im Herrschaftsbezirk ihres Ehemannes den katholischen Ritus wieder einzuführen. Als dort nach dem Dreißigjährigen Krieg die Wiedereinsetzung der Augsburgischen Konfession bevorstand und offenbar keine Zusicherung der Mitbenutzung der Kirche durch Katholiken vorgesehen war, berief sich die Adlige auf die ihr im Ehevertrag zugestandenen Rechte, setzte mit anderen Dorfbewohnern die Einführung einer Simultankirche durch und bezahlte den Priester. Später überzeugte sie

---

[37] *Julius Hoffmann,* Die Hausväterliteratur und die Predigten über den christlichen Hausstand. Lehre von Haus und Bildung für das häusliche Leben im 16., 17. und 18. Jahrhundert (Göttinger Studien zur Pädagogik, 37), Weinheim/Berlin 1959, 120. Zur Vorherrschaft des Ehemannes in Glaubensfragen siehe ebd., 126.

[38] *H. Wunder,* Überlegungen zum Wandel (Anm. 35), 24. Zum „Widerstandsrecht" in Glaubensangelegenheiten s. *Barbara Becker-Cantarino,* Der lange Weg zur Mündigkeit. Frauen und Literatur in Deutschland von 1500 bis 1800, München 1989, 82.

[39] Ehevertrag Friedrich Mordian Kanne/Ursula von Pasqualini (7.3.1650). *J. v. Bocholtz-Asseburg,* Beiträge zur Geschichte (Anm. 33), 276 f. Kanne hatte seiner Ehefrau zunächst einen Kirchenstuhl in Ottbergen zur Verfügung gestellt. *Conrad Hubert Julius Maria von Amelunxen,* Das corveyische Adelsgeschlecht von Amelunxen. Studien über den Ursprung, das Alter und die Vergangenheit des Adelsgeschlechts von Amelunxen und der gleichnamigen Ortschaft, 2 Bde., Münster 1912–1914, Bd. 2, 213 f. Warum Ursula von Pasqualini sich auf konfessionellem Gebiet als so durchsetzungsfähig erwies, muß offen bleiben. Sie entstammte der nicht in der Region ansässigen, ursprünglich italienischen Baumeisterfamilie von Pasqualini, die sich mit Familien des Bocholter Patriziats ehelich verbunden hatte. *Anton Schmeddinghoff,* Beiträge zur Geschichte der Familie von Pasqualini, in: Westfälische Zeitschrift 93 (1937), 1–38, hier 19 u. 22.

auch ihren Ehemann: Der zunächst engagiert protestantisch agierende Friedrich Mordian trat im Jahr 1656 zum Katholizismus über.[40]

Der Schutz des konfessionellen Bekenntnisses wurde Ehefrauen im Hochadel ebenfalls gewährt,[41] doch ist kaum in bäuerlichen Eheverträgen in der Region nachweisbar.[42] Dies hängt in erster Linie mit dem Prinzip frühneuzeitlicher Herrschaftspraxis des „Cuius regio, eius religio“ zusammen. Allerdings gibt es noch keine Untersuchungen darüber, wie gegebenenfalls Konfessionsfragen bei territorienübergreifenden Eheschließungen konkret gelöst wurden. Auch für die Städte des Weserraumes sind die Regelungen konfessionsübergreifender Heiratsschließungen noch nicht untersucht worden.[43] Aus den mehrkonfessionellen Städten im Deutschen Reich ist dagegen bekannt, daß dort ähnliche Festlegungen wie im Adel üblich waren.[44]

In Konfliktfällen war es für Männer schwierig, sich in konfessionellen Fragen gegenüber ihren Ehefrauen durchzusetzen. In der Ehe der Katholikin Goda von Fürstenberg (1574–1614) und dem Protestanten Bernd von Heiden, deren Ehevertrag nicht überliefert ist, traten sechzehn Jahre nach der Heirat massive Konflikte vermutlich um die religiöse Erziehung der gemeinsamen Kinder zutage.[45] Im August 1606 hatte die Ehefrau

---

[40] *J. v. Bocholtz-Asseburg,* Beiträge zur Geschichte (Anm. 34), 282, 295 f. u. 317 f.; *C. H. J. M. v. Amelunxen,* Das Corveyische Adelsgeschlecht von Amelunxen (Anm. 39), Bd. 2, 267.

[41] Ehevertrag Otto von Schaumburg/Elisabeth Ursula von Braunschweig-Lüneburg, 30.3.1558. *H. Heidkämper,* Die Geschichte der Reformation (Anm. 19), 26. Vgl. *Martha Schad,* Die Frauen des Hauses Fugger von der Lilie (15.–17. Jahrhundert). Augsburg – Ortenburg – Trient (Studien zur Fugger-Geschichte, 31), Tübingen 1989, 26–28; *Johannes Arndt,* Möglichkeiten und Grenzen weiblicher Selbstbehauptung gegenüber männlicher Dominanz im Reichsgrafenstand des 17. und 18. Jahrhunderts, in: Vierteljahrschrift für Sozial- und Wirtschaftsgeschichte 77 (1990), 153–174, hier 169; *H. Wunder,* „Er ist die Sonn' [...]“ (Anm. 19), 240.

[42] *Gerald Bamberger,* Ehe- und Übergabeverträge in Hessen (Archivstudien, 2), Marburg 1998, 44. Für die Grafschaft Lippe hat Bettina Rinke, Detmold, diese Ansicht bestätigt. Sie bereitet eine Dissertation über bäuerliche Eheverträge in der Grafschaft Lippe während der Frühen Neuzeit bis zur Einführung der Gütergemeinschaft vor.

[43] *W. Freitag,* Konfessionelle Kulturen (Anm. 2).

[44] *Hans-Christoph Rublack,* Zur Sozialstruktur der protestantischen Minderheit in der geistlichen Residenz Bamberg am Ende des 16. Jahrhunderts, in: Stadtbürgertum und Adel in der Reformation. Studien zur Sozialgeschichte der Reformation in England und Deutschland, hrsg. v. Wolfgang J. Mommsen/Peter Alter/Robert W. Scribner, Stuttgart 1979, 130–148, hier 132 f. u. 146; *H. Wunder,* Überlegungen zum Wandel (Anm. 35), 24 f.; *dies.,* „Er ist die Sonn' [...]“ (Anm. 19), 240.

[45] Fürstenbergsche Geschichte, Bd. 3: Die Geschichte des Geschlechtes von Fürstenberg im 17. Jahrhundert, bearb. v. *Helmut Lahrkamp/Helmut Richtering,* Münster 1971, 57.

offenbar vor, sich von ihrem Ehemann zu trennen und „einsam" zu leben.[46] Zwar konnte die Situation durch Eingreifen eines Verwandten entschärft werden,[47] doch entspannte sie sich längerfristig erst nach dem Übertritt der Goda von Fürstenberg zum protestantischen Glauben. Allerdings schien es im April 1609 einmal so, als ob sie wieder katholisch werden wollte, sie sich also keineswegs endgültig ihrem Ehemann untergeordnet hatte.[48] Der Streit über Glaubensfragen führte zwischen dem katholischen Cord von Amelunxen und seiner protestantischen Ehefrau Catharina von Borghorst im Jahr 1609 angeblich sogar zu Handgreiflichkeiten. Der Ehemann behauptete, anläßlich der Eheschließung sei verabredet worden, daß seine Frau zum katholischen Glauben übertreten würde.[49] Nun aber halte sie sich nicht an die Vereinbarung, beschimpfe die katholische Religion, behalte ihre protestantischen Bücher und lese darin täglich, um ihn zu provozieren. Der Konflikt eskalierte nach Auseinandersetzungen bezüglich der Verfügungsgewalt über das Vermögen dergestalt, daß die Ehefrau ihn verließ. Nachdem Verwandte vermittelt hatten, versöhnte sich das Ehepaar einige Zeit später, ohne daß erkennbar wäre, inwieweit die konfessionellen Streitpunkte geklärt worden waren.[50]

Ebenso aufschlußreich für die Einschätzung der Religiosität adliger Frauen wie das Eintreten für eine bestimmte Konfession sind die Beispiele, in denen sich Frauen der landesherrlich verordneten Einführung einer Konfession widersetzten. In diesem Kontext hatte das auf persönlichem Glauben basierende Handeln durchaus politische Implikationen. Das zeigt etwa der Widerstand der Witwen von dem Bussche gegen den Bischof von Osnabrück. Heilwig (1573–1636) und Hedwig (1590–1653) von Münchhausen hatten bereits viele Jahre die konfessionelle Entwicklung der im Hochstift Osnabrück ansässigen Familie von dem Bussche geprägt und auf den Wohnsitzen der Familie Ippenburg und Hünnefeld protestantische Prediger eingestellt, als sie sich eine Zeitlang vehement

[46] Eintragung am 1.8.1606. *Alfred Bruns* (Bearb.), Die Tagebücher Kaspars von Fürstenberg, 2 Bde. (Veröffentlichungen der Historischen Kommission für Westfalen, 19), Münster 1985, hier Bd. 2, 327.

[47] Eintragungen am 7., 8. und 14.8.1606. *A. Bruns,* Tagebücher (Anm. 46), Bd. 2, 328.

[48] Eintragung am 6.4.1609. *A. Bruns,* Tagebücher (Anm. 46), Bd. 2, 433; Eintragung am 18.12.1609. Ebd., Bd. 2, 457.

[49] Eine solche Bestimmung ist übrigens in keinem der über 200 von mir ausgewerteten Eheverträgen nachzuweisen. Die Regel war der Schutz des Bekenntnisses der Ehefrau.

[50] *Johann Karl Bertram Stüve,* Geschichte des Hochstifts Osnabrück, 4 Bde., Osnabrück/Jena 1853–1882, hier Bd. 1, 668; *Rüdiger vom Bruch,* Die Rittersitze des Fürstentums Osnabrück, Osnabrück 1930, 194. Vgl. *H. Talkenberger,* Konstruktion von Männerrollen (Anm. 15), 48.

den Rekatholisierungsbestrebungen des dortigen Bischofs widersetzten. Im Mai 1628 hatte dieser dem Sohn Heilwigs, Börries von dem Bussche (1594–1632), als Familienältestem befohlen, auf den Wohnsitzen seiner Familie nur noch die Ausübung der katholischen Religion zu gestatten und die protestantischen Prediger zu entlassen.[51] In seiner Entgegnung hob der Adlige hervor, er selbst sei noch ein „lediger gesell“ und deshalb für solche Angelegenheiten nicht zuständig. Seine Mutter Heilwig von Münchhausen führe den Haushalt und habe auch die Pastoren eingesetzt. Ihr aber könne er die Durchsetzung dieses Befehls nicht zumuten. Liegt es zunächst nahe, zu vermuten, daß der Sohn die Mutter vorschob, um den bischöflichen Befehlen nicht nachkommen zu müssen, so zeigt der weitere Verlauf des Konflikts, daß es in der Tat die Witwe war, die in konfessionellen Fragen die Haltung der Familie bestimmte. Sie aktivierte verwandte Adlige, um Widerspruch gegen den bischöflichen Befehl einzulegen, ließ diese für sich beim Bischof vorstellig werden und unterschrieb selbst an erster Stelle die vorgelegte Petition, in der sie darum bat, die Prediger beibehalten zu dürfen. Ende Mai fügte sie sich aber insoweit dem obrigkeitlichen Befehl, als in den Kirchen zu Ippenburg und Hünnefeld nur noch die Bediensteten zugelassen, die Dorfbewohner dagegen vom protestantischen Gottesdienst ausgeschlossen wurden. Mit diesem Rückzug in die ‚private‘ Religiosität gab sich der Bischof keineswegs zufrieden, er ließ die Wohnsitze durch kaiserliche Truppen besetzen und drohte der Witwe und den Brüdern von dem Bussche eine hohe Geldstrafe an, wenn sie nicht binnen dreier Tage die Prädikanten außer Dienst stellte. Tatsächlich entließ Heilwig von Münchhausen Anfang Januar 1629 den protestantischen Prediger.[52] Aber auf dem zweiten Sitz der Familie von dem Bussche im Hochstift auf Hünnefeld stand bei ihrer Schwägerin und Nichte Hedwig von Münchhausen weiterhin ein Protestant in Diensten. Auch hier weigerte sich Börries von dem Bussche zunächst aus Rücksicht auf die religiösen Gefühle seiner Tante, den Befehl des Bischofs, den Prediger zu entlassen, weiterzuleiten. Zwar ordnete sich auch die zweite Witwe schließlich dem Befehl des Landesherrn unter, doch blieb die Unterwerfung eine äußerliche: Als im Jahr 1631 die Jesuiten die Familie von dem Bussche baten, ihnen eine ebenso schöne Kanzel für die Augustinerkirche in Osnabrück zu stiften, wie sie dies für die protestantische Kirche in Essen getan hatten, antworteten die Brüder, sie könnten der Bitte nicht entsprechen, weil ihre Mutter damit nicht einverstanden sei.[53] Das Stiftungsverhalten der Witwe und damit

---

[51] Zum Folgenden s. *Gustav Frhr. von dem Bussche,* Geschichte der von dem Bussche, Hameln 1887, 174–181 (Nr. 434); *Ch. Hoffmann,* Ritterschaftlicher Adel (Anm. 8), 297 f.

[52] *G. F. v. dem Bussche,* Geschichte der von dem Bussche (Anm. 51), 181.

[53] Ebd.

einen wichtigen Ausdruck ihrer persönlichen Religiosität konnte auch der Bischof von Osnabrück nicht beeinflussen.

Im Einzugsbereich des Paderborner Bischofs widersetzte sich Helene Westphalen († nach 1649) im Jahr 1635 ebenfalls tatkräftig der Rekatholisierung. Sie ging sogar soweit, mit dem Auswechseln der Schlösser an der Kirche zu versuchen, die Rückkehr eines katholischen Geistlichen zu verhindern. Ihr wurde ein Bußgeld angedroht, schließlich mußte sie die Kirchenschlüssel einem Priester übergeben. Danach fand der protestantische Gottesdienst nur noch auf dem Gut der Familie Kanne statt.[54]

Das Verhalten der drei Witwen wirft die Frage auf, ob sich Frauen einen solchen Widerstand eher leisten konnten als Männer. Während Männer im Dienstverhältnis zum Landesherrn standen und sich aus einer unehrenhaften Entlassung weitreichende Folgen ergeben konnten, entstanden für Frauen gerade aus dem Fehlen eines Dienstverhältnisses Möglichkeiten zu widerständigem Handeln. Dagegen erwies sich die Androhung von Bußgeld, dessen Entrichtung auch Frauen sich nicht entziehen konnten, als eine wirkungsvolle obrigkeitliche Sanktionsmöglichkeit ihnen gegenüber.

II. Christliche Lebenspraxis in adligen Familien

Die Entscheidung für eine Konfession führte zu einer bestimmten christlichen Lebenspraxis, die Folgen für die Stellung des Adels in der frühneuzeitlichen Gesellschaft hatte. Da die Familien bis in die zweite Hälfte des 17. Jahrhunderts hinein überwiegend protestantisch waren, konzentrieren sich die Ausführungen im folgenden auf entsprechende Beispiele. Die jüngere Forschung zur katholischen Reform verweist aber darauf, daß diese mit einer in weiten Teilen ähnlichen Lebenspraxis einherging.[55]

Der niedere Adel hatte im 16. und 17. Jahrhundert ein großes Interesse daran, als besonders „christlich" anerkannt zu werden, um seine ständische Position zu legitimieren. Das in Leichenpredigten häufig angesprochene Erziehungsleitbild der „christadligen Jungfrau" zeigt den Stellenwert, welcher der Verbindung von „christlich" und „adlig" insbesondere für Frauen beigelegt wurde. Die Bezeichnung „christadlig" verband Vorstellungen von sozialem Rang mit denen von geistlicher Vollkommenheit. Diese Verbindung war bereits im frühen Mittelalter aus der Verknüpfung des geblütslosen Christenadels mit dem achristlichen adligen Erbgang entstanden, gewann aber in der Frühen Neuzeit an Aktualität.[56] Unter

---

[54] *J. v. Bocholtz-Asseburg,* Beiträge zur Geschichte (Anm. 34), 282–285.

[55] *A. Conrad,* Ehe (Anm. 20).

die als „christadlig" angesehenen Tugenden fielen die „wahre Gottseligkeit und Gottesfurcht" (Pietas), Gerechtigkeit, Willigkeit und Guttätigkeit (Liberalitas) sowie Großmütigkeit und Beständigkeit.[57] Indem insbesondere protestantische Theologen die enge Verbindung zwischen dem niederen Adel und den christadligen Tugenden betonten, richteten sie den dringenden Appell an die Angehörigen des Standes, sich der von ihnen beanspruchten, politisch und gesellschaftlich hervorgehobenen Position entsprechend zu verhalten. Cyriacus Spangenberg etwa leitete die Position des Adels aus der Bibel ab, legitimierte damit dessen Stellung, erhob aber zugleich klare Anforderungen an das adlige Verhalten: „Und in sonderheit von warer gottseligkeit im glauben, dancksagung und gebet, dainnen sich die vom Adel nach ausweisung des ersten und andern Gebots für allen dingen finden lassen und uben und in der lieben und furcht Gottes alles was jm entgegen müglichs fleisses meiden sollen".[58]

Der Wunsch nach Legitimation seiner Herrschaftsposition führte zu besonders strengen Verhaltensvorschriften, religiös motivierte Handlungsmaßstäbe gewannen im Adel an Bedeutung.[59] Vor diesem Hintergrund und dem allgemeinen Bestreben der Konfessionen, sich gegeneinander abzugrenzen, entwickelten sich in adligen Familien präzise Vorstellungen der christlichen Lebenspraxis. Die Bekundungen rechtmä-

---

[56] *Werner Conze/Christian Meier,* Art. ‚Adel, Aristokratie', in: Geschichtliche Grundbegriffe. Historisches Lexikon zur politisch-sozialen Sprache in Deutschland, hrsg. v. Werner Conze/Reinhart Koselleck, Stuttgart 1972, Bd. 1, 1–48, hier 13; *Otto Gerhard Oexle,* Aspekte der Geschichte des Adels im Mittelalter und in der Frühen Neuzeit, in: Europäischer Adel 1750–1950, hrsg. v. Hans-Ulrich Wehler (Geschichte und Gesellschaft, Sonderheft 13), Göttingen 1990, 19–56, hier 49–52; *Klaus Schreiner,* Religiöse, historische und rechtliche Legitimation spätmittelalterlicher Adelsherrschaft, in: Nobilitas. Funktion und Repräsentation des Adels in Alteuropa, hrsg. v. Otto Gerhard Oexle/Werner Paravicini (Veröffentlichungen des Max-Planck-Instituts für Geschichte, 133), Göttingen 1997, 376–430, hier 401; *A. Hufschmidt,* Adlige Frauen (Anm. 11), 59–61; *Heide Wunder,* Überlegungen zur Konstruktion von Männlichkeit und männlicher Identität in Selbstzeugnissen der Frühen Neuzeit: Hans von Schweinichen (1552–1616) in seinem „Memorial", in: Geschlechterdifferenz. Texte, Theorien, Positionen, hrsg. v. Doris Ruhe, Würzburg 2000, 151–171, hier bes. 155 f.

[57] Leichenpredigt von Andreas Compertus, Rinteln 1634. Die Leichenpredigt auf Ursula von der Schulenburg (1545–1608) nennt folgende Tugenden, deren sich Adlige befleißigen sollten: Beneficentia („Willfertigkeit/da einer auch Arme vnd bresthafftige/vnd dergleichen nothleidende nicht verschmehet"), Misercordia (Barmherzigkeit, vor allem gegenüber „arme verlassene/verjagte Diener Gottes", abgebrannten Leuten und armen Studenten), Gerechtigkeit, Pia solicitudo („gottselige Fürsorge"), Demut und Magnianimitas („großer Heldenmut"). Leichenpredigt von M. Lindius, Braunschweig 1608.

[58] *C. Spangenberg,* AdelsSpiegel (Anm. 9), Bd. 2, 22 v.

[59] *B. Bei der Wieden,* Außenwelt und Anschauungen (Anm. 12), 200.

ßiger Frömmigkeit wie der regelmäßige Kirchgang und das Vertrautsein mit zentralen Glaubenssätzen gewannen hohe Bedeutung für das adlige Leben, dies galt für Frauen ebenso wie Männer.[60]

Für die Auseinandersetzung mit Glaubensfragen kam im Protestantismus der Rezeption von Bibel, Katechismen und erbaulichen Werken für beide Geschlechter hohe Bedeutung zu.[61] Die intensive Lektüre der Sammlungen von Predigten und Andachtsbüchern spielten seit der „Kirchen- und Hauspostille“ Martin Luthers, die im Jahr 1527 erschien, eine zentrale Rolle in der protestantischen Lebenspraxis.[62] Als der Bischof von Paderborn im Jahr 1625 versuchte, den Paderborner Adel zu rekatholisieren, erwähnte er ausdrücklich das „heimliche Postillenlesen“ als eine protestantische Gewohnheit, die sofort abzuschaffen sei. Er hob dabei ausdrücklich die Familie Kanne auf Bruchhausen hervor, deren Haushaltsvorstand zu diesem Zeitpunkt vermutlich die erwähnte Witwe Helene Westphalen war.[63] Auch der Ehemann der Catharina von Borghorst hatte zuallererst ihre fortgesetzte Lektüre protestantischer Bücher

---

[60] *Hans-Jürgen Greschat/Manfred Seitz,* Art. ‚Frömmigkeit‘, in: Theologische Realenzyklopädie (künftig TRE), hrsg. v. Gerhard Krause/Gerhard Müller, Bd. 1–29, Berlin/New York 1977–1998, hier Bd. 11, 671–686; *Ulrike Witt,* „Wahres Christentum“ und weibliche Erfahrung. Bildung und Frömmigkeit im Pietismus des 17. und beginnenden 18. Jahrhunderts, in: Geschichte der Mädchen- und Frauenbildung, hrsg. v. Elke Kleinau/Claudia Opitz, Bd. 1: Vom Mittelalter bis zur Aufklärung, Frankfurt am Main/New York 1996, Bd. 1, 263–274; *Martina Schattkowsky,* Kursächsischer Landadel in der Frühen Neuzeit. Determination adliger Herrschaft am Beispiel des Rittergutes Schleinitz um 1600, in: Geschichte des sächsischen Adels, hrsg. v. Katrin Keller/Josef Matzerath, Köln/Weimar/Wien 1997, 89–106, hier 98–100; *H. Wunder u. a.,* Konfession (Anm. 1), 77 u. 82.

[61] Zum Buchbesitz adliger Frauen im Weserraum s. *A. Hufschmidt,* Adlige Frauen (Anm. 11), 103–109 mit Tabelle 14. Zur zeitgenössischen Erbauungsliteratur s. *Rudolf Mohr,* Art. „Erbauungsliteratur III“, in: TRE, Bd. 10, 51–80, hier bes. 51–63. Allgemein zum Buchbesitz adliger Frauen s. *Eva Pleticha,* Adel und Buch. Studien zur Geisteswelt des fränkischen Adels am Beispiel seiner Bibliotheken vom 15. bis zum 18. Jahrhundert (Veröffentlichungen der Gesellschaft für fränkische Geschichte, Reihe IX: Darstellungen aus der fränkischen Geschichte, 33), Neustadt an der Aisch 1983, 227; *Hildegard Schlutius,* „In dießem Kemmerken etzlich Boicher fürhanden …“. Die Bibliothek der Familie von Morrien, im besonderen der Buchbesitz der Frau Johanna, in: Geschichtsblätter des Kreises Coesfeld 22 (1997), 85–112.

[62] Zur Bedeutung der Postillen für die lutherische Konfessionalisierung s. *Hans-Christoph Rublack,* Lutherische Predigt und soziale Wirklichkeiten, in: Die lutherische Konfessionalisierung in Deutschland, hrsg. v. dems. (Schriften des Vereins für Reformationsgeschichte, 197), Gütersloh 1992, S. 344–399.

[63] *J. v. Bocholtz-Asseburg,* Beiträge zur Geschichte (Anm. 34), 281; *Wilhelm Rahe,* Die Kirchenordnung der Evangelischen Gemeinde Bruchhausen bei Höxter vom Jahre 1603, in: Jahrbuch des Vereins für Westfälische Kirchengeschichte 45/46 (1952/53), 272–363, hier 274. Zur Bedeutung der Postillen für die lutherische Konfessionalisierung s. *H.-Ch. Rublack,* Lutherische Predigt (Anm. 62).

als Beleg für ihre konfessionelle Ausrichtung angeführt und beklagt. Inventare adligen Frauenbesitzes zeigen, daß Frauen religiöse Druckwerke in durchaus stattlicher Zahl besaßen. Zu den Autoren, deren Werke in Buchsammlungen adliger Frauen häufig zu finden sind, zählt der Görlitzer Pastor Martin Moller (1547–1606). Er gilt als Vertreter einer auf die Erbauung des inneren Menschen gerichteten Frömmigkeit. Seine Bücher wurden insbesondere bei häuslichen Andachtsübungen genutzt.[64] Gelegentlich findet sich in Leichenpredigten der Hinweis auf die Lektüre der Werke des schlesischen Theologen, so hatte Helene von der Asseburg (1585–1651) dessen „Soliloquia de passione Jesu Christi" gelesen.[65]

Die Beschäftigung mit religiösen Werken diente einerseits der inneren Erbauung, befähigte Frauen aber andererseits auch zu aktiven Auseinandersetzungen mit Angehörigen anderer Konfessionen. Sie verschaffte Kenntnis über die Unterschiede zwischen den Glaubensrichtungen[66] und ermöglichte auch eigenständige Einschätzungen von Glaubensinhalten. Hier praktizierten Frauen ihren Glauben in gleicher Weise wie Männer: Ilse von Saldern (1539–1607) setzte wie viele ihrer männlichen Verwandten ein selbst formuliertes Glaubensbekenntnis auf.[67] In einigen Fällen kann der enge Bezug zwischen der Rezeption religiöser Schriften und den Entscheidungen für die konkrete Lebensgestaltung belegt werden. Dorothea von Münchhausen (1568–1624) wollte nach der Lektüre der Werke des Wittenberger Theologen Aegidius Hunnius ihren Sohn und einen Neffen in dessen Obhut an die dortige Universität schicken.[68]

Das konfessionell geprägte Verhaltensrepertoire umfaßte neben dem regelmäßigen Gottesdienstbesuch auch die turnusgemäße Einnahme des

---

[64] Zur Bedeutung der Erbauungsschriften als Mädchenlektüre s. *Cornelia Niekus Moore,* The Maiden's Mirror. Reading Material for German Girls in the Sixteenth and Seventeenth Centuries (Wolfenbütteler Forschungen, 36), Wiesbaden 1987, 491–494.

[65] *Georg Schmidt,* Geschichte des Geschlechts von Veltheim, Bd. 2: Die Stammreihe des Geschlechts von der Teilung der Linien an, Halle 1912, 187–189. Zu Moller und seinem Werk „Soliloquia de passione Jesu Christi" s. *Elke Axmacher,* Praxis Evangeliorum. Theologie und Frömmigkeit bei Martin Moller (1547–1606) (Forschungen zur Dogmen- und Kirchengeschichte, 43), Göttingen 1989, 16 f. u. 168–189.

[66] Vgl. die Hinweise in der Leichenpredigt auf Anna von Münchhausen (1605–1634) zu ihren Gesprächen mit Priestern und Mönchen. Leichenpredigt von Andreas Compertus, Rinteln 1634; *A. Neukirch,* Niedersächsische Adelskultur (Anm. 9), 281 u. 284. Vgl. auch Leichenpredigt auf Margarethe von Canstein (1582–1639), die angeblich ebenso auf theologische Streitfragen Antwort geben konnte. Leichenpredigt von Johann Güldemann, Eisleben 1639.

[67] Leichenpredigt von Johannes Wagner, Braunschweig 1607.

[68] *B. Bei der Wieden,* Außenwelt und Anschauungen (Anm. 12), 140 u. 158. Zu Dorothea von Münchhausen vgl. auch die Leichenpredigt auf sie von Liborius Haremann, Rinteln 1624.

Abendmahls. Das Abschreiben von Psalmen und Predigten gehörte ebenfalls zu der religiösen Praxis von Frauen. Margarethe von Canstein (1582–1639) schrieb die im Gottesdienst gehaltenen Predigten mit und trug diese zu Hause Kindern und Gesinde vor.[69] Generell zählten die Abhaltung von Hausandachten und die Unterweisung der eigenen Kinder sowie des Gesindes zu „Gottesfurcht“ und einem vorbildlichen christlichen Lebenswandel der adligen „Hausmutter“ wie der „Hausmütter“ aller Stände.[70] Die Andachtsstunden der Ilse von Saldern (1539–1607) haben ihren Niederschlag nicht nur als Erwähnung in ihrer Leichenpredigt gefunden, das Inventar des von ihr bewohnten Schlosses Hehlen verzeichnet für den zentralen Raum, die Hofstube, die Aufbewahrung der „Postilla“ des Siegfried Saccus in „folio“, also in einem repräsentativen Großformat, wie es sich zum Vorlesen in einem größeren Kreis besonders eignete.[71] Da das Leben auf den adligen Wohnsitzen als Herrschaftsmittelpunkten in noch stärkerem Maße „öffentlich“ war als in anderen Haushalten der Zeit, trug das vorbildliche Verhalten der „Hausmutter“ dazu bei, die Adelsherrschaft zu festigen.[72]

Über den Kreis der Familien und des Gesindes hinaus fand die Religiosität von Frauen ihren Ausdruck in verschiedenen Stiftungen. Dieses traditionelle „Betätigungsfeld“ vermögender adliger Frauen[73] behielt im Weserraum auch nach der Reformation für den zu großen Teilen protestantisch gewordenen Adel seine Bedeutung,[74] Mildtätigkeit und Barmherzigkeit spielten im adligen Tugendkanon weiterhin eine zentrale Rolle.[75] Adlige Frauen stifteten bereits zu Lebzeiten oder in ihren Testamenten häufig für kirchliche, erzieherische und wohltätige Zwecke.

---

69 Leichenpredigt von Johann Güldemann, Eisleben 1639.

70 Und nicht nur der Hausväter, die Bei der Wieden hervorhebt! *B. Bei der Wieden,* Zur Konfessionalisierung (Anm. 7), 318.

71 Inventar, 10.–23.3.1607. Niedersächsisches Hauptstaatsarchiv Hannover (künftig StA Hannover), Dep. 82 II Nr. 287.

72 *C. Ulbrich,* Frauen in der Reformation (Anm. 19), 82–84.

73 *Ute Monika Schwob,* „Herrinnen“ in Tiroler Quellen. Zur rechtlichen und sozialen Stellung der adeligen Frau im Mittelalter, in: Literatur und bildende Kunst im Tiroler Mittelalter, hrsg. v. Egon Kühebacher (Innsbrucker Beiträge zur Kulturwissenschaft, Germanistische Reihe, 15), Innsbruck 1982, 157–182, hier 172.

74 Zum Weserraum s. *B. Bei der Wieden,* Außenwelt und Anschauungen (Anm. 12), 152 f.; *ders.,* Zur Konfessionalisierung (Anm. 7), 315–318; *Werner Frese,* Wie man heiratet und wie man stirbt. Testamente und Eheverträge des 17. Jahrhunderts aus Telgte, in: Tradita Westphaliae, hrsg. v. Wolfgang Bockhorst (Westfälische Quellen und Archivverzeichnisse, 13), Münster 1987, 223–300, hier 224–229, bes. 227. Allgemein s. *Heide Wunder,* Vermögen und Vermächtnis – Gedenken und Gedächtnis. Frauen in Testamenten und Leichenpredigten am Beispiel Hamburgs, in: Frauen in der Ständegesellschaft. Leben und Arbeiten in der Stadt vom späten Mittelalter bis zur Neuzeit, hrsg. v. Barbara Vogel/Ulrike Weckel (Beiträge zur deutschen und europäischen Geschichte, 4), Hamburg 1991, 227–240, hier 232.

Hedwig von Münchhausen (1575–1636) etwa sah die Zinsen von 1000 Reichstalern für wohltätige Aufgaben vor, die Erträge von weiteren 800 Reichstalern sollte der Schulmeister des Ortes erhalten.[76] Bei diesen Stiftungen verband sich der Wunsch, mildtätig zu sein, mit der Hoffnung, eine ehrende Erinnerung in der Nachwelt zu fördern. Zugleich boten die frommen Stiftungen ein erhebliches Sozialprestige.[77] Nicht zuletzt aber demonstrierten sie den Herrschaftsanspruch der Adligen, der besonders dann deutlich wird, wenn sie ähnlich wie Städte und Landesherren eigene Armenhäuser errichten ließen und damit nachzuweisen suchten, daß sie ihren herrschaftlichen Fürsorgepflichten nachkamen. Vermutlich unterhielt beispielsweise Heilwig Büsche (1537–1599) ein Armenhaus, denn nach ihrem Tod gingen 60 Taler an diese Einrichtung.[78] Sicher veranlaßte dagegen Sophie Catharina von Münchhausen (1645–1694) als Witwe u. a. den Bau des Armenhauses in Westerburg.[79]

Hohen symbolischen Wert hatte eine Stiftung der Anna von der Wense († 1659). Während der Rekatholisierungsbestrebungen im Hochstift Paderborn übergab sie anläßlich ihrer Eheschließung der Kirchengemeinde im Herrschaftsbezirk ihres Ehemannes eine protestantische Bibel. Diese durfte nur solange verwendet werden, wie in der Gemeinde die „ungeänderte Augsburgische Konfession" gepredigt wurde. Ihre Gabe ist in Anbetracht der aus protestantischer Sicht unsicheren konfessionellen Lage des Corveyer Territoriums ein bemerkenswert programmatischer Akt der neuen Gutsherrin am Beginn ihrer Ehe.[80] Ähnlich programmatisch war die Stiftung der Witwe Hedwig von Münchhausen (1573–1636),

---

75 Leichenpredigt auf Ursula von der Schulenburg (1545–1608) von M. Lindius, Braunschweig 1608.

76 Testament ihres Sohnes 18.4.1657. Niedersächsisches Hauptstaatsarchiv Osnabrück (künftig StA Osnabrück), Dep. 40b Nr. 254. Vgl. Testament der Lucia Dorothea von Münchhausen (1589–1651). *G. v. dem Bussche,* Geschichte der von dem Bussche (Anm. 51), 189 (Nr. 443). Vgl. Zusatz zum Testament, undatiert [um 1629]. StA Osnabrück, Dep 40b Nr. 179. Zu Stiftungen vgl. *H. Wunder,* Vermögen und Vermächtnis (Anm. 73), 230–232.

77 *B. Bei der Wieden,* Außenwelt und Anschauungen (Anm. 12), 152.

78 StA Bückeburg, L 1 Nr. 4821. Er selbst errichtete ein Armenhaus in Lauenau. *Gustav Stölting/Börries Frhr. von Münchhausen* (Hrsg.), Die Rittergüter der Fürstentümer Calenberg, Göttingen und Grubenhagen, Hannover 1912, 206.

79 *Armgard von Reden-Dohna,* Die Rittersitze des vormaligen Fürstentums Hildesheim, Göttingen [2]1996, 154; *Gebhard von Lenthe/Hans Mahrenholtz,* Stammtafeln der Familie von Münchhausen (Schaumburger Studien, 28 u. 36), Rinteln 1971 u. 1976, hier Bd. 2, Nr. 483.

80 *C. H. J. M. v. Amelunxen,* Das corveyische Adelsgeschlecht (Anm. 39), Bd. 2, 204 f. Solche Auflagen verband auch Metta von Holle (um 1514–1576) mit ihrer Stiftung von Luthers Auslegung der Episteln und Evangelien an die Kirchenbibliothek in Oldenburg: „auf das gottes wort reine, ane zu satz der menschen den nachkomen auch gepredigt und gelernet werde." *B. Bei der Wieden,* Außenwelt

auf deren Initiative die Kanzel der evangelischen Kirche im heutigen Bad Essen zurückgeht, schließlich bildete die Predigt auf der Kanzel einen zentralen Bestandteil evangelischer Glaubensverkündigung. Sie fällt in die Zeit der energisch durch den Bischof von Osnabrück betriebenen Gegenreformation.[81] Beide Stiftungen zielten darauf, die eigene Konfession im Einzugsbereich der eigenen Herrschaft durchzusetzen und ihre Praxis zu sichern und stellten in dieser Hinsicht eigene Konfessionalisierungsbestrebungen dar.

Selbst wenn sie nicht in dezidierter Opposition zu den Landesherren entstanden, trugen Stiftungen von Frauen zur Kirchenausstattung erheblich dazu bei, die jungen protestantischen Gemeinden materiell wie ideell zu stärken. Sie bilden damit einen wichtigen Beitrag zur Konfessionalisierung der Region.[82] Magdalene von Münchhausen (1574–1629) stiftete für die Rintelner St. Nikolai-Kirche einen Zyklus von 34 Gemälden, die neben Propheten alttestamentarische Ereignisse und Szenen aus dem Leben Christi zeigen. Beigefügt sind die Wappen ihrer eigenen Familie und der Familie von Quitzow, der ihr verstorbener Ehemann entstammte. Die im Stil der Spätrenaissance gearbeiteten, für den norddeutschen Raum aufgrund ihrer Qualität äußerst bemerkenswerten Werke entstanden um 1610 im Zusammenhang mit dem Einbau der Orgelempore. In Auswahl und Darstellung, die über die übliche schlichte historische Erzählung der lutherischen Kunst hinausgeht, ist etwas von der konfessionellen „Kampfesstimmung“ der Zeit zu spüren.[83] Frauen förderten darüber hinaus den Kirchenbau, Sabine Margarethe von Heiden (1636–1681) etwa gab um 1680 3000 Taler für den Bau einer Kirche in Varenholz, wo es bis dahin kein Gotteshaus gegeben hatte.[84]

Die Voraussetzung für eine derartige Stiftertätigkeit bildeten die finanziellen Spielräume, die sich für Frauen aus dem im Adel praktizier-

---

und Anschauungen (Anm. 12), 139. Vgl. *ders.*, Zur Konfessionalisierung (Anm. 7), 317.

[81] *G. v. dem Bussche,* Geschichte der von dem Bussche (Anm. 51), 181 (Nr. 434). Ihre Schwester Gertrud von Münchhausen (1565–1621) stiftete die holzgeschnitzte Kanzel der Kirche in Wrisbergholzen. *A. v. Reden-Dohna,* Die Rittersitze (Anm. 79), 158.

[82] *B. Bei der Wieden,* Zur Konfessionalisierung (Anm. 7), 316.

[83] *Hasso von Poser und Groß-Naedlitz,* St. Nikolai in Rinteln (Große Baudenkmäler, 363), München, Berlin 1985, 12 f. Heilwig Büsche stiftete das Abendmahlsbild für die Kirche in Oldendorf. *B. Bei der Wieden,* Außenwelt und Anschauungen (Anm. 12), 139, dort auch Hinweis auf weitere Stiftungsaktivitäten von Frauen.

[84] 300 Jahre Kirche Varenholz. Dorfwoche vom 7. bis 13. Juni 1982 [Varenholz 1982], 12–14, hier 12. Beispiele aus dem Hochstift Hildesheim bei *A. v. Reden-Dohna,* Die Rittersitze (Anm. 79), 148, 154 u. 158.

ten Güterrecht ergaben.[85] Überblickt man die Zahl der vom niederen Adel errichteten Stiftungen, wird deutlich, wie hoch der Anteil von Frauen an dieser spezifischen Form des Umgangs mit Kapital war.[86] Das eigene Vermögen der Frauen trug wesentlich dazu bei, daß sie in den hier untersuchten Familien verhältnismäßig gleichberechtigt mit ihren Ehemännern als Stifterinnen nachweisbar sind.[87]

III. Herrschaftshandeln von Frauen

Die konkrete Auswirkung protestantischer Religiosität auf die Herrschaftsausübung des niederen Adel ist eindrucksvoll am Wirken der Clara von Canstein (* um 1573, † nach 1617) nachweisbar. Die Witwe Dietrich Kannes (1566–1599) zeigte nicht nur sehr deutlich ihre Handlungskompetenz auf verschiedenen Feldern adliger Lebensführung und erhob niederadligen Herrschaftsanspruch über die Patronatskirche der Familie Kanne, sondern formulierte darüber hinaus Maximen ihres herrschaftlichen Handelns.[88]

Zu einem Zeitpunkt, in der sich der benachbarte, mit der Familie Kanne eng verwandte Paderborner Adel und die Städte des Hochstifts mit dem Paderborner Bischof über das Recht der freien Religionsausübung auseinandersetzten, ließ Clara von Canstein mit „Rath und zuthun" ihrer „Herren Freunde" eine evangelische Kirchenordnung für die Gemeinde der Familie ihres verstorbenen Ehemannes aufsetzen, die im Jahr 1603 gedruckt wurde.[89] Ein Jahr zuvor hatte der Paderborner Bischof eine Agenda erlassen, mit der das katholische Bekenntnis in allen Gemeinden des Hochstifts endgültig festgelegt werden sollte. Vor allem die protestantischen Adligen, die über Patronatsrechte verfügten,

---

85 Dazu *A. Hufschmidt,* Adlige Frauen (Anm. 11), Kapitel 4, bes. 433-436.

86 Sechs der 21 Legate, die zwischen 1571 und 1628 durch die Familie von Wrisberg, gestiftet wurden, stammten beispielsweise von Frauen. StA Hannover, Archiv Wrisbergholzen, Handschriften Nr. 50; *Wilhelm Hartmann,* Börries von Wrisberg. Erbsaß auf Wrisbergholzen, in: Alt-Hildesheim. Jahrbuch für die Stadt Hildesheim 39 (1968), 35–42, hier 40.

87 Vgl. dagegen *H. Talkenberger,* Konstruktion von Männerrollen (Anm. 15), 59.

88 Ihr Todesdatum ist unbekannt. Biographische Skizze in *Vera Lüpkes/Heiner Borggrefe* (Hrsg.), Adel im Weserraum um 1600. Ausstellung im Weserrenaissance-Museum Schloß Brake (Schriften des Weserrenaissance-Museums Schloß Brake, 9), München/Berlin 1996, 191 f.

89 Abdruck bei *W. Rahe,* Die Kirchenordnung (Anm. 63), 298–363. Rahe gibt auch eine historische und theologische Einordnung. Die Kirchenordnung wird heute im Landeskirchenamt in Bielefeld aufbewahrt. Vgl. *J. v. Bocholtz-Asseburg,* Beiträge zur Geschichte (Anm. 34), 309. Vgl. die durch Elisabeth von Brandenburg in Auftrag gegebene Kirchenordnung für das Fürstentum Calenberg-Göttingen von 1542. *I. Mager,* Elisabeth von Brandenburg (Anm. 19), 24.

wehrten sich vehement gegen diese Rekatholisierungsbestrebungen.[90] Mit dem Erlaß der Bruchhauser Kirchenordnung beabsichtigte die Witwe offensichtlich, in den konfessionell unsicheren Zeiten die Bruchhauser Kirche eindeutig dem protestantischen Glauben zuzuordnen.

Ihre Initiative ist ein äußerst bemerkenswerter Akt adliger Herrschaftsausübung. Clara von Canstein nutzte die Tatsache, daß die Familie Kanne zu den adligen Familien in der Region zählte, die über Patronatsrechte an Kirchen verfügte, um ihren Herrschaftsanspruch zu formulieren.[91] Die Bruchhauser Agenda ist bislang die einzige Kirchenordnung, die nachweisbar im Weserraum durch den Niederadel für eine in seinem Herrschaftsbezirk gelegene Gemeinde in Auftrag gegeben wurde.[92] Die Witwe versuchte damit, ihre religiösen Vorstellungen verbindlich in der Gemeinde durchzusetzen und nahm dieser gegenüber eine Haltung ein, die derjenigen der Landesherren gegenüber ihren Territorien entsprach.[93] Im Vorwort der Kirchenordnung ließ sie ihre Motivation darlegen: „daß sie Gott diesen gehorsamb vor allen dingen schuldig sei, allen müglichen fleiß anzuwenden, daß in ihrer unmündigen Söhnen botmessigkeit, an deren stat sie itziger zeit die obersten Vormunderschaft zuverrichten hat, nicht allein derselben Unterthanen mit Leiblichem Rath, Schutz und Schirm versorget, sondern vor allem das heilige Evangelium rein und getreulich gepredigt werde, damit der Sohne Gottes Jesus Christus und seine wolthaten recht erkandt, Gott recht angerufen und gepriesen und viel Menschen selig werden, daß auch darzu die Kirche allezeit mit düchtigen Personen bestellet, Christliche zucht erhal-

---

90 *K. Hengst,* Kirchliche Reformen im Fürstbistum Paderborn (Anm. 22); *A. Schröer,* Die Kirche in Westfalen (Anm. 19), Bd 2, 116 f. Vgl. *Brage Bei der Wieden,* Die Idee der Burg. Zu den Voraussetzungen des Schloßbaus in der Weserrenaissance, in: Der Adel in der Stadt des Mittelalters und der Frühen Neuzeit, hrsg. v. Vera Lüpkes/Heiner Borggrefe/Peter Johanek (Materialien zur Kunst- und Kulturgeschichte in Nord- und Westdeutschland, 25), Marburg 1996, 59–74, hier 66 f.

91 Der Besitz der Kannes lag im Herrschaftsgebiet des Abtes von Corvey, dort unterstand neben der Kirche in Bruchhausen auch die Kirche in Amelunxen einem adligen Patronatsherrn. In der Grafschaft Lippe hatten nur die Familien von Donop und von Kerßenbrock Patronatsrechte an Kirchen, die sie aber am Ende des 16. Jahrhunderts an den Landesherrn verkauften. *H. Schilling,* Konfessionskonflikt (Anm. 16), 207. Im Hochstift Paderborn besaß der niedere Adel um 1600 insgesamt Patronatsrechte an 21 Kirchen. *K. Hengst,* Kirchliche Reformen im Fürstbistum Paderborn (Anm. 22), 141.

92 Der sächsische Adlige Christoph von Loß (1574–1620) erließ lediglich Regeln für den Kirchenbesuch seiner Untertanen. *M. Schattkowsky,* Kursächsischer Landadel (Anm. 60), 98.

93 Zur Einführung von Kirchenordnungen in der Region s. *W. Freitag,* Konfessionelle Kulturen (Anm. 2), 93–98; *G. Angermann,* Volksleben (Anm. 22), 99–115.

ten und also nach dem Befehl des heiligen Pauli in der 1. Corinth. 14 alles ehrlich und ordentlich zugehen."[94]

Als Vormünderin sah die Adlige ihre Aufgabe sowohl in der christlichen Erziehung der Söhne als auch in der christlichen Unterweisung ihrer Untertanen. Die Anweisungen beziehen sich vor allem auf die Ordnung des Gottesdienstes und enthalten keine weitergehenden Bestimmungen über das Leben der Untertanen, etwa ein spezifisches Gehorsamsgebot gegenüber der Herrschaft.

Der Wunsch, christliche Herrschaft auszuüben, ist nicht nur in der von Clara von Canstein erlassenen Kirchenordnung greifbar. Einige Jahre später verfaßte sie eigenhändig umfangreiche Ausführungen, mit denen sie ihre Söhne, die zu diesem Zeitpunkt mündig wurden, auf deren zukünftige Aufgaben als adlige Grundherren vorbereiten wollte. Im Gegensatz zu vielen zeitgenössischen Schriften enthalten ihre Anweisungen aber keinen einzigen wörtlichen Bezug auf das Herkommen des adligen Standes als Handlungsorientierung. Vielmehr erhob sie die „wahrhaftige Religion" zur alleinigen Richtschnur des Handelns. So wandte sich die Witwe gegen das Fluchen und Schwören, Prachtentfaltung und eine verschwenderische Lebensweise. Hierbei orientierte sie sich an Verhaltensvorschriften, wie sie die lutherische Geistlichkeit für den „wahren", weil christlichen Adel entwickelt hatte.[95] Als konform zu der Entwicklung frühmoderner Staatlichkeit erweist sich ihr Verbot jeglicher Selbstjustiz und ihre Aufforderung an die Söhne, stets den Rechtsweg zu beschreiten.

Um die Erben über ihre Rechte und Pflichten zu orientieren, legte sie ein genaues Verzeichnis der Einkünfte und Verbindlichkeiten des Gutes Bruchhausen und anderer der Familie Kanne gehöriger Besitzungen und Rechte und ihrer eingegangenen finanziellen Verbindlichkeiten an. Gegenüber ihren Untertanen sollten sich die zukünftigen Erben freundlich wie gegenüber Kindern verhalten und nur strafen, um diese zu bessern. Clara von Canstein hob sehr sorgfältig die Verpflichtungen hervor, die gegenüber den abhängigen Bauern bestanden. Neben gebührendem Schutz und Schirm mußte beispielsweise den Abgabepflichtigen eines bestimmten Dorfes Brennholz überlassen werden, beim Neubau der Häuser waren sie zu unterstützen und für bestimmte Leistungen mußten gewisse Geldbeträge entrichtet werden. Für die enge Verknüpfung zwischen Religiosität und Herrschaftsverständnis spricht der Umstand, daß Clara von Canstein ihre Ratschläge keineswegs damit legitimierte, adligen Gewohnheiten zu entsprechen, sondern sich vor allem an christ-

---

[94] *W. Rahe,* Die Kirchenordnung (Anm. 63), 301 f.

[95] Vgl. vor allem den AdelsSpiegel des *Cyriacus Spangenberg* (Anm. 9).

lichen Maßstäben orientierte.[96] In dieser Hinsicht sind ihre Anleitungen als ein Beispiel dafür zu sehen, daß die Maßgabe protestantischer Theologen wie Spangenberg, auf die Kritik, die Adlige im Zuge der Legitimationskrise in der zweiten Hälfte des 16. Jahrhunderts erfuhren, mit einer dezidiert christlichen (-protestantischen) Haltung zu reagieren, durchaus in den adligen Familien übernommen wurde.[97] Die gute Behandlung der Untergebenen geriet um 1600 geradezu zu einem Topos adliger Leichenpredigten.[98]

Daß diese Haltung keineswegs auf den Weserraum beschränkt war, belegen Beispiele aus Preußen und Sachsen. Das Herrschaftsverständnis der preußischen Familie von Dohna war ebenfalls nicht ‚tyrannisch', sondern orientierte sich an christlichen, hier calvinistisch geprägten Leitlinien.[99] Der sächsische Adlige Christoph von Loß (1574–1620) legte an sein eigenes Wirken den Maßstab der „christlichen Obrigkeit" an, parallel zu landesherrlichen Verordnungen erließ er Regeln zum Kirchenbesuch seiner Untertanen.[100] Mithin kann das Herrschaftsverständnis Clara von Cansteins kaum als durch ihre Geschlechtszugehörigkeit geprägt bezeichnet werden, es ist vielmehr in den zeitgenössischen Kontext adligen Legitimationshandelns einzuordnen. Erkennbar wird aber, daß die Adlige im Sinne der frühneuzeitlichen Vorstellung von den Aufgaben einer „Hausmutter" die Prinzipien ihrer Kindererziehung auf den Umgang mit den Untertanen übertrug. Darüber hinaus zeigt sich am Beispiel der Clara von Canstein der Zugang zu Herrschaft, wie er adligen Frauen als Witwen gewährt und von diesen vielfach adäquat ausgefüllt wurde.[101]

---

[96] Hausbuch der Clara von Canstein. Vereinigte Westfälische Adelsarchive Münster e. V., Gutsarchiv Breitenhaupt, Neues Archiv, VIII Pak. 2 Nr. 1. Vgl. auch die diesbezüglichen Äußerungen der Anna von der Borch (1563–1605): „bescherte euch Gott Underthanen/den rathet vnd helffet nach allem vermügen/beschweret sie nicht/den Gott siehet die Threnen der elenden na". Zitiert in der Leichenpredigt von Liborius Haremann, Rinteln 1605.

[97] *B. Bei der Wieden,* Außenwelt und Anschauungen (Anm. 12), 200.

[98] Ebd.

[99] *Heide Wunder,* Aspekte der Gutsherrschaft im Herzogtum und Königreich Preußen im 17. und zu Beginn des 18. Jahrhunderts. Das Beispiel Dohna, in: Gutsherrschaftsgesellschaften im europäischen Vergleich, hrsg. v. Jan Peters, Berlin 1997, 225–250, bes. 229–232.

[100] *M. Schattkowsky,* Kursächsischer Landadel (Anm. 60), 98–100.

[101] Vgl. *Heide Wunder,* Normen und Institutionen der Geschlechterordnung am Beginn der Frühen Neuzeit, in: Geschlechterperspektiven. Forschungen zur Frühen Neuzeit, hrsg. v. ders./Gisela Engel, Königstein/Taunus 1998, 57–78, hier bes. 61–64.

Zusammenfassung

Adlige Frauen prägten die Teilhabe ihrer Familien an den konfessionellen Kulturen der Zeit. Sie leisteten damit einen wichtigen Beitrag zur Konfessionalisierung des Weserraumes insgesamt. Ihre Religiosität bildete auf verschiedenen Handlungsfeldern neben der Zugehörigkeit zu einem adligen Geschlecht die zentrale Voraussetzung für das aktive Eintreten für eine konfessionell geprägte christliche Lebensführung. Dies führte zu öffentlichem Agieren, das neben dem persönlichen Seelenheil auch der Legitimation der eigenen ständischen Stellung diente.[102] Bezeichnenderweise sind es vor allem Witwen, deren besonders exponiertes Handeln hier hervorzuheben ist. Als vielfach langjährig verantwortliche Haushaltsvorstände bestimmten sie die Entwicklung ihrer Familien in konfessioneller Hinsicht nachhaltig.[103] Doch trugen auch unverheiratete Frauen und Ehefrauen über ihren praktizierten Glauben zum Ansehen adliger Geschlechter bei. Diese Einschätzung steht im Gegensatz zu der Vorstellung von weiblicher Frömmigkeit, wie sie den Diskurs in der Frühen Neuzeit wesentlich bestimmte und die von Unterordnung, Demut, Geduld im Ertragen von Ungerechtigkeit und Leiden im Vertrauen auf Gottes Gerechtigkeit im Jenseits geprägt war.[104] Adlige Frauen artikulierten zwar durchaus religiöse Gefühle, die solchen Normen entsprachen, erwiesen sich aber in ihrer Lebenspraxis als äußerst durchsetzungsfähig in Glaubensfragen.

---

[102] *H. Wunder,* Von der ‚frumkeit' zur ‚Frömmigkeit' (Anm. 12), 182.
[103] *H. Wunder,* Normen und Institutionen (Anm. 101), bes. 61–63.
[104] *H. Wunder,* Von der ‚frumkeit' zur ‚Frömmigkeit' (Anm. 12), 178 f.

Autorenverzeichnis

Dr. *Jill Bepler*, Herzog August Bibliothek, Postfach 1364, 38299 Wolfenbüttel

Dr. *Cordula Bischoff*, Orangeriestraße 11, 01326 Dresden

Anke Hufschmidt Dr., Bilker Allee 3, 40219 Düsseldorf

Dr. *Ute Küppers-Braun*, Seestraße 3, 45359 Essen

PD Dr. *Helga Meise*, Große Seestraße 7, 60486 Frankfurt/Main

Dr. *Gerhard Menk*, Hessisches Staatsarchiv, Friedrichsplatz 15, 35037 Marburg

Prof. Dr. *Sylvia Schraut*, Universität Mannheim, Seminar für Neuere Geschichte, Schloß, 68131 Mannheim

Sabine Stange M.A., Stephanstraße 11, 34131 Kassel

Prof. Dr. *Barbara Stollberg-Rilinger*, Westfälische Wilhelms-Universität Münster, Historisches Seminar, Domplatz 20–22, 48143 Münster

Jutta Taege-Bizer, Max-Planck-Straße 2, 63454 Hanau

Prof. Dr. *Heide Wunder*, Universität Kassel, Fachbereich 5 Gesellschaftswissenschaften, 34109 Kassel